湖北省教育政策研究报告
（2022年）
编写委员会

主　任

王文森

副主任

傅华强　徐　坤　刘国卫

委　员（按姓氏笔画排序）

王一凡　兰惠玲　朱爱国　刘　莉　刘　群　孙晓敏
张书灵　程少波

主　编

王文森

执行主编

朱爱国

副主编

任会兵　张云玮

编写人员（按姓氏笔画排序）

丁　丹　王文森　方　芳　朱爱国　任会兵
刘　莉　刘国卫　刘俊丽　孙晓敏　李　博
李作芳　余　彪　张云玮　张传萍　罗国华
周　姗　饶景阳　洪　森　高传平　黄红梅
董志远　傅华强　鲜　兰　翟予因

湖北省教育政策研究报告

湖北省教育科学研究院 ◎ 编著

華中科技大學出版社
http://press.hust.edu.cn
中国 · 武汉

图书在版编目(CIP)数据

湖北省教育政策研究报告.2022年/湖北省教育科学研究院编著.—武汉:华中科技大学出版社,2023.12

ISBN 978-7-5772-0266-2

Ⅰ.①湖… Ⅱ.①湖… Ⅲ.①地方教育-教育政策-研究报告-湖北-2022 Ⅳ.①G527.63

中国国家版本馆CIP数据核字(2023)第240404号

湖北省教育政策研究报告(2022年)
Hubei Sheng Jiaoyu Zhengce Yanjiu Baogao(2022Nian)

湖北省教育科学研究院　编著

策划编辑:汪　粲
责任编辑:余　涛　汪　粲
封面设计:廖亚萍
责任监印:周治超
出版发行:华中科技大学出版社(中国·武汉)　电话:(027)81321913
　　　　　武汉市东湖新技术开发区华工科技园　邮编:430223
录　　排:武汉市洪山区佳年华文印部
印　　刷:武汉科源印刷设计有限公司
开　　本:787mm×1092mm　1/16
印　　张:24.75　插页:2
字　　数:470千字
版　　次:2023年12月第1版第1次印刷
定　　价:88.00元

目　　录

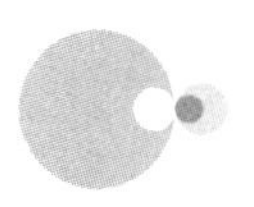

导言：

问政湖北教育 2022

王文森

2022 年是党的二十大胜利召开之年，是“十四五”规划深入实施的关键之年。对于教育系统而言，也是极具里程碑意义的一年。这一年，一个个教育热点频引关注，一项项教育政策稳步推进。聚焦 2022 年度的教育政策热点，梳理与教育政策相关的发展脉络、主要内涵、逻辑特点、实施成效，分析政策施行过程中存在的问题及原因，动态预测教育政策的未来走势，提出政策优化的策略建议，对明确政策执行得失，提高教育决策科学化水平具有重要的现实意义。

一

2022 年，党的二十大胜利召开，擘画了全面建设社会主义现代化国家、以中国式现代化全面推进中华民族伟大复兴的宏伟蓝图，吹响了奋进新征程的时代号角。

党的二十大报告从“实施科教兴国战略，强化现代化建设人才支撑”的高度，首次把教育、科技、人才进行“三位一体”统筹安排、一体部署，为到 2035 年建成教育强国指明了前进方向。

这一年，教育优先发展战略得到进一步落实。党中央、国务院一如既往地高度重视教育工作，各项改革举措让美好的教育追求扎实落地，中国教育正向着更加优质、更加均衡、更加公平的目标迈进。教育的中国特色更加鲜明，教育面貌正在发生格局性变化。

这一年，一系列教育新政纷纷出台。中共中央办公厅印发《关于建立中小学校党组织领导的校长负责制的意见（试行）》，坚持和加强党对中小学校的全面领导;印发新版义务教育课程方案和课程标准,为培养时代新人奠基;印发《关于深化现代职业教育体系建设改革的意见》,推动建立多形式衔接、多通道成长、可持续发展的梯度职业教育和培训体系;印发《关于深入推进世界一流大学和一流学科建设的若干意见》,公布第二轮"双一流"建设高校及建设学科名单,新一轮"双一流"建设扬帆启航。

这一年,教育的法治体系建设进一步健全。《中华人民共和国家庭教育促进法》正式实施,我国全面开启"依法带娃"时代;新修订的《中华人民共和国职业教育法》正式施行,首次以法律形式确定了"职业教育与普通教育具有同等重要地位"。学前教育法、学位法加快制定,教师法、国家通用语言文字法加速修订。

这一年,立德树人根本任务有效落实。深入推进"双减"工作,义务教育阶段线下学科类培训机构压减率达96%,非学科类培训全面纳入日常监管,中央确定的"双减"一年目标如期完成。针对疫情影响,更多关注学生心理健康,加强体育、美育、劳动教育,推动科学教育深度融入各级各类教育,促进学生全面发展的体制机制更加健全。

这一年,人民群众的教育获得感明显增强。学前教育、县域普通高中教育、特殊教育三大发展提升行动计划启动实施,全国2895个县全部实现县域义务教育基本均衡发展。规范义务教育发展专项工作稳妥推进,"公参民"学校问题有效治理。营养改善计划年受益学生3600多万,持续向"吃得有营养"迈进。扩大国家农村和脱贫地区定向招生专项计划,对国家乡村振兴重点帮扶县提供政策"工具包",教育助力乡村振兴迈出坚实步伐。

这一年,教育发展的活力持续激发。深入抓好《深化新时代教育评价改革总体方案》落实落地,出台基础教育四个评价指南、高校评估归口管理等配套文件,教育督导"长牙齿"目标基本实现。深化人才体制机制改革,新时代高等学校人才队伍建设得到加强和改进。实施基础教育强师计划,新时代"大国良师"梯次培养。深入推进"一带一路"教育行动,成功举办世界职业技术教育发展大会、国际人工智能与教育会议、世界慕课与在线教育大会,深度参与全球教育治理,我国教育的国际影响力进一步增强。

这一年,教育数字化进入新赛道。国家启动实施教育数字化战略行动,正式上线国家智慧教育平台;教育部印发《国家中小学智慧教育平台建设与应用方案》,加快推进教育数字化转型和智能升级。我国已建成世界上第一大数字教育资源库,为加快建设高质量教育体系提供了重要支撑,在支撑防疫"停课不停学"、助力"双减"、公平配置资源等方面发挥了重要作用。

这一年,教育大局总体安全稳定。教育系统坚定贯彻党中央疫情防控方针政策,坚决落实"疫情要防住、经济要稳住、发展要安全"要求,统筹抓好疫情防控和教育教学工作,切实保障师生身体健康,确保了中考、高考、研考等平稳有序举行。成功做好敏感期和党的二十大重要保障期教育安全工作,牢牢守住安全稳定底线,实现政治大年教育系统阵地稳固、人员稳控、校园稳定。

站在新的历史起点,锚定 2035 年建成教育强国的目标,要增强信念信心、坚定底气锐气,着力增强发展动能,系统提高发展效能,健全教育高质量发展体系,在高质量发展中开辟新领域新赛道,加快推进教育现代化、建设教育强国、办好人民满意的教育。

二

2022 年,是党和国家历史上极为重要的一年,也是湖北发展极不寻常、极不平凡的一年。一年来,面对风高浪急的国际环境,面对艰巨繁重的改革发展稳定任务,全省上下在省委坚强领导下,高效统筹疫情防控和经济社会发展,统筹发展和安全,奋发作为、顽强拼搏,顺利完成年初确定的目标任务,交出了难中求成、殊为不易的发展答卷。

紧跟大局大势,全省教育系统把学习宣传贯彻党的二十大精神作为首要政治任务,把服务湖北“先行区”建设作为最突出的使命担当,把共同缔造美好教育作为最贴心的民生工程,把构建高质量教育体系作为最重大的战略任务,把维护师生安康作为最紧要的头等大事,坚持从政治上看教育、从民生上抓教育、从规律上办教育,攻坚克难,勇毅前行,圆满完成年初确定的各项目标任务,“推进教育现代化”迈出关键性步伐,“教育强省建设”实现突破性进展,“办好人民满意的教育”取得标志性成果。

这一年,具有湖北特色的教育政策体系更完善。全省教育系统坚持以习近平新时代中国特色社会主义思想为指导,深入学习贯彻党的二十大精神和省第十二次党代会精神,全面谋划部署加快推进教育现代化、建设教育强省、办好人民满意教育的新蓝图,制定实施学前教育、义务教育、普通高中教育、特殊教育四个“发展提升行动计划”,先后就高等教育强省建设、现代职业教育高质量发展、省属高校一流学科建设、省属高校领导班子建设、教育督导体制机制改革等出台实施意见,努力构建具有湖北特色的教育发展新格局,奋力谱写新时代教育高质量发展的新篇章,教育强省建设步入快车道。

这一年,高质量学校党建体系更健全。切实加强党对教育工作的全面领导,省委、省政府召开全省教育表彰会议,完善省领导联系高校制度;省委教育工委修订议事规则,全面加强教育系统党建和全面从严治党工作,教育的基础性战略性支撑地位进一步夯实。切实加强教育系统基层党建工作,高校严格落实党委领导下的校长负责制年度执行情况报告制度,1000余所中小学校开展党组织领导的校长负责制试点,“为党育人、为国育才”的初心使命更加坚定笃行;不断优化政治生态和育人环境,听党话、感党恩、跟党走成为广大师生的共同追求,“请党放心,强国有我”的铮铮誓言在荆楚大地有力回响。

这一年,立德树人根本任务落实更有效。实施“大思政课——新时代共同成长工程”,打造大中小学思政课建设共同体,大中小学思政教育一体化格局初步构建,武汉大学“自强中国”、华中科技大学“百年中国”、华中农业大学“耕读中国”、华中师范大学“教育强国”、中国地质大学(武汉)“地理中国”、武汉纺织大学“尚美中国”、湖北经济学院“领航中国”、武汉铁路职院“速度中国”以及中小学“同声诵经典”系列展演等思政金课和活动深受学生喜爱,形成系列品牌放大效应。“五育并举”育人体系进一步健全,体育、美育、劳育和心理健康教育全面加强,“以德为先、全面发展”成为师生的行动自觉。

这一年,人民群众的教育获得感更充实。践行共同缔造理念,扎实开展党员干部“下基层察民情解民忧暖民心”实践活动,用心用情、从严从实办有温度的教育,全省13件重点教育实事项目绝大部分已完成或超额完成,高校为师生办暖心实事1.1万余件。牢牢守住教育系统安全底线,坚决落实校园疫情防控各项政策要求,做好线上线下教学模式转换,在疫情反复冲击之下,实现“防控不放松、教学不停步”,安全稳定的大局持续保持。

这一年,优质教育资源的覆盖面更广阔。实施万个公办幼儿园学位扩充项目,建成并投入使用公办园285所,新增公办学位6.8万个;推进县域义务教育教联体建设,新建、改扩建义务教育学校62所,增加学位6.5万个;推进县域普通高中发展提升,新建、改扩建普通高中校舍38万平方米、运动场23万平方米;推进职业教育增值赋能,立项建设29所省级高水平高职院校、84个高水平专业群、70所省级优质中职学校和120个优质专业。推进高等教育内涵式发展,7所高校32个学科入选国家第二轮“双一流”建设行列,总数居全国第4位;实施省属高校“一流学科建设突破行动”,首批遴选建设11所省属高校11个一流学科。

这一年,教育的支撑保障更坚挺。各级政府在财政收支平衡压力持续增大的情况下,全力落实“两个只增不减”,将教育作为增进民生福祉的优先领域予以保障,教育投入稳步增加。出台《关于进一步加强新时代中小学教师师德师风建设的实施意见》,全年省级统筹招聘中小学、幼儿园教师1.1万名,“国培”项目培训教师约7.5万人次。实施湖北省教育数字化战略三年行动计划,推进国家智慧教育平台湖北整省试点工作,搭建“1+4”省级平台,16个市州95个县(市、区)平台接入国家智慧教育体系。

这一年,教育服务经济社会发展的能级更强大。紧盯省委部署的“三高地、两基地”和三大都市圈建设，围绕“51020”产业体系，发挥高校创新驱动主力军作用，坚决打赢关键核心技术特别是“卡脖子”问题攻坚战，实现高水平科技自立自强。285 项省科技奖中，高校获得 221 项，占比 77.54%；实施“百校联千企”行动，全省高校共建校企合作平台 2000 余个、研发团队 1300 多个，开展横向合作项目 13000 余项，教育服务湖北“先行区”建设的水平明显提升。

这一年，教育仍然面临诸多挑战。在一些地方、一些学校，教育功利化、短视化问题还没有根本解决，唯分数、唯升学、唯文凭、唯论文、唯帽子的顽瘴痼疾还没有完全破除。少数地方存在的重智育轻德育、重分数轻素质等片面办学行为需进一步规范。学前教育普及普惠率还没有达到国家标准，义务教育教联体建设的政策理论供给滞后于实践探索，普通高中多样化发展实质性突破不大，职业教育社会吸引力有待进一步增强，省属高校世界一流建设学科立项仍未实现突破。对此，教育系统要积极应变、乘势而为、攻坚克难，在改革和发展中提质增效。

三

辩证地看，国家的顶层政策设计和湖北的地方制度创新相辅相成，国家的战略部署和湖北的探索实践相互印证。一方面，国家的重大教育政策和部署在湖北得到较好的贯彻落实，“湖北篇章”“湖北特色”印证了国家政策的科学性和有效性，把宏伟蓝图变成了美好现实；另一方面，湖北结合实际推进地方制度创新，“湖北方案”“湖北模式”对全国的教育改革发挥着实实在在的推动、示范和影响作用，有的上升为国家政策，在全国得到应用和推广。

2022 年，中共湖北省委办公厅印发《关于建立中小学校党组织领导的校长负责制的若干措施（试行）》，省委教育工委、省教育厅印发中小学校党组织会议、校长办公会议（校务会议）的议事规则示范文本，是对中共中央办公厅《关于建立中小学校党组织领导的校长负责制的意见（试行）》的细化和实化。湖北省教育厅等十四部门印发《湖北省学前教育发展提升行动计划（2022—2025 年）》《湖北省县域普通高中发展提升行动计划（2022—2025 年）》《湖北省特殊教育发展提升行动计划（2022—2025 年）》，是对国家层面学前教育、普通高中教育、特殊教育“三大行动计划”的细化和实化。湖北省人民政府《关于推动现代职业教育高质量发展的实施意见》是对中共中央办公厅、国务院办公厅《关于推动现代职业教育高质量发展的意见》的细化和实化。国家的重大教育政策，湖北一般都有相对应的配套落实文件。国家层面出台“意见”，湖北层面出台“实施意见”；国家层面出台“办法”，湖北层面出台“细则”。这些文件一方面对标国家的政策要求，完成规定动作，提出具体的任务书、时间表和路线图；另一方面，提出适合湖北特色的、可操作、有实效的政策要求和举措,形成地方政策支撑体系。

2022年,中共湖北省委、湖北省人民政府印发《关于全面推进高等教育强省建设的意见》,省人民政府办公厅印发《关于加快推进省属高校一流学科建设的若干措施》,省教育厅、省财政厅印发《关于进一步完善湖北省地方高校投入保障机制的若干措施》,全面实施高等教育强省战略,推进高等教育分类发展,形成布局合理、分类发展、特色鲜明、高峰凸起的高等教育高质量发展体系;省人民政府印发《关于进一步推进高校科技创新服务湖北高质量发展若干措施》,省教育厅印发《关于进一步加强省属高校横向科研项目和经费管理服务的指导意见》,激励高校科技创新,服务湖北先行区建设;省教育厅印发《关于推动县域教联体建设提升教育基本公共服务水平的指导意见》,着力优化教育资源配置,推进县域义务教育优质均衡发展和城乡一体化。这些政策是湖北适应形势,结合实际,推动地方教育制度创新的重要成果,不仅推动了湖北教育的改革和发展,对全国的教育改革和发展也具有示范和借鉴意义。

这些"对标"和"创新"带来了一系列亟待回应的理论与实践问题,迫切需要我们加强教育研究,特别是加强教育政策研究。这些教育政策研究与一般学术机构的教育研究有密切的关系,但也有相应区别。后者更关注采用规范的方法阐释教育现象背后的规律,为我们理解现象提供更丰富的视角和更深刻的洞见;前者更关注在研究基础上提供建设性的方案,这种方案不仅要有规范的方法论基础,还要符合政治规律、经济规律以及政策发展的规律。《湖北省教育政策研究报告(2022年)》将二者有机结合,既有经验材料的呈现,又有学术学理的分析;既聚焦了政策热点,也跟踪了研究进展;既用数据呈现了湖北教育事业发展的总体状况,也以专题、案例对各级各类教育和区域教育改革发展进行了深入剖析,对政府决策者、专业研究者和社会公众,都能够提供有价值的信息和启发。

新时代新征程,新奋斗新作为。党的二十大提出"加快建设教育强国",湖北省第十二次党代会提出"建设全国构建新发展格局先行区",赋予教育新的战略地位和历史使命,更为教育发展锚定了清晰而坚定的战略方位和努力方向。"强国建设,教育何为""建设先行区,教育怎么办",全省教育系统要在教育强国建设的"大战略"中展现湖北教育的新作为,在先行区建设的"一盘棋"中找到教育工作的新坐标,在国家和省重大教育政策的引领、推动下,深入实施学前教育学位扩充、县域教联体扩优提质、普通高中育人方式改革、特殊教育普惠融合发展、现代职业教育"一体两翼"建设、"双一流"建设攻坚突破等重大行动,着力构建更现代化、更具活力的教育治理体系,更加融合、更加多元的全面育人体系,更加完善、更具品质的教育结构体系,更加完备、更高要求的资源配置体系,以"教育之强"为湖北"先行区"建设增光,以"湖北教育之为"为"教育强国"建设添彩。

第一章　2022 年教育政策概述

2022 年，是党和国家历史上极为重要的一年。党的二十大胜利召开，将教育作为全面建设社会主义现代化国家的基础性、战略性支撑进行系统谋划，极具战略意义和深远影响。湖北掀起学习贯彻党的二十大精神热潮，进一步推进地方制度创新，完善具有湖北特色的教育政策体系，把习近平总书记关于教育的重要论述和重要指示批示有效转化为发展导向、政策举措和工作方法，将国家和省委关于教育的战略决策和重大部署落实到实际行动中，奋力写好国家政策湖北篇，推动教育事业取得新进步，各项工作有了新成效。

第一节　2022 年国家教育政策的主要精神

2022 年是值得铭记的一年。党的二十大报告首次把教育、科技、人才进行“三位一体”统筹部署，为教育高质量发展提供了前所未有的政策支持和历史机遇，也提出了新的方向指引和工作要求。这一年，“双减”落地一周年，新修订的义务教育课程方案和课程标准印发，“双一流”建设迈向新征程，职业教育法完成修订，重点领域和关键环节的改革不断深化，向着办好人民满意的教育不断推进。

一、加强党对教育工作的全面领导

加强党对教育工作的全面领导，是办好教育的根本保证。2022 年，教育系统坚持以习近平新时代中国特色社会主义思想为指导，全面落实习近平总书记关于教育的重要论述和党中央决策部署，及时将党的教育主张转化为国家意志和法律规范，切实加强中小学校党组织建设，完善高校党委领导下的校长负责制，党的旗帜在校园高高飘扬。

1. 党中央高度重视教育，重大教育政策经过中央深改委审议通过

2022 年，党的二十大报告首次提出教育是“基础性、战略性支撑”，凸显教育事业在党和国家工作全局中的分量之重。这一年,中央层面关于教育的顶层设计密集出台。中共中央办公厅发布《关于建立中小学校党组织领导的校长负责制的意见(试行)》,中央全面深化改革委员会第二十四次会议审议通过《关于加强基础学科人才培养的意见》,十三届全国人大常委会第三十四次会议表决通过修订的《中华人民共和国职业教育法》,中共中央办公厅、国务院办公厅发布《关于深化现代职业教育体系建设改革的意见》,教育改革发展的蓝图愈加翔实,路径愈加清晰。

表1-1-1　2022年中央深改委会议审议通过的与教育相关的文件

序号	政策文件	主要内容
1	2022年2月28日,习近平总书记主持召开中央全面深化改革委员会第二十四次会议,审议通过《关于加强基础学科人才培养的意见》	全面贯彻党的教育方针,落实立德树人根本任务,遵循教育规律,加快建设高质量基础学科人才培养体系。坚持正确政治方向,把理想信念教育贯穿人才培养全过程,引导人才深怀爱党爱国之心、砥砺报国之志,继承和发扬老一辈科学家胸怀祖国、服务人民的优秀品质。优化人才发展制度环境,打好基础、储备长远,发挥高校特别是“双一流”大学培养基础研究人才主力军作用,既要培养好人才,更要用好人才
2	2022年4月19日,习近平总书记主持召开中央全面深化改革委员会第二十五次会议,审议通过《关于完善科技激励机制的若干意见》	激励科技人员坚定爱国之心,砥砺报国之志,自觉为加快建设科技强国、实现高水平科技自立自强担当作为、贡献力量。坚持精神激励和物质激励相结合,重点奖励那些从国家急迫需要和长远需求出发,为科学技术进步、经济社会发展、国家战略安全等作出重大贡献的科技团队和人员。加大对青年科技人员的激励,敢于给年轻人担纲大任的机会,创造有利于青年人才脱颖而出的环境。健全科研经费稳定支持机制,持之以恒支持科研人员在基础性、公益性研究方向上“十年磨一剑”
3	2022年6月22日,习近平总书记主持召开中央全面深化改革委员会第二十六次会议,审议通过了《关于开展科技人才评价改革试点的工作方案》	坚持德才兼备,按照承担国家重大攻关任务以及基础研究、应用研究和技术开发、社会公益研究等分类进行人才评价,从构建符合科研活动特点的评价指标、创新评价方式、完善用人单位内部制度建设等方面提出试点任务,形成可操作可复制可推广的有效做法
4	2022年9月6日,习近平总书记主持召开中央全面深化改革委员会第二十七次会议,审议通过了《关于深化院士制度改革的若干意见》	注重在重大科学研究和国家重大工程中选拔院士,以重大贡献、学术水平、道德操守为准绳,防止增选中的不正之风。加强引导规范,鼓励和支持院士专心致志开展科研工作,强化作风学风建设,排除非学术性因素干扰。广大院士要提高政治站位,增强责任意识,主动承担国家急难险重科研任务,解决重大原创科学问题,以身作则净化学术环境,着力培养青年科研人才

胸怀“国之大者”，善谋“党之大计”。这一年，习近平总书记一如既往关心关切教育战线，考察了中国人民大学、宜宾学院、新疆大学、中国海洋大学三亚海洋研究院、陕西省延安中学等，给北京科技大学老教授、南京大学留学归国青年学者、北京师范大学“优师计划”师范生等回信，给世界职业技术教育发展大会致贺信等，对培养更多高素质人才、坚持立德树人、推动科技自立自强等作出重要指示，充分体现了党中央对教育事业的高度重视和对广大师生的亲切关怀，为推进教育改革、建设教育强国指明了前进方向，提供了根本遵循。

表1-1-2　2022年习近平总书记给教育的回信与贺信

序号	回信与贺信	主要内容
1	2022年2月24日，习近平总书记给中国冰雪健儿回信	新时代是追梦者的时代，也是广大青少年成就梦想的时代。希望你们心系祖国，志存高远，脚踏实地，在奋斗中创造精彩人生，为祖国和人民贡献青春和力量
2	2022年4月6日，习近平总书记致信祝贺厦门大学建校100周年	希望厦门大学全面贯彻党的教育方针，切实落实立德树人根本任务，为党育人、为国育才，与时俱进建设世界一流大学，全面提升服务区域发展和国家战略能力，为增强中华民族凝聚力和向心力，为全面建设社会主义现代化国家、实现中华民族伟大复兴的中国梦作出新的更大贡献
3	2022年4月22日，习近平总书记给北京科技大学老教授回信	希望北京科技大学老教授继续发扬严谨治学、甘为人梯的精神，坚持特色、争创一流，培养更多听党话、跟党走、有理想、有本领、具有为国奉献钢筋铁骨的高素质人才，促进钢铁产业创新发展、绿色低碳发展，为铸就科技强国、制造强国的钢铁脊梁作出新的更大的贡献
4	2022年5月18日，习近平总书记给南京大学留学归国青年学者回信	希望同志们大力弘扬留学报国的光荣传统，以报效国家、服务人民为自觉追求，在坚持立德树人、推动科技自立自强上再创佳绩，在坚定文化自信、讲好中国故事上争做表率，为全面建设社会主义现代化国家、实现中华民族伟大复兴的中国梦积极贡献智慧和力量
5	2022年5月31日，习近平总书记致信祝贺中国儿童中心成立40周年	希望中国儿童中心发扬光荣传统，团结广大儿童工作者，做儿童成长的引路人、儿童权益的守护人、儿童未来的筑梦人，用心用情促进儿童健康成长、全面发展
6	2022年6月20日，习近平总书记给陆军步兵学院2022届全体学员回信	希望陆军步兵学院全体学员坚定信念、脚踏实地，在部队大熔炉中全面锻炼、拼搏奋斗，不断成长进步，为强军事业贡献力量

续表

序号	回信与贺信	主要内容
7	2022年7月11日,习近平总书记给参加海峡青年论坛的台湾青年回信	希望你们多向台湾青年分享自己在大陆的经历和感悟,让更多台湾青年了解大陆,同大陆青年同心同行、携手打拼,锲而不舍、驰而不息,让青春在实现中华民族伟大复兴中国梦的伟大进程中绽放异彩
8	2022年9月7日,习近平总书记给北京师范大学"优师计划"师范生回信	希望北京师范大学继续秉持"学为人师、行为世范"的校训,珍惜时光,刻苦学习,砥砺品格,增长传道授业解惑本领,毕业后到祖国和人民最需要的地方去,努力成为党和人民满意的"四有"好老师,为培养德智体美劳全面发展的社会主义建设者和接班人贡献力量

表1-1-3 2022年习近平总书记考察学校和给教育的重要指示

序号	考察调研	重要指示
1	2022年3月30日,习近平总书记参加首都义务植树活动时叮嘱孩子们	要德智体美劳全面发展,不能忽视"劳"的作用,要从小培养劳动意识、环保意识、节约意识,勿以善小而不为,从一点一滴做起,努力成长为党和人民需要的有用之才
2	2022年4月10日,习近平总书记考察中国海洋大学三亚海洋研究院	建设海洋强国是实现中华民族伟大复兴的重大战略任务,要推动海洋科技实现高水平自立自强,加强原创性、引领性科技攻关,把装备制造牢牢抓在自己手里,努力用我们自己的装备开发油气资源,提高能源自给率,保障国家能源安全
3	2022年4月25日,习近平总书记在中国人民大学考察调研并发表重要讲话	我国有独特的历史、独特的文化、独特的国情,建设中国特色、世界一流大学不能跟在别人后面依样画葫芦,简单以国外大学作为标准和模式,而是要扎根中国大地,走出一条建设中国特色、世界一流大学的新路
4	2022年6月8日,习近平总书记在四川宜宾学院考察	幸福生活是靠劳动创造的,大家要保持平实之心,客观看待个人条件和社会需求,从实际出发选择职业和工作岗位,热爱劳动,脚踏实地,在实践中一步步成长起来。他勉励同学们自觉践行社会主义核心价值观,努力做到德智体美劳全面发展
5	2022年7月12日,习近平总书记考察新疆大学	育人的根本在于立德,要坚持社会主义办学方向,培养德智体美劳全面发展的社会主义建设者和接班人。推动新疆大学"双一流"建设不断迈上新台阶,希望同学们做为中国特色社会主义、为中华民族努力奋斗的一代青年
6	2022年10月26日,习近平总书记考察陕西省延安中学	在学生餐厅,习近平总书记向厨师们了解饭菜的价格和口味,叮嘱他们确保质量、注意卫生,让同学们吃得放心舒心;在教学楼里,勉励同学们从小树立远大理想,立志成为社会主义建设者和接班人,确保红色基因代代相传

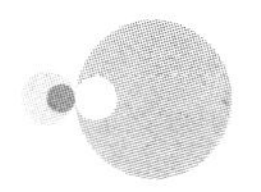

2. 学校思想政治工作更注重育人大格局，思政课的关键地位更加凸显

2022 年，学校思想政治工作更加关注贯通思政小课堂与社会大课堂，家庭、学校、政府、社会努力形成合力，积极构建全员、全过程、全方位的育人大格局。7 月，教育部等十部门印发《全面推进“大思政课”建设的工作方案》；10 月，教育部印发《关于进一步加强新时代中小学思政课建设的意见》；12 月，教育部办公厅印发《关于开展大中小学思政课一体化共同体建设的通知》，对丰富课程教学资源、构建“大思政课”体系、提高教师专业水平等作出部署，为落实党的二十大关于“育人的根本在于立德”的重要部署提出了具体指导意见。

案例1-1-1

江西：大中小学生同演红色剧本

为统筹推进大中小学思政课一体化建设，江西财经大学用青少年喜闻乐见的剧本游戏这一形式，通过“红色剧本＋”项目等一系列思政教育创新举措，让思政课“活”起来，让师生在游戏中学习，在学习中成长。

“红色剧本＋”项目是以中国共产党人精神谱系为主线，原创开发具有“全谱系＋全学段”特征的《新青年》《黄洋界上》《绝密使命》等“红色剧本＋”系列产品，覆盖大中小学各学段，以大学生作为主持人带领中小学生交流互促，形成独特的“大手拉小手·红色搭档”研学模式，促进了精神谱系、红色文化的创造性转化和创新性传播。

——资料来源：中国教育报 2022-12-17(01)

新时代新征程，思政课的关键地位更加凸显，充分彰显了思政课的政治引领和价值引领功能；统筹实施更受重视，学校“小课堂”、社会“大课堂”和网络“云课堂”协同育人成为共识；改革创新更加有力，遵循思想政治工作规律、教育教学规律和学生成长规律，完善体制机制，创新方法途径，切实增强思政课时代性、针对性、实效性，大力促进思政课改革发展。2022 年 9 月 1 日，新学年开学，国家智慧教育平台“树人课堂”专题正式上线，这是教育部精心打造的一套涵养学生文化自信、夯实学生思想根基、拓宽学生人生视野、陶冶学生志趣情操的“树人”课程“大餐”。其中“树人课堂”是落实习近平总书记“‘大思政课’我们要善用之”嘱托的一个重要举措。“树人课堂”专题内容以视频为主，共设“开学第一课”“走进思政课”“社会大课堂”“课后三点半”“毕业大讲堂”5 个子栏目，聚合各类资源 2000 多条，是国家智慧教育平台中热度最高的专题之一，有效提升了思政教育的吸引力、引导力和影响力。

3. 以中小学校领导体制改革为抓手,加强党对教育工作的全面领导

加强党对教育事业的全面领导是办好教育的根本保证。2022年1月,中共中央办公厅印发《关于建立中小学校党组织领导的校长负责制的意见(试行)》,强调要在中小学校建立党组织领导的校长负责制,把政治标准和政治要求贯穿办学治校、教书育人全过程、各方面,推动实施中小学校领导体制改革,发挥中小学校党组织领导作用、支持和保证校长行使职权、建立健全议事决策制度、完善协调运行机制,坚持和加强党对中小学校的全面领导。

这是加强党对基础教育全面领导的重大改革。教育部加强工作部署推动,通过视频调度、全面调研等形式指导各地加强文件宣传解读,采取线上线下相结合方式,举办全国中小学校党组织书记示范培训班,遴选一批地方贯彻落实的典型案例,宣传推广了一批改革经验和典型做法。各省市充分吸纳各方面意见建议,形成符合各地基础教育规律特点的改革方案,明确了建立和完善中小学校党组织领导的校长负责制的"施工图"和"任务书",厘清了抓落实的思路、线索、内容,以完善的制度体系设计,确保各项措施任务扎实落地,着力将制度优势转化为发展教育事业的强大动力,推动中小学校在党的全面领导下实现高质量发展。

案例1-1-2

各地加强党对中小学工作的全面领导

云南、河南等省专门出台中小学校党组织领导的校长负责制试点工作实施方案;甘肃省张掖市肃南裕固族自治县对各中小学配强书记、选好校长,为改革打好人事基础;天津市实验中学滨海学校健全党总支委员会议事机制、党政联席会决策机制、工会教代会审议机制、"大中小学思政"联动机制,不断提高议事决策的科学化水平。

——资料来源:中国教育报 2023-01-03(01)

二、统筹推进各类教育高质量发展

2022年是教育领域取得重大突破的一年。这一年,从基础教育到高等教育、职业教育,教育的每个领域都在发生深刻变化。从加强学科类隐形变异培训防范治理到全面提高县中教育质量、服务国家乡村振兴和人才发展战略;从全方位谋划基础学科人才培养到全力推进"双一流"高质量建设,突出培养一流人才、服务国家战略需求、争创世界一流的导向,从明确职业教育同等重要地位到全面改善职业学校办学条件,一项项举措的大力推进,推动了教育高质量发展,提升了人才培养质量,为服务国家战略提供了坚实支撑。

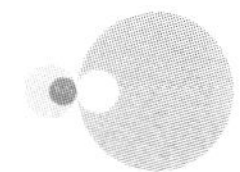

表 1-1-4　2022年国家出台的各类教育政策

序号	政策文件	主要内容
基础教育		
1	1月15日，教育部办公厅等五部门关于贯彻落实《中小学法治副校长聘任与管理办法》的通知（教政法厅函〔2022〕2号）	共20条，自2022年5月1日起实施。重点围绕中小学法治副校长“是什么”“干什么”“谁来管”“怎么聘”“如何干好”等问题，明确调整范围，拓展工作职责，完善管理体制，健全聘任机制，强化保障激励，系统设计中小学法治副校长聘任与管理制度
2	1月26日，中共中央办公厅印发《关于建立中小学校党组织领导的校长负责制的意见（试行）》	健全发挥中小学校党组织领导作用的体制机制，把党建工作作为办学治校的重要内容，发挥基层党组织作用，切实加强党员队伍建设，使基层党组织成为学校教书育人的坚强战斗堡垒。加强分类指导、分步实施，确保成熟一个调整一个，推动改革落到实处
3	3月3日，教育部办公厅等四部门关于印发《面向中小学生的全国性竞赛活动管理办法》的通知（教监管厅函〔2022〕4号）	共6章29条，由总则、申报条件、认定流程、组织要求、日常监管等部分组成。对认定流程、竞赛组织、加大违规查处力度等进行优化调整，对规范国际性竞赛提出要求，为规范开展面向中小学生的竞赛活动提供基本遵循和具体指导
4	3月25日，教育部关于印发《义务教育课程方案和课程标准（2022年版）》的通知（教材〔2022〕2号）	公布了新修订的义务教育课程方案和语文等16个课程标准，明确于2022年秋季学期开始执行。在课程方案上，完善了培养目标、优化了课程设置、细化了实施要求；在课程标准上，优化了课程内容结构、研制了学业质量标准、增强了指导性；在改革重点上，强调素养导向、优化课程内容组织形式、突出实践育人
5	3月29日，教育部办公厅《关于做好2022年中考命题工作的通知》（教基厅函〔2022〕6号）	力争2022年实现省级统一命题。确不具备条件的省份，要研究提出加快推进省级统一命题的工作方案，明确时间表、路线图，到2024年实现中考省级统一命题。取消中考考试大纲或考试说明，不得超标命题和随意扩大、压减考试内容范围，严禁将高中课程内容、学科竞赛试题以及校外培训内容作为考试内容
6	4月2日，教育部等八部门关于印发《新时代基础教育强师计划》的通知（教师〔2022〕6号）	包括总体要求、具体措施、实施保障三部分。以高水平师范院校为引领，加强教师教育体系建设；以创新人才培养为目标，提升教师培养层次；以中西部欠发达地区教师为重点，推动师资优质均衡；以深化评价改革为牵引，提升教师队伍治理水平；以信息技术应用为抓手，推动教师队伍建设提质增效

续表

序号	政策文件	主要内容
7	4月21日,国务院教育督导委员会《关于公布通过义务教育均衡发展国家督导评估认定县(市、区、旗)名单的决定》(国教督〔2022〕1号)	公布2021年通过义务教育均衡发展国家督导评估认定的县(市、区、旗)名单,标志我国31个省(区、市)和新疆生产建设兵团的2895个县都实现了县域义务教育基本均衡发展。要求进一步加大对困难地区、薄弱环节和弱势群体的支持力度,做好县域义务教育均衡发展常态化监测复查,积极推进优质均衡
8	5月25日,教育部办公厅《关于加强学校校外供餐管理工作的通知》(教体艺厅函〔2022〕27号)	从六个方面部署各地教育行政部门和学校加强校外供餐管理工作:履行行业责任,完善管理体制,细化管理措施,加强监督检查,健全共治体系,严格责任追究,保障学生和教职工在校集中用餐食品安全和营养健康
9	6月24日,国家体育总局办公厅、教育部办公厅、发展改革委办公厅《关于提升学校体育课后服务水平促进中小学生健康成长的通知》(体办字〔2022〕88号)	从丰富学校体育课后服务内容、推动专业力量参与体育课后服务、扩大场地供给、强化组织保障等四个方面提出14条举措,支持学校全覆盖、高质量开展体育课后服务,引导广大青少年学生在运动中享受乐趣、增强体质、健全人格、锤炼意志,促进身心健康、全面发展
10	6月24日,教育部办公厅、财政部办公厅《关于做好2022年银龄讲学计划有关实施工作的通知》(教师厅函〔2022〕13号)	将在义务教育阶段招募5000名讲学教师。重点向国家乡村振兴重点帮扶县、原"三区三州"等深度贫困地区倾斜,受援学校主要为县镇和农村学校。申请"银龄计划"的退休教师以校长、教研员、特级教师、骨干教师为主,年龄一般在65(含)岁以下,以高级教师为主
11	7月14日,财政部、教育部关于印发《中小学校财务制度》的通知(财教〔2022〕159号)	调整了《制度》的适用范围;明确党组织领导中小学校的财务管理工作;强化学校财务队伍建设;对学校采取不同方式为学生供餐的实际情况,分类提出财务管理要求;明确课后服务等服务性收费的管理要求;对预算管理、资产管理、财务报告制度等作相应调整和细化
12	8月8日,教育部办公厅《关于实施新时代中小学名师名校长培养计划(2022—2025)的通知》(教师厅函〔2022〕18号)	"双名计划"的培养对象为普通中小学、幼儿园、特殊教育学校从事一线教育教学和管理工作的教师和校园长,以及教师发展机构从事教育教学研究并指导一线实践的教研员。每一集中培养周期为三年,按照"中央与地方相结合、理论与实践相结合、统一与个性相结合、培养与使用相结合"的原则进行

续表

序号	政策文件	主要内容
13	9月2日，人力资源社会保障部、教育部关于印发《关于进一步完善中小学岗位设置管理的指导意见》的通知（人社部发〔2022〕58号）	健全教师岗位等级设置，中小学教师岗位等级设置划分为高、中、初级，按照国家现行事业单位专业技术岗位设置管理有关规定执行。科学制定岗位设置方案，优化岗位结构，实行县域统筹管理。规范开展岗位竞聘，加强聘后管理
14	11月4日，教育部《关于进一步加强新时代中小学思政课建设的意见》（教基〔2022〕5号）	明确了全面推进中小学思政课改革创新的指导思想、工作原则和工作目标。提出了五个方面的举措：深化教学管理创新，丰富课程教学资源，加强教师队伍建设，完善教研工作机制，构建大思政课体系
15	11月21日，教育部办公厅等十二部门《关于进一步加强学科类隐形变异培训防范治理工作的意见》（教监管厅函〔2022〕15号）	坚持依法治理、疏堵结合，校内校外同向发力；坚持问题导向、精准治理，着力破解学科类隐形变异培训“预防难”“发现难”“查处难”等问题；坚持协同联动，形成齐抓共管的工作合力
16	11月30日，教育部等十三部门《关于规范面向中小学生的非学科类校外培训的意见》（教监管〔2022〕4号）	非学科类培训时间不得和当地中小学校教学时间相冲突，线下培训结束时间不得晚于20:30，线上不得晚于21:00。非学科类培训机构要坚持公益属性，实行明码标价和信息公开。培训机构不得一次性收取或以充值等形式变相收取时间跨度超过3个月或60课时的费用，且不得超过5000元
17	11月30日，教育部关于发布《教师数字素养教育行业标准》的通知（教科信函〔2022〕58号）	共七个方面，规范教师数字素养的培训与评价，打造一支能适应教育数字化转型战略需求的师资队伍
职业教育		
1	4月20日，第十三届全国人民代表大会常务委员会第三十四次会议审议通过新修订的《中华人民共和国职业教育法》	自2022年5月1日起施行。该法从现行法的5章40条修改为8章69条，增加了“职业学校和职业培训机构”“职业教育的教师与受教育者”和“法律责任”三章，在加强党的领导、明确政府及部门职责、明确新时代职业教育目标和定位、完善职业教育体系、发挥企业重要办学主体作用、完善产教融合制度支撑、提升职业教育质量、加强职业教育经费保障等方面做了重要修改

续表

序号	政策文件	主要内容
2	5月17日,教育部办公厅《关于开展职业教育教师队伍能力提升行动的通知》(教师厅函〔2022〕8号)	由总体要求、重点任务、保障措施三部分组成,提出了六个方面的重点任务:完善职教教师标准框架,提高职教教师培养质量,健全职教教师培训体系,创新职教教师培训模式,畅通职教教师校企双向流动,营造关注职业教育教师队伍的良好氛围
3	7月23日,教育部《关于推进新时代普通高等学校学历继续教育改革的实施意见》(教职成〔2022〕2号)	强化公益属性,不得以营利为目的;自2025年秋季起,高等学历继续教育不再使用"函授""业余"的名称,统一为"非脱产";推进分类发展,支持地方高校重点举办"服务地方、办学规范、规模适度、特色鲜明"的学历继续教育
4	9月15日,教育部办公厅等五部门《关于实施职业教育现场工程师专项培养计划的通知》(教职成厅〔2022〕2号)	以中国特色学徒制为主要培养形式,多方合作培养一大批具备工匠精神,精操作、懂工艺、会管理、善协作、能创新的现场工程师,建设一批现场工程师学院。预计到2025年,累计培养不少于20万名现场工程师
5	9月22日,教育部办公厅《关于进一步加强全国职业院校教师教学创新团队建设的通知》(教师厅函〔2022〕21号)	着力打造一批德技双馨、创新协作、结构合理的创新团队,形成"双师"团队建设范式,为全面提高复合型技术技能人才培养质量提供强有力的师资支撑
6	10月7日,中共中央办公厅、国务院办公厅《关于加强新时代高技能人才队伍建设的意见》	构建以行业企业为主体、职业学校(含技工院校)为基础、政府推动与社会支持相结合的高技能人才培养体系。探索中国特色学徒制。深化产教融合、校企合作,开展订单式培养、套餐制培训,创新校企双制、校中厂、厂中校等方式,优化高技能人才培养资源和服务供给
7	10月25日,教育部办公厅《关于做好职业教育"双师型"教师认定工作的通知》(教师厅〔2022〕2号)	出台职业教育"双师型"教师基本标准(试行),启动"双师型"老师份级认定工作。明确认定范围,严格标准要求,加强组织实施,强化监督评价,促进持续发展,注重作用发挥
8	11月2日,教育部等五部门关于印发《职业学校办学条件达标工程实施方案》的通知(教职成〔2022〕5号)	明确了改善办学条件的重点任务:整合资源,优化布局,加强职业学校基础设施建设,优化职业学校师资队伍建设,改善职业学校教学条件,建设一批集实习实训、社会培训、技术服务于一体的高水平实训基地

续表

序号	政策文件	主要内容
9	12 月 20 日，中共中央办公厅、国务院办公厅《关于深化现代职业教育体系建设改革的意见》	提出了"一体、两翼、五重点"的举措。"一体"，即探索省域现代职业教育体系建设新模式；"两翼"，即市域产教联合体和行业产教融合共同体；"五重点"，即提升职业学校关键办学能力，建设"双师型"教师队伍，建设开放型区域产教融合实践中心，拓展学生成长成才通道，创新国际交流与合作机制。建立健全多形式衔接、多通道成长、可持续发展的职业教育培训体系
高等教育		
1	1 月 26 日，教育部、财政部、国家发展改革委《关于深入推进世界一流大学和一流学科建设的若干意见》（教研〔2022〕1 号）	强化立德树人，造就一流自立自强人才方阵；服务新发展格局，优化学科专业布局；坚持引育并举，打造高水平师资队伍；完善大学创新体系，深化科教融合育人；推进高水平对外开放合作，提升人才培养国际竞争力；优化管理评价机制，引导建设高校特色发展；完善稳定支持机制，加大建设高校条件保障力度
2	2 月 19 日，教育部关于印发《新时代马克思主义理论研究和建设工程教育部重点教材建设推进方案》的通知（教材〔2022〕1 号）	聚焦 7 大重点任务，以深入推进习近平新时代中国特色社会主义思想进教材为主线，用 5 年时间，重点建设 200 种左右精品教材，形成以马克思主义为指导、体现中国特色的高校哲学社会科学教材系列
3	3 月 9 日，教育部办公厅《关于开展全国高校书记校长访企拓岗促就业专项行动的通知》（教学厅函〔2022〕3 号）	专项行动以"用人单位大走访，全员联动促就业"为主题，以就业去向落实率低于当地平均水平的高校为重点，全国高校党委书记、校（院）长以及校级领导班子成员共同参与，在 2022 年 3 月至 8 月集中开展
4	3 月 10 日，教育部办公厅、农业农村部办公厅、中国科协办公厅《关于推广科技小院研究生培养模式助力乡村人才振兴的通知》（教研厅函〔2022〕2 号）	明确了工作目标、工作程序、申请条件、支持条件、支持保障。目前全国已有 30 余所涉农高校陆续建立了 300 多个科技小院，覆盖了 20 多个省（区、市）。需要进一步加大支持力度，扩大人才培养规模，加强规范管理，精准服务"三农"
5	4 月 19 日，教育部关于印发《加强碳达峰碳中和高等教育人才培养体系建设工作方案》的通知（教高函〔2022〕3 号）	加强绿色低碳教育，打造高水平科技攻关平台，推动专业转型升级，加快急需紧缺人才培养，深化产教融合协同育人，提升人才培养和科技攻关能力，加强师资队伍建设，推进国际交流与合作，为实现碳达峰碳中和目标提供坚强的人才保障和智力支持

续表

序号	政策文件	主要内容
6	4月27日,中共中央办公厅印发《国家"十四五"时期哲学社会科学发展规划》	第一部国家层面的哲学社会科学发展规划。以加快构建中国特色哲学社会科学为主题,以提升学术原创能力为主线,以加强学科体系、学术体系、话语体系建设为支撑,以重大项目、重点工程、重要平台为牵引,以体制机制改革创新为动力,努力建设学科布局优、学术根基牢、科研水平高、服务能力强、国际影响大的中国特色哲学社会科学
7	5月27日,中共中央宣传部、教育部印发《面向2035高校哲学社会科学高质量发展行动计划》	充分发挥高校主力军作用,以育人育才为中心、体系构建为主线、能力提升为重点、深化改革为动力,加快建构中国自主的知识体系,推进学科体系、学术体系、话语体系建设,加快构建中国特色哲学社会科学
8	6月22日,教育部办公厅、工业和信息化部办公厅、国家知识产权局办公室《关于组织开展"千校万企"协同创新伙伴行动的通知》(教科信厅函〔2022〕26号)	用5年时间,新增布局30个左右关键核心技术集成攻关大平台和100个左右教育部工程研究中心,推动建设一批校企创新联合体,联合部署一批协同攻关任务,突破一大批制约产业高质量发展的关键核心技术和共性技术,有组织推动1000所以上高校支撑服务10000家以上企业高质量发展
9	7月25日,教育部等十部门关于印发《全面推进"大思政课"建设的工作方案》的通知(教社科〔2022〕3号)	包括总体要求、改革创新主渠道教学、善用社会大课堂、搭建大资源平台、构建大师资体系、拓展工作格局、加强组织领导等七个方面,围绕突出主渠道建设、强化实践育人、大力推进思政教育信息化、加强队伍建设、拓展工作格局提出了22条举措,为全面推进"大思政课"建设提供科学指引
10	7月29日,教育部办公厅、农业农村部办公厅、中国科协办公厅《关于支持建设一批科技小院的通知》(教研厅函〔2022〕7号)	扩大支持范围,由原先的300多个扩展到780个,实现31个省份和新疆生产建设兵团全覆盖;强化协同培养,推动涉农研究生教育与生产实践紧密结合、与社会需求紧密结合、与农业农村发展紧密结合;加强条件保障,通过增量倾斜和存量调整,优先满足科技小院农业专业学位研究生培养的招生计划需求
11	8月29日,教育部《关于加强高校有组织科研 推动高水平自立自强的若干意见》	就推动高校充分发挥新型举国体制优势,加强有组织科研,全面加强创新体系建设,着力提升自主创新能力,更高质量、更大贡献服务国家战略需求作出部署

续表

序号	政策文件	主要内容
12	9月22日，教育部办公厅《关于进一步做好“优师计划”师范生培养工作的通知》(教师厅函〔2022〕22号)	由正文和附件两部分内容组成。从核心素养培养、培养机制建设、支持条件保障等方面对各地各校“优师计划”培养工作进行指导
13	10月7日，中共中央办公厅、国务院办公厅《关于加强新时代高技能人才队伍建设的意见》	从技能人才培养、使用、评价、激励等五个方面，科学提出了技能人才“十四五”时期乃至到2035年的目标任务
14	11月23日，教育部办公厅等四部门《关于加快新农科建设推进高等农林教育创新发展的意见》(教高厅〔2022〕1号)	加快构建多类型农林人才培养体系，着力提升农林专业生源质量，深入推动课程教学改革，不断强化教材建设和管理，建设高水平实践教学基地，打造高水平师资队伍，强化农科教协同育人，加强关键核心技术攻关，深化对外开放合作，创新评价机制，加大政策支持力度

(一)基础教育:在“上好学”上迈出坚实步伐

回首2022年，从党建引领到教师队伍建设，从学前教育到普通高中教育，从课程改革到评价改革，从校内校外的“双减”到互联网云端的“数字化”，“高质量”是贯穿基础教育领域方方面面的主线，也是改革发展的内核。这一年，包括《义务教育课程方案和课程标准(2022年版)》《新时代基础教育强师计划》《关于进一步加强新时代中小学思政课建设的意见》等一系列基础教育领域的重磅政策相继出台。“双减”扎实有效推进，整治学科类隐形变异培训更加彻底，科学的教育理念深入人心，教育生态日益清朗；义务教育课程方案和课程标准修订，强调“跨学科”学习，突破学科边界，为学校育人方式改革提供了新路标。基础教育系统稳中求进抓落实，接续奋斗写新篇，“幼有优育、学有优教”的高质量发展起势有力。

1. 基础教育重大项目建设促进了事业发展

2022年2月，教育部召开“十四五”国家基础教育重大项目计划实施部署工作会议，要求准确把握“三段一类”教育的不同阶段性发展需求，大力促进义务教育优质均衡发展、学前教育普及普惠发展、县域高中整体提升、特殊教育拓展融合。一年来，基础教育各学段重磅政策紧锣密鼓出台，高质量基础教育体系不断完善。

学前教育迈向“幼有优育”新阶段。落实《“十四五”学前教育发展提升行动计划》,把实现学前教育普及普惠安全优质发展作为提高普惠性公共服务水平、扎实推进共同富裕的重大任务。中央财政投入 230 亿元,推动各地以县为单位进一步提高学前教育普及普惠水平。2022 年教育部指导各省制订具体实施方案,做好入园需求预测,以县为单位完善普惠性幼儿园布局规划,健全普惠性学前教育保障机制,深入推进幼小科学衔接,进一步提高学前教育的普及普惠水平和科学保教质量,更好地服务国家人口发展战略。2022 年全国普惠性幼儿园 24.57 万所,比 2021 年增加 1033 所;全国学前三年毛入园率达 89.7%,比 2021 年提高 1.6 个百分点;全国普惠性幼儿园在园幼儿占比达 89.55%,比 2021 年提高了 1.77 个百分点。

案例1-1-3

上海加强社区托育服务建设

日前,上海市教委等 10 部门联合印发《关于加强本市社区托育服务工作的指导意见》,提出,“十四五”期间,上海社区托育服务工作目标是以街镇为规划单元,开设社区“宝宝屋”,按照街镇 1—3 岁常住幼儿数的 15%配置“宝宝屋”托额,其中 5 个新城地区按不少于 20%的比例配置。“宝宝屋”每年为每个有需求的 1—3 岁幼儿提供不少于 12 次的免费照护服务。每年为每个新生儿家庭提供 1 次上门指导服务。市、区有关部门依托“宝宝屋”和其他科学育儿指导机构,每年为每个有需求的幼儿家庭提供不少于 10 次的教养医结合、线上线下结合的免费科学育儿指导服务。“宝宝屋”安全防范应参照托育机构设置标准。每一个“宝宝屋”至少配置一名专兼职卫生保健人员,进行照护的从业人员与幼儿人数比例原则上不低于 1∶5,为幼儿家庭提供多样化的照护和育儿指导服务。

——资料来源:中国教育报 2022-12-11(01)

义务教育迈向“优质均衡”新起点。4 月,国务院教育督导委员会印发《关于公布通过义务教育均衡发展国家督导评估认定县(市、区、旗)名单的决定》,共 94 个县正式通过义务教育基本均衡发展国家督导评估认定。至此,全国县域义务教育基本均衡发展国家督导评估认定收官,31 个省(区、市)和新疆生产建设兵团的 2895 个县都实现了县域义务教育基本均衡发展。这是继全面实现“两基”后,我国义务教育发展中的又一重要里程碑,标志着我国义务教育站在了新的历史起点上。在此基础上,教育部启动了开展县域义务教育优质均衡创建工作,印发了《关于公布义务教育优质均衡先行创建县(市、区、旗)名单的通知》,在各省级教育行政部门遴选推荐的基础上,确定了 135 个义务教育优质均衡先行创建县(市、区、旗)率先攻坚,鼓励探索义务教育优质均衡发展的实现路径和有效举措,充分发挥

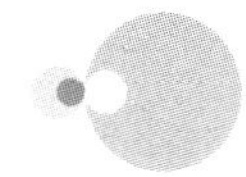

示范引领作用。同时，制定《关于构建优质均衡的基本公共教育服务体系的意见》，将学校建设标准化、城乡教育一体化、师资配置均衡化、学生关爱制度化作为重点，加快推进义务教育优质均衡发展。2022 年，各地通过新建改扩建等方式新增城镇义务教育学位 500 余万个；九年义务教育巩固率达 95.5%，比 2021 年提高 0.1 个百分点；义务教育阶段进城务工人员随迁子女在公办学校就读和享受政府购买学位的比例达 95.2%，比 2021 年提高了 4.3 个百分点。

案例1-1-4

河南以校长职级制助力优质均衡发展

近日，河南省政府办公厅印发《关于推进义务教育优质均衡发展的若干意见》，提出实施中小学校长职级制等八条措施，进一步缩小区域、城乡、校际差距，推进义务教育优质均衡发展。河南明确，将在全省各级各类基础教育学校开展校长职级评定工作，推进教育家办学。校长职级从高到低设置为一至五级，由市级教育部门评审认定本地一级、二级校长职级，县级教育部门评审认定本地三级、四级、五级校长职级，其中一级校长职级报省教育厅复核。评定指标包括办学思想、个人素养、专业能力、任职资历、办学成效五个方面。同时，河南还将开展万名校长培训，重点培养具备一定教学经验、管理能力的青年教师。

——资料来源：中国教育报 2022-12-06(01)

案例1-1-5

青岛提高义务教育生均公用经费标准

近日，青岛市教育局、市财政局印发《关于提高义务教育学校生均公用经费标准的通知》，决定从 2022 年 12 月起，该市小学、初中生均公用经费标准分别由小学每生每年 900 元、初中每生每年 1100 元，统一提高至小学每生每年 1300 元、初中每生每年 1700 元。本次提标所需经费按照现行财政体制由市级财政与区（市）财政分档次按比例分担。为完善教育经费投入稳定增长机制，青岛强调，全市各区（市）教育、财政部门要加强协调配合，明确工作职责，足额安排落实政策资金，及时拨付到位，确保当地义务教育生均公用经费标准不低于市定标准，同时建立健全全过程预算绩效管理机制，切实提高公用经费使用效益。

——资料来源：中国教育报 2022-12-15(03)

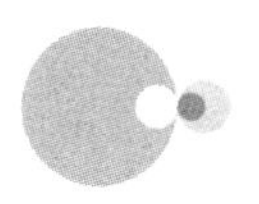

县域普通高中发展提升全面提速。2021 年 12 月,教育部等九部门印发《"十四五"县域普通高中发展提升行动计划》。2022 年 3 月,国务院政府工作报告明确强调要"加强县域普通高中建设";5 月,中共中央办公厅、国务院办公厅印发《关于推进以县城为重要载体的城镇化建设的意见》,在新型城镇化战略和乡村振兴战略下,县中振兴有了更牢固的根基;同时,教育部办公厅印发《关于组织实施部属高校县中托管帮扶项目的通知》,组织 48 所部属高校和相关专业教育机构,面向中西部、东北地区 23 个省份和新疆生产建设兵团,托管帮扶 115 所县中。各地也纷纷出台普通高中发展提升行动计划重点任务及分工方案等,从舆论场中的"县中塌陷"到真刀真枪的"县中提升",我国普通高中进入发展的快车道,并带动义务教育、学前教育和职业教育的相关改革,带来县域教育生态的重塑。2022 年,全国普通高中学校 1.50 万所,比 2021 年增加 441 所;高中阶段毛入学率达 91.6%,比 2021 年提高 0.2 个百分点。

2. 基础教育"三段一类"质量评价体系基本形成

2022 年 1 月,教育部印发《普通高中学校办学质量评价指南》,从办学方向、课程教学、教师发展、学校管理、学生发展 5 个层面设置了 18 项关键指标和 48 个考查要点,构建了一体设计、多维系统的评价标准和体系。《评价指南》强调要坚持正确政绩观和科学教育质量观,不给年级、班级、教师下达升学指标;把"将办学理念和特色发展目标融入学校管理、课程建设、学生发展、教师发展和校园文化建设等方面,努力办出学校特色"作为重要考查要点,引导普通高中学校加强学生综合素质培养;把"落实公办民办学校同步招生和属地招生政策"作为重要考查要点,严格招生工作纪律。我国普通高中教育进入新高考、新课程、新教材改革和质量评价改革同步实施、协同推进的"黄金期"。

2022 年 2 月,教育部印发《幼儿园保育教育质量评估指南》,引导幼儿园尊重幼儿年龄特点和发展规律,坚持保育教育结合,以游戏为基本活动,不断提高幼儿园办园水平和保教质量;9 月开学,各省(区、市)全面推行入学准备和入学适应教育。幼儿园保教质量整体提升,幼小"双向奔赴"着力解决有损幼儿身心健康的幼儿园"小学化"问题,有效缓解家长教育焦虑。我国学前教育总体上从"幼有所育"迈向"幼有优育"的新阶段。

2022 年 3 月,教育部印发《义务教育课程方案和课程标准(2022 年版)》,这是继 2001 年颁布的义务教育课程方案和 2011 年出台的义务教育课程标准后,以十年为一个周期的义务教育课标修订重要成果,标志着新一轮基础教育课程改革拉开序幕,也描绘了中国未来十年乃至更长时间义务教育阶段学校的育人蓝图。其中,劳动课成为中小学一门独立课程;整合小学原品德与生活、品德与社会和初中原思想品德为"道德与法治",进行九年一体化设计;改革艺术课程设置,一至七年

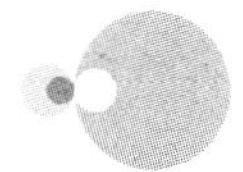

级以音乐、美术为主线，融入舞蹈、戏剧、影视等内容，八至九年级分项选择开设；科学、综合实践活动开设起始年级提前至一年级。自2022年秋季学期起，这些新变化陆续落实到中小学课堂上。新课标的推进意味着在课程内容结构、学业质量标准等方面都有较大变化，体现了核心素养导向，引领教学实践及教学评价从核心素养视角来促进和观察学生的全面发展。此外，新课标特别强调"跨学科"学习，强化学科间的相互关联，增强课程的综合性和实践性。伴随着《义务教育课程方案和课程标准(2022年版)》的实施，我国义务教育课程改革进入一个崭新的时代——核心素养时代，我国义务教育学校育人方式改革有了新路标。

2022年11月，教育部印发《特殊教育办学质量评价指南》，这意味着，我国已形成基础教育"三段一类"质量评价体系，教育评价改革新格局基本确立。《特殊教育办学质量评价指南》从政府履行职责、课程教学实施、教师队伍建设、学校组织管理、学生适宜发展5个角度设置了18项关键指标和49个考查要点，构建了五位一体、全面多维的评价标准和体系，强调结果评价与增值评价、综合评价与特色评价、自我评价与外部评价、线上评价与线下评价相结合，并突出评价结果的运用，把特殊教育办学质量评价结果纳入县级人民政府绩效考核，首次将县级人民政府纳入绩效考核责任主体，同时"作为对学校奖惩、政策支持、资源配置和考核校长的重要依据"，构建齐抓共管、上下联动的特殊教育治理格局，为特殊教育高质量发展提供"新引擎"。

案例1-1-6

天津大力发展提升特殊教育

近日，天津市发布《"十四五"特殊教育发展提升行动实施方案》，提出了八项主要任务23条具体措施，包括持续提高残疾儿童义务教育普及水平，大力发展非义务教育阶段特殊教育，加强普通教育和特殊教育融合，推动职业教育和特殊教育融合，促进医疗康复、信息技术与特殊教育融合，改善特殊教育办学条件，巩固完善特殊教育经费投入机制(义务教育阶段特殊教育学校和随班就读残疾学生生均公用经费拨款每生每年不低于10000元)，加强特殊教育教师队伍建设等。明确到2025年，适龄残疾儿童义务教育入学率达到99%，随班就读比例达到50%，初步建立布局合理、学段衔接、普职融通的高质量特殊教育体系。

——资料来源：中国教育报 2022-09-09(01)

3. 基础教育强师计划为师资建设注入"强心剂"

强国先强教，强教先强师，强大的师资队伍是育人改革的重要支柱。2022年4

月,教育部等八部门联合印发《新时代基础教育强师计划》,着力推动教师教育振兴发展,提出了15项强师的战略性举措,努力造就新时代高素质专业化创新型基础教育教师队伍,为加快实现基础教育现代化提供强有力的师资保障。强师计划的实施,我国1586万基础教育教师队伍面貌迎来重大变化。师范教育将强起来,国家发改委重点支持50所左右师范院校加强教学科研设施建设,对每所高校中央预算内投资1亿元;乡村教育将好起来,越来越多的有志青年将成为乡村教育提质的坚实保障;教师待遇将提起来,加强乡村教师周转宿舍建设、着力提高乡村教师地位待遇等,为乡村教师"留得住、教得好"再上保险阀;教师素养将高起来,以信息技术应用为抓手,推动教师队伍建设提质增效。

强师惠师的利好还很多。2022年5月,教育部办公厅印发《关于加强小学科学教师培养的通知》,提出从源头上加强本科及以上层次高素质专业化小学科学教师供给,创新小学科学教师培养协同机制。2022年暑假,教育部和中科院举办首届"全国科学教育暑期学校",钟南山等19名院士和100余名科研工作者来到中小学教师身边作指导。10月,教育部和中科院又启动了"特色科学教师研修班"。全社会尤其是科技界对科学教育高度关注,科技资源向教育资源转化正在提速,科学家群体关注青少年人才培养、科技资源服务科学教育体系高质量发展的链式反应正在形成。

案例1-1-7

山东巨野暖心实事办到教师心坎上

近年来,山东巨野县不断提高乡村教师待遇水平,并从住宿、交通这些事关偏远乡镇教师切身利益的"关键小事"入手,解决乡村教师面临的实际困难。巨野县为偏远乡镇教师开辟了6条"爱心公交专线",并根据教师上下班时间专门定制车次,让全县6个偏远乡镇的农村教师全部免费乘坐公交车。为此,巨野县财政每年补助300万元以上,为近2000名乡镇教师办理了免费公交卡。此外,巨野县自2016年以来,连续6年累计投资4389万元,在全县15个乡镇建设了28处乡村教师周转宿舍,解决了948名乡村教师的住宿问题,实现了乡村教师周转宿舍全覆盖。多方吸引优秀人才从教。自2018年6月起,向新引进的应届全日制大学本科及以上学历毕业生发放生活补贴,财政补贴的具体标准为:博士、硕士、本科分别为每人每月3000元、2000元、1000元。

——来源:中国教育报 2022-06-06(03)

这一年,无论是有效落实"双减",还是适应新课标带来的新变化,加上疫情防控需要随时带来的“线上”“线下”教学切换，基础教育教师队伍肩负起了确保教育质量和维护社会稳定等多重职责，体现出教育人的有力担当。

4. 基础教育重点改革较好回应了民生关切

2022 年，针对人民群众关注的学生校外培训、身心健康、招生入学等教育难点热点问题，国家多措并举，有效化解群众急难愁盼问题，回应了群众关切。

教育评价改革持续深入。2022 年，河南、四川、山西、内蒙古、云南、陕西、青海、宁夏启动第五批新高考改革，全国 29 个省份全面实施高考综合改革。11 月，教育部办公厅印发《关于做好 2023 年普通高等学校部分特殊类型招生工作的通知》，对高校艺术类专业、高水平艺术团、高水平运动队、保送生招生工作提出明确要求。中考省级统一命题加速推进。教育部办公厅印发《关于做好 2022 年中考命题工作的通知》，明确提出到 2024 年所有省份实现中考省级统一命题，山西、安徽、福建等省份陆续实行了省级统一命题，国家评估、省级命题、市级实施的中考命题体系正在建立。此外，各地还积极探索完善体育、美育和劳动教育评价。

案例1-1-8

各地积极探索体音美评价改革

在体育评价方面。广东采用“素质评价＋统一考试”模式优化体育中考。山东推行“运动参与＋体质健康测试＋运动技能测试”方式确定体育科目成绩，逐步提高中考体育科目考试分值占比。江苏制定学生参加体育俱乐部活动、训练、比赛的积分标准，实施省、市、县、校、班体育积分榜单制度，探索计入学生综合素质评价模块，纳入中考体育平时成绩。

在美育评价方面。山东自 2022 年秋季学期初中一年级学生开始，将艺术类科目考核纳入中考，采用“过程性评价＋专项测试”确定考试成绩，以分数或等级形式呈现，作为考生录取限制条件使用。河南建立艺术素质测评、中招艺术考试、学业水平考试相结合的美育评价机制，将中小学音乐、美术、书法等艺术类课程以及参与学校组织的艺术实践活动情况纳入学业要求。

在劳动教育评价方面。山东将参与劳动教育课程学习和开展劳动、成果展示、劳动竞赛等实践情况全面真实客观记入档案，纳入学生综合素质评价体系，劳动素养评价结果作为评优评先的重要参考和毕业依据，山东烟台将“家务劳动”“读书”“志愿服务”列为综合素质评价获评 A 等级的必要条件。

——资料来源：《2022 中国基础教育年度报告》[J].《人民教育》，2023(3-4)

义务教育“双减”持续发力。“双减”作为一项“小切口推进大改革”的教育新政，2021 年的工作重心是针对校外“做减法”——大力整治教培机构乱象，营造良

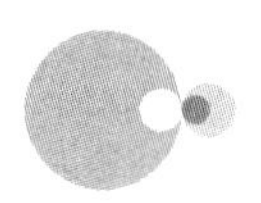

好教育外部环境;2022 年的工作重心是聚焦校内“做加法”,全国各地中小学的课堂教学普遍提质增效,作业设计更加“走新”和“走心”,课后服务多姿多彩,保障大多数学生在校内能够“吃饱”和“吃好”,也有效地减轻了很多家长的焦虑。另外,对于校外培训治理也没有放松,而是更加系统化。2022 年 11 月,教育部等部门先后印发《关于进一步加强学科类隐形变异培训防范治理工作的意见》《关于规范面向中小学生的非学科类校外培训的意见》,在坚决巩固学科类培训治理成果的同时,对整治学科类隐形变异培训、开展非学科类校外培训专项治理作出全面系统部署,使非学科类培训回归学校教育的有益补充定位上来。同时,对中小学竞赛活动进行规范。2022 年 3 月,教育部办公厅等四部门印发《面向中小学生的全国性竞赛活动管理办法》,进一步健全面向中小学生的竞赛活动管理制度,从源头减轻因竞赛带来的学生过重负担,斩断竞赛与培训挂钩的利益链。9 月,公布了未来三年的 44 项竞赛活动白名单,在严控总量的前提下优化了竞赛结构,更好体现了“五育”并举的育人导向。

案例1-1-9

青海狠抓培训机构平台监管

青海设立省、市(州)、县(市、区、行委)三级“双减”工作协调机制办公室,积极协调科技、文旅、体育等相关成员单位和银行机构共同推进校外培训机构全流程监管,重点聚焦预收费监管,不断加快推进非学科类校外培训机构资质从严审核,为实现全国平台内的校外培训机构全流程监管奠定了坚实基础。截至 2022 年 11 月,全省 5 个市(州)18 个县(市、区、行委)的 127 家在全国监管平台内的校外培训机构,全部实现监管账户 100%通过核验,资金支付渠道 100%开通成功,达到在全国监管平台对校外培训机构全方位、全流程监管的工作目标。

——资料来源:中国教育报 2022-11-01(01)

学生身心健康持续呵护。2022 年 2 月,教育部办公厅、国家卫生健康委办公厅、市场监管总局办公厅发布《关于进一步规范校园视力检测与近视防控相关服务工作的通知》,明确提出严禁无资质机构入校开展视力检测,严厉打击虚假违法营销宣传行为,严控近视防控产品和服务质量等,切实维护儿童青少年健康和权益。3 月,教育部办公厅印发《2022 年全国综合防控儿童青少年近视重点工作计划》,进一步加强组织领导,明确儿童青少年近视防控工作的部门职责及工作重点、完成期限。7 月,教育部办公厅印发《关于遴选 2022 年全国儿童青少年近视防控基地的通知》,部署遴选和建设首批全国儿童青少年近视防控基地。面对持续

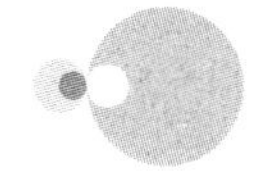

变异的病毒和不断变化的疫情防控形势，教育部召开12次全国教育系统疫情防控工作视频调度会议，4月印发《学校教职员工疫情防控期间行为指引（试行）》，要求因时因势、动态精准调整优化学校疫情防控工作，把师生的生命安全和身体健康放在第一位。

案例1-1-10

江苏连云港市“倾听一刻钟”行动化解中小学生心理困惑

从2022年5月开始，江苏连云港市创新开展中小学生心理健康教育，发起了“倾听一刻钟”行动，化解学生在学习、生活、人际交往、升学就业等方面的心理困惑问题。为保证“倾听”工作全面落实，连云港市健全了“市、县（区）、校、班”四级心理健康教育服务体系，搭建由学校专兼职心理健康教师、班主任、班级心理委员，以及心理医生和专家组成的服务队伍。以此为依托，进行面向所有学生的全员摸排，定期开展心理普测与结果分析，建立“一生一档”并定期更新学生心理健康档案，进一步提升学校心理健康教育预防干预能力，进一步凝聚家校共育合力，促进学生身心健康成长。各中小学还创新开展了“同伴听”“教师听”“重点听”和“特殊听”等活动。

——资料来源：中国教育报 2022-12-26(01)

招生入学工作持续规范。3月，教育部办公厅印发《关于进一步做好普通中小学招生入学工作的通知》（以下简称《通知》），要求全面落实义务教育免试就近入学和公民同招政策，科学合理划定片区，已经实行划片免试就近入学的地方，片区划定后应保持相对稳定，对出现学校布局调整、学龄人口变化较大等情况的，各地可在科学评估、广泛征求意见的基础上适当调整片区范围，提前向社会公布，并深入细致做好宣传解释工作；要求有序规范优质普通高中指标到校招生和省属（省级示范）、市属（市级示范）普通高中、高等学校附属中学招生，同步规范民办普通高中招生，进一步压减优质公办普通高中和民办普通高中跨区域招生计划；要求各地全面建立地市级或省级高中阶段学校统一招生录取网络平台，切实加强招生录取过程管理；严格落实公办学校参与举办的民办普通高中独立招生规定，严禁公民办学校混合招生。《通知》进一步提高了普通中小学招生入学工作的科学化、制度化、规范化水平，健全了公平入学的长效机制。

（二）职业教育：进入提质培优增值赋能快车道

2022年，职业教育勠力前行、积极作为，修订通过了《中华人民共和国职业教育法》，召开了首届世界职业技术教育发展大会，部署实施了学校办学条件达标工程和“双高计划”中期绩效评价,发布了“双师型”教师基本标准、职业教育专业简介和残疾人中等职业学校设置标准,职业教育的法治化、制度化全面加强,体系化、类型化程度更加完善,数字化、智慧化水平显著提高,服务经济社会发展的适应性和贡献力进一步增强,为社会主义现代化建设提供了有力的人力资源和技术技能支撑。

1. 职业教育法治化制度化建设取得重大进展

2022 年 5 月 1 日,新修订的《中华人民共和国职业教育法》正式颁布施行。这一历经三届全国人大、历时 14 年的法律修订终获通过,成为职业教育发展史上的里程碑事件。新修订的职业教育法明确规定“职业教育是与普通教育具有同等重要地位的教育类型”,为推动职业教育从“层次”到“类型”转变提供了法律保障。教育部会同相关部门制定并印发了《职业学校办学条件达标工程实施方案》;研究制定《职业教育“双师型”教师基本标准(试行)》,启动“双师型”教师分级认定工作;结合学习贯彻《中华人民共和国职业分类大典(2022 版)》,修订发布新版《职业教育专业简介》《职业教育专业教学标准》;根据新时代残疾人职业教育发展实际,修订通过《残疾人中等职业学校设置标准》。这些标准为规范职业教育办学行为、提高人才培养质量提供了制度和标准保障,丰富了类型教育内涵,为优化职业教育类型定位提供了重要支撑。

2. 职业教育体系建设进入完善优化的新阶段

2022 年 12 月,中共中央办公厅、国务院办公厅印发《关于深化现代职业教育体系建设改革的意见》,提出了“一体、两翼、五重点”的现代职业教育体系建设改革举措。“一体”,即探索省域现代职业教育体系建设新模式,这是改革的基座;“两翼”,即市域产教联合体和行业产教融合共同体,这是改革的载体;“五重点”,即围绕职业教育自立自强,提升职业学校关键办学能力、建设“双师型”教师队伍、建设开放型区域产教融合实践中心、拓展学生成长成才通道和创新国际交流与合作机制五项重要工作。随着职业本科教育的稳步发展,覆盖中等教育、高等教育专科和高等教育本科的层次结构初步形成,职业教育体系建设基本实现了“纵向贯通”的目标。2022 年,全国有超过一半的中职毕业生升入高职(专科)和本科继续学习;高职毕业生在保持高就业率的同时,每年也有接近 1/5 的学生实现升学深造;全国有本科层次职业学校 32 所,招生 4.14 万人,首届职业教育本科生于 2022 年顺利毕业,被授予学士学位。同时,教育部着力推进职业教育与普通教育渗透融合,各地也探索了很多成功的做法,职业教育的内循环和职教学生的固化身份正在被打破,职普深度融通、制度供给充分、条件保障有力的良好职业教育发展生态正在形成。

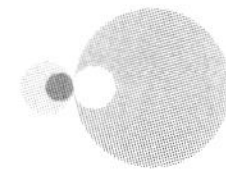

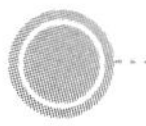

案例1-1-11

首个国家重大行业产教融合共同体成立

7 月 25 日，首个国家重大行业产教融合共同体（国家轨道交通装备行业产教融合共同体）成立大会在江苏常州举行。组建国家轨道交通装备行业产教融合共同体，是统筹职业教育、高等教育、继续教育协同创新，推进职普融通、产教融合、科教融汇的重大举措，是深化现代职业教育体系建设改革，增强轨道交通装备行业核心竞争力，培养更多更高素质的技术技能人才、能工巧匠、大国工匠的现实需要，标志着深化现代职业教育体系建设改革"一体两翼"总体布局全面铺开。据悉，国家轨道交通装备行业产教融合共同体首批成员单位覆盖 22 个省份，包括 9 所普通高校、34 所职业院校、中国中车及其 49 家所属制造类子公司，5 个产业聚集地区教育行政部门作为支持单位参与。

——资料来源：央广网 2023-07-26

3. 职业教育"双师型"建设摆在更加突出位置

办好职业教育，提高技能人才培养质量，必须建设"双师型"教师队伍。2022 年 9 月，教育部发布《关于进一步加强全国职业院校教师教学创新团队建设的通知》，要求各地职校要着力打造一批德技双馨、创新协作、结构合理的创新团队，加快职业教育和"双师型"教师队伍高质量发展，为全面提高复合型技术技能人才培养质量提供强有力的师资支撑。其中"双师型"教师占比不低于 50%。9 月，教育部办公厅等五部门《关于实施职业教育现场工程师专项培养计划的通知》提出，到 2025 年将有累计不少于 500 所职业院校、1000 家企业参与项目实施，累计培养不少于 20 万名现场工程师。10 月，教育部印发《关于做好职业教育"双师型"教师认定工作的通知》，要求加快推进职业教育"双师型"教师队伍高质量建设，健全教师标准体系。这是把"双师型"教师队伍建设落到实处的举措，有利于提高建设"双师型"教师队伍的积极性，破解"双师型"教师队伍建设浮于表面与形式的问题，从师资队伍建设层面更好支撑职业教育的高质量发展。目前，全国职业学校共开设 1300 多个专业，基本覆盖国民经济各领域。不断优化教师队伍结构，加快从具有 3 年以上企业工作经历的人员中公开招聘教师，"双师型"教师比例越来越高。我国职业教育从政府主体走向多元参与、从规模扩张走向内涵发展，由参照普通教育办学模式向企业社会参与、专业特色鲜明的类型教育转变。

4. 职业教育数字化转型升级成效显著

2022 年，我国启动国家教育数字化战略行动，职业教育在智慧教育的软硬件建设方面取得了显著成效。国家职业教育智慧教育平台正式上线运行，汇聚数字教育资源654万条，提供在线课程近两万门，覆盖600个职业教育专业，初步形成了职业教育数字化“1＋5”体系（即职业教育决策大脑系统和决策支持中心、专业教学资源中心、精品在线开放课程中心、虚拟仿真实习实训中心、职业学校治理能力提升中心）。数字技术在助教、助学、助管、助研等方面发挥的作用日益显现，特别是在新冠疫情防控期间，智慧教育的理念、方法和手段在职业教育的理论教学和实习实训等环节形成了多样化应用场景。教育部党组亲自规划部署，组织科研力量开展包括职业教育在内的教育数字化、智慧教育等方面的前瞻性、引领性研究，加快成果的生成和转化。职业教育领域以数字化转型驱动教学模式和治理方式变革的探索不断深化，迈向智慧教育的职业教育新形态正在形成。

5. 职业教育国际交流开辟主动作为的新主场

以2022年世界职业技术教育发展大会举办为标志，我国职业教育国际交流和合作开辟了新主场，转入主动作为的新阶段。大会同期成立世界职业技术教育发展联盟，举办首届世界职业院校技能大赛、世界职业教育产教融合博览会，形成“会、盟、赛、展”的国际交流合作新范式。《中国职业教育发展白皮书》同期发布，向全球推介中国职业教育改革发展的成果，传播中国职教好声音。“中国—东盟教育交流周”如期举行，“一带一路”职业教育国际研讨会成功举办，“中文＋职业技能”教育继续推广，“鲁班工坊”建设标准不断完善，中国代表团积极参加2022年世界技能大赛特别赛，取得了金牌榜第一名的好成绩。中国职业教育加快走出去的步伐，在国际社会的话语权和影响力不断增强。

（三）高等教育：成为服务国家战略主力军

2022年，作为科技第一生产力、人才第一资源、创新第一动力的重要结合点，高等教育通过实施基础学科教育教学改革试点、深入推进“双一流”建设、加强高校有组织科研等举措，在关键核心领域加快培养战略科技人才、一流科技领军人才和创新团队，为全面建成社会主义现代化强国提供有力支撑，为国家高质量发展作出了实质性贡献。

1. 党和国家对高等教育作出系列战略谋划

2022年1月，教育部、财政部、国家发展改革委印发《关于深入推进世界一流大学和一流学科建设的若干意见》，明确建设高校和建设学科要胸怀“两个大局”，心系“国之大者”，在解决中国问题、服务经济社会高质量发展中创造世界一流大学和一流学科新模式，突出培养一流人才、服务国家战略需求、争创世界一流的重点方向。2月14日，教育部公布第二轮“双一流”建设高校及建设学科名单，其中数学、物理、化学、生物学等基础学科布局59个、工程类学科180个、哲学社会科学学科92个，凸显了加强基础理论和新兴科技领域的战略导向。2月28日，中央深改委审议通过《关于加强基础学科人才培养的意见》，首次以中央文件形式对基础学科人才培养进行谋划和设计，强调要大力培养造就一大批国家创新发展急需的基础研究人才。“五四”青年节前夕，习近平总书记来到中国人民大学考察时表示，要扎根中国大地办大学，走出一条建设中国特色、世界一流大学的新路。8 月，教育部印发《关于加强高校有组织科研 推动高水平自立自强的若干意见》，就推动高校充分发挥新型举国体制优势，更高质量、更大贡献服务国家战略需求作出部署。10 月，党的二十大报告提出要开辟发展新领域新赛道，全面提高人才自主培养质量，着力造就拔尖创新人才，加强基础学科、新兴学科、交叉学科建设，聚天下英才而用之。

2. 高等教育服务国家战略成就卓著

这一年，面对国际竞争加剧、数字时代来临、疫情反复、经济下行压力等诸多挑战，高等教育围绕服务国家战略需求开展了丰富的实践探索，在加强国家急需高层次紧缺人才培养、着力支撑高水平科技自立自强、全面提升教育服务区域发展能力等方面取得了不凡的成就。我国已建成世界最大规模的高等教育体系，我国高等教育在学总人数超过 4430 万人，毛入学率从 2012 年的 30%提高至 2022 年的 59.6%，实现了历史性跨越，进入世界公认的普及化阶段；一批大学和学科已跻身世界先进水平，中国高等教育整体水平进入世界第一方阵。2022 年我国高等院校毕业生数量达到 1076 万人，首次突破千万，3000 多所高校分布在祖国的大江南北，高校承担着 80%以上的国家自然科学基金项目。在深化卓越人才、紧缺人才培养机制融合创新方面，12 个未来技术学院与 50 余家科研院所、100 余家龙头企业、高新企业深入合作，加快凝练前瞻性未来技术方向；50 个现代产业学院激发“政、产、学、用”等多方活力，为产业高质量发展注入新动力。

案例1-1-12

陕西省 2022 年“双一流”建设资金 9.3 亿元

2022 年底，陕西省财政厅新增下达高校“双一流”建设补助资金 2.8 亿元，支持省内高校高水平和优势学科的培育发展，全年累计安排高校“双一流”建设资金达到 9.3 亿元。新增补助资金坚持“分层分类＋精准支持”的原则，在保持原支持力度不变的情况下，按照三个层次分类支持：对已列入国家“双一流”建设学科，按照每个学科每年 500 万元标准给予支持；对有望冲刺下一轮“双一流”建设学科，按照每个学科每年 3000 万元标准给予支持；对有发展潜力建设学科，按照每个学科每年 2000 万元标准给予支持。“十四五”期间，陕西力争新增 1—2 所学校、3—5 个学科建成国家“双一流”院校和学科，省财政投入高校“双一流”建设资金将达到 43.7 亿元。

——来源：中国教育报 2022-12-28(03)

3. “大思政课”建设凝聚教育合力

2022年7月,教育部等十部门联合印发《全面推进“大思政课”建设的工作方案》,要求坚持开门办思政课,充分调动全社会力量和资源,建设“大课堂”,搭建“大平台”,建好“大师资”。从传统的思政课到“大思政课”,虽然只是一字之差,却体现了办好思政课的新理念、新视野、新格局。各地积极行动,有效探索。比如,甘肃省印发《全面推进“大思政课”建设工程实施方案》,遴选命名了首批9大类73个“大思政课”实践教学基地,从全省“五老”、先进模范、专家学者、道德模范中聘请了思政课兼职教师75名,共同推动“思政小课堂”和“社会大课堂”深度融合。天津市举办“新时代大中小学思政课一体化建设”交流会,提出要努力打造一批具有天津特色的思政课一体化品牌活动,推出一批有吸引力、有感染力的思政课一体化示范“金课”,产出一批优质思政课一体化课程资源,更好地为全国大中小学开展思政课一体化提供天津经验、天津方案。

4. 研究生教育迎来重大发展契机

2022年9月,国务院学位委员会、教育部发布《研究生教育学科专业目录(2022年)》和《研究生教育学科专业目录管理办法》。新版目录有14个门类,共有一级学科117个、博士专业学位类别36个、硕士专业学位类别31个,主要变化:一是体现了优化发展专业学位,支撑行业产业高质量发展;二是加强了对科技前沿和关键领域的学科支撑;三是更好地服务国家治理体系与治理能力现代化的需要;四是加强对弘扬中华优秀传统文化的学科专业支撑。9月27日,在教育部新闻发布会上,教育部表示,我国硕士研究生中,专业学位招生比例已超60%;同时,我国正加大力度推进专业学位博士研究生培养,招生比例已达到14.4%。10月,央视新闻报道,近年来的研究生招生考试中,专业硕士的招生规模正稳步增长,预计到2025年,扩大到总规模的三分之二左右。

案例1-1-13

各地大力发展专业学位研究生教育

2022年江西省教育厅提出到2030年,全省硕士专业学位研究生在校生的比例提高至70%左右、专业博士学位授权类别增加至20个。福建省再次扩大专业学位授权布局,新增硕士学位授予单位原则上只开展专业学位研究生教育。山东省印发《关于申报研究生创新计划立项项目的通知》,明确2022年项目申报重点将围绕专业学位研究生教育展开,与专业学位研究生教育无关的课题一般不予立项。

——资料来源:根据《中国教育报》相关报道整理

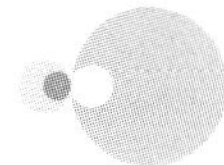

5. 新农科建设得到进一步重视

2022 年 7 月，教育部等三部门印发《关于支持建设一批科技小院的通知》，从三个方面加大对科技小院支持力度。一是扩大支持范围，由原先的 300 多个扩展到 780 个，实现 31 个省份和新疆生产建设兵团全覆盖；二是强化协同培养，推动涉农研究生教育与生产实践紧密结合、与社会需求紧密结合、与农业农村发展紧密结合；三是加强条件保障，优先满足科技小院农业专业学位研究生培养的招生计划需求。8 月，教育部组织全国新农科建设中心制定了《新农科人才培养引导性专业指南》，面向粮食安全、生态文明、智慧农业、营养与健康、乡村发展等五大领域，设置了生物育种科学等 12 个新农科人才培养引导性专业。12 月，教育部、农业农村部、国家林业和草原局、国家乡村振兴局联合印发《关于加快新农科建设推进高等农林教育创新发展的意见》，实施农林拔尖人才培养计划，科教协同探索本硕博一体化培养，培养一批高层次、高水平、国际化的农林人才；鼓励校地合作，推进涉农专业订单定向人才培养计划，实施“入学有编、毕业有岗”改革试点等。

案例1-1-14

福建：建设科技小院 赋能乡村振兴

近年来，福建省积极搭建平台，创建推广 4 批共 33 家科技小院，成立全国首家科技小院省级联盟，发布全国首个《“科技小院”建设与管理指南》团体标准，努力实现“建设一个小院、入驻一个团队、辐射一个产业、示范农村一大片”的效应，培育一批爱农兴农新型人才，不断探索新时代科技服务乡村产业振兴新样板。建立科技小院工作机制，设立首席（责任）专家、小院院长，入驻专家团队，负责解决技术服务和成果转化关键问题；组织研究生长期驻扎，开展跟踪服务发现问题。截至 2022 年底，科技小院累计开展科技服务 380 多次，举办新品种技术观摩会 260 多场，培训乡土人才和当地农民 5100 多人次，受益农民 3.6 万多人次。

——资料来源：科技日报 2023-05-29(02)

三、努力培养全面发展的时代新人

办教育，就是要提高人民综合素质，促进人的全面发展，提升社会文明程度，坚定文化自信，增强全民族创造活力。2022 年，教育系统进一步强化体育、美育、劳动教育、科学教育，以扎实行动促进学生全面发展，厚植爱党、爱国、爱人民、爱社会主义的情感，努力培养德智体美劳全面发展的社会主义建设者和接班人。

1. 学校体育与健康教育受到前所未有的重视

2022年2月,教育部印发《关于开展2022年“师生健康中国健康”主题健康教育活动的通知》,要求各地教育行政部门和学校将开展主题健康教育活动纳入工作规划,在配备校医、健康教育教师、保健教师等人员方面落实政策要求。3月,中共教育部党组印发《关于学习贯彻习近平总书记给中国冰雪健儿重要回信精神的通知》,要求完善“面向人人”的学校体育教学改革,聚焦“教会、勤练、常赛”推进思想观念变革,不断完善“健康知识+基本运动技能+专项运动技能”教学实施要求,培养学生1-2项终身受益的体育运动技能,帮助广大青少年通过体育锻炼享受乐趣、增强体质、健全人格、锤炼意志。6月,《中华人民共和国体育法》由十三届全国人大常委会第三十五次会议修订通过,明确要求“保障学生在校期间每天参加不少于一小时体育锻炼”,将学校体育置于优先发展的战略地位,从学校延伸至行政部门、社会组织甚至各个家庭。各地全面落实健康第一理念,体育成为学生受益终身的“人生课”。

案例1-1-15

河北保定:学生午休可以“躺着睡”

河北省保定市将中小学生“午休躺睡”工程列入20项民生实事项目之一。全市中小学校通过更换座椅、购买床垫等方式,让广大中小学生午休由“趴着睡”转变为“躺着睡”,以提高学生午睡质量,促进学生健康成长,此举惠及全市24414名中小学生。为推进这项工程全面落地,保定加大财政投入,确保真正实现学生中午在校能躺睡1个小时的硬任务;要求全市各中小学校不能盲目“抄作业”,要做到“一校一策”,学校根据自身实际和学生的年龄、学段特点,合理确定午休躺睡方式。

——资料来源:中国教育报 2023-03-01(03)

2. 学校美育形成新气象、新格局

学校美育课程体系不断完善。2022年3月,教育部颁发的义务教育各科课程标准中,艺术课程标准的改革力度与调整幅度之大前所未有。本次修订的义务教育艺术课程标准将之前的义务教育音乐课程标准、美术课程标准、艺术课程标准等三个标准合而为一,课程内容包括音乐、美术、舞蹈、戏剧(含戏曲)、影视(含数字媒体艺术)等五大艺术形态,并明确了义务教育阶段艺术课程的四个方面核心素养:审美感知、艺术表现、创意实践、文化理解,引导艺术课程学习从综合到分项,为培养学生1-2项艺术特长奠定基础。这些变化是学校美育不断强化课程育

人导向、不断优化课程内容结构、进一步践行学科综合发展、提高美育整体育人质量的必然选择。

丰富多彩的艺术展演活动体现了学校美育育人成果。2022 年，全国第七届中小学生艺术展演活动进入全国现场展演阶段。展演活动以“阳光下成长”为主题，从艺术表演、学生艺术实践工作坊、艺术作品、中小学美育改革创新优秀案例等四个方面，全方位展示我国基础教育阶段学校美育的优秀成果，并有力带动了各地学校开展丰富多彩的美育实践活动，有效形成“一校一品”“一校多品”、生动鲜活的学校美育新气象、新格局。

学校美育智库建设成效明显。首届全国中小学美育教学指导专业委员会于 2021 年成立，2022 年多个省份成立美育教学指导专业委员会，学校美育智库建设和机制建设取得重大进展，美育管理者和骨干教师培训取得良好成效。

案例1-1-16

天津：创新美育师资培养机制

为全面加强和改进新时代学校美育工作，天津创新美育教师培养机制，制定实施学校美育教师配备行动计划，实施美育教师“培元工程”，全面提高美育教师思想政治素质、职业道德水平和教学育人能力，实现以美育人、以美化人、以美培元，以适应新时代学校美育发展需求。大力推动“戏曲进校园”，陆续举行学校戏曲师资提升实训班，开阔学校教师传播戏曲艺术的思路与视野；举办系列音乐教师教学交流提升活动，引领全市学校艺术学科教师坚持立德树人，切实推动美育教师“培元工程”逐步走向深入。

——资料来源：中国教育报 2023-03-01(03)

3. 劳动教育课程体系进一步完善

随着劳动教育被正式写入党的教育方针，尤其是《关于全面加强新时代大中小学劳动教育的意见》和《大中小学劳动教育指导纲要（试行）》等文件的相继颁布实施，劳动教育实践进入蓬勃发展的新阶段。2022 年 3 月，教育部印发《义务教育劳动课程标准（2022 年版）》，明确将劳动从综合实践活动课程中完全独立出来，标志着我国义务教育阶段德智体美劳全面培养的教育体系进一步完善，以劳动课程带动劳动教育高质量发展有了良好基础。我国中小学劳动教育体系逐步完善，各地建立了一批劳动教育实验区、实践基地，全面深入推动劳动教育开展。教育部组织开展学生劳动素养发展状况调查分析及反馈，督促推动各地加快落实劳动教育要求。统筹建设国家智慧教育公共服务平台基础教育、职业教育、高等教育三个劳动教育板块，已上线资源 3000 余条。

4. 科学教育摆上重要突出位置

2022年3月,教育部与中国科学院、中国工程院举行会商会议,研究如何加强和深化科学教育和工程教育,共谋合作发展。5月,教育部办公厅印发《关于加强小学科学教师培养的通知》,提出建强科学教育专业,扩大招生规模,强化小学科学学科教育教学方法实训,着力培养理工科专业背景、能胜任小学科学课程教学任务的教师。7月,教育部、中国科学院、中国工程院和中国科协举行国家智慧教育平台"暑期教师研修"专题上线暨"全国科学教育暑期学校"启动仪式,这是科教融合共同推动教师成为教育变革主力军的重要实践和积极探索。7月20日至9月9日,12所师范大学联合中国科学院分院和院属单位在北京及11个中国科学院地方分院所在城市举办了12期培训,1244名中小学科学教师参与线下培训,并通过国家智慧教育公共服务平台"暑期教师研修"专题直播,累计点击量超过6400万次。9月,中共中央办公厅、国务院办公厅印发《关于新时代进一步加强科学技术普及工作的意见》,提出激发青少年好奇心、想象力,增强科学兴趣和创新意识作为素质教育重要内容,把弘扬科学精神贯穿于教育全过程;教育部、国资委共同组织召开卓越工程师培养工作推进会,18家国家卓越工程师学院建设单位联合发布《卓越工程师培养北京宣言》。10月,教育部和中科院启动"特色科学教师研修班",着力提升中小学骨干科学教师的科学素养和科学教育实践能力,全面助力改进科学教育,大力加强创新人才培养。

参考文献:

[1] 王强.2022年全国十大教育新闻揭晓[N].中国教育报,2022-12-31(04).

[2] 高毅哲.踔厉奋发开新篇——二〇二二教育事业改革发展回眸[N].中国教育报,2022-12-30(01).

[3] 王新波,聂伟,赵晶晶,王敬杰.2022职业教育改革与发展报告[N].中国教育报,2022-12-27(05).

[4] 马陆亭.高等教育立足服务国家战略需求[N].中国教育报,2022-12-28(02).

[5] 郝志军,宋时春.以新课程理念导引育人方式变革——2022年基础教育课程改革发展述评[N].中国教育报,2022-12-28(09).

[6] 欧媚,程旭.2022教育事业发展交出亮眼答卷[N].中国教育报,2023-03-24(01).

(本节执笔人:朱爱国)

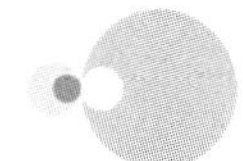

第二节　2022 年湖北教育政策的基本内容

2022 年是实施“十四五”的关键年，湖北的教育政策以贯彻落实国家教育战略、谋划加速推进教育现代化为重点，在推进基础教育发展提升、现代职业教育体系建设改革、高等教育强省建设等方面进行了系统谋划，在保安全、保健康、保运转、提师能、促保障等方面进行了精心部署。既保证了国家的决策部署在湖北得到不折不扣落实，又以鲜明的荆楚特色向全国提供了湖北方案、湖北样本。

表 1-2-1　2022 年湖北省主要政策性教育文件

序号	政策文件	主要内容
1	1 月 7 日，省教育厅办公室《关于进一步优化扩大学前教育资源资金项目备案及管理工作的通知》（鄂教幼高办〔2022〕1 号）	扩大学前教育资源资金主要支持地方用于公办幼儿园园舍建设、改善办园条件及扶持普惠性民办幼儿园三类项目，建立健全项目储备机制，对实施条件成熟的、前期准备充分的项目优先启动，优先支持
2	2 月 8 日，省教育厅等五部门关于印发《湖北省中小学校卫生室建设和校医配备实施方案》的通知（鄂教体艺〔2022〕1 号）	2023 年底，寄宿制学校和 600 人以上的非寄宿制学校，按照要求配齐卫生专业技术人员。2024 年底，600 人以下的非寄宿制学校，必须设置卫生室或保健室，全部配齐卫生专业技术人员或保健教师
3	2 月 11 日，省委编办、省教育厅关于印发《湖北省特殊教育学校机构编制标准》的通知（鄂编办文〔2022〕119 号）	按照师生比 1∶3 的标准，调整特殊教育学校教师编制数量，吸纳高水平综合性特教专业教师加入教师队伍，铸造一支具有敬业精神和现代教育理念、业务过硬的教师队伍
4	2 月 17 日，省教育厅关于印发《全省教育系统开展法治宣传教育的第八个五年规划（2021—2025 年）》的通知（鄂教政法〔2022〕1 号）	明确了总体要求、主要任务、工作举措、组织保障，强调坚持以培养和践行社会主义核心价值观为主线，以宪法教育为核心，结合党史、新中国史、改革开放史和社会主义发展史教育，深入开展教育系统法治宣传教育
5	3 月 1 日，省高等学校招生委员会《关于进一步完善国家教育考试标准化考点建设的通知》（鄂招委〔2022〕1 号）	确保建设完成标准化考点的网上巡查系统、考生身份验证系统、无线电作弊防控系统等系统；进一步优化完善标准化考点各系统，用好用足标准化考点各系统功能，切实解决标准化考点建设和应用中存在的各种实际问题，保障高考综合改革顺利推进

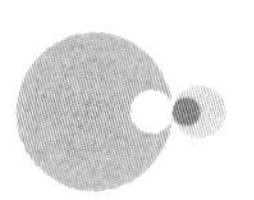

续表

序号	政策文件	主要内容
6	3月9日,省人民政府《关于推动现代职业教育高质量发展的实施意见》(鄂政发〔2022〕9号)	提出了五个方面20项举措。要求深入推进职业教育育人方式、办学模式、管理体制、保障机制改革,切实增强职业教育适应性,培养更多高素质技术技能人才、能工巧匠、大国工匠,到2025年基本建成具有湖北特色的现代职业教育体系,到2035年湖北职业教育整体水平居全国前列
7	3月9日,省编办、省教育厅等四部门《关于加大中小学教职工编制统筹调配力度全面达到国家基本标准的通知》(鄂编办发〔2022〕8号)	中小学教职工编制与学生的比例,按普通高中1∶12.5,初中1∶13.5,小学1∶19核定,优先保障农村中小学用编需求,将编制资源适当向农村边远地区、薄弱学校倾斜
8	4月21日,中共湖北省委、湖北省人民政府《关于全面推进高等教育强省建设的意见》(鄂政发〔2022〕4号)	从六个方面提出了20条措施。调整优化省域高等教育战略布局,分类推进"双一流"高校建设,实施应用型本科高校"双特色计划",实施体音美中医师范等专业性院校提升计划,实施高职院校"双高"计划,着力打造高等教育高原、高峰
9	4月23日,省委编办、省教育厅《关于乡村小规模学校和乡镇寄宿制学校教职工编制标准的意见》(鄂编办发〔2022〕41号)	对乡村小规模学校按照生师比和班师比相结合、就高不就低的方式核定编制。按师生比核定的,教职工与在校学生数的比例初中不得低于1∶13.5、小学不得低于1∶19;按班师比核定的,按班级与教职工1∶2.2—2.5的比例核定
10	4月27日,省教育厅、省科协《关于贯彻落实利用科普资源助推"双减"工作有关部署要求的通知》(鄂教基〔2022〕2号)	从支持各地各校引进科普资源到校开展课后服务、组织学生到科普教育基地开展实践活动、联合加强学校科学类课程教师培训、发挥科协组织在规范校外培训中的作用、建立健全工作协同推进机制等方面,推动科普资源助推"双减"工作,提高学生科学素质,促进学生全面健康发展
11	4月27日,省教育厅等六部门《关于做好非学科类校外培训机构分类管理的通知》(鄂教基〔2022〕1号)	非学科类培训机构区分为体育、文化艺术、科技等三个基本类别,按照"政府统筹、行业主管、以县为主、分工负责"的原则,分别由体育、文化旅游、科技部门负责审批和日常管理,教育、市场监管、民政等部门依法依规做好相关登记、监管等工作
12	5月10日,省教育厅《关于进一步加强和规范职业学校学生实习管理工作的通知》(鄂教职成〔2022〕1号)	将学生实习实训作为重要的基础性工作常抓不懈,明确工作职责,健全实习工作机构,加强实习过程管理,做到实习检查常态化、专项治理制度化、工作流程规范化、岗位实习本地化、监管手段信息化、过程管理责任化,确保实习工作规范有序

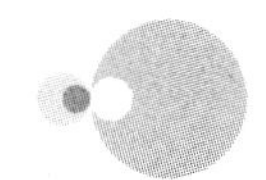

续表

序号	政策文件	主要内容
13	5月13日，省高等学校招生委员会关于印发《湖北省2022年普通高等学校招生工作规定》的通知（鄂招委〔2022〕2号）	明确了考试组织、考生档案、思想政治品德考核、身体健康状况检查、招生计划编制、录取批次和各批次志愿设置、志愿填报、投档录取等各方面的规定、规范和要求
14	5月26日，省委教育工委、省教育厅《关于推进高校"一站式"学生社区建设工作的指导意见》（鄂教工委〔2022〕7号）	明确了高校"一站式"学生社区建设的重要意义、内容要求、工作机制、工作平台、工作力量、组织领导、建设进度，以多样化方式精准精细做好学生工作，提升高校党建和思政工作系统化、精细化水平
15	5月26日，省财政厅、省教育厅关于印发《关于进一步加强乡村小规模学校特殊教育学校建设和管理的实施意见》的通知（鄂财教发〔2022〕37号）	人口20万及以上或残疾儿童相对较多、尚无特殊教育学校的县（市、区）原则上应建设一所特殊教育学校。不足20万人口的县（市、区），由市（州）统筹辖区内特殊教育资源，做好残疾儿童学位供给
16	6月7日，省教育厅《关于进一步加强中小学生心理健康教育管理工作的指导意见》（鄂教基〔2022〕4号）	建设全方位中小学生心理健康工作网络，提升心理健康教育管理专业化、系统化和规范化水平。指导各中小学校按师生比配备专兼职心理健康教师，将心理健康教师培训纳入各级教师培训计划，实现中小学心理健康骨干教师心理健康教育基本知识和技能培训全覆盖
17	6月12日，省人民政府办公厅印发《关于进一步支持大学生创新创业若干措施》的通知（鄂政办发〔2022〕27号）	从推进高校创新创业教育、加强大学生创新创业培训、优化大学生创新创业环境、加强大学生创新创业服务平台建设、落实大学生创新创业财税扶持政策、加大对大学生创新创业金融政策支持力度、促进大学生创新创业成果转化等提出十个方面务实管用举措
18	6月24日，省教育厅《关于进一步做好国家"学生饮用奶计划"推广管理工作的通知》（鄂教体艺〔2022〕2号）	提高思想认识，加强宣传引导，确保质量安全，夯实管理职责，严肃工作纪律，致力改善中小学生营养状况、促进健康发育、提高身体素质

续表

序号	政策文件	主要内容
19	6月29日,省教育厅、省市场监督管理局、省卫生健康委员会、省财政厅、省公安厅关于印发《湖北省中小学校食堂管理暂行办法》的通知(鄂教后勤〔2022〕4号)	共十章76条。学校食堂应当以改善学生营养、增强学生身体素质、促进学生健康成长为宗旨,坚持"公益性""非营利性"的原则。学生是否在学校食堂就餐应当充分尊重学生、家长意愿,坚持自愿原则,不得强制或变相强制
20	7月11日,省教育厅《关于加强省属高校横向科研项目和经费管理服务的指导意见》(鄂教科〔2022〕1号)	明确管理职责,完善管理办法,拓展项目来源,加强合同管理,抓好结题验收,完善考评制度,加强诚信建设
21	7月23日,省人民政府教育督导委员会关于印发《湖北省教育督导问责实施细则》的通知(鄂教督发〔2022〕2号)	明确了实施主体、问责对象、问责原则、问责情形、问责形式、问责程序、结果应用,要求下级人民政府教育督导办要定期将本行政区域内的问责情况报上一级人民政府教育督导办备案
22	7月26日,省财政厅、省发改委、省教育厅印发《关于进一步完善湖北省地方高校投入保障机制的若干措施》的通知(鄂财政发〔2022〕73号)	健全公办高校财政投入保障机制,到"十四五"末,力争全省公办高校生均拨款水平达到全国高校平均水平;完善公办高校收费标准动态调整机制,优化收费分类管理;完善高校社会捐赠收入财政配比机制,重点支持高校学科建设
23	7月29日,省教育厅关于印发《湖北省中小学教材管理实施细则(试行)》《湖北省职业院校教材管理实施细则(试行)》和《湖北省普通高等学校教材管理实施细则(试行)》的通知(鄂教基〔2022〕6号)	印发了基础教育、职业教育、高等教育三个方面的教材管理细则,建立健全大中小学教材管理制度,切实提高湖北教材建设水平,服务教育教学质量提升
24	8月22日,省教育厅《关于进一步推进高校服务千家企业活动的通知》(鄂教科函〔2022〕7号)	组织科研人员深入企业,了解企业发展的技术问题,了解社情民意,针对存在的问题,积极开展校企联合攻关,加大校企创新平台共建力度,主动将科研活动融入区域经济社会发展的主战场,提升服务水平和质量

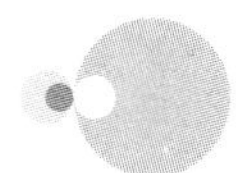

续表

序号	政策文件	主要内容
25	8月26日，省人民政府办公厅印发《关于进一步推进高校科技创新 服务湖北高质量发展若干措施》的通知（鄂政办发〔2022〕39号）	坚持需求导向、协同创新、服务贡献，聚焦原始创新、“卡脖子”技术攻关、服务区域创新发展、提升行业产业核心竞争力，着力加强有组织科研，提升高校科技创新水平，增强高校科技成果转化能力
26	8月29日，省委教育工作委员会《关于进一步做好教育系统党的建设和全面从严治党工作的通知》（鄂教工委〔2022〕16号）	各级党组织要进一步强化自身责任，树立“知责、履责、尽责”意识；进一步强化自身能力，提高政治“判断力、领悟力、执行力”；进一步强化工作举措，各项工作要落实抓细
27	9月2日，省教育厅关于印发《湖北省本科毕业论文（设计）抽检实施细则（试行）》的通知（鄂教研〔2022〕1号）	本科毕业论文抽检每年进行一次，抽检对象为上一学年度授予学士学位的论文，抽检比例原则上不低于2%。抽检论文覆盖全省所有本科层次普通高校（军事院校除外）及全部本科专业
28	9月7日，中共湖北省委办公厅《关于建立中小学党组织领导的校长负责制的若干措施（试行）》的通知（鄂办发〔2022〕25号）	明确了学校党组织的工作职责和党组织书记、校长的选拔条件、配备标准，要求发挥学校党组织领导作用，建立完善议事决策制度，加强学校党组织标准化规范化建设，坚持试点先行，强化监督考核，确保党的教育方针和党中央决策部署在中小学得到贯彻落实
29	9月15日，省财政厅、省教育厅关于印发《湖北省属高校“双一流”建设资金管理办法》的通知（鄂财教发〔2022〕79号）	共六章24条。省财政统筹整合中央和省级相关项目设立“建设资金”，资金来源包括中央和省级相关财政资金，集中财力支持省属高校“双一流”建设
30	9月20日，省教育厅《关于推动县城教联体建设 提升教育基本公共服务水平的指导意见》（鄂教基〔2022〕7号）	明确了总体要求、工作目标、基本原则、建设形态、重点任务、组织实施，确保2023年底前，每个县（市、区）至少建设1个示范性教联体；2024年底前，全省县域范围内教联体建设全面推行；2025年底，全省80%以上的义务教育学校纳入教联体建设，整体提高县域教育发展水平
31	9月22日，省教育厅关于印发《关于进一步加强新时代中小学教师师德师风建设的实施意见》的通知（鄂教师〔2022〕2号）	强化师德涵养，落实师德师风教育校本培训机制，每学年集中校本培训不少于4次，新教师上岗培训师德教育不少于20学时，在职教师师德教育培训不少于8学时

续表

序号	政策文件	主要内容
32	9月30日,省教育厅办公室《关于进一步做好中小学线上教学工作的通知》(鄂教基办〔2022〕1号)	切实加强组织领导,积极做好全员参与,精心组织教学活动,努力提升教学效果,严格控制教学时长,严格控制作业总量,全力确保教学规范,深入做好家校沟通
33	10月2日,省教育厅、省市场监督管理局、省卫生健康委、省财政厅、省公安厅《关于加强学校校外供餐管理工作的通知》(鄂教后勤〔2022〕5号)	县级教育行政部门是本行政区域学校校外供餐管理工作的主管部门,负责组织学校校外供餐单位公开招标,指导监督本行政区域内的学校校外供餐管理工作;学校应当完善本校校外供餐管理措施,配备专(兼)职校外供餐管理人员,严格落实学校食品安全校长(园长)负责制
34	10月9日,省卫生健康委、省发展和改革委员会等7厅局关于印发《湖北省加快推进康复医疗工作发展实施方案》的通知(鄂卫通〔2022〕45号)	力争到2022年底,建立一支数量合理、素质优良的康复医疗专业队伍,每10万人口康复医师达到6人,康复治疗师达到10人。到2025年,每10万人口康复医师达到8人、康复治疗师达到12人,全省康复医疗服务能力稳步提升,人民群众享有全方位全周期的康复医疗服务
35	10月17日,中共湖北省委教育工作委员会、湖北省教育厅关于印发《湖北省中小学校党组织会议议事规则示范文本(试行)》《湖北省中小学校校长办公会议(校务会议)议事规则示范文本(试行)》的通知(鄂教工委〔2022〕20号)	中小学校党组织会议议事规则,一般包括总则、议事决策范围、议事决策原则和程序、议定事项执行与监督、附则等5个部分;中小学校校长办公会议(校务会议,以下同)议事规则,一般包括总则、议事决策范围、议事决策原则和程序、议定事项执行与监督、附则等5个部分
36	10月25日,省人民政府关于修改《湖北省教学成果奖励办法》的决定(湖北省人民政府令第424号)	共修改了十一个方面25条。明确省级教学成果奖分为基础教育、职业教育和高等教育三类。每类奖分别设特等奖、一等奖、二等奖和三等奖四个等级
37	11月15日,省发改委、省教育厅、省市场监管局《关于进一步加强幼儿园收费管理工作的通知》(鄂发改价调〔2022〕403号)	全省幼儿园收费项目实行省级管理,包括保育教育费(简称保教费)、住宿费(仅限寄宿制幼儿园)、服务性收费和代收费。目前,可收取的服务性收费为伙食(含餐点)费1项,代收费为体检费、基本医疗保险费、乘车(含校车)费、外出活动费4项,除此,不得向幼儿家长收取其他任何费用

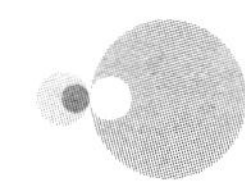

续表

序号	政策文件	主要内容
38	12月2日，省教育厅等十四部门关于印发《湖北省学前教育发展提升行动计划（2022—2025年）》《湖北省县域普通高中发展提升行动计划（2022—2025年）》《湖北省特殊教育发展提升行动计划（2022—2025年）》的通知（鄂教基〔2022〕9号）	明确了学前教育、县域普通高中教育、特殊教育2022-2025年发展提升的总体要求、基本原则、目标任务、重点举措、保障措施，推动湖北基础教育高质量发展
39	12月7日，省教育厅办公室《关于做好湖北省普通高等学校本教育教学审核评估工作的通知》（鄂教高办函〔2022〕19号）	根据“十四五”期间合格评估计划，指导有关高校开展合格评估。加强教育教学质量监控，提高人才培养质量
40	12月10日，省人民政府办公厅印发《关于加快推进省属高校一流学科建设的若干措施》的通知（鄂政办发〔2022〕51号）	实施省属高校一流学科建设突破行动，力争到2025年2所以上省属高校进入国家“双一流”建设行列，到2030年3-5所省属高校进入国家“双一流”建设行列，加快建设中国特色、世界一流的大学和优势学科
41	12月14日，湖北省市场监督管理局等十四部门《关于促进团体标准高质量发展的意见》（鄂市监标〔2022〕60号）	以服务创新驱动和市场需求为目的，大力实施团体标准培优计划，激发社会团体、市场主体标准化工作活力，增加团体标准的有效供给，提高团体标准化工作的质效，逐步健全与湖北经济社会发展要求相适应的团体标准化管理运行机制，加快构建推动全省经济社会高质量发展的标准体系
42	12月30日，省教育厅关于印发《教师教育共同体建设指引》的通知（鄂教师〔2022〕3号）	教师教育共同体是由地方政府、高等院校与中小学“三位一体”协同创建的教师教育联盟，通过决策共谋、发展共建、建设共管、效果共评、成果共享，统筹配置区域教师教育资源，持续提升师范教育质量和教师队伍素质
43	12月30日，湖北省高等学校招生委员会关于印发《湖北省加强和改进普通高等学校艺术类专业考试招生工作实施方案》的通知	培养选拔高素质艺术人才、科学合理设置艺术类专业等9项举措，形成促进公平、科学选才、监督有力的艺术人才选拔评价体系，为推进科教强省、文化强省建设提供人才支撑

一、站在全省大局展示教育作为

1. 把服务湖北“先行区”建设作为最突出的使命担当

省政府印发《关于进一步推进高校科技创新服务湖北高质量发展若干措施》，从五方面提出了15条措施，激励高校与地方政府、企业深度融合，协同推进高质量发展。省教育厅印发《关于进一步加强省属高校横向科研项目和经费管理服务的指导意见》，将服务企业经历和实效作为高校职称评聘的重要依据，进一步调动高校科技人员承担横向项目的积极性。2022年，高校毕业生52万人，毕业去向落实率84.1%，就业形势总体稳定，其中留鄂来鄂高校毕业生超过41万人，占比78.8%。2021年度285项省科技奖中，高校获得221项，占比77.54%。围绕“三大都市圈”建设，对院校设置进行谋划。实施“百校联千企”行动，全省高校共建校企合作平台2000余个、研发团队1300多个，开展横向合作项目13000余项。

2. 把共同缔造美好教育作为最贴心的民生工程

开展党员干部“下基层察民情解民忧暖民心”实践活动，共同缔造美好教育环境，用心用情、从严从实办有温度的教育。省教育厅党组成员进学校、进课堂、进宿舍110余次，带动高校为师生办暖心实事1.1万余件。组织实施13件重点实事项目，大部分超额完成。组织全省各地结合“推普助力乡村振兴行动”“经典润乡土”“普通话乡村行”等活动，因地制宜，重点对农村电商人才、旅游服务人才、基层干部等人群提供普通话培训，编写村民普通话常用语50句并制作二维码赠送村民学习，组织测试员对7100名村民开展了普通话培训。

案例1-2-1

湖北高校推普暖民心

宜昌市长阳土家族自治县和五峰土家族自治县拨付专项经费拍摄具有地域和人文特色的推普专题宣传片。三峡大学投入10万元组建5支志愿服务队，到秭归、巴东、长阳、枝江等地乡村，对村民、留守儿童、基层干部等开展普通话培训。湖北第二师范学院开展推普助力武汉城市圈建设，投入350余万元打造推普信息化平台，与“1+8”城市圈内的114家企事业单位和部分市县签订战略合作协议，通过5G通信设备与村民进行推普交流活动。湖北民族大学将新疆学生帕尔哈提·穆沙使用和推广普通话的故事拍摄成《心相通 语相融》短视频，利用多媒体传播，相关新闻在学习强国、推普助力乡村振兴等公众号上刊出，反响热烈。

——资料来源：根据湖北省教育厅2022年工作总结整理

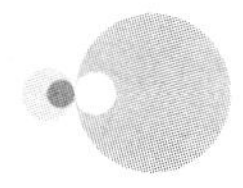

3. 把维护师生安全健康作为最紧要的头等大事

牢固树立“人民至上，生命至上”理念，以“时时放心不下”的责任感筑牢校园安全底板。科学精准指导学校落实疫情防控措施，实现线上线下教学模式有效转换。各地各有关部门共同抓好暑期中小学生防溺水、心理健康教育，组建中小学生近视防控宣讲团，开展学生体质健康监测评价，实施“营养餐”“学生奶”计划，守护广大师生生命健康。制定《全省教育系统党的二十大维稳安保工作方案》《维护全省教育系统意识形态安全工作方案》《全省中小学秋季开学省级督查工作方案》，进一步完善《高校论坛、讲坛、讲座、年会、报告会、研讨会等活动关键管理环节指导卡》《涉及重大主题、敏感事件和重点人物论坛、讲坛、讲座、年会、报告会、研讨会等活动审批表》和《学校所属新媒体管理工作指引（试行）》，全力维护高校意识形态安全。全省中小学幼儿园没有发生涉校涉生重大安全事件和重大负面舆情炒作，高校没有发生涉政聚集性事件，教育系统总体保持稳定，为维护全省大局稳定做出了教育贡献。

二、切实加强教育系统党的建设

1. 健全中小学党组织机构

9 月 7 日，中共湖北省委办公厅印发《关于建立中小学党组织领导的校长负责制的若干措施（试行）》，共 14 条措施，切实加强党对教育工作的全面领导，保证党的教育方针和党中央决策部署在中小学校得到贯彻落实，将中小学校党组织领导的校长负责制的制度优势转化为学校治理的效能，推动基础教育在党的全面领导下高质量发展。这是新时期湖北加强党对中小学的全面领导、全面加强中小学基层党组织建设的纲领性文件。同时，省委教育工委、省教育厅印发了中小学校党组织会议、校长办公会议（校务会议）的议事规则示范文本，督促各地各校分步实施、稳慎推进，中小学校党的领导全面加强。恩施设立州、县（市）党委教育工委，全面规范理顺在恩高校和公办中小学（幼儿园）党组织隶属关系，416 所中小学建立党组织领导的校长负责制。其中，党委学校 6 个，党组织设置为党总支学校 8 个，党组织设置为党支部学校 44 个，78 所学校成立 23 个联合党支部。同时，推进民办学校党组织班子与学校决策层、管理层“双向进入、交叉任职”，全面构建民办学校党建工作新格局，“一校一品”党建品牌成为学校高质量发展的红色引擎。

2. 加强高校党的组织建设

深入贯彻落实《中国共产党普通高等学校基层组织工作条例》，指导全省 130 所高校全面修订院系党组织会议和党政联席会议议事规则，明确院级党组织研究决定、前置讨论、政治把关等 27 类事项。健全院系党建工作基础,全省高校新增专职组织员 817 人,教师党支部书记“双带头人”比例达 98.7%。制定湖北高校党支部规范化建设标准,创新支部设置方式,以师生结合、专业联合、跨年级整合等方式,解决低年级学生党组织“空白点”,探索在实验室、课题组等创新要素聚集地方设置党支部,优化设置基层党支部 1164 个。以高校党建、平安建设等综合考核为总抓手,制定高校党建工作要点和全面从严治党重点任务清单,推进学校、院(系)、支部党组织书记抓党建工作“三级联述联考”。建立校、院系两级领导班子成员联系专家、联系青年教师制度,开展高知识群体、高层次人才党员发展工作调研,实行教师党员发展计划单列,高校每年发展党员 4.3 万人左右,副高级职称以上教师中党员占比 66.2%。

案例1-2-2

湖北着力提升高校院系班子整体功能

湖北省教育厅把领导班子建设作为院系党建重点任务之首,指导高校按照“书记懂学科、院长懂党建”的目标要求选优配强学院党政正职。近年来,共优化调整院系党组织书记、院长 712 人,一批政治强、业务好、品行优、有威望的优秀干部走上院系主要领导岗位。按照“党员院长任党组织副书记或委员,党员副院长进入党组织领导班子”思路,积极推进学院领导班子交叉任职,全省 1811 个院系领导班子成员通过岗位融合强化思想融合、工作融合,有力落实院系党组织管党治党主体责任、书记第一责任人职责、班子成员“一岗双责”。举办高校院系党组织书记省级示范班,建立高校院系党建工作培训师资库、课程库、案例库,全面提升院系领导班子政治素质和业务能力。实施“百校联千企”活动,选派院系班子成员到科技企业、厂矿车间一线砥砺品质、锤炼作风、提升能力。

——资料来源:高校思想政治工作简报〔2022〕第 25 期(总第 225 期)

3. 理顺民办学校党组织关系

加强民办高校党委书记选派管理和教育管理干部培训工作。完成 2021 年度 15 所民办高校党委书记年度考核工作,经推荐考察,新选派 1 名武昌首义学院党委书记。全省 337 所民办义务教育学校全部实现了党的组织和党的工作全覆盖,理顺了党组织隶属关系,实现了党组织班子成员与学校决策层、管理层“双向进入、交叉任职”,并把党的建设相关要求纳入学校章程。

文华学院：推进党建与业务双融合，保障教育教学

文华学院党委牢牢把握新时代党的建设总要求，深入开展学习贯彻习近平新时代中国特色社会主义思想主题教育。注重专家辅导和集体自学开展理论学习，形成教授专家结对学生讲师团模式，依托读书班、专题培训班、党委理论学习中心组、党校、学生班级周日晚点评等平台，推进全校各层面开展理论学习；以解决问题为根本，扎实开展调查研究，深入查找在推动学校工作中存在的问题及其根源，找准切入点、发力点，形成了“1＋X”的调查研究模式；坚持“围绕中心抓党建，抓好党建促发展”的工作思路，严守思想政治教育的育人职责，不断推进党建与业务双融合，形成“党委政治引领、总支示范推广、支部规范建设、党员争先创优”的党建工作运行模式。学校已立项与思想政治教育相关的项目共 104 项，其中国家级 2 项、省级 24 项、校级 78 项。学校获评“全国民办学校首批党建特色项目建设基地”。

——资料来源：全国高校思想政治工作网 2023-06-02

三、纵深推进各类教育发展提升

1. 基础教育发展提升进行了整体性谋划

省教育厅等十四部门印发《湖北省学前教育发展提升行动计划（2022—2025 年）》《湖北省县域普通高中发展提升行动计划（2022—2025 年）》《湖北省特殊教育发展提升行动计划（2022—2025 年）》，抓住关键、突出重点、精准施策，推动“三段一类”教育（义务教育、学前教育、普通高中教育和特殊教育）整体高质量发展。省教育厅办公室印发《关于进一步做好中小学线上教学工作的通知》，统筹疫情防控和教育教学工作，指导各地各校因地制宜组织好线上教学活动。湖北基础教育有关改革经验在全国基础教育研讨会上作典型交流，3 个典型案例被评为全国基础教育优秀工作案例，在全国进行推广。

2. 现代职业教育高质量发展有了系统性布局

3 月 9 日，省人民政府印发《关于推动现代职业教育高质量发展的实施意见》，提出了五个方面 20 项举措，要求落实“立德树人、德技并修，省级统筹、全域协同，产教融合、校企合作，面向实践、强化能力，面向人人、因材施教”要求，突出职业教育类型定位，统筹整合资源，优化结构布局，深入推进职业教育育人方式、办学模式、管理体制、保障机制改革，切实增强职业教育适应性，培养更多高素质技术技能人才、能工巧匠、大国工匠，为加快“建成支点、走在前列、谱写新篇”提供有力的人才和技能支撑。

加快完善现代职业教育体系。着眼破解湖北没有本科职业学校的短板,对照教育部本科职业学校设置标准,在广泛调研、反复比选、充分研讨基础上,提出“十四五”期间湖北本科职业学校分批次组建方案。按照省委专题会议部署,研究制定全省职业院校资源整合和体制调整方案。面向全省重大产业及其园区、重点企业,研究制定了湖北职业教育资源对接重大产业战略匹配专项规划。

3. 高等教育强省建设迈出历史性步伐

4 月,中共湖北省委、湖北省人民政府印发《关于全面推进高等教育强省建设的意见》(以下简称《意见》),全面实施高教强省战略,按照“稳定规模、优化结构、突出特色、提高质量”的基本思路,推动高校内涵式特色化发展,形成布局合理、分类发展、特色鲜明、高峰凸起的高等教育高质量发展体系,切实把湖北的科教优势转化为人才优势、创新优势、发展优势。《意见》明确了新时代湖北建设高等教育强省的二十条措施,比如,完善高等教育空间布局,优化高等教育类型层次结构,加大学科专业调整力度,统筹整合高等教育资源;分类推进“双一流”高校建设,实施应用型本科高校“双特色计划”,实施体音美中医师范等专业性院校提升计划,实施高职院校“双高”计划,着力打造高等教育高原、高峰;创新高水平人才培养机制,完善科技创新和成果转化机制,深化产学研深度融合发展机制,促进民办高校健康发展;建设高水平教师队伍,提高经费保障水平,深化放管服改革,推进信息化建设,着力增强高等教育发展保障能力。

5 月,省人民政府学位委员会印发《关于做好 2022 年博士硕士学位授权学科和专业学位授权类别动态调整工作的通知》,向国务院学位委员会申请动态调整,新增机械、材料与化工等博士点 2 个、硕士点 4 个,新增集成电路科学与工程等博士点 12 个、硕士点 2 个;印发《关于公布 2022 年普通高校新增学士学位授权专业名单的通知》,全省新增 104 个学士学位授权专业。

12 月,省人民政府办公厅印发《关于加快推进省属高校一流学科建设的若干措施》,实施省属高校一流学科建设突破行动,比选确定 11 所省属高校 11 个学科为一流学科建设学科,其中,首批确定 4 个学科为重点建设学科,其他 7 个学科为培育建设学科。建设期为 2023-2025 年,建设期内以“赛马”制方式,将建设成效不突出的重点建设学科调整为培育建设学科;将工作力度大、进展快、成效显著的 2 个培育建设学科纳入重点建设学科。力争到 2025 年 2 所以上省属高校进入国家“双一流”建设行列,到 2030 年 3—5 所省属高校进入国家“双一流”建设行列。

4. 语言文字事业取得突破性进展

湖北在全国率先制发省级语言文字事业“十四五”发展规划,并制定了贯彻落实的厅内分工方案。推动将语言文字工作纳入了对市州政府履行教育职责评价内容。督导部分市州召开了当地语言文字会议,出台了加强新时期语言文字工作

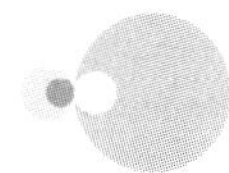

的文件，调整了语委成员单位并明确了工作职责。组织开展了基层语言文字工作队伍专项调研。新培育建设了 3 个国家语言文字推广基地。

四、全面提高各类人才培养质量

1. 提升学位论文质量

制定了《湖北省本科毕业论文（设计）抽检实施细则》，首次抽检本科毕业论文（设计）5244 篇，组织指导本科高校向教育部报送抽检专家库。抽检硕士学位论文 1700 篇，向高校反馈了硕士学位论文抽检结果，督促高校加强抽检结果运用，制定整改措施，进一步提高学位论文质量。2022 年硕士学位论文抽检中问题学位论文比例降至近 5 年最低。

2. 提升体卫发展质量

省教育厅、省体育局印发《湖北省体教融合示范区试点建设实施方案》，确定在 12 个县区开展体教融合示范试点，发挥高校资源优势，建立高校和示范区点对点、一对一的帮扶机制；印发《关于举办 2022 年湖北省"体教融合杯"青少年体育冬夏令营的通知》，分别在武汉、荆州、恩施等地举办足球、篮球、冰雪等项目的青少年体育冬夏令营活动，探索建立体教融合新平台。省教育厅等五部门制定《湖北省中小学校卫生室建设和校医配备实施方案》，督促各地落实国家学校体育卫生条件等相关建设标准和管理规定，中小学卫生室建设基本到位。开展中小学国防教育示范学校创建活动，明确示范校要选配至少 1 名校外辅导员，每年至少组织 2 次国防教育公开课。

3. 提升本科教育质量

省教育厅印发《关于做好 2022 年高水平本科教育建设工程项目有关工作的通知》，推进专业课程建设，湖北高校获批国家级一流本科专业建设点 238 个、省级一流本科专业建设点 242 个，建设认定 780 门省级一流本科课程；获批教育部虚拟教研室 39 个，认定武汉大学"考古学教研室"等 151 个基层教学组织为省级优秀基层教学组织，打造教师教学发展共同体，提升教师教学能力。深化创新创业教育改革，省政府办公厅印发《关于进一步支持大学生创新创业的若干措施》，支持大学生创新创业、就业创业。湖北高校参加第八届中国国际"互联网+"大学生创新创业大赛全国总决赛（线上），9 所高校获金奖 20 项，居全国第六位，较 2021 年提升 3 个名次，其中高教主赛道获金奖 12 项，居全国第四位。

4. 提升教学成果质量

省人民政府修订了《湖北省教学成果奖励办法》，将省级教学成果奖分为基础教育、职业教育和高等教育三类，每类奖分别设特等奖、一等奖、二等奖和三等奖四个等级。首次开展基础教育教学成果评审，共评选特等奖 13 项、一等奖 51 项、二等奖 58 项。评选出湖北省职业教育成果奖 90 项，推荐 50 项参加国家级职业教育教学成果奖评审。评选出湖北省高等学校教学成果奖 600 项，推荐 116 项参加国家级高等教育教学成果奖评审。

5. 提升教材建设质量

省教育厅印发了湖北省中小学、职业院校、普通高校教材、学校选用境外教材四个管理实施细则(试行)。推动中小学统编三科、初中民族团结进步教育等教材全面使用。组织开展“两类教材”(外国语言类教材、其他学科专业类境外教材)、大中小学教材、教辅和中小学校园课外读物全面排查及“回头看”，建立了负面清单。开展国家教材排查工作专项督导，确保体现正确的政治方向和价值导向，弘扬中华优秀文化，符合大众审美习惯。

五、健全优质的支撑和服务体系

1. 健全中小学教职工编制标准

省委编办、省教育厅等四部门印发《关于加大中小学教职工编制统筹调配力度全面达到国家标准的通知》，加强编制动态调整，挖潜调剂各类事业编制资源，推动省、市、县三级实现了中小学教职工编制全面达标。省委编办、省教育厅出台《关于乡村小规模学校和乡镇寄宿制学校教职工编制标准的意见》《湖北省特殊教育学校机构编制标准》，建立健全了乡村小规模学校和乡镇寄宿制学校、特教学校教职工编制标准。

2. 多方争取教育经费和项目投入

省教育厅、省财政厅印发《关于进一步完善湖北省地方高校投入保障机制的若干措施》《湖北省属高校“双一流”建设资金管理办法》，在年初预算基础上，省财政年中追加高等教育经费 15 亿元，争取财政预留教师关爱基金 1000 万元，协调企业捐赠 300 万元，省本级财政教育投入达到 142.73 亿元，较 2021 年增加 20.71 亿元，增幅 17.94%。积极办理省委交办的“扩大城区义务教育学校 6 万个学位供给”实事，全省落实资金 4 亿元，新建、改扩建项目学校 62 所，增加学位 6.07 万个，圆满完成实事建设任务。将湖北大学等 23 所高校纳入“十四五”教育强国推进工程支持范围，规划建筑面积 83.9 万平方米，总投资 38.9 亿元，争取中央预算内投资 20 亿元，2022 年下达中央预算内投资 6.2 亿元。

3. 强化教师队伍保障

省教育厅出台《关于进一步加强新时代中小学教师师德师风建设的实施意见》，将师德师风和思想政治教育作为教师培训必修内容，湖北 8 个团队入选第二

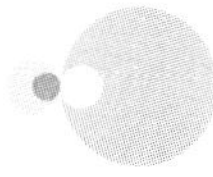

批全国高校黄大年式教师团队。省政府教育督导委员会分别于1月、6月印发《关于切实落实义务教育教师工资收入水平"不低于"的提醒函》《关于切实落实"不低于"要求的通知》,要求各地强化市级统筹,落实"不低于"要求,及时妥善处理教师工资待遇方面的信访问题,加强政策宣传解释,维护了全省教师队伍总体稳定。加强乡村教师队伍保障,招录"中央特岗计划"农村教师3369人,按照3.52万/人/年的标准严格落实国家特岗计划补助经费;实施"优师计划",为28个定向脱贫县中小学校定向培养420名优秀教师;实施"银龄讲学计划",招募中央和省级讲学教师1240人,全部履约上岗。

案例1-2-4

咸宁市"十个一"推进师德师风建设

咸宁市把2022年作为"师德师风建设年",以"十个一"活动为契机,推动全市师德师风建设,即开展一轮师德师风宣誓活动、开展一轮集中学习活动、举行一次先进典型报告活动、组织一次实践活动、举办一次主题征文比赛、启动一轮"遍访家长"活动、组织一次全市模范评选活动、举办一次主题演讲比赛活动、开展一次专项整治活动、开展一次考核活动,使全市师德师风面貌焕然一新,教育教学开创新局面。

——资料来源:根据咸宁市教育局2022年工作总结整理

4. 推广"一站式"大学生社区综合服务

省教育厅印发《高校"一站式"学生社区建设指导意见》《高校学生社区驿站建设工作指引》,推进"一站式"学生社区综合管理模式建设,76所高校建成学生社区1385个,覆盖宿舍23.7万余间,面积达1499万平方米,2.5万余名专职教师、心理健康教师、服务保障人员等常态化入驻社区,线上服务项目达1682项。

参考文献:

[1] 湖北省教育厅编.《2022年湖北省教育厅各处室及直属单位总结》[Z].教育厅内部印制.

[2] 湖北省教育厅编.《2022年湖北省教育事业发展统计快报》[Z].教育厅内部印制.

[3] 湖北省教育厅编.《2022年湖北省教育经费统计简报》[Z].教育厅内部印制.

[4] 郅庭瑾.党组织领导的中小学校长负责制 将制度优势转化为治理效能[N].光明日报,2023-01-17(15).

(本节执笔人:朱爱国)

第三节 2022 年湖北教育政策执行的总体效果

2022 年,湖北教育系统深入学习宣传、贯彻落实党的二十大和省第十二次党代会精神,紧紧围绕党中央、国务院决策部署和省委省政府、教育部工作要求,攻坚克难,勇毅前行,打了一场场硬仗、大仗,圆满完成年初确定的各项目标任务,教育现代化稳步推进,教育强省根基夯实,人民群众满意度进一步提升,在全国教育高质量发展的版图上谱写了浓墨重彩的荆楚篇章。

一、高质量学校党建工作体系基本构建

1. 党的领导贯穿办学治校全过程

坚持和加强党对教育工作的全面领导,确保教育正确发展方向。省委、省政府召开全省教育表彰会议,完善省领导联系高校制度。调整省委教育工作领导小组成员,统筹抓好教材教辅排查整改、规范民办义务教育发展、高校毕业生就业创业、高校疫情防控和安全稳定等重点工作落实。省委教育工委修订议事规则,全面加强教育系统党的建设和全面从严治党工作。省教育厅修订厅党组会、厅长办公会、专题会议、月度例会以及督查督办、调查研究等 6 项工作制度。高校严格落实党委领导下的校长负责制年度执行情况报告制度,1000 余所中小学校开展党组织领导的校长负责制试点,教育系统党的领导全面加强。

2. 党建示范创建和质量创优纵深推进

省委召开了全省高校党的建设和思想政治工作会议,确定 61 项年度重点工作。聚焦高校党建薄弱环节和重点领域,深入推进院系党建、民办高校党建、“一站式”学生社区建设。深化新时代高校党建示范创建和质量创优工作,立项建设标杆院系 60 个、样板支部 100 个。建成 1385 个高校学生社区驿站,举办全省辅导员示范培训班 4 期 520 人次。指导高校开展常态化疫情防控,组织突击队 6500 余人、5.75 万名在职党员干部下沉社区开展志愿服务。推进党建工作要求进入校外培训机构章程。全省教育系统形成了上下贯通、执行有力的严密组织体系,确保了党中央和省委决策部署有效落实。

3. 政治生态和育人环境不断优化

把营造良好政治生态作为基础性、经常性工作,持续优化风清气正的育人环境。省教育厅制定政治生态分析研判实施意见和年度实施方案,在厅直属系统和省属高校开展政治生态分析研判。贯彻落实《党委(党组)落实全面从严治党主体

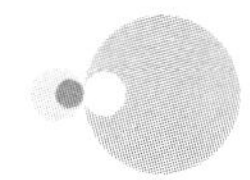

责任规定》，厅党组会10余次集中学习、2次专题研究全面从严治党工作。完成十一届省委巡视反馈64个问题整改，整改销号率100%。对十二届省委"三个环境"专项巡视反馈的16个问题、省委巡视高校反馈10个专项218个问题，实现问题整改见底清零。对国务院教育督导办反馈湖北履行教育职责评价、义务教育质量监测等方面的问题，做到了全面彻底地整改。厅直属系统各级党组织运用"第一种形态"教育帮助355人次，"红红脸、出出汗"成为常态。开展中小学食堂专项整治，查改问题3890个，补缴和清退资金6400万元，学校食堂"互联网+明厨亮灶"覆盖率达到86.7%。

二、全面发展的人才培养体系加快建立

1. 党的二十大精神入脑入心

深入开展党的二十大精神宣讲、培训、研究、阐释等工作，推动大会精神走深走实。对接邀请中央宣讲团、省委宣讲团和省领导到84所高校宣讲。开展"师生进基层大巡讲活动"，组织243名师生到农村、园区、学校巡讲党的二十大精神，组建1529支巡讲团宣讲近6000场次，大中小学生参加党的二十大精神学习答题活动312万人次。推进习近平新时代中国特色社会主义思想和党的二十大精神进教材、进课堂、进头脑，推出一批高水平讲义等多样化教学资料，有机融入思政课和专业课教育教学，在广大青少年心中落地生根、开花结果。湖北新闻新媒体、长江云、学习强国等平台推送湖北省教育厅录制的《奋进新征程 教育当先行》专题片，在全国产生良好影响。

案例1-3-1

华中科技大学师生以实际行动学习贯彻党的二十大精神

党的二十大胜利召开后，华中科技大学第一时间组织学习培训、立体式宣传引导、全覆盖宣讲普及、深层次研究阐释，推进党的二十大精神走深走实、入脑入心、见行见效。学校牢牢把握"第一课堂"主阵地，以思政课教学为载体，着力将党的二十大精神同11门思政必修课有机结合，让党的二十大精神"带着热气"进教材、进课堂、进头脑。学校胸怀"国之大者"，深入开展有规划、有组织、有质量的科研，科学梳理和安排"人无我有"的新赛道新领域、"人有我强"的战略必争任务、"人强我优"的战略制胜任务，精准发力，牢牢掌握主动权，坚决打赢关键核心技术攻坚战，助力高水平科技自立自强，切实把学习成果转化为干事创业的新动能。

——资料来源：光明日报 2022-12-16(05)

2. 学校思政课有声有色

实施“大思政课——新时代共同成长工程”,打造大中小学思政课建设共同体,高校全面开设“习近平新时代中国特色社会主义思想概论”课程。开展学习贯彻党的二十大精神系列理论研讨,举办“同课异构协同共研”大中小学思政课教师集体备课 43 期,6.5 万余人次参与。加强思政课教师队伍建设,先后推出《高校思政金课建设指引》《高校思政队伍培训指引》《学生工作品牌项目培育指引》等,培训辅导员、思政课教师、心理健康教育教师 1000 人次以上;组织“辅导员访万家”活动,全省 5088 名辅导员走访 13766 户学生家庭。开展中小学班主任、思政课教师“双百优”展评,推出了一批先进典型。湖北美术学院让思政课堂走出校园,走入田间地头、工厂车间,让学生在行走中触摸时代脉博,在调查研究中感悟真理力量,促进思政小课堂与社会大课堂有机结合。湖北省武昌实验中学创办校史馆,设立校友纪念墙,开设时政点评课,将思政课本知识与学校悠久传统、国家大政方针相结合,让思政课“活”起来。武汉大学“自强中国”、华中农业大学“耕读中国”、武汉铁路职业学院“速度中国”等思政金课深受学生喜爱,中央教育工作领导小组秘书组以《湖北高校“大思政课”投向时代山河》推介湖北经验。

3. 各类育人活动常开常新

一是以主题活动为载体,加强思想育人。在全省教育系统开展了“学习新思想 做好接班人”主题活动,各地各校结合传统节日、纪念日,开展“学雷锋”、纪念屈原、“清明祭英烈”等教育活动。先后举办湖北省第二十二届青少年爱国主义读书活动和“书香迎盛会,荆楚谱新篇”2022 年湖北省青少年主题读书活动,开展了“同声诵经典”系列展演。二是以校外教育为阵地,加强实践育人。组织开展湖北省中小学劳动教育优质数字资源建设与教学成果展示交流活动,公布省级第一批劳动教育基地和第二批研学基地营地名单,命名劳动教育基地 36 个、研学实践基地 42 个、研学实践营地 37 个。全年评选劳动教育教师“好课例”128 个、学生“小能手”436 个、“优秀案例”137 个。培训劳动教育数字资源开发教师 200 人,研学基地营地工作人员 400 人。三是以部门联动为抓手,加强协同育人。省教育厅、省妇联等部门,举办“青少年维权岗”创建、乡村学校少年宫成果展演、以关爱“候鸟”儿童为主题的“家庭教育进工地”、“红领巾讲解员”、少先队“三评优”、湖北省“新时代好少年”实践体验等活动,召开省少工委七届二次全会,开办网上家长学校“家爱学院”,每周六请专家在网上与家长、师生“同上一堂家庭教育课”,开展非遗教育、垃圾分类教育、节水节粮教育、生态环保教育、知识产权教育、科普教育等专题教育,评选湖北省第六批“知识产权试点学校”21 所、家风家教实践基地 30 个。

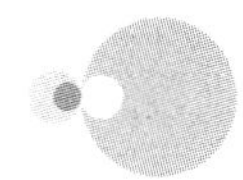

案例1-3-2

宜昌西陵:翰墨书香传承屈原爱国精神

6 月 2 日,在一阵宛转悠扬的音乐中,2022 年西陵“传承屈原文化,弘扬爱国精神”端午雅集暨青少年爱国主义读书教育活动书法作品展在夷陵广场正式拉开帷幕,200 余名青少年学子在现场透过翰墨书香近距离感受屈原的爱国精神。诗朗诵《漂给屈原》、歌舞《还是“橘颂”》……一个个充满“屈原”元素,又别具教育意义的节目依次亮相。在广场中央喷泉区,百米长卷缓缓铺陈开来,来自宜昌市实验小学的百名“小书童”正挥毫泼墨,共同写下屈原名篇《橘颂》,以他们自己的方式缅怀屈原、传承端午文化,厚植爱国主义情怀。同时,宜昌专版屈原文化字帖在现场首发,有力推动屈原文化“进学校、进课堂、进大脑”。

——资料来源:荆楚网 2022-06-03

4. 学生身心趋向健全健康

树立健康第一理念,在武汉市江岸区等 12 个县区开展体教融合示范试点。成功举办省第十六届运动会 14 个大项 500 余个小项的竞赛,完善校级、县级、市级竞赛机制,吸引 3 万人次参与省级竞赛。全面实施《学生体质健康监测评价办法》,及时将学生测试结果反馈家长,形成家校关爱学生体质健康合力。开展近视防控全覆盖宣讲,发布政府、学校、学生、家长、专业机构 5 类宣讲课件。开展第十二届黄鹤美育节艺术作品展演,深入推进“戏曲进校园”,实施中小学生艺术素质测评。组织第四届中华经典诵写讲大赛湖北赛区选拔活动、3 场湖北省经典诵读朗诵会活动和 2023 中国诗词大会湖北赛区选拔活动。广大师生经验了疫情考验,心理健康敞亮,审美素养提升。

三、各类教育稳步发展的长效机制形成

1. 基础教育优质均衡步伐加快

推动义务教育优质均衡发展。认真总结武汉市武昌区,宜昌市西陵区、远安县,恩施州鹤峰县等 4 个义务教育优质均衡先行创建县(区)工作经验,充分发挥示范引领作用,带动各地加快推进县域义务教育优质均衡发展。将消除义务教育大班额纳入市(州)政府质量工作和乡村振兴战略考核内容,全省义务教育大班额基本消除。出台中小学学科课程实施指导意见,积极推进校内教育提质增效。新建、改扩建义务教育学校 62 所,增加学位 6.5 万个,推动市、县政府购买学位14.01 万个。实施义务教育薄弱环节改善与能力提升,落实中央和省级专项资金 18.7 亿元,新建、改扩建

校舍 64 万平方米,购置教育信息化等设施设备 4.3 亿元;实施校舍维修改造,落实中央和省级资金 8.9 亿元,维修改造义务教育学校校舍 183 万平方米。2022 年,全省九年义务教育巩固率达到 98.4%,义务教育总体发展水平持续巩固提高。

推动学前教育公益普惠发展。实施万个公办幼儿园学位扩充项目,建成并投入使用公办园 285 所,新增公办学位 6.8 万个。组织开展城镇小区配套园治理"回头看",进一步加强配套园的建设和管理。统筹中央及省级学前教育资金,支持和引导各地新建、改扩建公办园 243 所、改善办园条件 1267 所(次)、认定奖补普惠性民办园 1278 所(次),切实扩大普惠性学前教育资源。积极推进幼儿园与小学科学衔接工作,指导 8 个省级实验区开展试点。2022 年,全省学前三年毛入园率达到 91.3%,普惠资源覆盖率达到 86.45%。

推动高中阶段学校多样化发展。组织四所县中参与教育部部属高校县中托管帮扶项目,启动实施湖北"县中托管帮扶工程"。贯彻落实《湖北省消除普通高中大班额专项规划》,稳步推动各地消除普通高中大班额。深化高中教学改革,有序推进选课走班、生涯规划和综合素质评价,组织开展普通高中新课程新教材网络培训。改善高中办学条件,全年落实中央和省级资金 5 亿元,新建、改扩建校舍 38 万平方米、运动场 23 万平方米,购置设备 1.2 亿元,普通高中育人环境进一步优化,办学质量和水平进一步提高。2022 年,高中阶段毛入学率达到 92.5%。

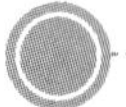
案例1-3-3

襄阳市推进普通高中特色发展

近日,《襄阳市推进普通高中特色发展行动计划(2023—2026 年)》出炉,将按照"项目特色——特色项目——学校特色——特色学校"的发展路径,实施普通高中特色发展行动计划。从 2024 年起,每年推荐 1 至 2 所普通高中参加全省特色普通高中创建评估。到 2025 年,参加全省特色普通高中创建评估的学校达到三分之一以上,创建全省特色普通高中示范校 3 所以上。到 2026 年,按照创新型拔尖人才培养特色、普职综合特色、艺体特色、外语特色、科技特色、人文特色及其他类型确定办学特色和发展方向,努力建设一批综合高中、艺术高中、体育高中、外语高中、科技高中、人文高中等特色学校,基本形成全市高中学校错位发展、特色发展和可持续发展的局面。

——资料来源:汉水襄阳客户端 2023-08-18

推动特殊教育特惠特办。组织以县为单位,"一生一案"对残疾儿童少年的学习和生活能力进行评价,妥善做好入学安置工作。全省安置适龄残疾儿童少年入学 2356 人,其中义务教育阶段安置入学 1608 人。支持地方建设一批特殊教育学

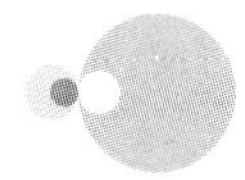

校资源中心、资源教室，督促市县加强标准化特殊教育学校和校园无障碍环境建设。出台《关于进一步加强乡村小规模学校特殊教育学校建设和管理的实施意见》《湖北省特殊教育学校机构编制标准》，指导各地推进学校建设，促进特殊教育融合发展。组织开展首届省级特殊教育教师教学基本功展示和融合教育优秀教育教学案例遴选活动，有效推动了各地深化特殊教育课程教学改革。

2. 职业教育融合融通发展纵深推进

综合实力稳步提升。扎实推进高水平高等职业学校和专业建设计划，组织完成 8 所入围国家“双高计划”高职院校省级中期绩效评价，完成 29 所省级高水平高职和 84 个省级高水平专业群实施方案修订及备案；组织实施省级优质中等职业学校和专业建设计划，立项建设 70 所省级优质学校和 120 个优质专业。有效组织职业技能大赛，湖北高职院校参加全国职业院校技能大赛获奖 102 项、获奖总数居全国第 8 位，中职学校获奖 54 项、获奖总数居全国第 10 位；组织全省职业院校教学能力大赛，全省职业院校共 306 个教学团队 918 名教师参赛，其中 27 个教学团队获得一等奖，62 个教学团队获得二等奖，94 个教学团队获得三等奖；组织全省中等职业学校班主任能力比赛，113 名教师参赛，12 名选手获得一等奖，22 名选手获得二等奖，36 名选手获得三等奖。组织开展第八届“互联网＋”大学生创新创业大赛湖北省复赛，获金奖 34 个、银奖 49 个、铜奖 121 个，参加全国总决赛获得金奖 1 个、银奖 2 个。

产教融合校企合作深入实施。制定职业教育资源对接重大产业战略匹配专项规划，健全产业需求导向的专业设置动态调整机制，新增职业教育专业点 157 个，撤销 147 个。对接“51020”现代产业体系，实现每条产业链有 1—2 所应用型本科高校和职业学校重点对接发展。推进职业教育集团（联盟）建设，全省新组建职教集团 4 个，职教集团总数达 76 个。实施职业教育赋能提质专项行动计划，面向社会培训各类职业技能人才 118 万人次。组织全省职业院校书记、校长走访各类企业 6417 家，深入对接企业需求，寻求合作机会，省教育厅与中国银行深度开展职业教育战略合作。

“职教高考”全面开花。因地制宜优化高中阶段教育结构，指导全省做好中等职业学校招生工作。2022 年全省中等职业教育招生 19.8 万人（含技工学校 4.5 万人），比 2021 年增长 1.2 万人，职普比达到 3.8∶6.2。组织开展高职单独考试招生、五年制高职以及协调有关定向培养招生工作，积极配合做好技能高考等工作，2022 年，全省专科层次高等职业教育招生 26.36 万人，比 2021 年增长 1.24 万人。完成高职单招 1.2 万人，五年制高职招生 2.1 万人，“定向培养大学生乡村医生计划”招生 1600 人、“脱贫子女定向培养法院书记员计划”招生 101 人。

基础能力建设成效显著。2022 年，中央财政安排湖北现代职业教育质量提升计划专项资金 14.852 亿元,其中中等职业教育 5.766 亿元、高等职业教育 8.807 亿元、职业院校素质提高计划 0.279 亿元,与 2021 年比增加 15660 万元,增幅 14%,高于全国平均增幅近五个百分点。落实中央财政贴息贷款政策,用好开发性金融工具,重点支持职业院校教学科研、实验实训等重大设备购置与更新改造,74 所职业院校获批 31.8 亿元设备购置与更新改造贷款。实施职业院校教师素质提高计划,系统实施课程能力提升、"1+X"证书制度种子教师培训、公共基础课教学能力提升、专业(职业)核心能力培训等 14 个项目,培训人数 3840 人。

3. 高等教育内涵发展实现新突破

研制了《湖北省"十四五"高等学校设置规划》,坚持内涵式发展,加快建设一流大学和一流学科,加快形成与服务"建设全国构建新发展格局先行区"相适应的高等教育发展新高地。7 所高校 32 个学科入选国家第二轮"双一流"建设行列,总数居全国第 4 位。实施省属高校"一流学科建设突破行动",遴选 11 个学科作为一流学科建设对象,在体现学科核心竞争力的标志性成就方面取得突破性进展。参加第八届中国国际"互联网+"大学生创新创业大赛,获得金奖数居全国第 6 位。围绕湖北光电子信息等五大优势产业及氢能、储能等未来领域,重点建设 943 个学科专业和 76 个基础学科,获批集成电路科学与工程等博士点 12 个、硕士点 2 个以及国家级一流本科专业建设点 238 个。制定湖北高等教育智慧教育平台建设方案,确定高教智慧教育平台 5 大模块,组织上线近 800 门课程、视频资源 8710 个。组织普通专升本招生考试,9.2 万考生报名,录取备案4.3 万人,占比 46.7%。

四、人民群众的教育获得感不断增强

1. 控辍保学常态清零

省教育厅印发《关于进一步做好 2022 年义务教育控辍保学工作的通知》,压实"政府一条线、教育系统一条线"的双线多级联控联保责任制。对 55.7 万脱贫户及 3.2 万重点监测户适龄子女就学情况逐一核实,全面梳理已复学和仍辍学学生,"一人一案"制定工作方案,推动控辍保学动态清零向常态清零转变。落实资金 45.98 亿元,资助家庭经济困难学生 182 万人次,实现了应助尽助。

2. 招生入学政策有效执行

巩固义务教育免试就近入学和"公民同招"成果,保障随迁子女入学,落实各类教育优待,跨区域掐尖招生顽疾得到遏止。保障 125 万义务教育新生"应入尽入";进城务工人员随迁子女 95%以上在流入地公办学校就读。推动落实普通高中"公民同招"和属地招生政策,切实规范普通高中招生秩序。中考加分政策得到规范,中考命题改革有序推进。

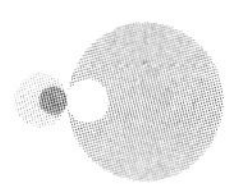

3. “双减”工作持续深入

按照“立即停、马上办、长期抓”的思路积极稳妥推进“双减”工作，学生和家长负担“1年内有效减轻”的工作目标基本实现。省级层面出台了20余项配套政策措施，建立了29个部门参与的“双减”工作专门协调机制，总结推广27个“双减”典型案例。义务教育学校课后服务实现“应开尽开”，学生参与率、教师参与率均达到95%以上。统筹抓好中小学生作业、手机、睡眠、读物、体质等“五项管理”，各地出台了义务教育学校作业管理办法，建立作业校内公示制度，提高作业设计质量，严格控制作业总量和时长，取得了良好成效，获得了社会好评。稳妥推进义务段学科类机构“二次压减”，累计从4676家压减至352家，压减率92.42%，53个县（市、区）实现义务段学科类机构清零。加强校外培训预收费监管和平台全流程监管，已纳入平台机构3200余家，帮助家长增强风险意识，主动防范风险。

4. 定点帮扶深得民心

省教育厅认真履行定点帮扶孝昌牵头职责。建立孝昌县乡村振兴定点帮扶和区域协作联席会议，压实工作责任，协调解决实际困难和问题，推动各帮扶单位完成年度目标任务。全年11个帮扶单位共投入资金371万元，实施帮扶项目33个；引进资金6788万元，建设项目13个；采购孝昌农产品566万元，帮助销售孝昌农产品175万元。协调推进驻村帮扶工作，落实项目帮扶资金105万元，支持驻点村完善基础设施，梯次推进人居环境整治，驻点村面貌一新。

5. “高效办成一件事”顺利推进

根据全省统一要求，省教育厅进一步完善了政务服务事项网上办事指南，完成教育系统政务服务办事指南服务渠道来源信息调整，完成省一体化服务平台质检三个批次问题整改；做好省教育厅政务数据目录梳理和供需对接清单编制等工作，开展政务服务数据需求梳理上报工作，编印政务服务办事指南；做好全省教育领域优化营商环境工作，开展自由贸易区“证照分离”改革中期评估，完成省教育厅在自贸试验区“证照分离”改革工作。

6. 民办义务教育规范发展

严格控制民办学校招生规模，做到只减不增。对中央文件下发前各地批准筹设的23所民办义务教育学校，“一校一策”研究整改方案，采取政府回购、功能转型等方式妥善处理。推动政府购买（学位）服务，全省57个县（市、区）采取了政府购买服务措施，投入资金约3.18亿元，购买学位共计14.01万个。2022年秋季全省民办义务教育在校生规模占比为4.85%，县域占比均控制在15%以内，按要求完成占比调控目标任务。严格整治公有主体参与办学，审慎推进“公参民”学校专项整治，全省35所“公参民”义务教育学校中，22所确定转为公办学校，13所符合

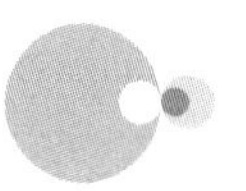

“六独立”要求的继续举办民办。

五、教育保障体系在艰难中持续稳固

1. 教育投入稳中有增

2022年,各级财政在收支平衡压力持续增大的情况下,全力落实“两个只增不减”,将教育作为增进民生福祉的优先领域予以保障。全省一般公共预算教育投入1297.53亿元,较上年增加72.55亿元,增幅6%。将“两个只增不减”落实情况纳入2022年对市州人民政府履行教育职责评价重要内容,督促市州政府加大教育投入,市县投入达到1003.24亿元,较2021年增加40.61亿元,增幅4.21%。积极争取专项投入,新增8亿元用于提高省属高校生均保障水平,设立10亿元专门经费用于加强省属高校一流学科建设,设立10亿元专项基金用于推进高校科技成果转化,为高教强省建设注入了强大动力。

2. 师资队伍稳中提质

省教育厅出台《关于进一步加强新时代中小学教师师德师风建设的实施意见》,华中科技大学熊有伦院士、武汉市旅游学校马丹分别入选全国教书育人楷模、全国最美教师,8个团队获得“第二批全国高校黄大年式教师团队”荣誉称号。开展“寻访荆楚好老师”大型公益活动,宣传70多位优秀教师代表。实施“国培”项目,全年培训教师约7.5万人次。加大中小学教师补充力度,通过省级招聘平台新招聘中小学、幼儿园教师1.1万名;继续实施“三区人才支持计划”教师专项,选派661名教师支教。加强高层次人才引育,高校3人入选“长江学者奖励计划”讲席学者,1人入选国家教学名师,54人入选省青年拔尖人才培养计划;评建湖北名师工作室60个,选聘湖北产业教授60名、“楚天学者计划”200名。实施万名党员教师家校协同行动,14.14万名中小学党员教师走访学生家庭130.47万户,7633名高校辅导员走访学生家庭13765户。持续推进师范生免试认定教师资格改革,已经组织全省26所高校相关师范类专业参与改革,2022年免试认定4265人,吸引了更多师范毕业生从事教育事业。

3. 数字教育稳中加效

把教育信息化作为发展的战略制高点,以教育信息化推动教育高质量发展,以教育信息化引领教育现代化。研究制定《湖北省教育数字化战略三年行动计划(2023—2025年)》,推进国家智慧教育平台湖北整省试点工作,搭建“1+4”省级平台,16个市州、95个县(市、区)平台接入国家体系,组织30个县(市、区)、304所学校开展试点。做好“湖北教育大数据中心”运行维护,完成教师管理、学籍管理、资助学生管理等11个重要国家信息系统安全升级。完善线上教育教学资源保障体

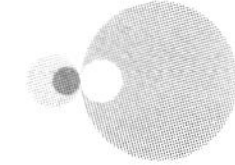

系和运行机制，规范实施常态化在线教学保障工作。

六、教育系统安全稳定有效维护

1. 学校疫情防控精准有效

贯彻落实国家优化二十条、十条防控措施和省防控指挥部实施意见，制定印发《学校疫情防控工作导则》(第一、第二版)、《武汉地区高校新冠肺炎应急处置工作指引》。组建基础教育 9 个督导组和高等教育 31 个督导组，持续对各地各高校疫情防控工作进行常态化指导督导。成立省高校疫情防控工作专班，持续对全省高校开展排查评估和督促整改。组建全省教育系统疫情防控应急处置专家组，会同有关方面有效处置重点涉学校疫情。指导督促各高校切实做好政治思想工作，教育引导学生理解支持防疫政策要求，共同营造同心抗疫良好环境，筑牢教育系统疫情防线，守护了师生生命健康安全。

2. 校园安全防线全面筑牢

省教育厅印发《湖北省平安校园创建活动工作方案》，修订发布幼儿园、中小学、高校三个版本的《安全责任告知》《安全温馨提示》。组织高校签订《平安建设目标管理责任书》。开展学校安全大检查、学校周边环境综合整治“百日行动”，对各类安全问题进行全面排查、集中整治。制定校车安全监管平台建设指南，开展校车安全大排查。印发《湖北省中小学校食品安全副校长管理暂行办法》，为全省中小学校(幼儿园)配备食品安全副校长。持续推进平安校园“七防工程”建设，建好用好中小学幼儿园安防“四个 100%”，建设了一批平安校园示范校。

3. 专项教育和整治卓有成效

坚持把维护政治安全放在首要位置，严格落实意识形态工作责任制，加强各类阵地管理，强化意识形态领域风险常态化研判，学校成为党领导的坚强阵地。推进大中小学国家安全教育一体化，针对不同学段学生认知特点，优化安全教育主要内容和方式方法，实现了梯次育人成效。建立中小学生“两防两加强”(即防校园欺凌、防溺水，加强心理健康教育、加强体教融合)长效机制，教育部推介湖北“四位一体”暑期防溺水联防联控经验做法。印发《关于进一步加强中小学生心理健康教育管理工作的指导意见》，确定每年 5 月为“湖北省中小学生心理健康宣教月”，为中小学生心理健康服务工作提供了制度保障；“从心出发，阳光成长”中小学心理健康系列微课，深受师生欢迎，社会反响较好。

七、教育对外交流合作稳步推进

1. 对外合作交流活动丰富多彩

坚持对外开放不动摇，采取线上线下相结合的方式，稳步推进教育对外开放工作。成功举办了“2022中国湖北·南亚高校校长论坛暨‘中国湖北-南亚大学联盟’第二次会议”和第六届“华创会·国际教育合作专场”。首次承办教育部“2022年国际产学研用合作会议”,首次举办“中国湖北·韩国教育合作交流会”,首次举办“中国湖北-白俄罗斯布列斯特州教育机构线上研讨会”。继续实施“世界著名科学家来鄂讲学计划(武汉论坛)”,支持武汉工程大学举办“资源与环境科技教育中非合作联盟成立大会暨首届联盟论坛”、湖北工业大学筹备“中非工业创新与技术转移合作论坛”、武汉轻工大学举办“动物营养与肠道健康国际研讨会”,交流最新研究成果,探讨校企合作新模式。

2. 对外开放引导项目有效实施

组织省属高校教师申报“国家全额资助公派出国留学项目”,73人获得留学资格;完成“地方合作项目”人员选派工作,选派30人出国研修;实施“省属高校青年教师出国研修项目”,遴选59名高校青年教师参加2023年出国研修。实施“世界著名科学家来鄂讲学计划”,采取确认立项与统筹立项相结合的方式,选定省属高校43项世界著名科学家来鄂讲学计划及3项武汉论坛项目。高质量推动中外合作办学项目申报,组织湖北8所高校申报了与美国、韩国、意大利、匈牙利、新西兰等国家的6个本科以上层次中外合作办学项目和2个非独立法人中外合作办学机构。继续实施国际中文教育项目,向中外语言合作交流中心推荐17名公派汉语教师和122名汉语志愿者。成立了湖北省孔子学院联盟,与中外语言合作交流中心签署战略合作协议,推动国际中文教育规范发展。

3. 涉外活动规范管理持续加强

印发《湖北省学校选用境外教材管理实施细则》,规范学校选用境外教材行为;研制《湖北省外籍人员子女学校管理办法(试行)》,规范外籍人员子女学校管理,满足特殊群体的学习需求,营造良好发展环境。规范涉使领馆活动,制订学校师生涉使领馆活动指引,指导学校师生有序参与涉使领馆活动行为,审核办理10余起高校与驻华使领馆交往活动。做好涉外活动日常管理和服务工作,武汉工商学院、湖北大学等高校有序开展与国外高校交流合作;批准设立武汉爱莎外籍人员子女学校和武汉光谷康桥外籍人员子女学校等2所外籍人员子女学校。

参考文献:

[1] 湖北省教育厅编.《2022年湖北省教育事业发展统计快报》[Z].教育厅内部印制.
[2] 湖北省教育厅编.《2022年湖北省教育经费统计简报》[Z].教育厅内部印制.
[3] 湖北省教育厅编.《2022年湖北省教育厅各处室及直属单位总结》[Z].教育厅内部印制.

(本节执笔人:朱爱国)

第四节　加快教育强省建设的策略建议

站在“两个一百年”的历史交汇点上，湖北教育已实现了“十四五”良好开局。面向未来，要坚持稳中求进工作总基调，瞄准“2035 年率先建成教育强省”的宏伟蓝图，积极落实国家和省已经出台的一系列政策文件，坚持和加强党对教育工作的全面领导，全面贯彻党的教育方针，落实立德树人根本任务，加快建设高质量教育体系，办好人民满意的教育，开辟发展新领域新赛道，不断塑造发展新动能新优势，努力构建具有湖北特色的教育发展新格局，为湖北“建设全国构建新发展格局先行区”提供基础性、战略性支撑。

一、形势怎么看：顺势而为起宏图

所当乘者势也，不可失者时也。当前，教育外部环境和内部环境发生深刻变化，面对中华民族伟大复兴战略全局和世界百年未有之大变局，面对我国社会主要矛盾变化带来的新特征新要求，面对错综复杂的国际环境带来的新矛盾新挑战，我们要心怀“国之大者”“省之要者”，深刻把握教育改革发展的“时”与“势”，深度了解世界形势、中国形势、湖北形势和教育形势，强化系统思维和大局意识，跳出教育看教育、立足全局看教育、放眼长远看教育，精准识变、科学应变、主动求变，在大局大势中找准目标定位和工作方向。

1. 外部环境的复杂性需要教育保持正确方向

党的二十大描绘了全面建设社会主义现代化国家的宏伟蓝图，将教育作为全面建设社会主义现代化国家的基础性、战略性支撑进行系统谋划，并首次将“教育是国之大计、党之大计”写入党代会报告，指出“育人的根本在于立德”，强调“坚持为党育人、为国育才”“全面贯彻党的教育方针，落实立德树人根本任务，培养德智体美劳全面发展的社会主义建设者和接班人”，要求我们深刻回答“培养什么人、怎样培养人、为谁培养人”这一根本问题。这充分体现了党中央对教育基础性、先导性、全局性地位和作用的战略判断，对中国特色社会主义教育事业大是大非的明确要求。要深刻认识到，当前各种敌对势力挖空心思对教育领域进行渗透，争夺青少年的斗争任务更重；在移动互联网时代各种热点问题和事件容易在学校传导和发酵，统一师生思想、广泛凝聚力量的任务更重；一些学校管党治党不力的问题依然存在，加强学校党的领导和党的建设的任务更重。要清醒看到，湖北各级各类学校基层党组织建设还存在短板，中小学党组织领导的校长负责制试点时间不长，民办学校党建还比较薄弱，大中小学一体贯通的思政工作体系还不健全，思政工作的亲和力、针对性、实效性还需要加强。因此，必须牢牢把握教育的政治性，坚持为党育人、为国育才，坚持正确的办学方向，全面贯彻党的教育方针，落实立德树人根本任务，确保教育领域始终成为坚持党的领导的坚强阵地。

2. 重大战略实施的紧迫性需要教育提升服务能力

党的二十大报告首次把教育、科技、人才进行“三位一体”统筹安排、一体部署，并摆在突出位置，指出教育、科技、人才是全面建设社会主义现代化国家的基础性、战略性支撑，强调“坚持教育优先发展”“加快建设教育强国”“深入实施科教兴国战略”，要求我们有力回答“强国建设、教育何为”这一时代课题。这充分体现了党中央对强国崛起历史规律的深刻洞察，对当今全球竞争本质和未来发展关键的精准把握。要深刻认识到，科技是第一生产力、人才是第一资源、创新是第一动力，这“三个第一”共同支撑发展这个第一要务，成为谋划推进中华民族伟大复兴战略全局、应对世界百年未有之大变局的关键变量，而教育是“三个第一”的落脚点、结合点和支撑点。强省必先强教，“先行区”建设需要教育现代化的支撑，必须更好地把湖北科教优势转化为人才优势、创新优势、发展优势。要深刻认识到，全球人才和科技竞争日趋激烈，教育成为国际竞争的高地和关键领域，必须坚定不移走好人才自主培养之路；现代信息技术和人工智能改变着人们的思维、生产、生活、学习方式，学习时空和学校边界更加拓展，正在重塑教育形态、重构学习方式、重组科研范式，一场深刻的学习革命正在迅猛发展。要清醒看到，当前教育布局与“三大都市圈”和区域重大产业发展不完全匹配，对接湖北产业的急需学科专业设置偏少，学科专业和人才培养结构还不能很好适应经济社会发展；教育、科技、人才协同发展的生态尚未形成，科技创新支撑湖北高质量发展能力不强。我们要牢牢把握教育的战略性，强化系统观念，加强更高维度、更高水平的工作统筹，下好优先发展教育的“先手棋”，打好教育主动服务创新驱动发展的攻坚战，推进教育、科技、人才协同发力，开辟发展新领域新赛道，塑造发展新动能新优势。

3. 群众需求的多样性需要教育提供更多优质资源

党的二十大报告明确到2035年实现基本公共服务均等化，人的全面发展、全体人民共同富裕取得更为明显的实质性进展，并以“办好人民满意的教育”为主题安排部署教育工作，强调“发展素质教育，促进教育公平”，这充分体现了党中央以人民为中心的教育发展思想，要求我们奋力答好“以教育公平促进社会公平和共同富裕”这一民生考题。我们要深刻认识到，当前我国人口已经出现了负增长，人口老龄化、少子化更为突出，乡村振兴和新型城镇化深入推进，学龄人口规模和结构正在发生显著变化，对教育资源布局提出了新的挑战；扩大中等收入群体，促进共同富裕，需要提升全民受教育程度和劳动者技能，人民群众对公平优质教育的需求日益强烈。要清醒看到，湖北城乡、区域之间教育发展仍有差距，义务教育优质资源供给相对稀缺，“城镇挤、农村弱”现象比较普遍，普惠性幼儿园保障程度还没有“达标”，“县中塌陷”问题突出，中职教育“散、小、空、弱”的问题还比较突出，本科层次职业院校还是空白，省属高校还没有一个学科入围“国家队”。针对这些现状，我们要牢牢把握教育的人民性，坚持以人民为中心发展教育，着力解决人民群众急难愁盼的问题，努力提供更加公平、优质、包容的教育，让教育发展多一些温度、多一些质感，让更多孩子“有学上”“上好学”。

4. 人才成长的规律性需要深化教育领域综合改革

党的二十大报告强调“全面提高人才自主培养质量，着力造就拔尖创新人才”，明确“加快建设高质量教育体系”“统筹职业教育、高等教育、继续教育协同创新”，要求我们继续探索“新形势下遵循什么样的教育规律，怎样遵循教育规律”这一实践课题。这充分体现了党中央对坚持自信自立、坚持扎根中国大地办教育的鲜明导向，对遵循教育规律、深化教育教学改革创新的深切期盼。我们要深刻认识到，推进“五育并举”，促进学生全面健康发展，健全学校家庭社会协同育人机制，建设全民终身学习的学习型社会，要求加快推进教育治理能力和治理体系现代化。要清醒看到，当前科学的教育理念还没有完全树立起来，重知识、轻能力的状况尚未根本改变；“五位一体”育人模式还不健全，对学生的科学精神、创新实践能力培养不足，高质量人才自主培养能力亟待提高。要牢牢把握教育的规律性，坚持守正创新，加快建设高质量教育体系，以教育评价改革牵引教育领域综合改革，系统推进育人方式、办学模式、管理体制、保障机制变革，使各级各类教育更加符合教育规律、更加符合人才成长规律、更能促进人的全面发展。

5. 校园生态的纯洁性需要教育全面从严治党

党的二十大报告指出“全面从严治党永远在路上，党的自我革命永远在路上”“反腐败是最彻底的自我革命”，强调“坚持以严的基调强化正风肃纪”“坚决打赢反腐败斗争攻坚战持久战”，要求我们答好“如何保持风清气正的育人生态”这一终身课题。这充分体现了党中央驰而不息推进党的自我革命的坚强意志，以“零容忍”态度惩治腐败的坚定决心。我们要深刻认识到，自我革命是我们党跳出治乱兴衰历史周期率的第二个答案，全面从严治党是党的长期战略、永恒课题。学校是教书育人的神圣殿堂，是立德树人的纯洁高地，教育是与群众联系最为紧密的行业，关系着千家万户，教育风气的好坏人民群众感受最直接最真切，必须全力维护教育的一方净土。要清醒看到，目前教育系统从严管党治校仍有不足，基建后勤、资产管理、招投标、科研经费使用等重点领域廉洁风险依然存在，全面从严治党的责任压力传导还不到底，符合教育特点的惩治和预防腐败体系还不够完善。要牢牢把握教育的纯洁性，坚持底线思维，坚持严的基调、严的措施、严的氛围不动摇，健全从严治校、从严治教、从严治学体系，一体推进不敢腐、不能腐、不想腐，营造风清气正的良好育人生态，维护校园干净圣洁的高地。

二、发展怎么办：统筹兼顾有作为

习近平总书记指出，建设教育强国，是全面建成社会主义现代化强国的战略先导，是以中国式现代化全面推进中华民族伟大复兴的基础工程，要以教育之力厚植人民幸福之本，以教育之强夯实国家富强之基。湖北省第十二次党代会确立了"建设全国构建新发展格局先行区"的目标任务，明确提出要"全面建设教育强省"。湖北是教育大省，科教优势是湖北第一优势，有基础、有条件、也有责任探索服务"先行区"的有效路径。要聚焦"高质量"和"新体系"，以省教育厅确定的"十大行动""十大实事""六大工程"作为总抓手和总牵引，构建具有湖北特色的教育发展新格局，努力在全省"先行区"建设的"一盘棋"中找到教育工作的切入点，在教育强国建设的"大战略"中找准湖北教育的新坐标，实现一域与全局、湖北教育与全国教育的有机融合、互促互进。

1. 以加强党的领导为根本保证，确保教育发展的大方向

加强党对教育工作的全面领导，是办好教育的根本保证。构建具有湖北特色的教育发展新格局，必须全面、系统、完整地落实党对教育工作的领导，牢牢把握社会主义办学方向，坚持为党育人、为国育才，努力培养堪当民族复兴大任的时代新人，培养社会主义建设者和接班人。

要健全党对教育工作全面领导的体制机制。健全党委统一领导、党政齐抓共管、部门各负其责的教育领导体制，切实加强各级各类学校党的领导和党的建设工作，重点加强民办中小学(幼儿园)、校外培训机构和中外合作办学党建工作，实现党的组织和党的工作全覆盖；支持学校党组织履行好把方向、管大局、作决策、抓班子、带队伍、保落实的领导职责，保证党中央决策部署在湖北不折不扣地得到贯彻执行。

要坚持用习近平新时代中国特色社会主义思想铸魂育人。加快推进大中小学思政课一体化建设，实施"大思政课——新时代共同成长工程"，把习近平新时代中国特色社会主义思想和党的二十大精神全面贯穿、有机融入全学段、各课程，逐渐改变思政课"铁路警察，各管一段"的局面。高校要继续开好讲好"习近平新时代中国特色社会主义思想概论"课，用好《习近平总书记教育重要论述讲义》《习近平新时代中国特色社会主义思想学生读本》。各中小学校要"一校一案"落实《中小学德育工作指南》，深入开展社会主义核心价值观和铸牢中华民族共同体意识宣传教育，教育学生听党话、跟党走。

要持之以恒推进全面从严治党。进一步健全教育系统全面从严治党体系，以违规吃喝问题专项整治为突破口纠"四风"、树新风，巩固提升中小学校食堂服务

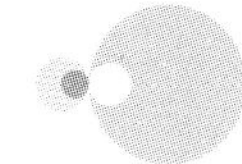

保障不到位专项整治成果，加强经常性纪律教育和干部监督，切实加强对年轻干部的教育管理和监督，坚持以严的基调一体推进“三不腐”。健全完善监督体系，以有力政治监督保障党中央决策部署和省委省政府工作安排落地见效。

2. 以立德树人为根本任务，培养全面发展的接班人

“培养什么样的人、如何培养人、为谁培养人”是教育的根本问题。必须坚持正确政治方向，努力培养德智体美全面发展的社会主义事业建设者和接班人。

要把坚定理想信念作为第一任务。“革命理想高于天”。要教育引导广大青少年继承革命传统，传承红色基因，大力弘扬中华优秀传统文化和革命传统文化、社会主义先进文化，深化党史、新中国史、改革开放史和社会主义发展史学习教育。深化宪法教育，落实好《青少年法治教育大纲》，健全法治教育的体制机制，充分发挥法治的育人功能。坚持“一校一案”落实《中小学德育工作指南》，推动各地各中小学校完善德育工作体系。实施高校大学生思想政治教育质量提升工程，增强新时代思想政治教育亲和力和针对性、感染力和实效性。广泛开展学生阅读活动，完善指导书目，加强条件保障，培养学生良好阅读习惯，着力提高人文素养。

要把促进身心健康作为第一要求。牢固树立健康第一的教育理念，帮助学生养成终身锻炼的习惯，掌握一两项终身受益的技能。推动校园足球蓬勃发展，带动学校体育改革。改进美育教学，以开齐开足美育课程为重点，整合各方资源充实教学力量，改善美育设施，提高学生人文素养和审美情趣。高度重视学生心理健康问题，关注学生情感需求，加强心理咨询服务，创造学生健康成长、快乐成长的良好氛围。加强科学教育，抓好实验教学和科普活动，开展人工智能教育，提高学生信息素养，激发科学兴趣，培养创新精神，增强实践能力。

要把知行合一作为第一原则。实践是培养人的主要途径，要将教育与生产劳动和社会实践相结合，以知促行、以行促知，学以致用。积极推进中小学劳动教育实验区、实践基地建设，开展劳动教育数字化资源建设，组织开展劳动教育优质课展示和中小学生劳动教育成果展示活动。积极开展中小学生研学旅行活动，加强中小学研学旅行营地建设，推动武汉、襄阳、宜荆荆三大都市圈加强研学实践协作。积极推进中小学社会实践基地建设，加强中小学校外教育和研学实践，推动各地青少年活动中心、研学实践基地（营地）、乡村学校少年宫等校外教育场所开发精品课程、增强队伍力量、严格规范管理，发挥实践育人作用。深入做好学生志愿服务，将志愿服务成效作为综合素质评价重要内容，作为毕业升学重要参考。

3. 以共享发展为根本目标，扩大教育公平的受益面

积极践行“共同缔造”的理念，着眼构建优质均衡的教育基本公共服务，加快抬高底部、补齐短板、完善规则，在更大范围、更高层次、更深程度上实现教育公平，增强人民群众教育幸福感、获得感的底色和成色。

推进学前教育普及普惠发展。截至 2022 年底,全省公办园在园幼儿占比 43.7%,与国家 50%的标准还有差距;普惠资源覆盖率 86.45%,也低于 87.8%的全国平均水平。要紧盯“两个占比”,关注“两类地区”(农村边远地区、城镇新增人口流动人口集中地区),开展攻坚行动。充分利用小区配建、中小学布局调整、政府购买服务等,新建、改扩建一批公办幼儿园,扩大公办学前教育资源和民办普惠性学前教育资源,不断满足群众多样化入园需求。

推进义务教育优质均衡发展。深入实施“义务教育薄弱环节改善与能力提升计划”,加强乡村小规模学校、乡镇寄宿制学校和县城学校建设,支持建设一批小而美、小而优的“乡村温馨校园”,确保城镇学校学位基本满足入学需求,县域学校办学条件持续改善,义务教育有保障成果更加夯实。要进一步强化学科类隐形变异培训防范治理,建立健全“双减”工作长效机制;严格落实国家关于“民办义务教育学校在校生不超过 5%”的控制线,持续做好公办学校扩容、政府购买学位等工作,防止反弹。

推进普通高中多样化有特色发展。现阶段,受传统高考评价指挥棒的影响,“分”依然是学生的命根儿,“考”依然是老师的法宝,普通高中应试教育的思维定式和路径依赖依然存在。各地各校要切实转变观念,站在“促进人的全面发展”的高度,改变所谓“高考高中”的“清一色”局面,推动普通高中由省重点、市重点等“贴标签”“身份化”的层次定位向类别定位转变。要通过丰富选修课程、培育优势学科,建设一批科技高中、人文高中、体育高中、艺术高中等特色学校,为学生提供多样化成长成才路径。要深入实施“县域普通高中发展提升行动计划”,“一校一案”制订县中标准化建设工程实施方案,采取强有力措施推动大班额消除,全力推进“县中振兴”。深入实施“县中托管帮扶工程”,组织有条件的省属高校开展县中托管帮扶工作,每所优质普通高中托管帮扶 1 所薄弱县中。建设一批省级普通高中新课程新教材实施实验区、实验校和普通高中学科基地。

推进特殊教育全纳融合发展。深入实施“特殊教育发展提升行动计划”,完善残疾儿童青少年招生入学联动、随班就读、送教上门等工作机制。制定省级特殊教育质量评价实施方案。推动地方建设一批特殊教育学校资源中心、资源教室,进一步改善办学条件。继续开展省级特殊教育教师教学基本功展示和融合教育优秀教育教学案例遴选活动。确保特殊教育普及程度显著提高,残疾儿童青少年入学机会明显增加,教育质量全面提升,保障机制进一步完善。

4. 以适应社会为根本导向,增强教育服务的贡献力

服务决定地位,有为才能有位。要让政府重视教育,让社会支持教育,首先要强化服务意识,切实做出事来、作出成绩来。要切实优化教育布局结构,增强教育对经济社会的适应性和贡献力。

增强职业教育适应性，培养技术技能人才。出台推进产教融合金融、财政、土地、信用、就业等激励政策。以产业园区为基础，重点建设市域产教联合体，提供人才供需信息和共性技术服务，促进中小企业技术创新、产品升级；组建绿色智能船舶、集成电路等行业产教融合共同体，由龙头企业会同高水平高校、职业学校开展资源共建共享、双元育人、技术创新；以“校中厂”“厂中校”形式新建一批产教融合公共实践中心，促进教育链、人才链、产业链、创新链协同发展；支持城市依托高校建设高水平产教融合园区，培育建设国家和省级产教融合型城市。实施职教资源与重大产业布局战略匹配行动，实现每条产业链有 1-2 所应用型本科高校和职业学校重点对接发展。进一步改善职业学校办学条件，深入推进高职“双高”计划和中职“双优”计划建设，推动全省职业教育办学质量实现整体跃升。

推动高校转型发展见实效，培养大批创新型、应用型、复合型人才。特色就是生命力，特色就是竞争力。湖北有一批体育、美术、音乐和中医药大学等特色学校，应该大力支持，建设一批有特色的省属高校。实施应用型本科高校“双特色”(特色高校和特色专业、群)建设工程，支持建设一批办学特色鲜明的高水平、示范性应用型高校，打造一批服务湖北战略新兴产业和重点产业需求的优势特色专业集群；实施体音美医师等专业性院校提升工程，推进体育学、美术学、音乐与舞蹈学、中医学等学科跨入国家 A 类学科，支持建成一批特色鲜明、优势突出、在全国具有一流地位的省属医学院校、师范院校和体音美等专业性院校。统筹部分优质中等职业学校，实行“小学院、大学校”的办学模式，培养五年一贯制等长学制高素质技术技能人才。

全面加强“双一流”建设，培养拔尖创新人才。以实施“双一流”建设攻坚战略行动为手段，着力提升支撑引领湖北“先行区”建设的能力和水平。要在学科建设上求“突破”，发挥部属高校龙头作用，争取有更多的学科进入国家“双一流”建设学科，进一步提升办学实力、学术地位和核心竞争力；加强省属高校一流学科建设，争取 1—2 所省属高校进入“双一流”国家队。要在人才培养上求“创新”，努力提高人才自主培养质量，加强应用学科与行业产业、区域发展的对接联动，加快推进新工科、新医科、新农科、新文科建设，在国家急需高层次人才、基础学科拔尖创新人才培养和原始创新、重大领域等方面取得新突破。要在服务湖北发展上求“贡献”，积极推动重点实验室、工程技术研究中心建设，布局一批人文社科基地，完善百校联百县、百校联千企、万人攻万项常态化推进机制，推进高校科技人员常态化服务基层、服务企业、服务乡村振兴。

5. 以人民群众满意为根本标准，注重教育改革的系统性

习近平总书记多次强调，改革要推出叫得响、立得住、群众认可的硬招实招，把改革方案的含金量充分展示出来，让人民群众有更多获得感。全面深化改革，最终是要打破束缚、激发活力、释放红利，扩大改革受益面，让基层、学校、老师、学生有切实获得感。获得感是判断我们改革成功与否的根本标准，衡量我们工作成效的根本标准，也是检验我们工作作风的根本标准。要加强改革总体设计，注意改革的系统性整体性协同性，切实发挥好改革导向和撬动作用，提升人民群众的改革获得感。

推进基础教育综合改革。课程、教学、考试、评价是学校育人工作的关键环节。要遴选一批工作基础好、改革意愿强、党委政府重视的市县，开展基础教育综合改革实验区建设，针对重点改革任务先行先试、整体推进、重点突破，发挥示范引领作用。认真贯彻落实《深化新时代教育评价改革总体方案》，深入推进破“五唯”(唯分数、唯升学、唯文凭、唯论文、唯帽子)，逐步解决教育评价指挥棒问题，扭转教育功利化倾向。全面落实学前教育、义务教育、普通高中和特殊教育办学质量评价指南，加快构建以发展素质教育为导向的基础教育科学评价体系。深入推进考试招生制度改革，进一步落实义务教育“公民同招”和免试就近入学，引导规范民办教育发展。深化中考命题改革，全面实行中考省级统一命题，坚持依标命题、以学定考，落实全面发展素质教育的要求。推动落实普通高中“公民同招”和属地招生政策，切实规范普通高中招生秩序。

探索高等教育分类改革。推进高校分类建设、分类管理、分类评价，引导高校克服“同质化”问题，在不同“赛道”上办出特色，塑造“定位准确、功能明晰、特色鲜明、服务支撑”的湖北高等教育新体系。实施高校科技体制机制改革攻坚行动，“一校一策”制订改革方案。推进高校科技成果赋权改革，建立赋予科研人员职务科技成果所有权或长期使用权的机制和模式，简化科技成果转化程序，探索符合科技成果转化规律的国有资产管理模式。开展科技成果评价改革和负面清单改革试点、高校科技创新服务区域经济社会发展试点，探索建设高校服务地方发展中继站，推进高校与地方政府和企业开展战略合作。

做好“双减”下半篇文章。按照“课内课外、校内校外、线上线下同时发力，减负、提质、增效一体推进”的思路，强化学校育人主阵地作用，确保教师教足教好、学生学足学好。一是进一步提高课堂教学水平。实施《湖北省中小学学科教学指南》，指导各地各校加强教学规范管理，深化教育教学改革，大力推广先进教育教学方法，组织开展“优秀基础教育教学成果”“基础教育精品课”“湖北好课堂”“教学基本功展示”等活动，着力打造优质课堂。二是进一步提高教学研究水平。开展“湖北好教研”展评活动，推动省、市、县级教研机构重心下移，建立教研员农村学校、薄弱学校联系点制度，指导学校和教师加强校本教研。三是进一步提高作业设计水平。在“压总量、控时间”的基础上，注重“调结构、提质量”，落实湖北义务教育阶段学生作业设计指南，推动各地各校建立完善作业管理办法，深入开展

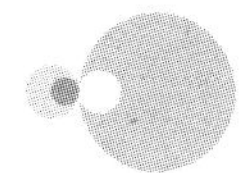

优质作业设计与展示交流活动，鼓励布置分层、弹性、个性化作业，不断提高作业的针对性、有效性。四是进一步提升课后服务水平。研究制定整合资源助推课后服务的指导意见，积极发挥乡镇（街道）、村（社区）阵地作用，广泛调动志愿者、文化能人、社区“达人”、乡贤等资源优势，推动各行业部门、企事业单位、高等院校、教科研机构、学术组织、智库等共建共助，全力支持参与学校课后育人活动、假期托管、研学实践、社团建设等，推动课后服务从“有”转“优”。督促各地全面落实课后服务经费保障机制，“一校一案”“一生一策”做好农村学校、薄弱学校以及困难家庭学生的课后服务保障工作。

加强教材建设改革。“尺寸课本，国之大者”，党的二十大报告首次提出“加强教材建设和管理”，凸显教材作为立德树人核心载体的重要性。要成立湖北省教材委员会，建立完善省级教材专家库，适时召开省教材委员会会议。建立健全湖北省教材委员会运行规章制度。印发《湖北省义务教育课程实施办法》《湖北省普通高中课程实施办法》，修订《湖北省中小学教材选用管理办法》，完善中小学地方课程和校本课程管理、教辅材料等管理制度，严格落实工作责任，强化教材编写、审核、出版、选用、使用全流程监管。以“时时放心不下”的使命感、责任感和紧迫感，把打造精品落实到每一个学科、每一册教材、每一项内容、每一幅插图，为学生提供最精美的精神食粮。

推进教育对外开放。要拓展“双向”留学新路径，聚焦世界科技前沿和省内急需领域，扩大省公派出国留学规模和受益范围；打造“留学湖北”升级版，优化来鄂留学专业布局，提高学历生比例，扩大硕博层次留学生数量；探索将来华留学生人数列入生均拨款学生基数，支持更多高校招收国际学生，力争通过 3—5 年的努力，使招收国际学生院校数达到 65 所，占全省院校数的 50%；国际学生数量增加到 3.8 万人，初步达到高等学校在校生数的 2%。要实现合作办学新突破，推动湖北高校与世界一流高校合作办学，建设具有独立法人资格的中外合作办学机构，高起点办好一批中外合作教育项目；推进湖北高校建设境外大学、海外分校，或与当地高校合作办学。要打造国际交流新平台，着力将“湖北-非洲合作交流机制”“湖北-南亚高校联盟暨校长论坛”纳入全国教育对外开放区域布局，将湖北主办的“华创会·国际教育合作专场”升级为跨省区域性的教育对外开放新窗口。积极承接教育部“一带一路”共建国家系列机制性教育政策对话会和国家级中外人文交流机制会议，积极承办世界数字教育大会、世界职教联盟大会等国际性教育会议，努力将国家级平台转变为展示湖北教育高质量发展的舞台，不断增强湖北教育的国际显示度和影响力。要开辟“一带一路”建设新赛道，组织优质职业院校跟随中国企业走出去，开展“鲁班工坊”建设，对外提供课程标准和整体教学解决方案，培养当地和企业急需人才；完善孔子学院区域布局，大力发展“中文＋职业技能”的国际中文教育新模式。

6. 以完善体制机制为根本保障,提升教育质量的达成度

提高教育质量要有管用的保障机制,抓责任、抓标准、抓激励、抓评估,通过科学的体制机制推动质量提高。

培育更多“大先生”。要强师德,把师德教育作为各类教师培训项目的第一模块,贯穿教师教育和管理全过程各环节;实施好“荆楚好老师群星计划”,加大新、老优秀教师典型表彰宣传力度;加强师德师风舆情监测,一体推进教育涵养、考核评价、惩戒警示工作,对师德违规问题“零容忍、严查处”。要优结构,持续加强乡村教师队伍建设,实施“共同讲学计划”,推动各地招募一批高端人才、骨干教师、退休教师到乡村任教,支持科学家、艺术家、运动员等各领域专业人才到乡村学校兼职授课;健全省级统筹的义务教育教师招录新机制,进一步加大农村音体美、心理健康、信息技术等紧缺学科教师补充力度,缓解音体美等学科教师短缺矛盾。要提师能,建立“省级统筹、分层推进、多方协同”的教师培训体系,完善“大中小幼”教师队伍分层分类培训指导机制;创新教师教育模式,改革师范院校课程体系,加大力度创建一批教师教育综合改革实验区和师范教育基地;深入实施楚天学者、湖北名师工作室等人才项目,加大高层次人才队伍建设,培育一批在全国有影响、具有教育家潜质的校长群体、教师群体。

力促督导“长牙齿”。教育督导是《教育法》规定的一项基本教育制度,肩负着督政、督学、评估监测的重要职能,是教育决策、执行、监督“三位一体”不可或缺的重要组成部分。没有监督,决策执行就会大打折扣,必须高度重视教育督导工作,发挥“利剑”作用。要配强三支队伍,即教育督导专家队伍,加强教育督导政策、指标、方法等系列研究,为督导工作提供理论依据和智力支撑;督政督学队伍,把一批讲政治、敢担当、懂教育、作风实的领军人物和业务骨干吸收充实到督学队伍中来;评估监测队伍,开展各类评估监测工作。要完善三项规定,即《湖北省教育督导规定》立法,完善省督学聘任管理办法,规范对市县督导评估有关工作流程,推动有关评价和专项督导更加科学精准、运行规范。要突出三项重点,即开展市州政府履行教育职责实地督查,启动县域义务教育优质均衡发展督导评估、学前教育普及普惠督导评估,落实好《湖北省教育督导问责实施细则》,让督导动真格、硬碰硬、树权威。

抢占数字教育“制高点”。把教育数字化作为重中之重,做好顶层设计,明确“任务书”,画好“路线图”,列出“时间表”。要赋能环境提升,建设全省统一的教育数字底座,搭建数字校园应用超市、教育大数据汇聚和应用平台、公共服务统一入口“鄂教通”,强化整体推进和系统集成,加强数据汇聚融合和共享。要赋能教学创新,推进智慧教育平台各学段全覆盖、常态化应用,突出平台对提升教育质量、促进教育公平、服务“教学管评测”方面的作用和效果，全面探索数字教育新机制新模式新形态，推进“专递课堂、名师课堂、名校网络课堂”按需应用。要赋能教育治理，实现业务协同、流程优化、结构重塑、精准管理，推动教育治理高效化、精准化，提高教育决策和管理服务水平。

筑牢校园安全“防火墙”。深入推进《湖北省学校安全条例》贯彻施行，落实《中小学幼儿园安全防范要求》最新国家标准，巩固平安校园“七防工程”、中小学幼儿园安全防范“四个 100%”建设成效，建立健全中小学生“两防两加强”（防溺水、防校园欺凌，加强心理健康教育、加强体教融合）长效机制，净化育人环境，切实保障学生安全。

推进校家社“大合唱”。办好教育事业，政府、学校、家庭、社会都有责任。要落实家庭教育促进法，建立完善家长学校、家长委员会、家访、“校园开放日”等制度，持续开展湖北省“党员教师家校协同行动”，加强“双减”政策解读和家庭教育指导，引导家长树立科学育儿理念和正确教育观念，推动形成学校积极主导、家庭主动尽责、社会有效支持的协同育人机制，积极营造社会各界理解支持参与基础教育改革发展的良好氛围。

三、工作怎么干：狠抓落实勇担当

天下大事，必作于细。构建具有湖北特色的教育发展新格局，有很多坡要爬，有很多坎要过。各地各校既要登高望远、胸怀大局，又要落细落实、积微成著，在全局中找准定位，在变局中站稳脚跟，以“咬定青山不放松”的韧劲，“不达目标不罢休”的狠劲，“踏平坎坷成大道”的闯劲，朝着目标和任务，抓好工作落实，奋力前进，书写新时代的“担当答卷”。

1. 强基固本，明晰工作思路

强化政治意识。从一定意义上讲，教育就是政治，是政治的独特表现形式。能不能从讲政治的高度做教育工作，关系到教育的兴衰成败。要增强政治意识，善于从政治上看问题，善于把握政治大局，不断提高政治判断力、政治领悟力、政治执行力。要坚持正确政治方向，在政治立场、政治方向、政治原则、政治道路上同党中央保持高度一致。要不断提高政治敏锐性和政治鉴别力，用政治眼光观察和分析教育问题，能够透过现象看本质，能够从蛛丝马迹中发现新动向，做到眼睛亮、见事早、行动快。要提高对标、对表、对题、对需能力，立足岗位谋大事、聚焦中心谋发展，不折不扣抓好党中央精神贯彻落实。

增强大局观念。教育是国之大计、党之大计，是省之要事。各地各校要善于把教育工作置于大局全局中谋划定位，主要负责同志要站高望远，跳出教育看教育、立足全局看教育、放眼长远看教育，自觉把教育工作放在教育强国、科技强国、

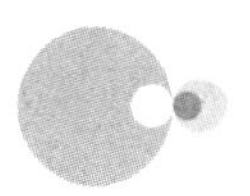

人才强国建设中去思考,放在“建设全国构建新发展格局先行区”中去谋划,落实教育优先,培育创新驱动,强化人才引领,厚植具有湖北特色的教育发展新格局基础,在强国建设中增加显示度,在强省建设中提升贡献度。

坚持一心为民。党员干部要始终坚持以人民为中心,放下架子、扑下身子,善于倾听群众声音,当好人民群众的“小学生”和“勤务员”。要多做“一枝一叶总关情”的惠民之事,多操心、多干事、干实事,急群众所急、忧群众所忧、解群众所难。要主动把初心融入血脉、把使命扛在肩头、把双脚放到泥土里,常到百姓身边多听民声民意,常去田间地头谋划民生实事,常坐“长板凳”“热炕头”,常问群众“心中事”“实际难”,把群众所忧所盼逐一解决好、温暖好,把党和政府的温暖送到群众心间,让广大人民群众的生活越来越美好。

注重因地制宜。各地教育实际各不相同,要求教育发展战略、政策的选择必须坚持从实际出发、实事求是、因地制宜。要善于把总体目标细化为具体目标,把总体思路细化为具体措施,把别人的成功经验转化为自身的有效办法。要具体情况具体分析、不同情况区别对待,找准着力点,增强针对性,分类研究、分类指导、分类推进。要敢于突破传统思维、习惯做法和条条框框,探索符合自身实际的有效办法,大胆试验,锐意改革,勇于创新。

2. 充电造血,增强工作本领

通过改造学习增强知识本领。解决不平衡不充分问题,加快教育现代化,建设教育强省,我们的难题还很多,必须改造我们的学习,增强我们的本领。要通过改造学习,学会和掌握战略思维、创新思维、辩证思维、法治思维、底线思维;通过改造学习,不断增强学习本领、政治领导本领、改革创新本领、科学发展本领、依法执政本领、群众工作本领、狠抓落实本领、驾驭风险本领;通过改造学习,做到信念过硬、政治过硬、责任过硬、能力过硬、作风过硬。当前最紧迫的任务,就是要改造形式化的学习,改造脱离实际的学习,改造脱离灵魂的学习,防止学习的“简单化”“庸俗化”“一般化”。

通过突破传统增强创新本领。教育工作本身就是一个创造新知、传递新知的过程。教育工作者更要学新知新、更新应新。各地各校要根据新形势新变化新要求,主动识变应变求变,勇于打破路径依赖、突破思维定式,敢于讲新话干新活出新绩,善于前瞻性思考、全局性谋划、整体性推进,不断丰富“政策包”、打造“工具箱”、创建“数字链”,努力提升工作的科学化、精细化、精准化水平。

通过沟通联系增强协调本领。教育事业是党和国家事业的重要组成部分,是各级党委政府的重要工作。高树靡阴,独木不林。教育不是教育一家的事,学校也不是书记校长两个人就能办好的。各地各校要善于协调汇报、争取重视,借力用力、共同发力,推动教育优先发展战略落地落实。要注重发挥好党委教育工作

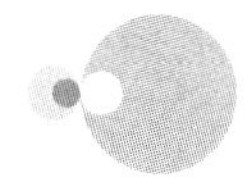

领导小组和政府教育督导委员会两支领导力量作用，用好各类协调推进机制和联席会议机制，推动研究解决一批教育部门一家解决不了的困难和问题。要加强向教育部等中央部委的汇报沟通，争取在湖北布局更多改革试点、投入更多项目经费、产出更多典型经验。要加大教育宣传力度，构筑宣传矩阵，讲好教育故事，共同唱响湖北教育发展主旋律。

3. 舒筋通络，改进工作作风

要有认真负责的作风。世界上怕就怕认真二字，共产党最讲认真。任何事只要态度端正、认真负责，总有解决的办法。抓而不紧，等于不抓；抓而不实，等于白抓。对一项工作进行了安排部署，这只是万里长征走完了第一步，更为重要的是端正态度抓落实。如果态度不端正，只是满足于坐而论道，那么，即使再好的目标，也只是镜中花、水中月。端正态度就是要树立正确的人民观、科学的发展观、系统的治理观和与发展并行的安全观，自觉强化敢于担当、真抓实干的意识，真正从思想深处认识到狠抓落实的重要性和紧迫性，进而增强抓落实的责任感和使命感，提高落实的有效度和显示度。

要有锲而不舍的作风。年度工作大都实行清单管理，上了榜单就要出成果、见实效，热热闹闹一哄而起不行，口惠而实不至更要不得。要发扬钉钉子精神，求真务实，以真抓的实劲、敢抓的狠劲、善抓的巧劲、常抓的韧劲，让工作任务从字面落到地面，让说法变成做法，让承诺化成效果。

要有深入实际的作风。键盘敲得响不如基层访一访，调查研究是谋事之基、成事之道。追求工作实效，一个基本要求是问题导向，大兴调查研究之风。要把调查研究作为基本功，迈开步子、扑下身子，深入基层、深入师生，亲自察看、亲身体验，切忌"蜻蜓点水""走马观花"。要把调研重点更多放在事关全局的大事要事上，放在情况复杂、矛盾突出的问题上，放在群众关心、社会关注的热点难点上，掌握一手资料，摸清真实情况，研究解决思路，提出务实方案。

4. 凝神聚力，提高工作效率

要优化方式方法。每一位领导干部都要认真反思自己的方式方法，都要努力改进自己的方式方法。该用行政手段的，要加大督查力度，用好监管手段，该督查的督查，该督导的督导，该考核的考核，该公开的公开，该处罚的处罚。要善于掌握和运用经济方法，工作还是要讲绩效，经费使用还是要讲实效，资源配置还是要讲高效。要用法治方法抓治理，牢固树立法治思维，善于运用法治方式，学会用法治手段处理纠纷、维护权益、规范行为、惩处乱象。涉及疏导人心的工作，要多用思政方法，真正做到群众心坎上、心里去。要用服务方法抓作风，不是制定几项规定就是抓作风，要接受群众监督，让群众评判。

要突出工作重点。一些单位和部门之所以在工作中成效不佳，究其根源，往往不是因为没有抓,而是没有抓重点、重点抓。或满足于一般性安排部署,或失之于"泛"、眉毛胡子一把抓,最后什么也没有抓紧抓牢。这就需要我们把思想认识统一到党委政府的决策部署和工作要求上来,不强求各地面面俱到、事事都做到最优,但是一定要抓住关键和重点,咬住不放地抓,坚持不懈地抓,持之以恒地抓,不达目标不罢休,不允许只说不做,不允许半途而废,不允许浅尝辄止,坚持到最后肯定会有一个好结果。

要凝聚共同力量。落实奋斗目标,要分清责任,明确分工,谁的问题谁负责,也要相互补台,填上分工中的"模糊地带",不能只在自己的领域内打转转,坚持眼睛向外,加强同相关部门之间的协同。要争取多方支持,有硬着头皮、厚着脸皮、磨破嘴皮的精神,这是一种情怀、一种作风、一种境界,是我们事业成功的有效法宝。只要事业发展了,群众满意了,我们就一定能赢得理解、赢得尊重。

要加强正面引导。加强对重大方针政策的权威解读,加强对重点热点问题的有效引导,发挥先进典型示范引领作用。完善新闻发布制度,及时回应社会关切,把握好教育热点回应的时度效。构建宣传大格局,搭建教育系统沟通联动平台,完善情况通报、快速反应、协同发声机制,在把好事办好的基础上,把好事说好,凝聚正能量,营造好氛围。

参考文献:

[1] 周静.向着全面建设教育强省目标踔厉笃行[N].中国教育报,2022-07-27(01).

[2] 石国亮等.迈步新征程·二〇二二年中国教育观察[N].中国教育报,2022-12-27(02).

[3] 周静.在2023年全省教育工作会议上的讲话[Z].湖北省教育厅印发,2023-02-07.

[4] 河南省教育厅.2023年全省教育工作会议召开[EB/OL].(2023-02-09)[2023-04-30].https://jyt.henan.gov.cn/2023/02—09/2686409.html.

[5] 周静.教育强国建设的湖北实践与思考[N].中国教育报,2023-08-05(04).

(本节执笔人:朱爱国)

第二章　坚持为党育人为国育才

为党育人、为国育才，培养一批又一批担当民族复兴大任的时代新人，培养一代又一代德智体美劳全面发展的社会主义建设者和接班人，是党和国家赋予教育的崇高使命。党的十八大以来，以习近平同志为核心的党中央从社会主义现代化建设和民族复兴战略高度，深刻回答了“培养什么人、怎样培养人、为谁培养人”的一系列重要问题，为新时代教育事业发展指明了前进方向，提供了根本遵循。湖北紧紧抓住党的领导这根“定海神针”，在完善高校党委领导下的校长负责制的同时，积极推进中小学党组织领导的校长负责制，实现党的组织和党的工作在教育领域的全覆盖，确保人才培养的正确方向，解决“为谁培养人”的问题；紧紧抓住思想政治教育这条“生命线”，以大中小学思政课一体化建设为抓手推进大中小学思想政治教育一体化，着力培养德智体美劳全面发展的社会主义建设者和接班人，解决“培养什么人”的问题；紧紧抓住育人方式变革这个“关键点”，着力推进学校家庭社会协同育人，营造良好育人生态，解决“怎样培养人”的问题。党的教育方针在湖北得到全面贯彻，立德树人根本任务在湖北得到系统落实。

第一节　完善中小学校党建工作体系

坚持和加强党对教育工作的全面领导，是办好教育的根本保证。近年来，湖北全面贯彻落实党的教育方针，切实加强中小学党的建设，落实党组织领导的校长负责制，加快实现中小学党组织全覆盖，各项制度从严落地，党的工作实实在在融入和体现到师生思想政治工作中，党组织核心作用触及灵魂深处，发挥了“心有向，行有力”的积极作用。广大师生听党话、感党恩、跟党走，思想主流积极健康向上，党的旗帜在校园高高飘扬。

一、我国中小学党建工作的政策演进轨迹及特点

新中国成立以来，伴随着我国中小学领导体制的不断变革，中小学党组织的

工作重点也不断随之改变,主要经历了五个主要时期。

表 2-1-1 新中国成立以来我国中小学党建工作的政策演进

领导体制	政策文件	主要内容
校长责任制	1952年3月18日,经政务院批准,教育部颁布《中学暂行规程(草案)》《小学暂行规程(草案)》	中小学实行校长责任制,设校长一人,负责领导全校工作
党支部领导下的校长负责制	1958年9月19日,中共中央、国务院发布《关于教育工作的指示》	教育为无产阶级的政治服务,一切教育行政机关和一切学校,应该受党委的领导,校长要贯彻执行党支部的决议并对学校的工作负责。在一切学校中必须进行马克思列宁主义的政治教育和思想教育
党支部领导下的校长分工负责制	1963年3月23日,中共中央印发《全日制中学暂行工作条例(试行草案)》《全日制小学暂行工作条例(试行草案)》	中小学党支部统一领导学校各方面工作,学校的一切重大问题必须经过党支部讨论决定。学校应该把坚定正确的政治方向放在第一位,必须对学生进行共产主义思想教育。校长要贯彻执行党的教育方针,执行上级党委、教育行政部门和党支部的决议并对学校工作负责
校长负责制	1985年5月27日,中共中央印发《关于教育体制改革的决定》	教育必须为社会主义建设服务,学校逐步实行校长负责制,学校中的党组织要从过去那种包揽一切的状态中解脱出来,把自己的精力集中到加强党的建设和加强思想政治工作上来;要团结广大师生,大力支持校长履行职权,保证和监督党的各项方针政策的落实和国家教育计划的实现
	1993年2月13日,中共中央、国务院关于印发《中国教育改革和发展纲要》的通知(中发〔1993〕3号)	切实加强党对教育工作的领导,大力加强和改进德育工作。加强学校党的建设,发挥学校党组织的政治核心作用
	2003年9月17日,人事部、教育部《关于深化中小学人事制度改革的实施意见》(国人部发〔2003〕24号)	进一步完善校长负责制。实行校长负责制的中小学,校长全面负责学校工作,并充分发挥基层党组织的政治核心作用

续表

领导体制	政策文件	主要内容
校长负责制	2010年7月29日，中共中央、国务院印发《国家中长期教育改革和发展规划纲要（2010—2020年）》	完善普通中小学和中等职业学校校长负责制。加强和改进教育系统党的建设，把教育系统党组织建设为学习型党组织。健全各级各类学校党的组织，中小学校党组织要充分发挥在学校工作中的政治核心作用，加强民办学校党的建设，积极探索党组织发挥作用的途径和方法
	2016年6月29日，中央组织部、教育部党组《关于加强中小学校党的建设工作的意见》（中组发〔2016〕17号）	中小学校党组织要充分发挥政治核心作用，全面负责学校党的思想、组织、作风、反腐倡廉和制度建设，把握学校发展方向，参与决定重大问题并监督实施，支持和保证校长依法行使职权。完善中小学校党建工作管理体制，提升中小学校党组织建设水平，加大党组织组建力度，推进党组织和党的工作全覆盖
	2016年12月29日，中共中央办公厅印发《关于加强民办学校党的建设工作的意见（试行）》的通知（中办发〔2016〕78号）	充分发挥民办学校党组织政治核心作用，加大民办学校党组织组建力度，推进党的组织和党的工作有效覆盖，把党组织书记队伍建设作为抓好民办学校党建工作的重中之重，建立健全党组织参与决策和监督机制，做好发展党员和党员教育管理工作
	2017年1月13日，中共中央组织部、教育部关于印发《中小学校领导人员管理暂行办法》的通知（中组发〔2017〕3号）	坚持党管干部、党管人才，坚持党建工作与业务工作同步考核，落实中小学校长负责制。加强对学校领导班子和领导人员履行政治责任、行使职责权力、加强作风建设等方面的监督
	2017年8月17日，教育部颁布《中小学德育工作指南》	学校党组织要充分发挥政治核心作用，把中小学德育工作作为教育系统党的建设的重要内容。完善党建带团建机制，加强共青团、少先队建设
	2018年12月8日，中共中央办公厅、国务院办公厅关于印发《加快推进教育现代化实施方案（2018－2022年）》的通知（中办发〔2018〕67号）	把全面加强教育系统党的建设，不断提高教育系统党的建设质量，坚定不移推进全面从严治党向纵深发展作为推进教育现代化四个方面的保障措施之一

续表

领导体制	政策文件	主要内容
校长负责制	2019年6月11日,国务院办公厅《关于新时代推进普通高中育人方式改革的指导意见》(国办发〔2019〕29号)	加强普通高中学校党组织建设,发挥党组织把方向、管大局、保落实的领导作用
	2019年6月23日,中共中央、国务院《关于深化教育教学改革全面提高义务教育质量的意见》	加强学校党的建设,充分发挥学校党组织领导作用,强化党建带团建、队建
党组织领导的校长负责制	2022年1月26日,中共中央办公厅印发《关于建立中小学校党组织领导的校长负责制的意见(试行)》	把党建工作作为办学治校的重要内容,发挥基层党组织作用,加强党员队伍建设,使基层党组织成为学校教书育人的坚强战斗堡垒。中小学校党组织全面领导学校工作,履行把方向、管大局、作决策、抓班子、带队伍、保落实的领导职责

1. 学校党组织功能探索时期(1949—1984年)

第一阶段:1949—1957年。建国初期,我国中小学校实行校务委员会制,按照集体负责、民主管理的原则管理和领导学校工作。1952年,我国《中学暂行规程(草案)》《小学暂行规程(草案)》颁布,规定中小学校实行校长责任制,由校长一人领导全校工作,校长由政府任命,直接对政府负责,校长对一切问题有最后决定权。

第二阶段:1958—1962年。在经历了解放初期的初步探索后,我国中小学校的发展逐步走上正轨。1958年,中共中央、国务院发布《关于教育工作的指示》,强调教育工作必须由党来领导。在"党领导一切"的号令下,中小学普遍建立了党支部,由党支部领导学校的一切工作。实践过程中,存在党支部包揽行政领导工作,支部书记指挥一切,校长形同虚设的情况。

第三阶段:1963—1965年。20世纪60年代初,教育部总结了新中国成立以来的经验教训,恢复了解放初期的校长负责制。1963年3月颁发的《全日制中学暂行工作条例(试行草案)》《全日制小学暂行工作条例(试行草案)》规定,实行地方党委和主管教育行政部门领导下的校长负责制,校长在当地党委和主管教育行政部门领导下负责全校工作,学校党支部起保证监督作用。

第四阶段:1966—1977年。"文化大革命"时期,一度否定了新中国成立以后

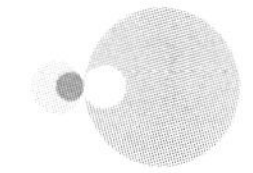

的学校教育，也否定了原来的学校领导体制，此前建立的党委领导下的校长负责制被认为是“削弱党的领导”，是“修正主义教育”的产物。这一时期，学校实行“革命委员会”制，党的教育方针和知识分子政策受到歪曲，学校失去了其应有的教育功能，学校党组织功能未能得到有效发挥。

第五阶段：1978—1984 年。粉碎“四人帮”后，经过指导思想的拨乱反正，党中央对教育工作做出了一系列新的论断和决策，我国教育事业得到了恢复，开始走上了蓬勃发展的道路。1978 年，教育部颁布了新修订的《全日制中学暂行工作条例（试行草案）》和《全日制小学暂行工作条例（试行草案）》，实行党支部领导下的校长分工负责制，中小学的党支部统一领导学校各方面的工作，学校的一切重大问题必须经过党支部讨论决定，学校把坚定正确的政治方向放在第一位。

2. 学校党组织参与学校治理时期（1985—2015 年）

1985 年，中共中央《关于教育体制改革的决定》明确指出，学校逐步实行校长负责制，学校中的党组织要从过去那种包揽一切的状态中解脱出来，把精力集中到加强党的建设和加强思想政治工作上来。此后，1993 年的《中国教育改革和发展纲要》、2003 年的《关于深化中小学人事制度改革的实施意见》、2010 年的《国家中长期教育改革和发展规划纲要（2010—2020 年）》等重大政策文件都提出，要切实加强党对教育工作的领导和学校党的建设，充分发挥学校党组织的政治核心作用。这一时期，校长处于中心地位，全权负责各项事务，党组织主要从事党务及相关工作，配合校长工作。

3. 学校党组织职权范围逐步扩展时期（2016—2021 年）

2016 年 6 月，中央组织部、教育部党组印发《关于加强中小学校党的建设工作的意见》，虽然继续沿用“政治核心”定位，并未直接改变校长负责制，但增加了党组织“参与决定重大问题”的表述，扩展了党组织的职权范围，初步改变了中小学治理结构。这是中央层面首个对中小学校党建工作作出专门部署的指导性文件，要求各级党委和有关部门推进中小学校党组织和党的工作全覆盖，增强党组织政治功能，充分发挥政治核心作用。2018 年 7 月，习近平总书记在全国组工会议上指出：“在中小学、医院、科研院所，党组织领导的校长（院长、所长）负责制还没有建立起来。”“对这些问题，各级党委和组织部门要进行系统梳理，理顺体制，完善机制，把党的领导贯彻落实到位，把党的建设落到实处。”相关制度设计与实践探索随之展开。2018 年 12 月，中共中央办公厅、国务院办公厅印发《加快推进教育现代化实施方案（2018—2022 年）》指出，全面加强教育系统党的建设是推进教育现代化的保障措施之一。2019 年 6 月，国务院办公厅印发《关于新时代推进普通高中育人方式改革的指导意见》强调，要“加强普通高中学校党组织建设，发挥党组织把方向、管大局、保落实的领导作用”；同月，中共中央、国务院印发《关于深化

教育教学改革全面提高义务教育质量的意见》指出,要"充分发挥学校党组织领导作用"。相比过去"政治核心"定位对党组织职责的空泛界定,这两份文件分别对党组织参与高中和初中、小学治理的目标和途径提出了较为具体的要求。

4. 学校党组织全面领导学校工作时期(2022 年至今)

2022 年 1 月,中共中央办公厅印发《关于建立中小学校党组织领导的校长负责制的意见(试行)》(以下简称《意见》),标志着党组织领导的校长负责制在全国中小学校铺开施行。《意见》的主要内容:围绕建立中小学校党组织领导的校长负责制这一核心任务,明确学校党组织和校长两方面的职责,建立健全党组织会议制度、校长办公会议制度、党政协调运行机制等三项制度,强化岗位设置、人员选配、组织建设、条件保障等四项基础保障,把握适用范围、文件衔接、人员调整、年度报告、稳步推进这五项实施要求,系统构建了中小学校党组织领导的校长负责制。《意见》提出要把党建工作作为办学治校的重要内容,由中小学校党组织全面领导学校工作,履行把方向、管大局、作决策、抓班子、带队伍、保落实的领导职责。对 2019 年政策文件中党组织"把方向、管大局、保落实"的九字阐述进行了拓展,其中最重要的是"作决策",党组织的定位也从"参与治理"转变为"全面主导学校治理",给中小学校治理带来了新格局、新思路、新样态。

二、湖北推进中小学党建工作的政策举措及成效

湖北省中小学在办校授业的过程中,始终把党建工作当作重点,"围绕教育抓党建,抓好党建促教育",着力构建基础教育"大党建"格局,把党的建设融入办学治校全过程各方面,实现党的建设工作与业务工作的深度融合,推进中小学校党的建设工作创新,释放党建活力,以党建引领夯实教书育人根基,为学校的改革、发展提供了有力的政治保障、思想保障和组织保障。

1. 省委高度重视,逐步建立完善了中小学党建制度体系

湖北省委高度重视中小学校党的建设,积极贯彻落实党中央决策部署,大力推进教育系统党的建设。2021 年 9 月,省纪委、省委教育工委、省教育厅党组印发《关于推进清廉学校建设的实施意见》,明确提出推动各级各类学校落实管党治党责任,推进中小学校建立党组织领导的校长负责制,民办学校建立健全党组织参与决策和监督、有效发挥作用的制度机制。2022 年 8 月,中共湖北省委办公厅印发《关于建立中小学校党组织领导的校长负责制的若干措施(试行)》,推动中小学校党组织领导的校长负责制在湖北的试点与推广,各地市州积极配合改革试点工作。省教育厅专题开展民办中小学党建工作调研,指导市县持续推进民办中小学党的组织和党的工作全面覆盖。

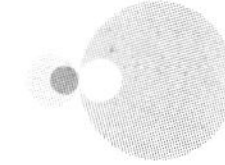

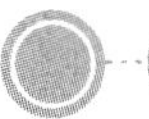
案例2-1-1

荆门中小学全面建立党组织领导的校长负责制

为加强党对中小学校的全面领导，中共荆门市委教育工委、市委组织部积极推进中小学校党组织领导的校长负责制改革工作，制定试行方案及13项配套制度，建立完善党政分工合作机制、集体议事决策机制、多方民主监督机制，重点建立《党组织会议制度》《校长办公会议（校务会议）制度》，完善基层党建工作督查、目标考核等制度。截至2022年7月，荆门市教育系统推进中小学校党组织领导的校长负责制改革基本完成，全市公办中小学共成立党委14个、党总支50个、党支部（含联合党支部）273个，其中设置党委或党总支的学校共选配党组织书记、校长各46名；设置党支部的学校书记校长“一肩挑”142名、专职副书记133名。

——资料来源：湖北日报 2022-08-17(05)

2. 群团组织和企业提供支持，有效凝聚了党建合力

推进中小学党建工作不能仅仅依靠政府机关的力量，也需要社会群团组织和企业力量的积极参与。湖北积极推动社会群团组织和企业参与中小学校党建工作，充分发挥社会力量对中小学党建工作的咨询、辅助和协同作用，以专业的态度、专业的视野、专业的举措来研究和推动中小学党建工作，探寻中小学党建工作的规律，开拓组织共建渠道，共同推进中小学党建的学术研究以及党建品牌创立，提高中小学党建工作的凝聚力、吸引力和号召力，为推动湖北省中小学党建引领、提高教育系统党建质量，作出应有的贡献。近年来，湖北长江报刊传媒集团与长江少年儿童出版社（集团）党委严格按照习近平总书记提出的“帮助广大青少年扣好人生第一粒扣子”的要求，精心打造“教育红帆”和“红扣子”党建工作品牌，提出“文化教育产品传播到哪里，党建共建阵地就延伸到哪里”的党建工作思路，规范有序开展“重温入党志愿，坚定理想信念”主题党日、“我来讲党课”等特色活动，初步构建起开放、共建、互促的党建工作格局，推动基层党建工作从单个党组织“唱独角戏”向多个党组织“奏大合唱”的转变，实现了党建与业务工作的深度融合。

3. 加强中小学校党建能力建设，提升了基层党组织领导力

随着全面从严治党的不断深入，中小学党建工作从“重视不重视”上升到“抓得好不好”，高质量成为中小学党建工作的目标。中小学校党组织领导的校长负责制的建立，要求进一步提升中小学校基层党组织的领导力，充分发挥基层党组织作用，突出党建引领作用，确保基础教育始终在党的领导下进行。湖北积极组织各地参加中小学党组织书记网络培训班，各中小学校党建工作的领导积极参加培训和学习，充分认识加强学校党建工作的重要性，不断提升政策水平、理论素养、业务素质和领导能力，推动学校党建工作取得新突破，实现了以高质量党建引领学校高质量发展。

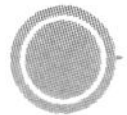
案例2-1-2

襄阳市襄州区开展中小学党组织书记党建能力提升培训

2022年8月18日，为期3天的襄州区2022年中小学党组织书记党建能力提升培训班圆满结束，全区68名中小学党组织书记(校长)参加培训。此次培训结合中小学党建工作特点，围绕学习贯彻湖北省第十二次党代会精神、《关于建立中小学校党组织领导的校长负责制的意见(试行)》精神以及中小学党建工作案例、教育热点等内容设置课程，旨在全面加强全区教育系统基层党组织建设，不仅加深了中小学党组织书记对文件精神的理解，也拓宽了党建工作的思路，使基层党组织成为学校教书育人的坚强战斗堡垒。

——资料来源：襄阳广播电视台 2022-08-19

4. 加强党员教师培养，促进了教师素养提升

教师是教育工作的中坚力量，有高素质的教师，才会有高质量的教育。省教育厅建立起"全区域覆盖、全学段推进"的市、区、校三级班主任培训网络，对思政课教师与班主任开展专项培训计6090人次，引导广大思政课教师、班主任通过多种途径不断提升思想认识和能力水平，提升思政教师的思想自觉和行动自觉。借助国家中小学智慧教育平台德育资源，推进思政课教师能力提升应用试点，全省总注册用户499万人、设备活跃数2017万台，两项指标均排全国第3位。开展"百名书记校长讲党史、百名优秀教师谈初心、百首红色歌曲大家唱"等系列主题活动，打造一支政治素质硬、业务能力强、育人水平高的高素质教师队伍。

各地中小学校党支部坚持把党建工作贯穿到教师队伍建设全过程，落实把骨干教师培养成党员、把党员教师培养成教学管理骨干的"双培养"机制，安排党员干部、党员骨干教师从思想和业务两方面帮助青年教师快速成长。一方面，加大在优秀青年教师、学科带头人和一线教师中发展党员的力度，选派优秀党员教师"一对一"联系培养入党积极分子；另一方面，创造条件培养党员骨干的管理能力，激发其干事创业的激情，使其尽快成长为能独当一面的管理干部，营造良好的教师成长环境。

案例2-1-3

襄阳市樊城区积极推进教育系统"双培养"工程

近年来，襄阳市樊城区为引导广大教师成为红色育人的中坚力量，让人民教师成为让党放心、让学生喜爱、让人民满意的"红烛先锋"，把党性教育作为新入职教师培训第一课，出台《全区教育系统"双培养"工程实施方案》，以学校为单位遴选政治素质高、业务能力强的后备干部和骨干教师进入"双培养"人才库，定期开展党性教育。同时，积极推进"三名"工作室（名师、名班主任、名校长）创建和"千名名师培养"工程，通过政策支撑、平台打造、发展保障等措施，着力打造一支师德高尚、业务精湛、敬业奉献的教师队伍。

——资料来源：中国教育报 2023-01-12(01)

大力推动"党建＋教研"模式，营造浓厚教育科研氛围，以研促教，催生大量研究型、专家型教师。各中小学以党建为引领，开展"党建引领立德树人"品牌创建，实现党建工作室全覆盖，全面推进各项教研工作，强化党的建设与教研、教学、学生管理工作的深度融合，支部书记带头听课，教师钻研教学、钻研课堂的氛围逐渐形成。广大党员教师充分发挥示范引领作用，带头落实教学常规要求，做到精备、精讲、精练、面批面改，主动上示范课、公开课，深入开展教学研究并加强合作分享，切实提高教育教学质量。

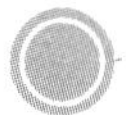

案例2-1-4

十堰市茅箭中学发挥党员教师引领作用促进教师成长

十堰市茅箭区茅箭中学充分发挥党员教师与骨干教师的示范作用，以"名师带骨干，骨干带青年"的方式，开展"每天备好一节课、上一节好课，每周写一篇教学随笔，每学期讲一节公开课、写一篇论文、读一本教学专著、完成一个学生成功辅导案例"的"七个一"工程，加强对青年教师的培养。同时，不断通过"岗位大练兵""金烛杯"等教学竞赛活动，青年教师在"比、学、研"中提升教学水平，逐渐成长为各学科的"生力军"。

——资料来源：搜狐网 2022-04-07

5. 发挥党建引领作用，推动了学校思政教育的开展

各地中小学坚持以党建引领学校思想政治工作，把培育践行社会主义核心价值观贯穿于中小学校党员教育管理和教书育人的全过程，立足学校实际和特点，引领校园文化培育,形成各具特色的党建品牌,释放党建活力。加强对党建资源的研究、开发和利用,开展中小学“六个红色”(寻访红色足迹、研读红色书籍、讲述红色故事、传唱红色歌曲、征集红色作品、开展红色班会)系列特色活动,创新音乐党史课、党史知识竞答、红色研学旅行等形式,通过红色基地现场课、“红心向党”班队课、红色影视思政课、红色故事分享课、红色主题音乐课“五课”同上的方式带领学生解读、品味、感悟党的历史,为学生的思想道德建设提供可靠的支柱。

各地坚持将党建工作纳入教育教学全过程,与“德智体美劳”教育紧密结合,持续挖掘各学科中的红色元素,多学科融合让教材“活”起来。创新开展“邮票党课”活动,通过看一场“红色邮票”展览、听一节邮票党史课、画一张心中的“党史邮票”方式,再现历史华章、重温红色记忆;共上“地理＋历史”课,在学校操场上模拟红军长征路线,来一场别开生面的“长征课”,通过介绍长征路上的地形地貌和气候特征以及红军长征途中的历史故事,让“红色文化”的学习教育更加生动、鲜活,使思政教育入脑入心。

案例2-1-5

恩施市花坪民族小学传承红色基因促进学校思政工作

恩施花坪民族小学党支部利用有限空间和橱窗打造了一条党建特色长廊,主要包括开放式图书室、民俗文化走廊、红色文化走廊、红色书画展四个内容板块。这条党建特色长廊厚植爱校、爱党、爱国、爱社会主义的情感,不仅丰富了师生的课外生活,还充分展示了党的理论学习教育、党风廉政教育和学生德育工作等方面,有效推动了党的理论学习常态化、长效化。学校利用校内现存一口抗日战争时期遗留下来的炸弹做成的警钟,每年抗日战争胜利纪念日都会敲响警钟,让全体师生铭记历史、缅怀先烈、珍爱和平、开创未来,每年还邀请花坪镇具有代表性的越战老兵和退役军人到校给师生上一堂别开生面的爱国主义思政课,分享他们的战斗故事,在全体师生心中凝聚起一股强大的向上力量,实现了党建与校园文化、学生德育以及教育教学的深度融合,使基层党组织成为学校教书育人的坚强战斗堡垒。

——资料来源:荆楚网 2023-03-02

以清廉校园建设为抓手,坚定正确政治方向,提升思政工作质量,推动习近平新时代中国特色社会主义思想“进教材、进课堂、进头脑”。各地各校结合校园文化打造各具特色又贴近师生的“清廉单元”,用不同的方式生动演绎对清廉的理解,让清廉文化渗透于校园日常生活,融入多彩校园文化建设中,根植于学生心灵,使学生在潜移默化中接受清廉教育。

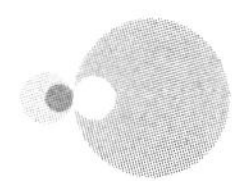

案例2-1-6

武汉市蔡甸区教育绽放清廉之花

武汉市蔡甸区积极推进清廉校园建设，清廉已成为蔡甸教育精彩、亮眼的底色。蔡甸区第五小学坚持以党建引廉、文化育廉、活动倡廉、课堂讲廉、家校助廉，将清廉的种子时时播种，形成学校清廉教育“雅文化”。蔡甸区第六小学积极构建清廉学校，将清廉文化与传统文化、红色文化相融合，厚植清廉沃土，让更多优秀的廉洁文化成为师生学习生活的一部分，筑牢师生信仰之基。蔡甸区直属幼儿园以独具地域特色的“荷文化”为基调，积极推进清廉校园建设，传承红色基因，展清廉校园形象。

——资料来源：荆楚网 2023-07-11

6. 坚持党建带团建促队建，增强了党组织凝聚力

各地中小学校提高党建带团建力度，积极带领共青团开展各种宣传教育活动，利用党团活动日、纪念日，依托群团组织开展做义工、慰问孤寡老人等活动，深入社区服务，提高党组织在群团组织中的号召力。引领少先队工作，发挥党团组织的团结凝聚作用，对未成年学生进行思想政治教育和心理健康教育，如大型演出、爱国主义教育、感恩教育、理想教育、特色活动等，以形式多彩的活动感悟青春、唱响青春、激扬青春、描绘青春，引导青年师生红心向党、同心筑梦。少先队开展“童心向党”经典诵读、红歌赛等系列活动，培养中小学生及幼儿的爱国主义情怀，教育学生继承革命先烈们无私奉献的精神和英勇无畏的英雄气魄，珍惜来之不易的幸福生活。

案例2-1-7

大冶市开展丰富多彩的党建带队建教育活动

大冶市尹家湖小学党支部坚持以党建带队建，一起谋划、一起部署、一起考核。学校少先队每个月积极开展丰富多彩的少先队活动，如进社区、学雷锋、文明交通劝导活动，为创文、创卫贡献力量；组织学生去青龙山公园烈士陵园扫墓，参观刘仁八镇红三军团旧址，缅怀革命先烈，学习光辉党史；举办讲红色故事主题活动，弘扬红色文化，传承红色精神；举办“请党放心，强国有我”少先队建队日主题示范活动，坚定了少先队员们听党话跟党走的决心；举办“百年党恩，红色献礼”开放日活动，家长们对红色文化长廊、文艺展演、“红领巾争章”活动赞不绝口。

——资料来源：荆楚网 2022-06-13

三、湖北中小学党建工作面临的问题及原因分析

当前,中小学校党建工作虽取得了一些成效,但实践过程中不少学校都有这样的感受:党建工作似乎都在抓,都在忙着抓,可又没看到多少成效;学校想抓但又抓不到点子上,有力气使不上,好像抓在棉花上;大家似乎都想做点实事,可又是抽象的,不知以何为载体。这些感受反映出当前中小学党建工作依然面临着许多现实困境,亟待我们认真应对。

1. 党建的工作质量与人民群众对高质量教育的需求不相匹配

坚持以高质量的党建工作引领中小学校高质量发展是党对教育工作提出的高要求。但当前中小学党建工作质量与新时代人民群众对高质量教育的现实需求不相匹配,中小学党建工作仍存在发展不平衡和不充分的问题。

一是学校之间由于党建基础、党建理念不同,导致各学校党建工作存在不可忽视的育人差距。部分负责中小学党建工作的党务人员缺乏正确的党建思想,未能清晰认识到党建工作的重要性,在日常业务工作中没有发挥良好的带头作用,导致党建工作出现“口头上重要、行动上次要、忙起来不要”的情况,而有些党建工作负责人则过于看重形式,把党建当成一项应付交差的任务,表面上按时按要求进行“打卡”,实际上落实不够,导致学校党建工作出现“文件中提得多,报告上提得多,行动上落实得少”的问题,形式主义之风盛行。

二是城乡之间和区域之间由于经济发展水平和教育资源分配的不同导致不同学校之间的党建工作质量有差距。一方面由于农村地区中小学师资力量比较紧张且缺乏针对农村地区中小学党组织建设的指导意见,基层教师们在承担着繁重的日常教学工作任务的同时开展党建工作的精力有限、热情不高,也不善于从政治上分析问题、研究问题、解决问题,认识不到学校党建对业务工作的重要促进作用;另一方面,由于农村中小学办学经费紧张,基层党建活动形式单一、缺乏创新,未能起到引领教师素质提升和教育教学发展的作用。

三是学校党建工作与学校其他工作尚未形成有机融合、深度协同的格局。主要表现在:党建与学校教育教学融合度不高,部分中小学校重知识灌输、轻能力培养的问题比较突出,认为教育教学工作是硬指标,党建工作是软任务,甚至认为党的建设牵扯了教育教学的人力、物力和精力,导致学校党建与教育教学工作“两张皮”。党建与服务学生发展融合不够,部分中小学由于党组织领导水平不高、战斗堡垒作用不强、工作机制不健全,导致家校共育落实不到位,使得家庭和学校党组织面临“同心同向难”的困境,缺乏为党育人、为国育才的思想共识;部分中小学党组织处理社会期待和学生个性心理发展之间关系的能力不足,造成极少数学生自觉报效国家、服务人民意识不强。

2. 学校党组织、党员队伍的自身建设水平与成为"党在基层的坚强战斗堡垒"的政治需求不相匹配

提升学校党组织和党员队伍的自身建设水平是过硬质量的前提，做好党建人才队伍培养、加强党员干部教育管理、建好党建育人阵地是发挥党建育人作用的重要基础。但目前部分中小学党建工作存在党建人才不足、对党员教师疏于教育管理、党建育人阵地建设不足等问题，制约了学校党建工作的科学发展。

一是部分中小学党建人才不足。中小学党建需要有一支了解教育教学规律、人才成长规律和基层党建规律的干部队伍。部分中小学出现党建干部队伍专业能力不强、专职党务干部紧缺、党务干部工作热情不够等现象，导致学校党建工作出现形式缺乏创新、质量不高的情况，基层党组织创新意识和创新能力不强，客观上制约了战斗堡垒作用和先锋模范作用的发挥。

二是部分学校对党员干部疏于教育管理。一方面，部分中小学对党员学习教育重视不够，有的干部职工认为只要把主要精力集中在教学上就行了，对理论学习的重要性认识不够，对理论学习只是应付差事、被动地去学，党组织没有主动关心并加强引导和教育；另一方面，基层党员的后续教育培训工作不尽如人意，党员教师的先锋模范作用没有发挥出来，对老党员的政治立场、理想信念、个人作风建设缺少深层次的追踪了解和监督管理。

三是党建育人阵地建设不足。党建阵地是党员教师参加组织生活，开展日常学习、活动的场所，是发挥党支部战斗堡垒作用、开展党员教育管理、联系服务群众的必备条件。打造气氛和谐、教育氛围浓厚的党建阵地能使党员教师更有归属感和使命感，有利于教育党员、凝聚群众，有效提升党支部的凝聚力，使群众教师产生向往之心。但现实中，部分中小学仍然存在党建育人阵地规范性和教育性不够，时代性和科技性不足，独特性不强等问题，未能更好地发挥党建引领作用。

3. 学校党组织的功能建设与加强党对学校工作的全面领导不相匹配

当前，湖北县域教联体建设的不断推进，促进了各校之间联合办学，共享办学治校理念和优质教学资源。为了充分发挥教联体的办学优势，协同推进中小学校均衡发展，需要中小学校党组织的坚强引领。2022 年全国开始推广党组织领导的校长负责制后，改变了中小学原来"校长负责制、党组织发挥政治核心作用、教职代会民主管理"的"三驾马车"的治理格局，建立起"党组织领导、校长负责、教师育人、民主管理"的"四位一体"治理格局，发挥党组织全面领导的作用，需要重新认识和定位党组织的功能，探索如何在新的治理格局下做好中小学校的党建工作。由于政策推行时间尚短，相关改革尚未能及时推行到位，中小学校内部治理体系不够完善，党组织的领导作用尚未充分发挥。

四、加强和改进湖北中小学党建工作的策略建议

中小学教育是国民教育体系的基础,担负着培养德智体美劳全面发展的社会主义建设者和接班人的重要使命;加强中小学党的建设是实施党对教育工作全面领导的迫切要求,是确保正确办学方向的必需选择。各地、各中小学要结合本地区特点,根据党的教育方针和党中央关于教育改革发展的重大决策部署,加强学校党组织的领导,更新办学治校理念,团结动员师生,制订符合青少年学生教育发展规律的成长与成才规划,完善相关配套政策,推动学校改革发展。

1. 突出体制保障,健全党的组织领导

在中小学校建立党组织领导的校长负责制是中小学领导体制的重大变革,事关教育事业全局,必须高度重视、统筹推进、务实行动,做到组织到位、措施到位,确保改革任务落到实处。按照部署,自2021年起,湖北有不少县市中小学校开展试点,取得阶段性成效。下一步,要根据中小学校类型多样、数量众多、分布广泛、规模大小不一的特点,坚持分类指导、分步实施、稳慎有序的原则,统筹领导班子调整、制度机制配套等重点工作,在做好思想准备、组织准备、工作准备的前提下,成熟一个调整一个。在推进过程中,各级党组织要加大督促指导力度,按照"边试点、边总结、边推广"的工作原则,认真抓好试点工作,不断产生可复制、可推广的经验。鼓励中小学校结合实际"一校一策"落实试点工作,梳理目标任务清单,明确职责,先行先试,确保试点有效。选拔党性强、懂教育、会管理、有威信、善于做思想政治工作的优秀党员干部担任学校党组织书记,培养政治过硬、品德高尚、业务精湛、治校有方的校长队伍。各级党委教育工委要按照1∶2比例建立学校党组织书记后备人才库,建立长效培养机制,实行动态管理。制定学校党组织会议、校长办公会议等会议制度和议事规则,及时健全完善制度机制。积极做好领导班子的编制核定、财务政策设计、党务工作者待遇等方面的保障工作,定期开展专项督查,对各地建立中小学校党组织领导的校长负责制进展情况进行通报,强化考核评估,确保改革任务如期完成。

2. 突出资源共享,构建党建互联互帮机制

建立城乡中小学校党组织与机关、企业、事业单位等基层党组织结对共建机制,将人财物等资源向党建基础薄弱的中小学校倾斜;统筹校际党组织资源,引导中小学党组织互学互鉴,丰富党建育人内容;拓宽党建育人平台,建立中小学"互联网+党建"模式,充分利用"党建资源库",体现党建工作数字化、网络化、透明化、身边化、高效化;开展学校党务工作经验交流性质的培训、研讨和考察活动,开阔中小学党务工作者的视野,共享先进优秀的党建工作经验,促进各校党组织的协调、优质、特色发展。

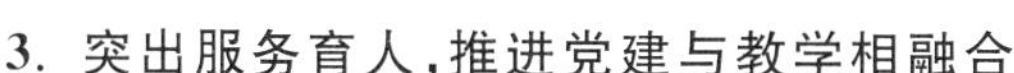

3. 突出服务育人,推进党建与教学相融合

中小学党建与教育教学育人主旨相通、育人内容交叉,共同承担着立德树人根本任务。要将学习教育与课程思政、师生思想政治教育、学校教育教学工作结合起来,结合基础教育综合改革,推动党建工作与教育教学、德育和思想政治工作深度融合,探索符合学科特点、时代要求和学生成长规律的教育管理模式,不断提升育人能力和水平,推进党建融入教学落地落实落细。

要在有机融入上下功夫。中小学党组织要时刻关注青少年学生的思想、政治、道德素质发展状况,在教学中渗透党的主张和追求,对语文、历史、道德与法治等思想性较强的课程加强政治把关,实现知识教育、技能教育和价值教育的有机融合。例如,推动党史教育内容与“中国近现代史纲要”“道德与法治”等课程有机融合,使党的历史全面融入中小学历史、语文、地理等学科课程教学中。

要在主题活动上下功夫。抓住武昌起义、中国共产党成立、“八七”会议、新中国成立、改革开放等重要时间节点,组织开展主题鲜明的专题教育活动,把鲜活丰富的党史内容融入党日、团日、主题班会、队会等主题教育活动中,潜移默化引导、教育、感染青少年。

要在实践体验上下功夫。依托社会大课堂资源,用好红色资源,组织中小学生实地参观红色场馆和革命教育基地,引导学生抒发爱党、爱国、爱社会主义的真情实感,帮助学生强化理想信念,确立未来目标。要多在学校开展“创先争优”活动,经常通报表扬先进人物和先进事迹,营造“学先进、赶先进、创先进”的浓厚氛围,彰显先锋模范与榜样示范作用,发挥真理力量和人格力量的示范作用。

要在校园文化上下功夫。强化教育与校园文化建设的互动,把党的先进理念注入校园文化建设,开展红色活动,讲好红色故事,将红色教育贯穿中小学生的成长过程,不断点燃学生心中的星星之火。切实发挥党组织在文化建设中的引领作用,大力培育师生文化自觉,提升文化修养,增强文化自信,有效发挥文化渗透功能,以彰显党建内涵的良好文化氛围,全面促进学生成长成才。

4. 突出先锋引领,加强党员教师教育管理

教育承担着立德树人的崇高使命,育人过程也是育师的过程。针对一些党员教师和党员干部存在的忽视政治、淡化政治、不讲政治的问题,要强化党性教育、加强党员政治学习,着重提升党员教师的履职尽责能力,把培养一支德才兼备的师资队伍作为学校党建的重中之重。

以党员表率提升教师素养。设立党员示范岗,让党员教师奋斗在岗位、奉献在岗位、建功立业在岗位,在党员中营造比学赶帮超的浓厚氛围;通过示范岗党员的带动辐射,促进全体党员敢于亮身份、亮职责、亮承诺、亮形象,促使党员作风建设树旗帜、行为规范作表率、工作质量有水平。

将党建活动融入教师生活。学校党建是有意义的事情，要把有意义的事情做得有意思，让党建工作有味、党建活动有趣，需要将生活气息融入党建活动中，既要关注教师8小时内的能力提升，更要关注教师8小时外的健康生活。通过畅通各种渠道倾听教师诉求、了解教师思想动态，在思想上为教师解惑、在心理上为教师解压、在情感上为教师解忧，体现人文关怀、传递组织温暖，以管理的智慧感动人、温暖人。

用科学方法加强教师管理。抓学校党建就是用科学机制激励人，通过机制和方法的创新，让学校党建工作吸引人、抓住人、改造人。党建工作要吸引人就要贴合实际，采取教职员工喜闻乐见的形式开展党建工作；党建工作要抓住人就要高效多样，活动内容实在有效，传递道理深入浅出，活动开展丰富多彩；党建工作要改造人就要刚柔并济，既要润物无声、春风化雨，也要有霹雳手段、法纪追究。

5. 突出专业素养，打造优质党建阵地与队伍

加强中小学党建阵地与队伍建设是强化党务工作保障机制的基础。鼓励支持中小学校优化党建阵地建设，例如设置党员活动室、开辟党建文化墙、创建党员学习园地等。同时，可以根据学校党组织负责人和党员队伍建设情况，鼓励支持有条件的中小学校独立设置党务工作机构，增设专职党务干部，结合实际建立中小学校党务干部激励机制，持续激发党组织活力。

打造红色数字化党建育人阵地。党建阵地是支部开展党员教育活动的场所，阵地建设要规范、标准，突出红色教育，也要适当加入科技元素，突出时代性和科技性，同时党建阵地建设要符合本校实际，突显自己独特的风格。党员的归属感和党支部的凝聚力是发挥党支部战斗堡垒作用的先决条件，通过打造红色数字化党建育人阵地，并坚持在党建育人阵地中开展“三会一课”以及党员学习教育活动，能够在很大程度上使党员教师找到归属感，有效提升党支部的凝聚力。

配齐基层党组织党务工作人员。建强党务工作队伍，要把更多的优秀教师和教育工作者吸收到党组织中来，选拔党性强、了解基础教育、有威信、会管理、善于做思想工作的优秀党员来充实党务工作力量，同时注重党务干部与业务骨干同步培养，选配青年干部从事党建工作，坚持以老带新，形成一定的年龄梯队，培养一支对党忠诚、勇于担当、作风优良、能干会干的党建工作队伍。建立党务工作者职称评聘、工作量核定、奖励性绩效等方面的保障措施，兼职党务工作人员计算工作量时，要明确课时及绩效系数等，为推动改革提供重要支撑。

提升基层党建工作者网络素养。增强党建工作者信息化工作能力和网络意识形态工作能力，把控网络空间意识形态主导权，在虚拟空间与现实世界中夯实以马克思主义为核心的主流意识形态。加强正面宣传活动，培育积极健康、向上向善的网络文化，引导师生正确看待复杂网络生态并形成正确的价值判断，守住

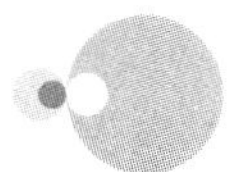

网络党建新阵地。

6. 突出党的领导，健全党的组织功能

学校要始终把落实党组织领导的校长负责制与落实立德树人根本任务以及构建现代化学校治理体系和提升治理能力等有机结合，确保党的教育方针和党中央决策部署在学校得到贯彻落实。

配强班子，夯实基层。加强学校领导班子思想政治建设，加大政策解读和思想宣传工作力度，精准把握政策内涵。正确把握并处理好中小学校党组织书记与校长的权责关系，合理确定学校领导班子成员分工，明确工作职责，建立健全党组织统一领导、党政分工合作、协调运行的工作机制。实行中小学校书记校长"一肩挑"的，要防"偏"，明确自己肩上有两大不同角色，履行好两类职责，做到两全其美；要防"独"，绝不能"大权独揽"，也不能当"甩手掌柜"；要防"只更衣"，绝不能只搞"改头换面"，也不能"另起炉灶"。

明确边界，规范制度。修订学校章程，从制度上确立党组织领导地位，明确学校党组织领导职责。科学界定校长主要职权，强调党组织集体领导、集体决策要求，规范决策程序。健全议事决策制度，完善协调运行机制，配套相关工作制度，建立学校党组织书记和校长定期沟通制度，将党建工作融入教育教学和学校管理，让党政"一把手"分设既分出责任、分出质量、分出担当，又切实发挥党组织集体领导和校长行政负责两个优势。

循序渐进，因地制宜。各地中小学校因为历史、地域、习俗等因素的差异，办学情况不尽相同。各地教育行政部门必须遵循"一校一策"的原则，结合各中小学的实际情况来制定具有针对性的党组织领导的校长负责制实施方案，确保改革能够顺利推进，坚决避免"一刀切""粗暴式"所带来的形式化问题，将制度优势转化为治理效能。

参考文献：

[1] 强舸，徐正全."中小学党组织领导的校长负责制"的变迁历程、治理结构与新时代的现实关切[J]. 公共治理研究，2022，34(05)：42-49，74.

[2] 张小秋. 党的十八大以来中小学校党的建设工作的成就与经验[J]. 北京教育学院学报，2022，36(04)：1-8.

[3] 李斌雄，任韶华. 新时代中小学党建工作的价值、问题及其解决路径[J]. 北京教育学院学报，2019，33(05)：1-7.

[4] 郅庭瑾. 党组织领导的中小学校长负责制 将制度优势转化为治理效能[N]. 光明日报，2023-01-17(15).

（本节执笔人：张云玮）

第二节 推进大中小学思政课一体化

推进大中小学思政课一体化，是习近平总书记亲自部署的一项教育教学改革工程。2019年3月18日，习近平总书记在学校思想政治理论课教师座谈会上指出："在大中小学循序渐进、螺旋上升地开设思想政治理论课非常必要，是培养一代又一代社会主义建设者和接班人的重要保障。"为大中小学思政课一体化鸣响发令枪。随后，国家出台一系列政策规章，对大中小学思政课一体化进行精心部署，并以思政课一体化为抓手推进思想政治教育一体化。湖北紧跟国家部署，积极推进"三全"育人试点，创新"五个思政"，探索"中国"牌系列思政金课，书写了新时代思政教育的"湖北答卷"。

一、我国大中小学思政课一体化的政策演进及特点

思想政治理论课是落实立德树人根本任务的关键课程。我们党历来高度重视思政课建设，在革命、建设、改革各个历史时期，都对思政课建设作出过重要部署。改革开放以来，党中央先后出台10多个关于学校思想政治工作的文件，对思政课建设提出明确要求，不断推动思政课改革。

表2-2-1 国家关于大中小学思政课一体化的主要政策

序号	政策文件	主要内容
1	1985年8月，中共中央《关于改革学校思想品德和政治理论课程教学的通知》(中发〔1985〕18号)	改革马克思主义思想理论课的教学，必须面向现代化，面向时代，面向未来；必须紧密联系青少年不同时期的思想、知识、心理发展的特点，循序渐进，由浅入深，从具体到抽象，从现象到本质，引导他们逐步树立正确的人生观和世界观
2	1994年8月31日，中共中央《关于进一步加强和改进学校德育工作的若干意见》	整体规划学校的德育体系要遵循青少年学生思想品德形成的规律和社会发展要求，根据德育工作的总目标，科学地规划各教育阶段的具体内容、实施途径和方法
3	1995年12月，国家教委颁布《中国普通高等学校德育大纲(试行)》	高校德育内容是中学德育内容的深化和延伸，要与中学德育相衔接，注意系统性和可操作性，并在实践中不断充实和完善
4	1995年12月，国家教委颁布《关于进一步加强和改进中学思想政治课教学工作的意见》	进一步科学规划九年义务教育阶段初中思想政治课和小学思想品德课的教学内容体系，完善高中思想政治课的教学内容，完成与小学思想品德课和大学思想品德课、政治理论课之间的整体衔接工作

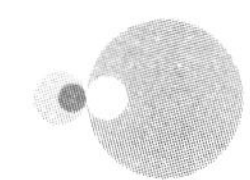

续表

序号	政策文件	主要内容
5	1998年6月10日，中宣部、教育部关于印发《关于普通高等学校"两课"课程设置的规定及其实施工作的意见》的通知（教社科〔1998〕6号）	注意各部分课程的衔接，注意和中学思想政治教育课程的衔接，做到结构合理，功能互补，减少重复
6	2004年2月26日，中共中央、国务院《关于进一步加强和改进未成年人思想道德建设的若干意见》（中发〔2004〕8号）	要依据不同年龄段学生的特点，抓紧修订和完善中小学生《守则》和日常行为规范。对小学生重点是规范其基本言行，培养良好习惯。对中学生重点是加强爱祖国、爱人民、爱劳动、爱科学、爱社会主义教育，引导他们树立正确的理想信念和世界观、人生观、价值观
7	2005年4月20日，教育部《关于整体规划大中小学德育体系的意见》	对小学《品德与生活》《品德与社会》，中学思想品德、思想政治类课程，大学德育课程的主要内容和教学目标进行规范，使小学、中学、大学各教育阶段的德育课程形成由低到高、由浅入深、循环上升、有机统一的体系
8	2014年3月30日，教育部《关于全面深化课程改革落实立德树人根本任务的意见》（教基二〔2014〕4号）	基本建成高校、中小学各学段上下贯通、有机衔接、相互协调、科学合理的课程教材体系
9	2016年5月17日，中共中央办公厅、国务院办公厅《关于加强和改进新形势下大中小学教材建设的意见》（中办发〔2016〕66号）	对意识形态属性较强的教材和涉及国家主权、安全以及民族、宗教等内容的教材，实行国家统一编写、统一审查、统一使用
10	2017年9月24日，中共中央办公厅、国务院办公厅印发《关于深化教育体制改革的意见》	构建以社会主义核心价值观为引领的大中小幼一体化德育体系
11	2019年8月14日，中共中央办公厅、国务院办公厅印发《关于深化新时代学校思想政治理论课改革创新的若干意见》	整体规划思政课课程目标。在大中小学循序渐进、螺旋上升地开设思政课，引导学生立德成人、立志成才，树立正确世界观、人生观、价值观，坚定对马克思主义的信仰，坚定对社会主义和共产主义的信念，增强中国特色社会主义道路自信、理论自信、制度自信、文化自信，厚植爱国主义情怀

续表

序号	政策文件	主要内容
12	2020 年 12 月 18 日,中共中央宣传部、教育部关于印发《新时代学校思想政治理论课改革创新实施方案》的通知(教材〔2020〕6 号)	建立纵向各学段层层递进、横向各课程密切配合、必修课选修课相互协调的课程教材体系,实现课程目标、课程设置、课程教材内容的有效贯通。按照循序渐进、螺旋上升的原则,立足于思政课的政治属性,对大中小学思政课课程目标进行一体化设计
13	2021 年 7 月 21 日,国家教材委员会关于印发《习近平新时代中国特色社会主义思想进课程教材指南》的通知(国教材〔2021〕2 号)	坚持系统安排。全面介绍与阐释习近平新时代中国特色社会主义思想的时代背景、核心要义、精神实质、科学内涵、历史地位和实践要求,牢牢把握习近平新时代中国特色社会主义思想的基本立场观点方法,注重系统整体设计、分段分科推进,在不同学段不同学科不同课程中有序铺开,强化大中小学思政课一体化建设
14	2022 年 7 月 25 日,教育部等十部门关于印发《全面推进"大思政课"建设的工作方案》的通知(教社科〔2022〕3 号)	深入推进大中小学思政课一体化建设。支持各地建设一批一体化基地,鼓励高校积极开展与中小学思政课共建。各地教育部门加强引导和协调,建立大中小学师资培育、听课评课、教研交流、集体备课等常态化工作机制
15	2022 年 11 月 4 日,教育部《关于进一步加强新时代中小学思政课建设的意见》(教基〔2022〕5 号)	注重学段衔接,完善大中小学思想政治教育体系;注重相互配合,充分发挥思政课和各类课程的育人功能;注重内外协调,推进学校"小课堂"、社会"大课堂"和网络"云课堂"协同育人
16	2022 年 12 月 27 日,教育部办公厅《关于开展大中小学思政课一体化共同体建设的通知》(教社科函〔2022〕49 号)	在省级层面打造一批理论与实践相结合的创新性、研究型工作平台,努力形成一套工作机制,孵化一批品牌活动,打造一批示范"金课",产出一批优质课程资源,形成一批高水平教学研究成果,提供一批高质量智库咨政报告,培养一支优秀师资队伍

1. 大中小学思政课一体化的初步探索(1979—1997 年)

1979 年 5 月,教育部政治理论教育司在对全国部分高校调研基础上,撰写了《高等学校政治理论课的基本情况和存在问题》的报告,指出高校政治理论课存在与中学教学内容重复问题,"高等学校和中等学校的政治理论课如何分工衔接,是粉碎'四人帮'以来一个非常尖锐的问题",建议根据高校教学内容重新调整中学政治理论课程,"适合于中学生的年龄特征,从中学生接触到的实际出发,编写出浅显通俗的课本,就可能解决大、中学校政治理论课的分工和衔接问题"。报告首

次指出了大学与中学思政课课程内容简单重复的客观问题，提出了大学中学思政课“分工与衔接”的命题，这是大中小学思政课一体化的历史缘起。

1985 年 8 月，中共中央印发《关于改革学校思想品德和政治理论课程教学的通知》(称之为思政课“85 方案”)，首次整体规划了大中小学思政课的教学内容和教学目标，即小学的思想品德课、中学的思想政治课、高等学校的马克思主义理论课的课程设置“要紧密联系青少年不同时期的思想、知识、心理发展的特点，循序渐进，由浅入深，从具体到抽象，从现象到本质，统筹安排好每一阶段的思想理论课和思想品德课的内容”。“85 方案”是对 1979 年调研报告的政策回应，充分彰显了大学、中学和小学思政课是系统性、衔接性、关联性的有机整体，开启了大中小学思政课一体化的初步探索。此后，大学、中学、小学注重整体衔接和各学段贯通，开始在一体化的视野内落实教学改革工作，法制教育、爱国主义教育等内容也初步纳入大中小学思政课教学内容。

1994 年 8 月，中共中央印发《关于进一步加强和改进学校德育工作的若干意见》指出，“整体规划学校的德育体系要遵循青少年学生思想品德形成的规律和社会发展要求，根据德育工作的总目标，科学地规划各教育阶段的具体内容、实施途径和方式方法”，要求“大中小学思政课作为德育课程的重要安排，要据此加强整体衔接，防止简单重复或脱节”。

1995 年 12 月，国家教委颁布《中国普通高等学校德育大纲》，指出高校德育内容是中学德育内容的深化和延伸，要与中学德育相衔接，注意系统性和可操作性，并在实践中不断充实和完善。各地整体规划学校德育工作，把大中小学德育有机衔接，注重遵循学生思想品德形成规律，有力促进了大中小学思政课一体化建设。随后，国家教委又印发《关于进一步加强和改进中学思想政治课教学工作的意见》，指出“进一步科学规划九年义务教育阶段初中思想政治课和小学思想品德课的教学内容体系，完善高中思想政治课的教学内容，完成与小学思想品德课和大学思想品德课、政治理论课之间的整体衔接工作”。

1997 年 4 月，国家教委颁布《九年义务教育小学思想品德课和初中思想政治课课程标准(试行)》，着眼于普及九年义务教育的要求，首次把小学思想品德课和初中思想政治课作为一个整体，开展课程结构、教学目标的设计；明确要求小学和初中思政课教师不仅要熟悉本年级的教学要求，还要了解九年教育的总体教学内容和要求，为大中小学思政课一体化奠定了基础。

2. 大中小学思政课一体化的稳步拓展(1998—2004 年)

1998 年 6 月，中共中央宣传部、教育部印发《关于普通高等学校“两课”课程设置的规定及实施工作的意见》(称之为思政课“98 方案”)，要求“注意各部分课程的衔接，注意和中学思想政治教育课程的衔接，做到结构合理，功能互补，减

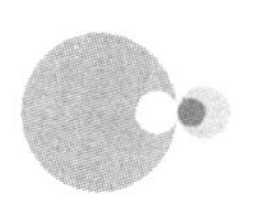

少重复”。关注内容衔接,达到课程内容的结构合理性、功能互补性是大中小学思政课一体化稳步拓展阶段的目标,大中小学德育课程内容进一步丰富。

2000 年 12 月,中共中央办公厅、国务院办公厅印发《关于适应新形势进一步加强和改进中小学德育工作的意见》,对中学、小学德育工作统一部署,强调中小学德育工作的重点,就是开展思想政治教育、品德教育、纪律教育、法制教育。2001 年 11 月,教育部党组印发学习贯彻《公民道德建设实施纲要》的通知,要求“整体把握学校道德教育的科学体系,做到大、中、小学道德教育区分层次、整体衔接,防止简单重复、超前或滞后以及相互脱节”。这一时期,德育内容在区分层次基础上实现整体衔接,防止重复基础上又注重避免超前,杜绝滞后,减少脱节,提高了课程内容的针对性,为思政课课程内容一体化提供了实践借鉴。

在大中小学思政课一体化稳步拓展阶段,马克思主义中国化理论创新成果先后纳入课程内容,法制教育、爱国主义教育、德育内容在大中小学实现了层次区分,提高了课程内容的针对性,推动并完善了大中小学思政课一体化建设。尤其是,思政课作为德育课程的重要渠道和载体,随着大中小学德育体系的整体衔接,从道德教育层面有力推动了思政课教学一体化进度。从探索阶段注重知识衔接、循序渐进到拓展阶段注重结构合理、功能互补,大中小学思政课内容更加系统化、整体化,更加强调遵循规律,构建科学合理的大中小学思政课一体化教育体系。

3. 大中小学思政课一体化的逐步深化(2005—2013 年)

2005 年 3 月,中共中央宣传部、教育部印发《关于进一步加强和改进高等学校思想政治理论课的意见》(称之为思政课“05 方案”),要求“加强各门课程之间以及与中学相关课程之间的相互关系的研究”。随着高校《马克思主义基本原理》等四门必修以及《当代世界经济与政治》等选修课程的设置,大中小学思政课一体化进入深化阶段。2005 年 4 月,教育部印发《关于整体规划大中小学德育体系的意见》,分析了大中小学德育一体化客观存在的简单重复交叉和脱节的问题,明确了大中小学德育体系有效衔接、分层实施、循序渐进、整体推进的指导思想和基本原则,对小学《品德与生活》《品德与社会》,中学思想品德、思想政治类课程,大学德育课程的主要内容和教学目标进行了规范,使小学、中学、大学各教育阶段的德育课程形成由低到高、由浅入深、循环上升、有机统一的体系。

2006 年 3 月,中共教育部党组印发《关于学习贯彻胡锦涛总书记讲话精神切实加强社会主义荣辱观教育的通知》,要求“针对大中小学生的特点,科学设计教育内容,在中小学德育课程和高校思想政治理论课中重点突出社会主义荣辱观的内容,做到高校和中小学教育区分层次、整体衔接”。2007 年 3 月,教育部印发《关于在大中小学全面开展廉洁教育的意见》,决定在 2005 年局部试点基础上,在全国范围内开展大中小学廉洁教育,“做到大中小学廉洁教育区分层次、整体衔接,

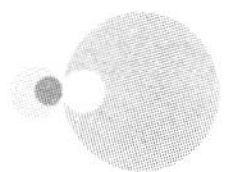

注重实效,防止形式主义,增强教育的针对性和吸引力”。通过建立大中小学廉洁教育领导体制和工作机制,实现了大中小学廉洁教育课程内容有效贯通,为大中小学思政课一体化提供了有益启示。2013年6月,教育部、司法部、中央综治办、共青团中央印发《关于进一步加强青少年学生法制教育的若干意见》,要求“把社会主义法治理念贯彻于大中小学法制教育全过程。普通中小学要落实好《品德与社会》《思想品德》《思想政治》中法制教育内容;高等学校要开好《思想道德修养与法律基础》课程”。在具体教学中,小学阶段开展启蒙教育,初中阶段学习宪法等基本知识,高中阶段形成法律意识和法治观念,大学要提高运用法治知识、解决实际问题的意识和能力。

在大中小学思政课一体化深化阶段,廉洁教育、社会主义荣辱观教育等分别纳入大中小学思政课教学内容,法制教育、德育课程在大中小学思政课教学中进一步深化,更加注重大中小学思政课内容的逻辑关联和相互关系,在同一学段注重课程内容和教学目标的知识关联性,在不同学段注重课程内容和教学方法的逻辑渐进性,呈现出大中小学思政课教学双向一体化的发展态势。

4. 大中小学思政课一体化的创新发展(2014年至今)

2014年3月,教育部印发《关于全面深化课程改革落实立德树人根本任务的意见》,深刻剖析大中小学课程存在“整体规划、协同推进不够,与立德树人的要求还存在一定差距。高校、中小学课程目标有机衔接不够,部分学科内容交叉重复,课程教材的系统性、适宜性不强”等问题,要求把立德树人作为贯穿大中小学思政课改革的指导思想,基本建成高校、中小学各学段上下贯通、有机衔接、相互协调、科学合理的课程教材体系。2019年8月,中共中央办公厅、国务院办公厅印发《关于深化新时代学校思想政治理论课改革创新的若干意见》,站在培养社会主义建设者和接班人的政治高度,把立德树人作为贯穿大中小学思政课一体化的主线和灵魂,推进大中小学思政课教学在解决内容重复、脱节的基础上实现意识形态层面高度一体化,开启了大中小学思政课一体化建设的新进程。

2020年12月,中共中央宣传部、教育部印发《新时代学校思想政治理论课改革创新实施方案》,提出建立纵向各学段层层递进、横向各课程密切配合、必修课选修课相互协调的课程教材体系,实现课程目标、课程设置、课程教材内容的有效贯通,并按照循序渐进、螺旋上升的原则,立足于思政课的政治属性,对大中小学思政课课程目标进行一体化设计。2022年7月,教育部等十部门印发《全面推进“大思政课”建设的工作方案》,明确提出深入推进大中小学思政课一体化,支持各地建设一批一体化基地,鼓励高校积极与中小学思政课共建。2022年12月,教育部办公厅印发《关于开展大中小学思政课一体化共同体建设的通知》,要求在省级层面打造一批理论与实践相结合的创新性、研究型工作平台,努力形成一套工作机制，孵化一批品牌，培养一支优秀师资队伍。各地纷纷响应，打造了一批示范“金课”，产出了一批优质课程资源，形成了一批高水平教学研究成果，提供了一批高质量智库咨政报告。

表2-2-2 各地推进大中小学思政课一体化的主要做法

序号	地 区	主要做法
1	北京市	实施“大中小学思政课一体化建设工程”，形成了“市区联动、知行联动、时空联动、家校联动”工作机制，打造出大中小学思政课“同备一堂课”、《老师请回答》大中小学同上一堂课等品牌项目
2	天津市	印发《关于深化新时代学校思想政治理论课改革创新的若干措施》，要求加大中高考思政课考试考核比重，积极聘请思政课兼职教师，市、区两级党政机关领导班子成员每学期至少进校讲1次思政课，明确思政课教师入职、转岗、职称晋升等相关政策
3	广东省	建设高校思政课名师、名辅导员、中小学名班主任工作室，发挥思政课领军人才的高端示范引领作用，鼓励高校党委书记、校长走上思政课讲台，示范效应强，有力推动思政课成为学校名副其实的“第一课程”
4	辽宁省	成立大中小学思想政治教育一体化建设研究中心，采取“项目研究＋试点实践＋特色打造”模式，总结推广具有辽宁地域文化特色的大中小学思想政治教育一体化建设成果和经验，培育和产出标志性研究成果
5	吉林省	通过不断推进“课程教材一体化贯通、教师队伍一体化配备、专业发展一体化培育、教育教学一体化研究、政策措施一体化落实”，将大中小学思政课贯通衔接
6	福建省	成立大中小学思政课一体化建设指导委员会，启动大中小学思政课一体化建设“闽东北、闽西南”区域联盟，统筹各学校、各学段、各区域、校内外等育人资源，完善教研、教学、队伍、评价等协同机制，构建“大思政”工作格局

教材一体化是大中小学思政课一体化的保障，大中小学思政课一体化要通过教材一体化进行呈现和落实。这一阶段，初步完成了大中小学思政课教材一体化构建。2016年，中共中央办公厅、国务院办公厅印发《关于加强和改进新形势下大中小学教材建设的意见》，提出对意识形态属性较强的教材和涉及国家主权、安全以及民族、宗教等内容的教材，实行国家统一编写、统一审查、统一使用。2017年7月，国务院成立国家教材委员会，指导和统筹全国教材工作；同年9月，国家教材委员会审定通过由教育部组织编写的义务教育统编道德与法治、语文、历史三科教材，在小学和初中阶段实现了思政课教材一体化。2020年1月，国家教材委员会、教育部印发《全国大中小学教材建设规划（2019—2022年）》，首次对大中小学各学段、各学科领域教材建设进行整体统筹规划，实现了大中小学思政课教材整

体设计和一体化构建。

二、湖北推进大中小学思政课一体化的政策举措及成效

湖北省高度重视大中小学思想政治教育一体化建设。《湖北省教育事业发展“十四五”规划》明确提出，完善思政课一体化建设体系，统筹推进大中小学思政课一体化，注重学段衔接和知行统一，增强思政课的思想性、理论性和亲和力、针对性。省教育厅实施“大思政课——新时代共同成长工程”，打造大中小学思想政治教育一体化建设共同体。全省教育系统坚信社会主义好、中国共产党能、马克思主义行，教育生态风清气正。

1. 构建教学“大格局”，推出了一批精品教材和课程

全省坚持把立德树人作为中心环节，把思政课和日常思政教育作为思政工作的“主渠道”，贯穿教育教学全过程，着力大中小学课程、教材、资源、教学、队伍、机制等一体化建设，实现全员育人、全过程育人、全方位育人、全员育人。一是强化教材建设。推动高校新时代马克思主义建设工程重点教材使用，实施中小学三科统编教材“铸魂工程”。督促高校严格落实思政课学分学时和教材使用要求，指导高校开好“习近平新时代中国特色社会主义思想概论”课程。二是强化学科建设。加强新时代马克思主义学院建设，重点建设30所高校重点马克思主义学院，举办思政课教学展示观摩比赛。三是强化课程建设。涌现一批高校思政工作精品，武汉大学《自强中国》、华中农业大学《耕读中国》等系列“新时代中国”思政金课走进学生心坎。四是强化共同体建设。省教育厅牵头全省高校、市州教育局、教科研机构、中小学等，打造一批大中小学思政课建设共同体，要求各级各类学校针对不同年龄段学生，科学定位德育目标，合理设计德育内容、途径、方法，使思想政治教育层层深入、有机衔接，构建“大思政”格局。

案例2-2-1

湖北推进大中小学思政课一体化共同体建设

2023年4月4日，湖北省大中小学思政课一体化共同体建设工作推进会在华中师范大学召开。会上，华中师范大学和鄂州市政府签订共建大中小学思政课一体化共同体建设试验基地框架协议，鄂州市、武汉大学、华中科技大学、宜昌市教育局、红安县第一中学做发言交流。华中师范大学作为教育部大中小学思政课一体化共同体（湖北省）建设牵头高校，将充分发挥教师教育、人文社科、教育数字化等优势，在数字赋能思政课、校地共建等方面做出特色、办成精品、形成品牌。

——资料来源：湖北日报 2023-04-06(02)

2. 善用社会“大课堂”,建设了一批实践教学基地

全省整合各种社会资源,利用各种社会实践基地,开辟实践教学线路,让广大师生、党员干部在“行走的大思政课”中接受思想洗礼、提升政治素养。一是全面推进课程思政建设。将课程思政与思政课程、课外实践活动以及课内专业教育相衔接,使各类课程与思政课同向同行,形成协同效应。二是构建协同育人机制。有效利用校内外现有党建资源、思政资源、场馆资源、文化资源等,推动建设 5 个左右“大思政课”综合改革试验区、50 个左右“大思政课”综合改革示范校(点)。三是加强实践教学基地建设。首批设立 100 个左右“大思政课”实践教学基地,实现思政小课堂与社会大课堂有机结合、同向同行。

案例2-2-2

秭归打造县域一体化“大思政课”实践教学基地

2023 年 3 月 19—20 日,宜昌·秭归新时代“大思政课”实践教学基地建设研讨会暨夏明翰事迹宣讲报告会在秭归县举办。会议期间,该县发布了 9 条“大思政课”实践教学路线,推出了“点单式、订制化”的大思政课程矩阵,11 所高校马克思主义学院为秭归“大思政课”实践教学基地授牌。中国人民大学马克思主义学院教授刘建军在大会上作主旨演讲,他说秭归县打造县域一体化的“大思政课”实践教学基地,属开拓之举、创新之举。来自全国高校的 40 余位专家学者,围绕新时代“大思政课”实践教学基地高质量建设等主题展开研讨。

——资料来源:湖北日报 2023-03-23(05)

3. 筑牢资源“大平台”,探索了一套社区综合治理模式

全省各地各校加强思政平台建设,深挖思政教育资源素材,辅助思政课堂教学建设。一是全面推进“一站式”学生社区综合管理模式建设。省教育厅出台《高校“一站式”学生社区建设指导意见》《高校学生社区驿站建设工作指引》,全面推广“一站式”学生社区综合管理模式,发挥 76 所试点高校和自主参与高校的示范带动作用,建成学生社区 1385 个,覆盖宿舍 23.7 万余间,面积达 1499 万平方米。引导高校领导干部、专任教师、思政队伍等服务支撑力量常态化、机制化下沉学生社区,2.5 万余名专职教师、心理健康教师、服务保障人员等常态化入驻社区,线上服务项目达 1682 项。二是加强思想政治教育平台建设。省教育厅筹备建设“高校辅导员队伍能力提升大数据赋能平台”,为高校辅导员打造成长发展共同体;建设“高校心理健康教育管理动态分析与会商指导平台”,强化学校家庭社会(医院)协

同，打造大学生心理健康教育共同体；创新网络思想政治教育，升级推出新“湖北高校思政网”，开展高校思政类网络公众号建设成效评估。

案例2-2-3

高校“一站式”学生社区综合管理模式建设推进会在鄂召开

2023 年 3 月 21 日，教育部在鄂召开高校“一站式”学生社区综合管理模式建设工作推进会。教育部副部长翁铁慧、湖北省副省长张文彤出席。当天上午，来自全国各省市区党委教育部门和部分高校代表参观考察华中科技大学、华中农业大学、湖北工业大学“一站式”学生社区，下午在华科大召开推进会。翁铁慧对湖北全面推进“一站式”学生社区综合管理模式建设工作进行了充分肯定，强调要进一步提高政治站位，充分认识高校建设“一站式”学生社区符合教育改革发展方向，实践证明行之有效；要明确目标任务，确保“一站式”学生社区落到实处，富有实效；要扛起工作责任，加快推进“一站式”学生社区综合管理模式，应建尽建，早日实现全面覆盖。

——资料来源：湖北日报 2023-03-22(02)

4. 营造育人“大环境”，形成了一个良好的育人生态

推进清廉学校、文明校园、平安校园联建共建，打造清朗网络空间，开展创建全国文明校园先进学校年度考核。省教育厅联合湖北日报开通“星空班会”，以沉浸式体验宣传防范电信网络诈骗知识，154 万余名大学生和中职学生参与学习，推进了物理环境与人文环境、校内环境与周边环境、学校环境与社会环境和谐发展。

案例2-2-4

宜昌统筹推进大中小学思政课一体化教学改革创新

2020 年 8 月 13 日，中共宜昌市委宣传部、宜昌市教育局印发了《关于推进全市大中小学思政课一体化教学的实施方案》，对全市大中小学思政课一体化教学进行统筹部署。2020 年 12 月 18 日，“宜昌市大中小学思政课一体化教学指导委员会”成立，围绕统筹搭建教师成长交流平台、整体构建学段教学衔接机制、协同开展教学改革创新活动、汇聚家庭社会思政育人合力四项主要任务，对全市大中小学思政课一体化教学进行研究、指导、咨询、评估、服务等，全力推进学校思政课改革创新，全面落实立德树人根本任务。

——资料来源：三峡日报 2020-12-22(03)

5. 系统培养“大师资”,奏响了一曲育人“大合唱”

湖北坚持用高标准构建“大思政课”大师资体系。一是配齐师资力量。依托教育部“高校思政课教师信息库”和“高校辅导员队伍信息库”对教师队伍实施动态精准管理,及时补充专任思政教师这支“主力军”,辅导员、班主任这支“生力军”,兼职教师这支“协同军”。目前,全省高校配备专职思政课教师5478人,师生比为1∶343,达到了国家规定的比例要求。二是提升理论素养。着力构建国家、省、市、县、校五级思政课教师培训体系,通过访学、课程进修、挂职锻炼、校内外培训、实践研修等多种方式,提高思政课教师培训频次,落实了思政课教师3年一轮的培训要求。举办习近平新时代中国特色社会主义思想专题研修班,省级线下示范培训思政课骨干教师500余人;组织开展第十届湖北省高校辅导员素质能力大赛暨2022年湖北省高校辅导员育人故事分享会;先后培训辅导员、思政课教师、心理健康教育教师1000人次以上,推出《高校思政金课建设指引》《高校思政队伍培训指引》《学生工作品牌项目培育指引》等指导性文件。三是统筹育人力量。督促高校落实好省委常委、副省长联系高校制度;组织“千名书记进高校”“千名教授进基层”“千个院系联企业”活动,强化各种育人力量统筹;探索建立思政课教师“手拉手”备课机制和纵向跨学段、横向跨学科的交流研修机制。

三、湖北推进大中小学思政课一体化的困境及原因分析

虽然大中小学思政课一体化建设探索出了一些卓有成效的经验,但从总体上看,仍存在着碎片化、条块化、分散化等现象,实际工作中也存在一些难题和制约因素。

1. 大中小学思政课一体化意识淡薄、系统性思维不足,地区发展不平衡

近年来,教育部针对各学段学生身心特点相继修订完善了涉及思政课教学方面的指导性文件,均是分学段设计,有其合理性,但仍缺少统筹各学段衔接问题的指导性文件,从教育管理部门到各级各类学校,认识不足的问题普遍存在。大中小学思政课一体化落地落实的地区差异性较大,领导重视、有积极分子的地区和单位会做得更好一些,而在为数不少的教育管理部门和学校,“思政课一体化”一直停留在语言表达层面,仍没有采取实际行动。

2. 大中小学思政课一体化统筹协调机制不健全,大思政育人格局还未形成

现阶段,大中小学思政课教师跨学段、跨学科的教研活动大多呈现自发状态,缺乏统筹协调。不同学段思政课的教学内容、教学模式和教学方法相对独立、衔接不足,仍然处于各自为政的状态,很少用一体化的思维方式去考量学段之间的衔接问题,未能充分体现大中小学思政课整体性与阶段性的有机统一,大思政育

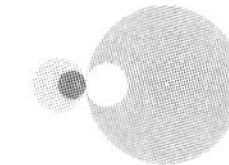

人格局还未形成。

3. 大中小学思政课一体化课程教材体系需进一步优化和完善

课程教材是推进大中小学思政课一体化的重要载体。目前教材建设方面的问题具体表现在：一是教学内容“难易倒置”。例如，高中《思想政治必修四：哲学与文化》中更多采用知识性、抽象性、结论性的言说方式，对概念、原理、方法论等进行呈现；而高校《思想道德与法治》中所采用的表达方式则较为直白，相比高中来说反而更为通俗易懂。教学内容“难易倒置”的现象在一定程度上损耗学生的学习热情；挫伤学生的求知欲望，久而久之使学生对思政课产生排斥心理，极大降低了思政课在学生能力培养和知识传授上的效果。二是教材设计“重复交叉”。例如，《道德与法治》(部编版)八年级下册第三单元“人民当家作主”中的“基本经济制度”“根本政治制度”“基本政治制度”这三部分内容，与高中《思想政治必修二：经济与社会》(部编版)第一单元“基本经济制度与经济体制”以及《思想政治必修三：政治与法治》(部编版)第二单元“人民当家作主”中的“我国的根本政治制度”“我国的基本政治制度”等存在一定程度的重复。这很难满足学生对于新事物、新知识的追求，甚至可能会引发学生的逆反心理，挫伤学习积极性。三是教学形式“固化单一”。众所周知，教材形式是多元化的，除了熟悉的课本教材外，影像资料、网络资源和实践活动等都属于教材内容，但目前在“应试教育”“分数至上”占主导地位的背景下，驱使大部分中小学思政课教学主要在教室内进行，学生对于思政课理论知识的认识和把握主要依赖“死记硬背”“套用公式”“反复练习”等方式，部分学生难以真正理解理论知识、形成与年龄相适应的实践操作能力。

4. 大中小学思政课一体化教师队伍尚不能满足学科教学需求

具体表现在：一是专任教师数量不足。有关调研发现，中小学思政课专任教师严重不足，仅占思政课教师总数的39.49%。其中，小学阶段问题最为突出，思政课专任教师仅占27.31%，多数小学没有思政课专任教师。同时，不少高校思政课教师数量也远远达不到1∶350的要求。思政课非专任教师缺少专业化、系统化的学习与培训，对于本学段思政课教学的把握和驾驭能力尚且不够，更难有精力去关注大中小学思政课一体化建设问题。二是教师队伍结构不优。主要表现是年龄结构不够合理。调查发现，中小学思政课教师老龄化趋势明显，45岁以上的专任教师占比达49.43%；高校思政课教师的年龄结构却显得过于年轻化，有一所高校的思政课教师，年龄最大的才37岁。三是发展环境有待优化。思政课在考试中的“低分占比”，使其长期以一门“副科”的身份存在，这就不可避免地会让思政课教师处于“不受重视”的尴尬境地，加上思政课教师职称晋升列入小学科范畴，职数较少，晋升空间狭窄，教师的获得感、荣誉感较低，成为推进思政课一体化的短板。

5. 大中小学思政课一体化教学评价体系有待优化

教育评价是对教师教学过程和学生学习效果的评价,事关教育发展方向。有什么样的评价"指挥棒",就有什么样的办学导向。目前,湖北还没有科学系统的思政课一体化教学考核评估办法,分段评价的考核断层症结明显,思政课教学评价的育人导向功能弱化,评价主体、对象和方法单一,重知识内化轻行为外化的倾向严重,一些学校和教师过于看重学生的思政课考试成绩,使思政课一体化教学评价的科学性、长效性大打折扣,阻碍了整体育人功能的发挥。同时,由于学段之间缺乏有效的统筹衔接,"各自为政""分段育人""分层评价"的现象普遍存在,导致当下大中小学思政课教学评价的孤立性、重复性、断档性凸显。

四、系统推进湖北大中小学思政课一体化的策略建议

党的二十大报告明确提出,要"推进大中小学思想政治教育一体化建设"。大中小学思想政治教育一体化建设是一项系统工程,包含着丰富的思想内涵,大中小学思政课一体化建设是其基础和核心环节。

1. 树立一体化建设理念,筑牢思想基础

理念是行动的先导,推进大中小学思政课一体化,是新时代学校思政课建设的一次重大理念创新。必须转变思维方式,树立一体化建设理念,统一研究、整体规划。各教育主体要坚守初心使命,坚定为党育人、为国育才目标,坚决摒弃"条块分割""孤岛育人"理念,坚持系统联动、整体协作、同向同行、一以贯之。

要树立"思政课共同体"理念,明确思政课的共同目标任务。大中小学思政课有诸多共同特征:它们的共同名称是思想政治理论课,简称"思政课";共同性质是鲜明的政治性属性;共同任务是立德树人;共同目标是培养德智体美劳全面发展的社会主义建设者和接班人;共同内容包括思想、政治、道德、法治等。所以,必须把大中小学思政课看成一个"思政课共同体",进行统筹推进和建设。

要强调思政课是"关键课程"理念,充分发挥思政课主渠道作用。这是由思政课的重要地位和作用所决定的。思政课是进行思想政治教育的主渠道,是全面贯彻党的教育方针、落实立德树人根本任务的核心课程;思政课是培养社会主义建设者和接班人的重要保障,在大中小学循序渐进、螺旋上升地开设思政课,能满足不同人才不同成长阶段的需要,打好树立正确世界观、人生观、价值观的基础;思政课是发挥马克思主义学科领航作用的课程,是发挥马克思主义学科领航作用在课程方面的具体表现。

要贯彻思政课"一体化建设"理念,加强衔接贯通和协同联动。思想政治教育领域的一体化概念最早是从"德育一体化"角度提出的。德育一体化,包含了大中小学德育一体化和大中小学德育课程一体化。由于思政课是进行思想政治教育

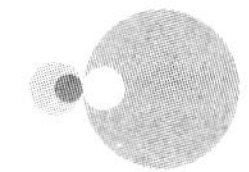

的主渠道，所以大中小学思政课一体化也是大中小学德育一体化的主导部分。推进大中小学思政课“一体化建设”，核心问题是实现“一体化”。从纵向看，主要解决大中小学思政课存在的各自为政、相互脱节的问题，实现衔接贯通；从横向看，主要是解决思政课育人要素配合不够、合力不强的问题，实现协同联动。

要坚持思政课建设“内涵式发展”理念，提高思政课思想性和理论性。内涵式发展与外延式发展是相对而言的，是发展的两种模式，主要应用于经济学领域。外延式发展描述的是经济发展采取扩大规模、增加数量的方式，是一种粗放型的发展模式；内涵式发展是指经济发展采取优化结构、提高效益的方式，是一种集约型的发展模式，后来被广泛应用于其他领域。从思政课角度讲，要提高质量和实效，也要解决针对片面注重形式创新而忽视内容建设的问题，把二者有机统一起来，就是内涵式发展。

要实施高校“课程思政”理念，与中小学学科德育相对接。思政课是学校思想政治教育的主渠道，其他各类各门课程也都有独特的思政元素和思政功能。“课程思政”的理念，实现了高校课程思政与中小学学科德育的对接，促进了高校课程思政与中小学学科德育的一体化，解决了大中小学各类课程与思政课相互配合的问题，把同向同行的要求贯穿于大中小学全过程。要推进大中小学德育一体化，必须加强大中小学思政课一体化建设，才能确保育人的正确方向。

2. 健全一体化制度体系，强化分级落实

大中小学思政课一体化的运行必须依靠宏观调控，科学设计，统筹规划，建立健全有关规章制度，全面落实思政工作制度体系，建立党委统一领导、教育行政部门负责统筹、高校马克思主义学院主导、学校和思政课教师具体落实、全社会协同配合的工作格局。

国家层面要高站位的顶层设计。大中小学思政课一体化建设作为一项系统性教育工程，在时间维度上要求小学中学大学三个学段有机衔接，在空间维度上要求家庭学校社会有机配合。学校教育并非只依赖于学校本身，学生思想政治教育须依托于社会各界、各领域的密切协同配合和支持。国家层面必须进行大中小学思政课一体化建设的顶层设计，要从整合、协同的视角来推动改革深化，实现从“由点到面”的改革转向“由面到体”的改革，实现“从政策到制度”转向“从制度到文化”，使改革成果能够落地生根，成为人们思想意识深处的共识。

省（市）级层面要精细化的转化落地。习近平总书记强调，制定出一个好文件，只是万里长征走完了第一步，关键在于落实文件。大中小学思政课一体化建设已在全国范围内形成一致共识，省（市）级层面教育主管部门在各级党委和政府的领导下，要切实加强大中小学思政课一体化建设的本土化政策落地研究，包括规划好大中小学思政课一体化建设协同发展的蓝图，建立大中小学思政课一体化建设联席会议制度,出台并落实相关政策等,在行政管理、教育规划、政策支撑上推进大中小学思政课一体化。

学校层面要具体化的实践落实。学校是推进大中小学思政课一体化的主阵地,国家和省(市)级层面的政策文件最终汇总到学校、进入到课堂、影响到学生,学校的制度配套直接决定了政策的实践落实。学校要结合各级文件要求,为思政课教师提供教学、培训、发展等全方位的保障措施,确保思政课一体化建设的实践在学校落地生根。

3. 统筹一体化教学体系,增强育人实效

大中小学思政课一体化建设的任务,是根据社会发展的要求和学生发展的需要,统筹构建大中小学思政课课程教材体系、教学内容体系和教学方法体系,建设横向联合、纵向衔接、螺旋上升、整体高效的大中小学思政课教学体系。

要建立一体化课程教材体系。遵循三个原则:一是体现独特性和差异性,明确不同学段的重点教育内容。小学“道德与法治”课主要培养学生“知事”“慎行”“讲文明”,初中“道德与法治”课主要培养学生“懂事”“辨伪”“知荣辱”,高中思想政治课主要引导学生“知史”“晓义”“识是非”,高校思想政治理论课主要启发学生“明理”“行道”“铸信念”。二是体现关联性和递进性,促进个体品质的循序渐进,螺旋上升。如,对于生涯规划教育内容,不同学段应该体现不同的要求。三是以国家课程为根本依据,适当增加地方课程和校本课程内容,充实育人内容,增强教育效果。

要建立一体化教学内容体系。实现一体化课程目标的关键是依课程逻辑和学生成长规律组织好课程内容的一体化教学。当前,思政课一体化教学最为突出的梗阻,仍是不同学段教材内容结构的衔接和进阶不畅问题,瞄准“学段失联”做好优化衔接是当务之急。因此,要优化教学内容供给,熟知全学段教材内容,治愈简单重复、脱节、缺位、断层、倒置等教材内容“硬伤”,解决不同学段课程间的堵点、断点、散点、难点,彰显阶段性和梯度性、衔接性和进阶性的统一。

要建立一体化教学方法体系。在纵向上,针对不同学段学生理论认知和需求水平的差异性特点,构建适合学生身心发展特点的思政课教学方法体系,序化设计、前后承接、螺旋上升。小学“道德与法治”课重在开展启蒙性教学,初中“道德与法治”课重在开展体验性教学,以体验式、情景式教学为主,以故事链激发学生听、读、悟的兴趣,让课堂“动”起来,以情育人;高中思想政治课重在开展常识性教学,以议题式教学为主,以案例链培养学生分析问题能力,让课堂“辩”起来,以理育人;高校思想政治理论课重在开展探究性教学和理论性教学,以专题式教学为主,以问题为导向培养学生思辨能力,让课堂“研”起来,以思育人。在横向上,从备课、教学、改作业、课外辅导等环节入手,加强各学段间的联系和协作。如采取集体备课、同课异构等形式加强相互联系，等等。

4. 打造一体化教师队伍，提升核心素养

习近平总书记对思政课教师提出“政治要强、情怀要深、思维要新、视野要广、自律要严、人格要正”的“六要”要求，是新时代思政课教师核心素养的根本遵循，涵盖了新时代思政课教师核心素养的3个领域：政治素养、能力素养和道德素养。打造一体化的教师队伍，必须落实习近平总书记提出的要求。

表 2-2-3　思政课教师的核心素养内涵

具体领域	核心素养	基本内涵
政治素养	政治要强	要让有信仰的人讲信仰，思政课教师只有自己信仰坚定，对所讲内容高度认同，做学习和实践马克思主义的典范，才能讲得有底气，讲深讲透，才能有效引导学生真学、真懂、真信、真用
	情怀要深	要有家国情怀、传道情怀和仁爱情怀
能力素养	思维要新	要学会正确运用马克思主义的立场、观点和方法创新课堂教学，给学生深刻的学习体验。思政课教学是一项非常有创造性的工作，要学会辩证唯物主义和历史唯物主义，善于运用创新思维、辩证思维，善于运用矛盾分析方法抓住关键、找准重点、阐明规律，创新课堂教学，给学生深刻的学习体验
	视野要广	既要具备马克思主义理论功底，又要具有国际视野和历史视野
道德素养	自律要严	遵守教学纪律、政治纪律和政治规矩，做到课堂内外言行一致
	人格要正	在具备高尚师德的基础上，还应具备渊博的学识和高深的思想境界，用扎实的学术功底和高超的教育教学水平增强自身的吸引力，用高尚的人格感染学生、赢得学生

要提升思政课教师的教学素养。一是强化思政课教师队伍的一体化素质。思政课教师在具备基本教学素质的基础上，应树立一体化的教育意识，运用一体化的思维看待和解决思政课教学中存在的问题。二是提升思政课教师队伍的一体化能力。引导教师加强教学研究，明确认识思政课整体教学与各学段教学之间的关系，以及自身所处学段在一体化建设中发挥的重要作用，确保各个学段的思政课各有侧重并实现阶梯式推进，达到“整体大于部分之和”的教育效果。

要统筹思政课教师的培训培养计划。教育主管部门要统筹规划大中小学思政课教师的专业培养与培训，建立思政课一体化培训机制，依托新教师入职培训、暑期教师培训、教育部思政课骨干培训等平台，加强大中小学思政课教师一体化的培训力度，促进不同学段、不同区域、不同地域的教师实现教学能力与素养的整体提升。

要搭建思政课教师的交流沟通机制。无论各学段教师对各自学段的思政课教学多么精通,都要具备系统性思维、整体性思维,既要关注所在学段教学,也要关注全学段教学。这就像看景区的导游图一样,既要知道自己所在的位置,又要看清楚其他位置。小学教师"往前看",大学教师"回头看",中学教师"既要往前看,又要回头看",实现空间维度和时间维度全面衔接。比如,建立教研协作机制,开展跨学段教研活动;推进高校优质资源下沉,让大中小学的思政课相关人员都能够参与到相应的教研活动中,实现教研平台共建、教研问题共治、教研成果共享;探索大中小学思政课教师一体化备课机制,消除大学教师与中小学教师因为对彼此教学的不了解而造成的教学衔接裂痕。

案例2-2-5

高校与中小学思政课教师加强联系、协同教研

上海高校的"中国系列"品牌课程正逐步向中小学延伸,成为大中小学思政课一体化建设亮点。天津外国语大学马克思主义学院联合和平区岳阳道小学等,探索通过团队课方式,建立起大中小学思政课一体化建设基地。清华大学马克思学院首次开设"思政课骨干教师提升计划"教育博士项目,面向中小学思政课一线优秀教师招收攻读教育博士专业学位研究生,项目首届共录取25名学生,全部为中小学全职优秀教师。武昌理工学院与江夏区教育局联合成立湖北省首家"大中小学思政课一体化建设研究中心",江夏区7个单位被授予"大中小学思政课一体化建设研究基地"。武汉市十一中学特级教师王忠文组织一些志趣相投的思政课教师,跨地域组成思政课教学科研团队,以线上线下相结合的方式开展集体备课、协同教研。

——资料来源:根据网络资料整理

5. 构建一体化评价体系,赋能思政教学

教学评价是对教学的有效反馈和下一阶段教学增长点的预测。要从教学评价的高度、广度和深度,积极探索思政课一体化评价体系的构建,最大限度地为思政课一体化教学赋能,打通思政课一体化教学的"最后一公里",助推思政课一体化建设。

要把牢育人导向,提升评价高度。思政课是落实立德树人根本任务的重要课程,是课堂育人的主要抓手,要谋求思政课本身的德育属性与智育属性的协同,改革对师生的评价机制,不能简单以学生一时的学习成绩或学术成果作为思政课质量的衡量标准。教师、教学管理人员和研究者都要从育德育人的目标出发,对各学段的育人目标加以统筹,既要有规范高度,又要有自选容度,在育人普遍性的指导下发展不同学段育人目标的特殊性,解决育人评价时空发展不平衡的问题,将学生的终身发展、全面发展作为思政课教学评价的长效标准,达成育人目标的润

物无声与长效持续。

要遵循多维取向，拓展评价广度。一是建构以学生为核心的主体评价机制。学生是思政课一体化的全程参与主体，是最鲜活、最具有说服力的评价主体。要重视学生对教学的评价作用，了解学生在思政课堂上的获得感与成就感，听取学生的反馈并不断改进教学。二是建构丰富充实的多要素评价机制。关注学生的参与和情绪表现，不断挖掘学生的潜能，实现个性化发展；关注学生的思维品质，观察学生在提问、质疑和生成等方面的思维进阶和对问题的创造性表现，实现螺旋上升发展；关注学生与多样信息的交往能力和课堂中的人际交往，促进思政课不断向育人目标靠拢。三是建构定性与定量相结合的评价机制。对标大中小学思政课的育人目标，拆解细化各个学段的不同育人要求，将目标转化为学生本阶段学习的具体表现，给学生提出可视化、可操作的要求；同时，将这些要求转化为教师开展思政课教学的要求，建构起师生共同成长的教学评价共同体。

要追求全程全面，挖掘评价深度。一是健全"知—情—意—行"的纵向教学评价模式。注重对思政课教学的全过程、全方位评价，按照"知—情—意—行"渐进发展的育人规律，从政治认知到政治认同，再到理性批判，最后指向行为外化，不断促进思政课育人的内涵式发展。二是健全"课内—课外"的横向教学评价模式。课堂内部的教学与评价只是思政课评价的一部分，要坚持开门办思政课，推动思政课实践教学与学生社会实践活动、志愿服务活动结合，思政小课堂与社会大课堂结合，不断探索学校思政向社会思政的拓展，努力实现二者的有机统一，积极发挥社会评价的正向作用。

参考文献：

[1] 李俊峰. 以系统观念推进大中小学思政课一体化建设[N]. 光明日报，2023-07-18(06).

[2] 蒋建华. 构建思政教育衔接机制 营造"大思政课"工作格局[N]. 中国教育报，2023-06-13(09).

[3] 石书臣. 推进大中小学思政课一体化建设的理念与路径[J]. 学校党建与思想教育，2022(01)：27-31，45.

[4] 钟世潋，张洪冲. "三全育人"视域下课程思政共同体的生成逻辑与推进路径[J]. 江苏高职教育，2022，22(04)：14-20.

（本节执笔人：丁丹）

第三节　推进学校家庭社会协同育人

健全学校家庭社会协同育人机制是党中央、国务院作出的重要战略部署。党的二十大报告和《家庭教育促进法》都明确要求，要健全学校家庭社会协同育人机制。教育部等十三部门《关于健全学校家庭社会协同育人机制的意见》强调“到 2035 年，形成定位清晰、机制健全、联动紧密、科学高效的学校家庭社会协同育人机制”。学校家庭社会协同育人已成为深化教育综合改革，构建良好育人生态的重要举措。近年来，湖北着力推进学校家庭社会协同育人这种全面、高效、有益的育人模式，实现了教育资源的共享、教育目标的一致和教育过程的协作，促进了学生全面发展和健康成长。

一、国家关于校家社协同育人的相关政策

党和国家历来高度重视学校家庭社会协同育人工作，尤其是 20 世纪 80 年代以来，相继出台了系列家庭教育、社会教育以及校家社协同育人的政策法规，为健全校家社协同育人机制明确了方向、提供了指引。大致可分为三个阶段：

1. 校家社协同育人的探索阶段(1985—2009 **年**)

以 1985 年 5 月《中共中央关于教育体制改革的决定》的颁布为开端，校家社协同育人理念进入国家政策文件。《中共中央关于教育体制改革的决定》明确了社会和家庭在义务教育中的责任和义务，提出义务教育是国家、社会、家庭必须予以保证的国民教育。1991 年 9 月，第七届全国人大常委会第二十一次会议通过的《中华人民共和国未成年人保护法》，将未满 18 周岁儿童受教育与受保护权益落实到法律中，明确了家庭、学校、社会等方面职责。

这一阶段的校家社协同育人呈现两个鲜明的特点：一是家庭教育侧重于配合学校教育。比如，1995 年 3 月第八届全国人大第三次会议审议通过的《中华人民共和国教育法》提出，父母或者其他监护人应当配合学校及其他教育机构对子女或者其他被监护人进行教育，学校、教师可以对学生家长提供家庭教育指导。二是协同目的主要在于育德。1986 年 4 月出台的《中华人民共和国义务教育法》明确规定，学校应当把德育放在首位，形成学校、家庭、社会相互配合的思想道德教育体系。1999 年 6 月，中共中央国务院印发《关于深化教育改革 全面推进素质教育的决定》，提出“形成学校、家庭和社会共同参与德育工作的新格局”。2001 年 10 月中共中央、国务院印发的《新时代公民道德建设实施纲要》和 2004 年 2 月中共中央国务院印发的《关于进一步加强和改进未成年人思想道德建设的若干意见》，都

提出要健全学校、家庭、社会相结合的思想道德教育体系。

表 2-3-1　探索阶段的校家社协同育人政策

序号	政策文件	主要内容
1	1985 年 5 月 27 日,《中共中央关于教育体制改革的决定》	义务教育,即依法律规定适龄儿童和青少年都必须接受,国家、社会、家庭必须予以保证的国民教育。要动员全党、全社会和全国各族人民,用最大的努力,积极地、有步骤地予以实施
2	1986 年 4 月 12 日,《中华人民共和国义务教育法》	形成学校、家庭、社会相互配合的思想道德教育体系。社会组织和个人应当为适龄儿童、少年接受义务教育创造良好的环境。社会公共文化体育设施应当为学校开展课外活动提供便利
3	1991 年 9 月 4 日,《中华人民共和国未成年人保护法》	国家、社会、学校和家庭都应对未成年人进行理想教育、道德教育、文化教育、纪律和法制教育
4	1992 年 2 月 16 日,国务院关于下达《九十年代中国儿童发展规划纲要》的通知	建立起学校(托幼园所)教育、社会教育、家庭教育相结合的育人机制,创造有利于儿童身心健康、和谐发展的社会和家庭环境。开展全国性家庭教育宣传、咨询、服务工作。师范院校在试点的基础上,逐步开设家庭教育课程
5	1994 年 8 月 31 日,中共中央《关于进一步加强和改进学校德育工作的若干意见》	学校教育、家庭教育、社会教育紧密配合。学校要主动同家长及社会各方面密切合作,使三方面的教育互为补充、形成合力
6	1995 年 3 月 18 日,《中华人民共和国教育法》	全社会应当关心和支持教育事业的发展。未成年人的父母或者其他监护人应当配合学校及其他教育机构,对其未成年子女或者其他被监护人进行教育。学校、教师可以对学生家长提供家庭教育指导
7	1996 年 9 月 16 日,全国妇联、教育部关于印发《全国家庭教育工作“九五”计划》的通知	家庭教育与学校教育、社会教育紧密配合是培育“四有”公民的有效途径
8	1999 年 6 月 13 日,中共中央、国务院《关于深化教育改革 全面推进素质教育的决定》	实施素质教育应当贯穿于幼儿教育、中小学教育、职业教育、成人教育、高等教育等各级各类教育,应当贯穿于学校教育、家庭教育和社会教育等各个方面。学校、家庭和社会要互相沟通、积极配合,共同开创素质教育工作的新局面
9	2001 年 9 月 20 日,中共中央关于印发《公民道德建设实施纲要》的通知(中发〔2001〕15 号)	家庭、学校、机关、企事业单位和社会在公民道德教育方面各有侧重、各有特点,是相互衔接、密不可分的统一整体。必须把家庭教育、学校教育、单位教育和社会教育紧密结合起来,相互配合,相互促进。要突出加强社会教育,巩固家庭教育、学校教育、单位教育的成果,促进公民道德教育的深化

续表

序号	政策文件	主要内容
10	2002 年 5 月 20 日，全国妇联、教育部关于印发《全国家庭教育工作“十五”计划》的通知	逐步建立健全中、小、幼家长学校、社区家庭教育指导与社会家庭教育指导相结合的家庭教育指导工作体系。使家庭教育与学校教育、社会教育紧密配合，形成合力
11	2004 年 2 月 26 日，中共中央、国务院《关于进一步加强和改进未成年人思想道德建设的若干意见》(中发〔2004〕8 号)	家庭教育在未成年人思想道德建设中具有特殊重要的作用。要把家庭教育与社会教育、学校教育紧密结合起来，建立健全学校、家庭、社会相结合的未成年人思想道德教育体系，使学校教育、家庭教育和社会教育相互配合，相互促进

2. 校家社协同育人走向制度化阶段(2010—2016 年初)

以《国家中长期教育改革和发展规划纲要(2010—2020 年)》(以下简称《纲要》)的颁布为标志，校家社协同育人走向制度化。这一阶段校家社协同育人呈现两个特点：一是校家社协同育人的制度化、规范化水平明显提高。《纲要》提出，推进人才培养体制改革，更新人才培养观念，树立系统培养观念，推进学校、家庭、社会密切配合；改革教育质量评价和人才评价制度，开展由政府、学校、家长及社会各方面参与的教育质量评价活动；建设现代学校制度，构建政府、学校、社会之间新型关系。由此，校家社协同育人制度化、规范化水平明显提高。2011 年 1 月，全国妇联、教育部、中央文明办印发《关于进一步加强家长学校工作的指导意见》，提出家庭教育是学校教育和社会教育的基础，家长学校是指导推进家庭教育的主阵地和主渠道，并进一步明确了家长学校的“六有”规范化建设目标，即有挂牌标识、有师资队伍、有固定场所、有教学计划、有活动开展、有教学效果。2012 年 2 月，教育部印发《关于建立中小学幼儿园家长委员会的指导意见》，提出要把家长委员会“作为构建学校、家庭、社会密切配合的育人体系的重大举措”，明确了家长委员会的基本职责。二是校家社三方职责逐步明确。2013 年 12 月，中共中央办公厅印发《关于培育和践行社会主义核心价值观的意见》，提出“完善学校、家庭、社会三结合的教育网络，引导广大家庭和社会各方面主动配合学校教育，以良好的家庭氛围和社会风气巩固学校教育成果”。2014 年 3 月，教育部印发《关于全面深化课程改革落实立德树人根本任务的意见》，提出“统筹课堂、校园、社团、家庭、社会等阵地，发挥学校的主渠道作用”。2015 年 10 月，教育部印发《关于加强家庭教育工作的指导意见》，确立了家庭教育的重要地位，提出“家庭是孩子的第一个课堂，父母是孩子的第一任老师”，要求“明确家长在家庭教育中的主体责任，充分发挥学校在家庭教育中的重要作用，加快形成家庭教育社会支持网络”。2016 年 6 月，教

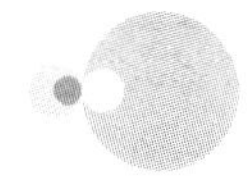

育部等九部门联合印发《关于进一步推进社区教育发展的意见》，提出“积极开展青少年校外教育，推动实现社区教育与学校教育有效衔接和良性互动”，要求“积极面向学生家长开展教育理念、教育方法等方面的家庭教育指导”。

表 2-3-2　制度化阶段的校家社协同育人的相关政策

序号	政策文件	主要内容
1	2010 年 7 月 29 日，中共中央、国务院关于印发《国家中长期教育改革和发展规划纲要（2010—2020年）》的通知	树立系统培养观念，推进学校、家庭、社会密切配合。改革教育质量评价和人才评价制度。开展由政府、学校、家长及社会各方面参与的教育质量评价活动
2	2010 年 2 月 8 日，全国妇联、教育部等七部门关于印发《全国家庭教育指导大纲》的通知（妇字〔2010〕6 号）	共同构建学校、家庭、社会“三结合”的教育网络。家庭教育指导应建立指导者与家长、儿童，家长与家长，家庭之间，家校之间的互动，努力形成相互学习、相互尊重、相互促进的环境与条件
3	2011 年 1 月 27 日，全国妇联、教育部、中央文明办《关于进一步加强家长学校工作的指导意见》（妇字〔2011〕2 号）	家庭教育是学校教育和社会教育的基础。家长学校是指导推进家庭教育的主阵地和主渠道。幼儿园、中小学校、中等职业学校要把家长学校工作纳入幼儿园、学校工作的总体部署，把家庭教育指导纳入教师岗前培训、在岗培训和骨干培训中
4	2012 年 2 月 17 日，教育部《关于建立中小学幼儿园家长委员会的指导意见》（教基一〔2012〕2 号）	把家长委员会作为构建学校、家庭、社会密切配合的育人体系的重大举措
5	2013 年 12 月 23 日，中共中央办公厅《关于培育和践行社会主义核心价值观的意见》（中办发〔2013〕24 号）	完善学校、家庭、社会三结合的教育网络，引导广大家庭和社会各方面主动配合学校教育，以良好的家庭氛围和社会风气巩固学校教育成果，形成家庭、社会与学校携手育人的强大合力
6	2014 年 3 月 30 日，教育部《关于全面深化课程改革落实立德树人根本任务的意见》（教基二〔2014〕4 号）	统筹课堂、校园、社团、家庭、社会等阵地，发挥学校的主渠道作用，促进家校合作，广泛利用社会资源，营造协调一致的良好育人环境
7	2015 年 10 月 11 日，教育部《关于加强家庭教育工作的指导意见》（教基一〔2015〕10 号）	进一步明确家长在家庭教育中的主体责任，充分发挥学校在家庭教育中的重要作用，加快形成家庭教育社会支持网络，推动家庭、学校、社会密切配合，共同培养德智体美劳全面发展的社会主义建设者和接班人

续表

序号	政策文件	主要内容
8	2016年1月19日,中共教育部党组《关于教育系统深入开展爱国主义教育的实施意见》(教党〔2016〕4号)	充分利用文化馆、纪念馆、博物馆、旅游景点、部队营地等资源和举办运动会、体育比赛等活动,开展爱国主义教育,传播爱国主义精神
9	2016年6月28日,教育部等九部门《关于进一步推进社区教育发展的意见》(教职成〔2016〕4号)	积极开展青少年校外教育。推动实现社区教育与学校教育有效衔接和良性互动。积极面向学生家长开展教育理念、教育方法等方面的家庭教育指导

3. 校家社协同育人上升为国家战略阶段(2016年至今)

习近平总书记对校家社协同育人高度重视,为育人理念和协同机制的建立指明了方向。2016年9月9日,在第32个教师节来临之际,习近平总书记到北京市八一学校考察时强调,“基础教育是全社会的事业,需要学校、家庭、社会密切配合”,并进一步指明,学校要担负主体责任,家长要尊重学校教育安排,配合学校搞好孩子的学习教育,各相关单位要积极为学生了解社会、参与实践、锻炼提高提供条件。自此,校家社协同育人上升为国家战略。

自2018年开始,校家社协同育人出现在党和国家的教育战略决策部署中,成为国家重要教育战略举措之一。2018年9月10日,习近平总书记在全国教育大会上再次强调,“办好教育事业,家庭、学校、政府、社会都有责任,谁都不是旁观者,谁都不能置身事外”,并进一步明确了各方育人责任,指出“家庭是人生的第一所学校,家长是孩子的第一任老师,要给孩子讲好‘人生第一课’,帮助扣好人生第一粒扣子;教育、妇联等部门要统筹协调社会资源支持服务家庭教育;全社会都要担负起青少年成长成才的责任”。2018年12月,中共中央、国务院印发《中国教育现代化2035》,提出“推动学校教育、社会教育、家庭教育有机结合”。2020年10月,党的十九届五中全会提出“健全学校家庭社会协同育人机制”,并将其作为建设高质量教育体系的重要举措之一。2021年3月,十三届全国人大四次会议审议通过的《中华人民共和国国民经济和社会发展第十四个五年规划和2035年远景目标纲要》提出“健全学校家庭社会协同育人机制”。2021年10月,十三届全国人大第三十一次会议审议通过的《中华人民共和国家庭教育促进法》明确了在培养德智体美劳全面发展的社会主义建设者和接班人中,家庭、学校、社会等各方应尽的法定责任和义务。2022年10月16日,党的二十大报告强调“健全学校家庭社会育人机制”。

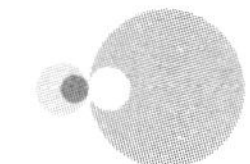

为深入贯彻落实习近平总书记重要讲话和指示批示精神，贯彻落实党中央、国务院决策部署，教育部及相关部门也在系列会议和文件中部署推进校家社协同育人。2021 年 1 月 7 日，时任教育部长陈宝生同志在全国教育工作会议上，将构建“学校家庭社会协同育人体系”作为编制教育“十四五”规划“八大核心体系”之一作出部署，提出“让学校的责任回归学校，让家庭的责任回归家庭，共同引导孩子自主完成、自我管理作业”。2021 年 7 月，“双减”政策落地实施，校家社协同育人成为“双减”时代教育高质量发展体系建设的重要举措。2022 年 4 月，全国妇联、教育部等十一个部门联合印发了《关于指导推进家庭教育的五年规划（2021—2025 年）》，提出将“健全学校家庭社会协同育人机制、促进儿童健康成长确立为今后一个时期家庭教育发展的根本目标”。2023 年 1 月 13 日，教育部等十三个部门联合印发了《关于健全学校家庭社会协同育人机制的意见》，进一步明确了工作原则、目标要求、各方育人职责和协同保障机制，为健全学校家庭社会协同育人机制提供了明确指引。

表 2-3-3　战略化阶段的校家社协同育人的相关政策

序号	政策文件	主要内容
1	2017 年 2 月 24 日，教育部办公厅《关于做好中小学生课后服务工作的指导意见》（教基一厅〔2017〕2 号）	中小学生是否参加课后服务，由学生家长自愿选择。中小学校开展课后服务工作，要事先充分征求家长意见，主动向家长告知服务方式、服务内容、安全保障措施等，建立家长申请、班级审核、学校统一实施的工作机制
2	2017 年 8 月 17 日，教育部关于印发《中小学德育工作指南》的通知（教基〔2017〕8 号）	积极争取家庭、社会共同参与和支持学校德育工作，引导家长注重家庭、注重家教、注重家风，营造积极向上的良好社会氛围。加强家庭教育指导，统筹家长委员会、家长学校、家长会、家访、家长开放日、家长接待日等各种家校沟通渠道，丰富学校指导服务内容。构建社会共育机制
3	2018 年 12 月 8 日，中共中央、国务院关于印发《中国教育现代化 2035》的通知（中发〔2018〕45 号）	推动学校教育、社会教育、家庭教育有机结合。建立协同规划机制、健全跨部门统筹协调机制，建立教育发展监测评价机制和督导问责机制，全方位协同推进教育现代化，形成全社会关心、支持和主动参与教育现代化建设的良好氛围
4	2019 年 6 月 25 日，教育部等五部门《关于完善安全事故处理机制维护学校教育教学秩序的意见》（教政法〔2019〕11 号）	要通过家长学校、家长委员会等多种方式拓宽学生父母或其他监护人参与学校管理和监督的渠道，加强对学生父母或其他监护人的法治宣传，形成和谐家校关系。地方教育部门应当积极协调相关部门建立联席会议等工作制度，定期互通信息，及时研究解决问题，共同维护学校安全，切实为学校办学安全托底

续表

序号	政策文件	主要内容
5	2019年7月8日,中共中央、国务院《关于深化教育教学改革全面提高义务教育质量的意见》	加快家庭教育立法,强化监护主体责任。加强社区家长学校、家庭教育指导服务站点建设,为家长提供公益性家庭教育指导服务。充分发挥学校主导作用,密切家校联系。家长要树立科学育儿观念,切实履行家庭教育职责,加强与孩子沟通交流,培养孩子的好思想、好品行、好习惯,理性帮助孩子确定成长目标,克服盲目攀比,防止增加孩子过重课外负担
6	2019年10月27日,中共中央、国务院关于印发《新时代公民道德建设实施纲要》的通知	全社会都要关心帮助支持青少年成长发展,完善家庭、学校、政府、社会相结合的思想道德教育体系,引导青少年树立远大志向,热爱党、热爱祖国、热爱人民,形成好思想、好品行、好习惯,扣好人生第一粒扣子。社会公众人物知名度高、影响力大,要加强思想政治引领,引导他们承担社会责任,加强道德修养,自觉接受社会和舆论监督,树立良好社会形象
7	2021年6月1日,教育部颁布《未成年人学校保护规定》(中华人民共和国教育部令第50号)	学校应当建立与家长有效联系机制,利用家访、家长课堂、家长会等多种方式与学生家长建立日常沟通。学校应当建立学生重大生理、心理疾病报告制度,向家长及时告知学生身体及心理健康状况;学校发现学生身体状况或者情绪反应明显异常、突发疾病或者受到伤害的,应当及时通知学生家长
8	2022年1月1日,《中华人民共和国家庭教育促进法》颁布实施	家庭教育、学校教育、社会教育紧密结合、协调一致。图书馆、博物馆、文化馆、纪念馆、美术馆、科技馆、体育场馆、青少年宫、儿童活动中心等公共文化服务机构和爱国主义教育基地每年应当定期开展公益性家庭教育宣传、家庭教育指导服务和实践活动,开发家庭教育类公共文化服务产品
9	2022年3月18日,全国妇联、教育部等十一个部门印发《关于指导推进家庭教育的五年规划(2021—2025年)》的通知	以立德树人为根本任务,以构建覆盖城乡的家庭教育指导服务体系、健全学校家庭社会协同育人机制、促进儿童健康成长为根本目标,进一步提升家庭教育公共服务供给水平,增强指导服务覆盖面、精准度和实效性,持续提升家庭教育工作法治化、专业化、规范化水平,全面促进家庭家教家风建设,更好满足人民群众科学育儿新期盼新需求
10	2022年7月25日,教育部等十部门关于印发《全面推进“大思政课”建设的工作方案》的通知(教社科〔2022〕3号)	各地教育部门要积极建设“大思政课”实践教学基地。大中小学要主动对接各级各类实践教学基地,开发现场教学专题,开展实践教学。有条件的学校可与有关基地建立长效合作机制,加强研究和资源开发。各基地要积极创造条件,与各地教育部门、学校建立有效工作机制,协同完成实践教学任务

续表

序号	政策文件	主要内容
11	2022年11月4日，教育部《关于进一步加强新时代中小学思政课建设的意见》(教基〔2022〕5号)	中小学校要制定社会实践大课堂教学计划，安排一定课时用于学生社会实践体验教学活动，推动思政课教学与学生社会实践、志愿服务等活动有机结合，增强学生直接体验和切身感悟
12	2023年1月13日，教育部等十三部门《关于健全学校家庭社会协同育人机制的意见》(教基〔2022〕7号)	学校充分发挥协同育人主导作用，家长切实履行家庭教育主体责任，社会有效支持服务全面育人。推动高等院校、科研机构、专业团体开展学校家庭社会协同育人理论与实践研究，加强理论建设与专业人才培养，积极推进家庭教育指导专家队伍建设。深入宣传学校家庭社会协同育人的政策举措和典型案例
13	2023年6月13日，中共中央办公厅、国务院办公厅《关于构建优质均衡的基本公共教育服务体系的意见》	充分发挥公共文化体育和科普资源重要育人作用，落实博物馆、纪念馆、公共图书馆、美术馆、文化馆(站)按规定向学生免费开放政策，有条件的公共体育设施、科技馆和各类科普教育基地免费或低收费向学生开放。国家法定节假日和学校寒暑假期间适当延长开放时间

二、我国校家社协同育人的政策演进特点

当前，我国已初步实现了学校、家庭、社会三方的融合融通，并具备了进一步建立健全校家社协同育人机制的良好基础和条件。总体说来，其政策演进过程是循序渐进、与时俱进的。

1. 在协同方式上，从校家社“结合”，逐步演进为校家社“协同”

早期出台的法律法规和制度文件中，对学校教育、家庭教育、社会教育三者的关系表述为“相结合”“紧密配合”“相互配合”“三结合”等，虽然重视三者育人作用的共同发挥，但三者是相对独立的教育方式。《中国教育现代化2035》中首次提出“协同育人”概念，在之后的党的十九届五中全会、“十四五”规划、《中华人民共和国家庭教育促进法》中，都明确提出要健全学校家庭社会协同育人机制。直至2023年1月，十三个部门联合印发健全校家社协同育人机制的意见，在明确三方职责的基础上，进一步建立健全了协同机制。

2. 在协同关系上，从家庭、社会“配合”学校教育，逐步演进为“各司其职”

早期法律法规和政策文件中，开始注重家庭教育和社会教育的作用发挥，但学校教育居于主体地位，家庭教育和社会教育侧重于配合学校教育。比如，1995

年颁布的《中华人民共和国教育法》明确提出“父母或者其他监护人应当配合学校及其他教育机构”。而后，随着《关于加强家庭教育工作的指导意见》(2015年)、《关于进一步推进社区教育发展的意见》(2016年)、《关于指导推进家庭教育的五年规划(2021—2025年)》(2021年)、《中华人民共和国家庭教育促进法》(2021年)等系列法律法规和政策规划的出台，家庭教育和社会教育的重要地位逐步显现。在2018年全国教育大会上，习近平总书记明确提出，办好教育事业，家庭、学校、政府、社会都有责任。之后系列政策的出台，进一步明确了在全面育人中学校的主导作用、家庭的主体责任和社会的有效支持。

3. 在协同方向上，从“育德”为主，逐步演进为促进学生“全面发展”

早期法律法规和政策文件中，校家社合作主要出现在德育相关文件中，作为实施德育的重要途径。比如，1986年出台的《中华人民共和国义务教育法》提出，要形成学校、家庭、社会相互配合的思想道德教育体系。1999年《中共中央国务院关于深化教育改革全面推进素质教育的决定》提出“形成学校、家庭和社会共同参与德育工作的新格局”。随着素质教育和人的全面发展理念的提出，校家社致力于协同培养全面发展的人。比如，2015年《教育部关于加强家庭教育工作的指导意见》提出：“推动家庭、学校、社会密切配合，共同培养德智体美劳全面发展的社会主义建设者和接班人。”2023年1月教育部等十三部门《关于健全学校家庭社会协同育人机制的意见》提出：“增强协同育人共识，积极构建学校家庭社会协同育人新格局，着力培养德智体美劳全面发展的社会主义建设者和接班人。”

三、湖北推进校家社协同育人的政策举措及成效

近年来，湖北深入贯彻落实有关法律法规和国家政策精神，加快构建校家社协同育人的良好教育环境，推动形成政府统筹协调、学校积极主导、家庭主动尽责、社会有效支持学生成长成才的良好局面。

1. 党委政府高度重视，加强宏观统筹

2019年7月23日，省委、省政府印发了《湖北教育现代化2035》和《加快推进湖北教育现代化实施方案(2018—2022年)》。《湖北教育现代化2035》明确提出，要“完善家校联动机制，做到对每个留守儿童精准关爱”，要求“引导和鼓励企事业单位、社区、家庭和社会公众，多形式多途径参与、支持教育现代化建设”。《加快推进湖北教育现代化实施方案(2018—2022年)》明确提出：“构建全社会协同育人机制，加强学校教育、家庭教育、社会教育有机结合。”“探索建立学校、单位、教师和家长参与的课后服务体系。”

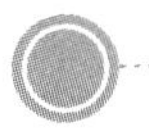
案例2-3-1

孝感市政府主导织就未成年人“保护网”

2022年6月24日，孝感市委办公室、市政府办公室印发《关于调整孝感市未成年人保护工作领导小组的通知》，构建了由市领导任正副组长的高规格未成年人保护工作领导协调机制。这是孝感市高度重视未成年人保护工作的一个缩影。目前，孝感市已形成家庭、学校、社会共管共育的未成年人保护工作体系，筑牢“家庭、学校、社会、政府、网络、司法”六道防线：政府和社会共同织密大保护“兜底网”，学校和家庭联手拓宽大保护“护城河”，家校合力共同发挥“主阵地”作用，网络监管和司法保护为未成年人拓宽“隔离带”、穿上“软猬甲”，群策策力，保障未成年人合法权益。

——资料来源：孝感日报 2022-06-24(01)

2021年5月1日，《湖北省家庭教育促进条例》颁布，提出要联合政府、学校、家庭、社会共同为家庭教育划出“托底式”的服务，解决传统式“棍棒之下出孝子”等家教观念。重点强调，家长是孩子的第一任老师，是家庭教育的主要责任人和实施者，要突出家长的教育责任，以及家长陪伴孩子的责任，将家庭教育纳入公共服务，在社区建立家庭教育学校，组织家长学习如何履行家庭教育的义务和责任。同时，还要求学校教师进入孩子家庭对家长进行指导，提高家长对家庭教育的意识，负担起教育孩子的责任。

2021年11月23日，省政府印发《湖北省教育事业发展“十四五”规划》(以下简称《规划》)，提出“健全学校家庭社会协同育人机制”，要求强化学校教育与家庭教育、社会教育有效衔接；构建覆盖城乡的家庭教育指导服务体系，完善中小学家访制度；强化教育、宣传、文化、体育、民政、共青团、妇联等部门协同配合，构建全社会协同育人格局。《规划》进一步明确了校家社协同的内容和方式，提出“家庭、学校、社会协同加强中小学生作业、睡眠、手机、读物、体质等五项管理，促进学生健康成长”，同时对统筹各种社会资源，为学校开展教育活动提供场所、设施和便利条件，推动公共场所免费或优惠向学生开放，全面落实“双减”政策等作出规定。《规划》的出台，为湖北深入推进校家社协同进一步指明了方向和路径。

2. 职能部门协调配合，健全工作机制

2022年8月，省妇联、省教育厅等14家单位联合印发了《湖北省家庭教育指导服务“十四五”规划》，把健全学校家庭社会协同育人机制作为今后一个时期家庭教育的根本目标之一，并将“构建全链条的家校社协同育人机制”作为一项重点任务进行了专门部署，进一步明确了协调机制，提出要健全协同育人工作协调机制和沟通衔接机制,加强统筹规划和资源整合,形成学校、家庭、社会协同育人合力;鼓励社区探索建立各具特色的家校社沟通平台,把学校、社会丰富的教育资源链接起来,为家长提供优质指导服务。

案例2-3-2

"家爱学院"助你科学带娃

"家爱学院"是湖北省妇联联合湖北省教育厅、华中师范大学家庭教育学院、湖北省家庭教育研究会精心打造的湖北网上家长学校。"家爱学院"从疫情肆虐的2020年3月份上线,从"特殊时期的特别家教课"起步,每周六上午10:00定期推送一堂家教课,邀请省内外知名家庭教育专家授课,普及科学的家庭教育理念、知识和方法,增进家庭幸福和社会和谐。2022年,"家爱学院"依托华中师范大学家庭教育学院的专业力量,推出涵盖0-18岁全年龄段的家庭教育指导课程,分别从优秀传统文化传承与家庭、家庭法律与公共政策、家庭资源管理、教养效能提升、儿童全面发展等方面开发系列课程,受到了广大家长的青睐。

——资料来源:湖北省妇联官网 2022-07-29

2023年2月,省委教育工委、省教育厅印发《2023年工作要点》,明确了2023年湖北教育"十大行动","家校社协同育人行动"位列其中。该行动的目的主要是通过健全学校积极主导、家庭主动尽责、社会有效支持的协同育人机制,促进学生全面发展、健康成长。为达到目的,制定了七条任务举措,比如,开展全省青少年阅读活动、开展全省党员教师家校协同行动、防范中小学生欺凌、防范中小学生溺水、加强学生心理健康教育、加强体教融合等,各方尽力,形成合力。

案例2-3-3

恩施:"家校社"协同育人 共绘教育"同心圆"

为健全校家社协同育人机制,实现立德树人和教育高质量发展的目标,湖北民族大学附属小学举行2023年春"'家校社'共育人'争五星'助成长"主题家长学校活动。活动特邀所在社区党总支书记、社区主任参加。活动选举产生了新一届校级家委会,共同为学校发展建言献策,让家校共育之路行稳致远。所在社区党总支书记表示,社区会积极开发高质量的教育公共资源,为家庭教育、家庭研学提供更多场地、设施,护航孩子健康成长。

——资料来源:湖北日报 2023-02-21(04)

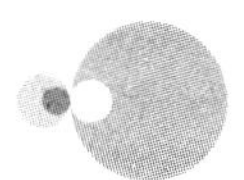

通过省级统筹部署，各市（州）积极推动校家社协同育人体制机制构建。尤其是疫情期间，湖北全面启动学生居家网课教育模式，学校、教师、家长充分沟通协同，全力配合学生成长，圆满完成了教育任务，为健全完善校家社协同教育模式提供了实践经验。

3. 科研机构多方助力，提供专业支撑

湖北省教科院围绕校家社协同育人行动，深入开展青少年阅读活动和心理健康教育研究，主要做了三方面工作。一是在赤壁市举办了全省整本书阅读教学研讨会。现场观摩近 800 人，《中国教师报》"课改中国行"通过网络平台向全国展播，在线观摩人数超过 100 万人。二是开展了中小学阅读现状大调研。先后到 8 个市（州）32 所中小学，召开教师和学生座谈会 64 场，参与座谈人数近 800 名；线上同步调研 17 个市（州）452 所中小学，参与问卷学生 15.4944 万人、家长 16.7564 万人、语文教师 7970 人、校长 769 人。三是研制了省域中小学"书香校园"建设的评价标准与评分细则，开展了省域推进中小学"书香校园"建设的机制与途径研究，形成了"书香校园"建设标准、阅读课程体系、教师阅读培训机制、教师交流激励机制、家校社读书联动工作机制、"书香校园"建设实施办法等六大成果。

在开展青少年心理健康教育研究方面，省教科院在全省选取了小学 4—6 年级、初中 1—2 年级、高中 1—2 年级学生为测试对象开展心理健康测评，全省 17 个市（州）65 所学校参与了本次测评活动，参与学生人数 46204 人。省教科院在测评前深入学校开展调研，慎重遴选测评工具，精心组织测评活动。运用这些测评数据，精准发现隐患问题，研究有针对性的预防和干预举措，提出决策建议，形成了健康教育、监测预警、咨询服务、干预处置"四位一体"的学生心理健康工作体系，促进了学生身心健康发展。

案例2-3-4

湖北黄冈开展关爱青少年心理健康"守护行动"

为贯彻落实教育部等十三部门印发的《关于健全学校家庭社会协同育人机制的意见》精神，黄冈市关工委、团市委、市教育局、市卫健委、市民政局、市妇联等单位印发《关于在全市开展关爱青少年心理健康"守护行动"的通知》，着力构建"早发现、早预警、早干预、早治疗"的青少年心理健康关爱服务工作格局；强调要加强青少年心理健康知识普及，加强青少年心理健康关爱服务平台建设，强化青少年心理健康教育专业队伍力量，及时关注困境青少年心理健康问题，积极营造呵护青少年心理健康的学校、家庭和社会环境，积极培养孩子健康人格和良好行为习惯。

——资料来源：中国关心下一代工作委员会官网 2023-04-06

四、湖北校家社协同育人存在的问题及原因分析

健全校家社协同育人机制,全面构建协同育人新格局,是重构教育生态的战略选择和重要任务。近年来,湖北积极探索推进校家社协同育人,取得了明显成效,但还存在理念还未深入人心、机制还不够健全、条件保障不够到位、整体发展不够均衡等突出问题。

1. 协同育人理念未深入人心

主要表现为学校、家庭、社会三方定位不明确、职责不清晰,导致育人主体间存在错位、缺位、越位、偏位等现象。比如,一些学校认为学校的育人职责只在校内,缺少对家庭教育的有效沟通和指导;一些家长认为教育就是学校的事情,育人是教师的责任,忽视了家庭教育在育人过程中的重要作用;社会整体育人氛围有待改善,一些商业培训机构盈利化倾向严重,过度贩卖焦虑。

2. 协同育人机制不够健全

校家社协同育人涉及多个部门,需要建设完善的管理运行机制进行统筹规划,保障工作协调、有序开展。湖北尚未出台校家社协同育人的专门政策,对各部门之间职能定位、协调机制等无明确规定。同时,由于各部门协调机制未有效建立,在教育资源整合方面也存在一定阻碍。

3. 协同育人条件保障不够到位

主要体现在协同育人理论支撑不足、专业队伍建设不到位、缺少相应经费支持等方面。比如,据不完全统计,知网已发表的校家社协同研究文章中,作者为湖北学校或湖北教育科研机构的不多,暂无以湖北某地或某校为例进行的校家社协同育人实证研究。

4. 协同育人整体发展不够均衡

当前,湖北无论是学校教育、家庭教育、社会教育还是校家社协同育人都存在明显的地区差异和群体差异,尤其是在边远农村地区和贫困地区,协同育人起步晚、发展不完善,农村留守儿童、进城务工人员随迁子女、城市贫困家庭儿童、重病重残儿童等特殊群体在家庭教育和协同育人中严重缺位,且缺乏有力的条件保障和政策支持。

五、深入推进湖北校家社协同育人的策略建议

构建校家社协同育人格局,"育人"是核心、"协同"是关键、"机制"是保障。学校要充分发挥主导作用,家长要履行好家庭教育中的主体责任,社会要提供全面有效支持,实现育人主体间的协同合作,切实增强育人合力。

1. 推动校家社明确共同的育人理念和目标

正确的教育理念是开展教育活动、进行教育行为的前提条件。而育人目标决定了育人的发展方向,有共同的育人目标是校家社协同育人的前提基础。近年来,校家社协同育人成为我国全面推进教育高质量发展的重要战略举措,各地积极探索推进校家社协同育人的实践取得显著成效,这些成效的取得,其前提无一例外是三方有共同的育人理念和目标。因此,构建协同育人格局,首先要确立校家社协同的育人理念,增强全体社会成员的认同感。要通过多种途径,广泛宣传校家社协同育人理念,助力全体社会成员树立课内教育与课外教育、校内教育与校外教育同等重要的意识,树立校家社协同配合、共同育人的理念。其次,要坚持育人为本这一首要工作原则,遵循学生成长规律和教育规律,深入落实"双减"政策,大力发展素质教育,推动互信互助的协同育人共同体的形成。只有学校、家庭、社会三方聚焦促进学生全面健康成长这一核心愿景,形成相互支持、相互促进的良性互动,才能为实施素质教育创造良好的学校生态、家庭氛围和社会环境,推动教育的高质量发展。

2. 建立健全校家社协同育人的体制和机制

制度是管根本、管长远的。推进校家社协同育人,必须健全体制、机制、制度。一是健全领导体制,加强党的领导。将强化党委领导、政府统筹,纳入重要工作日程。二是健全工作机制,明确各方面工作职责。明确政府、教育、共青团、妇联,以及其他有关部门校家社协同育人的具体职责。健全具体可行的合作细则,将家庭志愿活动、社会实践活动纳入育人环节管理,提高家庭、社会参与育人的积极性、参与度和针对性。三是健全工作机构,强化工作落实。建立一系列工作机构、专业平台,如建立学校家庭教育指导委员会、学校家长委员会等。四是健全工作制度,强化制度保障。如落实家访制度,建立学校开放日、家长接待日等制度。五是健全评价机制,强化职责落实。将校家社协同育人工作成效纳入政府履行教育职责评价和教育质量评价重要内容,纳入文明创建活动、未成年人思想道德建设和未成年人保护工作考核体系。

3. 促进校家社三方履行各自的职能和职责

长期以来,我国学校教育、家庭教育、社会教育之间存在界限不清、职责不明的问题。明确学校、家庭、社会的育人职责,促进三方各展优势、密切配合,形成相互支持、相互促进的良性互动,切实增强育人合力,是健全协同育人机制,推动教育高质量发展的关键。一是学校要充分发挥协同育人主导作用。各级学校要强化自身的育人主阵地作用,认真履行教育教学职责;要与家庭保持常态化密切联系,及时沟通学生情况,做好家庭教育指导服务,切实提升家庭教育专业化水平。

二是家长要切实履行家庭教育主体责任。要强化家庭是第一个课堂、家长是第一任老师的责任意识，树立科学家庭教育观念，切实提升育儿水平；要主动协同学校教育和社会教育，积极参加学校组织的家庭教育指导和家校互动活动，充分利用社会实践大课堂的育人功能引导子女体验社会。三是社会要有效支持服务全面育人。社会教育对儿童青少年成长至关重要，要完善社会家庭教育服务体系，在城乡、社区普遍建立家庭教育指导服务站点，推进文化、体育、科技等各类社会资源开放共享，保障社会育人资源利用充分。

4. 加强校家社协同育人资源的统筹和整合

无论学校、家庭还是社会，都蕴含着丰富的教育资源，资源的充分挖掘和有效利用，为构建校家社协同育人格局提供有力支撑和可靠保障。教师要树立综合育人理念，在课堂教学中将丰富的历史资源、红色资源、现实资源与教学实践活动相结合，与时俱进，用好新技术、新手段，丰富课堂教学内容和形式。家庭教育中，除了要充分挖掘家庭教育的显性资源，还要注重好的家风家训、家庭文化以及父母言传身教、观念行为等隐性教育资源的利用。社会作为育人大课堂，要统筹融合各种资源参与到育人实践中。比如，强化社区社会教育职责，社区要面向中小学生积极开展各种公益性课外实践活动；强化各类公益性社会实践和教育基地社会教育职责，要求各类教育研学实践基地，以及图书馆、博物馆、文化馆、非遗馆、美术馆、纪念馆、科技馆、演出场馆、体育场馆、国家公园、青少年宫、儿童活动中心等，面向中小学生及学龄前儿童免费或优惠开放；强化文化出版部门社会教育职责，鼓励支持社会有关方面提供寓教于乐的优秀儿童文化精品；净化社会育人环境，着力打造有利于青少年健康成长的清朗社会文化及良好网络生态。

参考文献：

[1] 边玉芳. 推动学校家庭社会协同育人的重要行动指南[N]. 中国教育报，2023-01-19(02).

[2] 齐小军. 健全学校家庭社会协同育人机制[N]. 中国教育报，2023-03-23(07).

[3] 高诚. 新时代家庭教育需发生三大转变[N]. 中国教育报，2022-12-11(04).

[4] 王飞. 上好社会素养课 走好进入社会第一步[N]. 中国教育报，2022-12-22(02).

（本节执笔人：孙晓敏）

第三章　整体提升基础教育质量

2022年，高质量是贯穿基础教育领域的主线，也是改革发展的内核。湖北基础教育战线稳中求进抓落实，接续奋斗写新篇，先后出台了学前教育、普通高中教育及特殊教育发展提升计划，中小学校党组织领导的校长负责制等一系列重要政策措施，深入推进"双减"、县域教联体建设等一系列重大改革举措，推动实施了"万个公办幼儿园学位扩充"、校园安全"两防两加强"等一系列项目工程实事，缓解了大班额、"入园难入园贵"等群众急难愁盼的突出问题，各项工作实现了新提升、取得了新成效，全省基础教育发展动能更强、根基更稳、质量更高。

第一节　推进县域教联体建设

"县域教联体"是县域内教育联合发展共同体的简称。推进教联体建设是国家政策倡导的"建设城乡学校共同体"要求在湖北的生动实践，是湖北省委倡导的"共同缔造"理念在教育领域的重大行动。自2022年6月省第十二次党代会作出"大力推动教联体、医联体等建设"的战略部署以来，各地聚焦农村和薄弱学校质量提升，通过以县域内优质学校为核心学校，采取"大校联小校""强校联弱校""城镇学校联农村学校"等方式，与农村学校、薄弱学校或新建学校联合办学，建立完善教联体内部治理共融共生、教师队伍共用共管、教学资源共建共享、建设成效共测共评、家校社共谋共治、条件保障共促共进等"六项机制"，引发了教育领域一场系统化、格局化的变革。

一、县域教联体建设的源头演进及主要特征

教联体实质上是校际间的联盟办学，源起于20世纪90年代的"名校办民校"，移植于职业教育集团化办学经验，逐步演化而来。通过将一所名校和若干所非名校(农村校、薄弱校、新建校等)就近"捆绑"成为一个教育共同体，发挥名校优质教育资源的引领辐射作用，以推进区域教育优质均衡发展，带动教育整体水平的提

升。经过近30年的探索,基础教育领域集团化办学的演进过程可划分为创建期、发展期、深化期和提升期。

1. 创建期(1985—2004年):政府引导,集团雏形生成

基础教育集团化办学是在国家政策引导和市场推动下初步探索的成果。1985年5月,中共中央印发《关于教育体制改革的决定》,这是改革开放以后教育领域第一个具有里程碑意义的文件,强调要从根本上改变我国教育事业的落后状况,必须从教育体制入手,有系统地进行改革。1986年7月1日,《义务教育法》正式实施,强调促进义务教育均衡发展,改善薄弱学校办学条件,保障农村地区、民族地区实施义务教育。1992年6月,中共中央、国务院颁布《关于加快发展第三产业的决定》,教育被定义为第三产业,要求增加教育民间资本,借助职业教育集团化办学的改革经验,为更好地促进教育均衡发展而谋求办学模式创新。1999年,杭州市率先尝试集团化发展路径,初步探索由一所名校牵头和若干所非名校(农校、弱校、新校、民校等)组建教育集团。2004年3月,国务院转发教育部《2003—2007年教育振兴行动计划》,提出"改革教育投入体制,重点支持民办教育持续健康协调快速发展",以填补教育经费空缺,形成公办校和民办校互帮互学、平等竞争、协同发展的新格局。这一时期,出现了"公办校办民校、名校办分校"的形式,集团化办学雏形逐步生成。而基础教育领域集团化办学雏形主要集中在民办教育领域,主要是改革教育单纯依靠政府投入的"一条腿"办学格局,增加民间教育投入,以弥补办学经费的不足。同时,将优势资源校的名称、标识、设备、师资、课程、组织机构等嫁接给民校或分校,将优势资源校的先进思想、办学理念、成熟经验、品牌价值移植到民校或分校,形成"母子"传承创新的关系,扩大优质教育资源总量,一定程度上缓解了教育资源供求关系紧张的状况。

2. 发展期(2005—2012年):市场驱动,办学模式多样

教育失衡包含供需结构失衡、区域发展失衡和调节机制失衡。为解决供需结构失衡,2005年5月,教育部印发《关于进一步推进义务教育均衡发展的若干意见》,提出"要缩小各校在办学条件上的差距,采取与薄弱学校整合、重组、资源共享等方式发挥优质公办校的辐射、带动作用,促进薄弱学校的改造",首次在部分省市试行集团办学模式,以缓解供需矛盾、平衡供需关系。2010年1月,教育部印发《关于贯彻落实科学发展观进一步推进义务教育均衡发展的意见》指出:"力争在2012年实现区域内义务教育初步均衡,到2020年实现区域内义务教育基本均衡,共享优质教育资源,加快改造薄弱学校。"这一目标成为集团化办学发展的催化剂,促使各省市积极进行集团化办学改革试点,将教育体制改革实践逐步完善。2010年7月,国务院发布《国家中长期教育改革和发展规划纲要(2010－2020

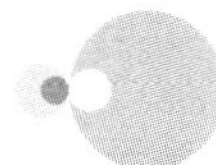

年）》，提出各地可从实际出发，开展公办学校联合办学、委托管理等试验，探索多种形式，提高办学水平。2012年9月，国务院印发《关于深入推进义务教育均衡发展的意见》，提出“建立学校联盟，探索集团化办学，提倡对口帮扶，实施学区化管理”，初次在义务教育领域确立“集团化办学”概念。这一时期，集团化形态在协调多方矛盾和统筹改革发展中悄然生长。各地出现了借力优势资源校和优势资源区的教育品牌和教育力量，改造并优化弱势资源校和弱势资源区的学校共同体，集团化办学模式呈现出多样化的趋势。比如，成都的“全域成都教育”、上海的“委托管理”及学区化集团化、杭州的“名校集团化”、北京的“城乡学校一体化”等，通过政府统筹安排，派出优势资源校的管理和教学团队帮扶农村学校和薄弱学校，促进优势资源校和优势资源区的师资向弱势资源校和弱势资源区流动，成为推进义务教育县域基本均衡发展的重要举措。

3. 深化期（2013—2020年）：多方协作，集团扩张加剧

集团化办学初见成效后，引起了社会广泛关注，各省市积极扩大集团化办学覆盖面，掀起“集团化办学热”。2013年11月，中共中央发布《关于全面深化改革若干重大问题的决定》，确立共享信息化和推进学校办学自主化的发展趋势，为集团化发展建构了交流纽带。在此期间，许多省市开始探索名校集团化。如，2013年长沙市在《关于开展“转作风、解难题、抓关键、见实效”专项活动的实施方案》中提出“对口支援、名校带动、名师引领、捆绑发展”等措施，丰富集团成员。随着集团成员数量的增多，2015年教育部提出要缩小名牌校与普通校之间的发展差距，为集团化办学创新发展奠定了基础。2016年7月，国务院印发《关于统筹推进县域内城乡义务教育一体化改革发展的若干意见》，明确了集团化办学的目标、模式、领域，办学范围逐步向农村等薄弱领域拓展，这一举措成为集团化办学的“加速剂”。2017年9月，中共中央办公厅、国务院办公厅印发《关于深化教育体制机制改革的意见》，提出“试行学区化管理，探索集团化办学，采取委托管理、强校带弱校、学校联盟、九年一贯制等灵活多样的办学形式”。办学活力在政府推动和市场支持下被激发，集团扩张规模加剧。名校在响应政府号召、落实相关政策时，形成扩大品牌效应和提升社会声望的需求驱动，集团校成为部分省市追求短期高效的“速成体”。比如，杭州市一夜之间出现8个教育集团，长沙市2014—2019年加入集团化办学的学校达80所。

4. 提升期（2020年至今）：融合共生，质量整体提升

随着全面小康社会的建成，我国开启全面建设社会主义现代化国家的新征程。这一时期，城镇化水平不断提高，城乡一体化加速推进，县域义务教育基本均衡全面实现，城乡学校差距逐步缩小，即使在乡村也出现了许多“小而美”“小而优”的学校。先前通过“强政府”行为推进的集团化办学，一方面，通过规模化办学，增强了集团内部成员的竞争优势，提高了教育管理的标准化和专业化程度；另一方面，由于优质校与弱势校的非对等地位，优质校在合作中的优势地位逐渐增强，容易出现合作中的“霸权”现象。同时，随着合作的深入，片面强调集团内部“共同愿景”、保持集团内部行动的“和谐一致”容易让学校走向同质化，最终失去发展的活力。于是，城乡携手、深度融合、和谐共生成为新的需求和趋势，区域紧密型的教育联合发展共同体应运而生。2020年9月，教育部等八部门印发《关于进一步激发中小学办学活力的若干意见》，提出“深入推进学校办学机制改革，积极推进集团化办学、学区化治理，统筹学校间干部配备，推动优秀教师交流，完善联合教研制度，带动薄弱学校提高管理水平，促进新优质学校成长，不断扩大优质教育资源，整体提高学校办学质量”。2021年11月，教育部办公厅印发《关于开展县域义务教育优质均衡创建工作的通知》，要求推进县域内城乡义务教育一体化发展，科学合理布局城乡学校，全面解决“城镇挤、乡村弱”问题，着力提高薄弱学校、乡村学校办学质量，切实办好每一所学校、教好每一名学生。2022年5月，中共中央办公厅、国务院办公厅印发《乡村建设行动实施方案》，提出“优先规划、持续改善农村义务教育学校基本办学条件，支持建设城乡学校共同体”。2022年6月，教育部办公厅印发《关于贯彻落实乡村建设行动实施方案有关重点任务的通知》，要求全面推进城乡学校共同体建设，切实发挥集团化办学作用，健全城乡学校帮扶激励机制。2022年11月，党的二十大报告提出，加快义务教育优质均衡发展和城乡一体化，优化区域教育资源配置。各地积极响应国家号召，通过组织推动的方式成立城乡教育联合发展共同体，通过引入异质共同体参与有序的、健康的竞争，追求不同质学校之间的共存共荣、共建共享，促进不同地区、每一所学校、每一位学生的特色发展。各地叫法不同，但组建方式、达成目标差不多。有的叫“联合体”，比如，上海桃浦的基础教育协同发展联合体，广西高校与基础教育组建的教育联合体，广东在粤港澳大湾区打造职业教育联合体，陕西、湖南推行的城乡教育联合体；有的叫“教联(共)体”，比如，浙江推行的新时代城乡义务教育共同体建设(简称“教共体”)，四川、宁夏推行的城乡学校共同体，湖北推行的县域教育联合发展共同体(简称“教联体”)；有的叫“集群建设”，比如，四川德阳推行的义务教育阶段学校优质教育集群建设。

这四个阶段都是围绕扩大优质教育资源总量、优化优质教育资源配置展开，也就是先“做大蛋糕”，再“分好蛋糕”，持续解决“有没有”“够不够”“好不好”“均不均”的迭代升级问题，促进优质教育资源的裂变和蝶变，让区域内每一所学校都拥有持续生长的力量，从而实现区域内教育“优质均衡、富有特色、充满生机、和谐有序”地发展。

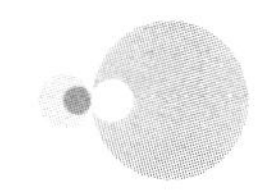

表 3-1-1　国家关于集团化办学的相关政策

序号	政策文件	主要内容
1	1985年5月27日，中共中央发布《关于教育体制改革的决定》	要从根本上改变我国教育事业的落后状况和教育体制的弊端，必须从教育体制入手，有系统地进行改革
2	1986年7月1日，《中华人民共和国义务教育法》正式施行	国务院和县级以上地方人民政府应当合理配置教育资源，促进义务教育均衡发展，改善薄弱学校的办学条件，并采取措施，保障农村地区、民族地区实施义务教育，保障家庭经济困难的和残疾的适龄儿童、少年接受义务教育
3	1992年6月16日，中共中央、国务院颁布《关于加快发展第三产业的决定》	教育作为第三产业，要增加教育民间资本，借助职业教育集团化办学的改革经验，为促进教育均衡发展而谋求创新型办学模式
4	2004年3月3日，国务院转发教育部《2003—2007年教育振兴行动计划》	改革教育投入体制，重点支持民办教育持续健康协调快速发展
5	2005年5月25日，教育部《关于进一步推进义务教育均衡发展的若干意见》(教基〔2005〕9号)	要缩小各校在办学条件上的差距，采取与薄弱学校整合、重组、资源共享等方式发挥优质公办校的辐射、带动作用，促进薄弱学校的改造
6	2010年1月4日，教育部《关于贯彻落实科学发展观 进一步推进义务教育均衡发展的意见》(教基一〔2010〕1号)	以适龄儿童少年接受更加公平更高质量的义务教育为目标，合理配置教育资源，不断提高保障水平，大力推进素质教育
7	2010年7月29日，国务院颁发《国家中长期教育改革和发展规划纲要(2010—2020年)》	深化公办学校办学体制改革，积极鼓励行业、企业等社会力量参与公办学校办学，扶持薄弱学校发展，扩大优质教育资源，增强办学活力，提高办学效益。各地可从实际出发，开展公办学校联合办学、委托管理等试验，探索多种形式，提高办学水平
8	2012年9月5日，国务院《关于深入推进义务教育均衡发展的意见》(国发〔2012〕48号)	发挥优质学校的辐射带动作用，鼓励建立学校联盟，探索集团化办学，提倡对口帮扶，实施学区化管理，整体提升学校办学水平
9	2013年11月12日，中共中央发布《关于全面深化改革若干重大问题的决定》	构建利用信息化手段扩大优质教育资源覆盖面的有效机制，逐步缩小区域、城乡、校际差距。统筹城乡义务教育资源均衡配置

续表

序号	政策文件	主要内容
10	2016年7月2日,国务院《关于统筹推进县域内城乡义务教育一体化改革发展的若干意见》(国发〔2016〕40号)	明确了集团化办学的目标、模式、领域,要求统筹城乡师资配置,着力解决乡村教师结构性缺员和城镇师资不足的问题
11	2017年3月1日,国务院发布《国家教育事业发展"十三五"规划》	推广集团化办学、强校带弱校、委托管理、学区制管理、学校联盟、九年一贯制学校等办学形式,加速扩大优质教育资源覆盖面,大力提升乡村及薄弱地区义务教育质量,促进义务教育均衡优质发展
12	2017年9月24日,中共中央办公厅、国务院办公厅印发《关于深化教育体制机制改革的意见》	试行学区化管理,探索集团化办学,采取委托管理、强校带弱校、学校联盟、九年一贯制等灵活多样的办学形式
13	2018年4月25日,国务院办公厅《关于全面加强乡村小规模学校和乡镇寄宿制学校建设的指导意见》(国办发〔2018〕27号)	强化乡镇中心学校统筹、辐射和指导作用,推进乡镇中心学校和同乡镇的小规模学校一体化办学、协同式发展、综合性考评,实行中心学校校长负责制;将中心学校和小规模学校教师作为同一学校的教师"一并定岗、统筹使用、轮流任教"
14	2020年9月15日,教育部等八部门《关于进一步激发中小学办学活力的若干意见》(教基〔2020〕7号)	深入推进学校办学机制改革,积极推进集团化办学、学区化治理,统筹学校间干部配备,推动优秀教师交流,完善联合教研制度,带动薄弱学校提高管理水平,促进新优质学校成长,不断扩大优质教育资源
15	2021年11月25日,教育部办公厅《关于开展县域义务教育优质均衡创建工作的通知》(教基厅函〔2021〕43号)	推进县域内城乡义务教育一体化发展,科学合理布局城乡学校,全面解决"城镇挤、乡村弱"问题,着力提高薄弱学校、乡村学校办学质量,切实办好每一所学校、教好每一名学生
16	2022年5月23日,中共中央办公厅、国务院办公厅印发《乡村建设行动实施方案》	优先规划、持续改善农村义务教育学校基本办学条件,支持建设城乡学校共同体
17	2022年6月25日,教育部办公厅印发《关于贯彻落实乡村建设行动实施方案有关重点任务的通知》	全面推进城乡学校共同体建设,发挥集团化办学作用,健全城乡学校帮扶激励机制

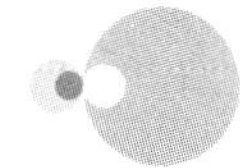

续表

序号	政策文件	主要内容
18	2023年6月13日，中共中央办公厅、国务院办公厅印发《关于构建优质均衡的基本公共教育服务体系的意见》	全面推进城乡学校共同体建设，健全城乡学校帮扶激励机制，确保乡村学校都有城镇学校对口帮扶

二、湖北县域教联体建设的初步探索和成效

正如"风乍起，吹皱一池春水"，湖北各具特色的教联体探索，不仅推动了教育管理体制、学校组织架构、教师人事关系的系统变革，而且促进了教育资源的优化配置、教育要素的合理流动、教研活动的蓬勃开展、数字技术的广泛应用，带来了教育观念的更新、教学方法的创新、教育手段的革新，让教育的面貌焕然一新，是基础教育领域一次历史性变革、系统性重塑、整体性提升。

（一）高层重视，高位推进

1. 加强统筹部署

推进县域教联体建设是湖北省第十二次党代会作出的重要部署，省委主要领导多次研究推动，省委省政府出台的重大政策文件都对教联体建设提出了明确要求。全省流域综合治理、先行区建设、乡村振兴、强县工程等重点工作以及《2023年省政府工作报告》，均将教联体建设纳入重要内容或考核指标。省农业农村厅、省住建厅、省乡村振兴局等部门在谋划和推进强县工程、乡村建设等重大工作时都把教联体建设作为重要内容和抓手。省教育厅党组连续两年把教联体建设作为重大教育改革项目，成立领导小组和工作专班，明确年度重点任务、责任单位，先后举办市（州）局长专题研讨班、党委教育工作领导小组办事机构负责人培训班，召开工作推进会、调度会，定期通报进度，加强研究部署，及时跟踪指导。

2. 坚持试点推动

2022年9月，省教育厅印发《关于推动县域教联体建设提升教育基本公共服务水平的指导意见》，明确了教联体建设的目标原则、建设形态、重点任务、组织实施，要求"2023年底前每个县（市、区）至少建设1个示范性教联体，2024年底前全省县域范围内教联体建设全面推行，2025年底全省80%以上的义务教育学校纳入教联体建设"。2022年10月，省教育厅印发《关于开展省级教联体试点工作的通知》，明确了试点工作目标及原则、试点范围及建设时限和试点实施要求，首批遴选了 89 个省级教联体进行试点,第二批遴选了 100 个省级教联体进行试点,并设立专项资金,采取"以奖代补"形式支持省级试点改革。2023 年 3 月,省教育厅办公室印发《关于推荐湖北省教联体建设专家指导委员会专家人选的通知》,明确了教联体建设专家指导委员会的职责,专家的选聘条件和程序,遴选了首批 35 名专家,主要负责为全省教联体建设提供政策咨询、专业指导与支持服务、理论研究等,并建立了 17 个市(州)分片区联系指导机制,进行对口诊断和指导。截至 2023 年 10 月,全省建设教联体 1398 个,覆盖 3780 所中小学校,占全省义务教育学校的 51%。

表 3-1-2 湖北省关于教联体建设的相关政策文件

序号	政策文件	主要内容
1	2022 年 6 月 18 日,中国共产党湖北省第十二次代表大会报告	以强县工程为抓手,全面推进乡村振兴,推进城乡基本公共服务均等化,大力推动教联体、医联体等建设,引导更多资源、资金、人才向基层倾斜、向农村覆盖,提升农村地区教育、医疗、养老等基本公共服务水平
2	2022 年 9 月 16 日,省委办公厅、省政府办公厅关于印发《湖北省乡村建设行动推进方案的通知》(鄂办发〔2022〕24 号)	完善优质教育资源共建共享机制,大力推进县域教联体建设,到 2025 年全省纳入教联体的义务教育学校占比达到 80%
3	2022 年 9 月 20 日,省教育厅《关于推动县域教联体建设提升教育基本公共服务水平的指导意见》(鄂教基〔2022〕7 号)	2023 年底前每个县(市、区)至少建设 1 个示范性教联体,2024 年底前全省县域范围内教联体建设全面推行,2025 年底全省 80%以上的义务教育学校纳入教联体建设
4	2022 年 10 月 9 日,省教育厅《关于开展省级教联体试点工作的通知》(鄂教基函〔2022〕7 号)	明确了教体试点工作目标及原则、试点范围及建设时限和试点实施要求,计划设立专项资金,采取"以奖代补"形式支持试点建设
5	2022 年 11 月 24 日,省教育厅《关于公布省级教联体试点名单的通知》(鄂教基〔2022〕10 号)	按照"城乡一体、资源下沉、重在农村"的原则,确定了 89 个省级教联体试点名单,要求增强责任感,完善建设方案,加强支持保障,推进试点工作,发挥带动作用
6	2023 年 1 月 19 日,中共湖北省委、湖北省人民政府关于印发《湖北省流域综合治理和统筹发展规划纲要》的通知(鄂发〔2023〕3 号)	推动县域教联体建设,通过"大校联小校""强校联弱校""城镇学校联农村学校"等办学方式,到 2025 年全省 80%以上的义务教育学校纳入县域教联体建设

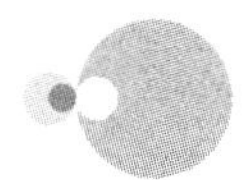

续表

序号	政策文件	主要内容
7	2023年3月10日，省教育厅办公室《关于推荐湖北省教联体建设专家指导委员会专家人选的通知》（鄂教基办函〔2023〕7号）	明确了教联体建设专家指导委员会的职责，专家的选聘条件和程序，主要负责为全省教联体建设提供政策咨询、专业指导与支持服务、理论研究等
8	2023年4月4日，中共湖北省委、湖北省人民政府《关于加快建设全国构建新发展格局先行区的实施意见》（鄂发〔2023〕5号）	加快组建融合型、共建型教联体，推进优质教育资源共享，改善农村办学条件
9	2023年4月12日，省教育厅办公室《关于组建湖北省教联体建设专家指导委员会的通知》（鄂教基办函〔2023〕16号）	遴选了35名省级教联体指导专家，建立了17个市（州）分片区联系指导机制，明确了工作职责和日常管理要求
10	2023年5月19日，中共湖北省委、湖北省人民政府印发《关于推进强县工程的实施方案》的通知（鄂发〔2023〕8号）	加强县域教联体建设。以城镇优质学校为依托，采取“城联乡、强联弱、大联小”等方式，联合县、乡、村学校组建教联体，实现教联体内资源共享、协同发展
11	2023年5月24日，省教育厅《关于公布第二批省级教联体试点名单的通知》（鄂教基函〔2023〕5号）	按照“注重统筹、县域覆盖、义教为主、学段延伸”的原则，确定了第二批100个省级教联体试点名单，并确定团风县、黄梅县开展整县推进教联体建设试点

3. 各地积极行动

各地将教联体建设纳入党委政府层面统筹推进，纳入党委教育工作领导小组和教育工委议事范围，纳入市县政府履行教育职责评价考核，作为重大教育改革项目和“一把手”工程，列入中心工作，制定专项方案，无论是工作站位的高度、推进实施的力度，还是质量保障的程度，都是全新和空前的。一些地方党委政府高度重视，专门听取教联体建设汇报、专题研究教联体建设问题，并纳入重大改革项目，出台有关教联体建设的文件，人大、政协进行专题调研和指导，给予大力支持。

如,恩施州委、州政府召开全州教育工作大会,将教联体建设作为重点工作进行部署安排。黄冈市委主要负责同志逐县调研,进行整体谋划;黄冈市政府印发《推进融合型教联体建设实施方案》,按照"政府主导、学校主体、社会参与"的方式,全域整县推进融合型教联体建设。京山市委教育工作领导小组召开教联体建设工作会议,专题研究《京山市关于加强教联体建设的意见》《京山市教联体建设实施方案》,从加强组织领导、构建制度体系、创新推进措施、落实工作保障等方面搭建"四梁八柱",提供政策支撑、制度保障。黄石西塞山、十堰丹江口等县(市、区)列出专项经费或统筹相关资金予以支持。各地教育部门将教联体建设作为"一把手"工程,列入中心工作,制定实施方案扎实推进,上下联动、横向交流、各方共建的浓厚氛围逐渐形成。一些地方教联体建设取得阶段性成效,一批典型案例和经验做法被《人民日报》《中国教育报》《中国教师报》《湖北日报》《湖北教育》等国家、省主流媒体刊发宣传推广。

4. 及时总结推广

各地适时召开现场推进会,对前期的工作进行总结推广,对存在的困难和问题进行分析研判,对下一步工作进行部署安排。仙桃市教联体建设改革经验被省委深改办《改革简报》刊发;《湖北教育简报》对崇阳县、宜都市、京山市等地经验做法进行总结推广;《湖北教育》杂志开设"教联体建设在行动"专栏,对全省各地的创新实践进行了跟踪报道,推出了一批先进典型。教育部工作简报刊登了湖北教联体建设做法,对湖北教联体建设予以充分肯定。

案例3-1-1

襄阳市召开全市教联体工作现场推进会

8月3日,襄阳市教育局在老河口召开全市教联体工作现场推进会。会议总结了全市教联体建设的初步进展和成效,并对下一步工作进行了安排部署。要求进一步提高认识、突出重点,把准教联体工作方向。教联体建设范围要突出"两为主",以县域和义务教育阶段为主;建设形式突出"1+N",一所学校带若干学校,把握N的数量;建设程序突出"上+下",做好行政引领、指导和基层意见的汇总、梳理;工作任务突出"六重点",实现内部治理共荣共生,教师队伍共用共管,教学资源共建共享,建设成效共测共评,家校社共谋共治,条件保障共促共进;工作节奏突出"质与效",尽快实现县域内全覆盖,在现有目标上再突破。

——资料来源:襄阳市教育局官网 2023-08-04

（二）模式多样，形式多彩

目前，在各地的探索中出现了多种形式、各具特色的教联体。大都以组织推动的方式，以学校自愿为基础，以“优质校＋”方式，按学段“合并同类项”，综合考虑地理位置远近组建，总体上可分融合型、共建型、特色协作型、混合型和智库嫁接型等。

1. 融合型教联体

主要采取“本部＋校区（分校）”的方式，由一所优质学校带几个校区（分校），由一个法人统管，总校向各校区选派执行校长，其他管理干部和教师队伍无障碍调配，人事、经费、资产、教学、资源配置、考核评价实行一体化管理。各成员学校之间共享品牌名称和校内教育资源，并全面进行成员学校间的合作研讨及教学设计，推动校际资源的分享和优势互补。这种建设模式主要有三个方面特点：首先，只有一个法人，所属成员校的校长仅仅承担学校具体教育教学管理的职责；其次，只有一个决策中心，由一个决策机构来行使决策权，各个校区是具体实施者，根据教联体的决策意见，在自己的范围内贯彻落实；再次，只有一套管理体系，即教联体有一套层级清晰、分工明确的管理体系，包括管理制度、岗位职责等，资源统一调配，即教联体对所属学校的资源拥有所有权，可以统一调配使用，使得各学校的资源得到最大程度的共享。这种紧密共享的管理模式，对实现一体化办学具有明显优势，教育资源可在教联体内进行灵活分配，优质学校的教育理念、教学方法、教学研究等都能快速触达各成员校，有利于教联体的整体实力提升。

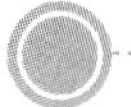
案例3-1-2

武穴市大金镇组建融合型教联体让乡村教育面貌一新

武穴市大金镇小学融合型教联体采取“名校＋弱校＋村校＋新校”的方式，发挥大金镇中心小学的龙头作用，统筹管理区域内所有小学，实行一个法人的总校长负责制，教师、经费、资源统筹调配，教学、教研、培训集中管理，达到了“大校消肿弱校增容、老校减负新校壮大、镇小提劲村小焕新”的目的，实现了乡村小学各有特色的齐步走，重构了乡村教育生态，让整个乡村教育面貌焕然一新。

——资料来源：《湖北教育》2023年第4期

2. 共建型教联体

主要是由一所优质学校牵头，与若干所学校采取委托管理、集团化、名校办分校、联盟校等形式联合办学，联体内各学校都是平等的法人，通过建立共同章程，制定统一规划，实行“资源共享、管理共进、教学共研、文化共生”的管理模式，达到“优势互补、资源共享、共同进步”的目的。这种建设模式有四个方面特点：一是多个法人并存。牵头学校和成员学校的校长都是各自的独立法人，各学校的管理机构关系不变，人、财、物、事都是独立运作的，牵头学校与成员学校之间是指导与被指导的关系。二是只有一个协调机构。这个机构由所有成员学校的校长构成，按照教联体章程，定期召开会议，讨论决定一定时间内的工作重点和计划，并制定相应的执行与监督制度，以保证各学校的办学思想和管理方式能够很好地结合起来。三是各学校的办学与发展由各校自行负责。各成员校同时拥有自己的决策结构，对学校的发展进行决策。这样可以更好地协调各学校之间的关系，更好地发挥牵头学校的领导功能，从而推动各学校特色化发展。四是资源不统一管理。共享仅限于各学校之间的合作，如骨干优秀教师的交流轮岗、有限的教育设备出租、分享教育教学教研成果等。

案例3-1-3

谷城县以城区为带动组建共建型教联体

谷城县对县域教育资源进行整合，将县直初中、小学纳入大城关管理体系，以银城大道为分界线，分城东与城西两片区，以共建型为主要类型，义务教育阶段组建 4 个教联体，学前教育组建 2 个教联体，全县 12 所义务教育学校、4 所幼儿园纳入教联体建设范畴。同时，将谷城二中与谷城中职学校整合，实行职普融通。

——资料来源：根据襄阳市教联体建设推进会材料整理 2023-08-03

3. 特色协作型教联体

主要是基于体、音、美、劳、信息技术、综合实践、生态环保等特色课程，由教育科研部门或一所核心学校牵头，若干特色学校结成联盟，通过线上线下多种形式的联合教研、项目协作、活动开展，由教育科研部门或核心学校对成员学校在业务上给予引领、指导和帮扶，实行“愿景协同、机制协同、研训协同、教学协同、项目协同”的协作模式，传承弘扬已有特色，凝练光大新的特色。比如，荆州市教育局在艺考改革的背景下，组建了荆州市特色高中协作型教联体，以荆州市北门中学为核心校，沙市一中、松滋贺炳炎中学、公安车胤中学、石首南岳高中、荆州艺术高中加盟，发挥核心校优质化、创新性、示范性的办学优势，构建“各美其美、各优其优、百花齐放、多元共进”的高中艺术特色教育新生态；竹山县在协作区联体教研的基础上，重点推进“十星级”特色教联体、生态文明特色教联体、足球特色教联体、剪

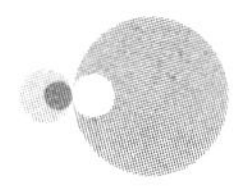

纸特色教联体、皮影戏特色教联体建设，通过开展特色教研活动，推动岗位练兵，实现师资共享、课程共享、成果共享，促进共同提高；随县尚市镇以“全国青少年科学调查体验活动优秀学校”——净明小学为核心校建立科普教联体，联合县内有科普特色的学校开展科普教育活动，促进学校之间科普教育资源共享、交流互动、共同进步，着力提升学生科学素养。

4. 混合型教联体

教联体在建设进程中，根据不同的办学环境、需要和自身发展情况，采用较为灵活的办学方式，即内部有紧密共享的子校，也有疏散独立的合作学校，以达到优质教育资源的最大化。在这样的管理形势下，教联体经常会有组织地、有计划地、有目标地对成员学校的教育、教学和教师的职业发展进行评价和监督，从而确保各成员学校在教育、教学和教师素质上总体保持一致，各校区（分校）更加注重统一协调的独立性，更加注重形成自己的办学特点，实现互惠互助、博采众长、共同成长。还有一种特殊的“垂直复合型教联体”，由 1 所城区优质学校牵头，带动几个乡镇的中心学校，组成一个共建型教联体；乡镇中心学校以镇中心小学或初中牵头，联合乡镇内所有小学或初中，组成融合型教联体。乡镇中心小学或初中既是城乡联合体“1＋N”中的“N”，又是乡镇联合体“1＋N”中的“1”。

案例3-1-4

松滋、枝江组建复合型教联体

松滋市昌荣小学（以抗日英烈严昌荣命名）教联体在昌荣教育集团基础上，由城区名校昌荣小学联合四个乡镇的中心小学组成共建型教联体，又由乡镇中心小学联合片区小学组成融合型教联体。在核心校设立理事会，成立行政服务中心、教育研究中心、教师发展中心、学生成长中心，在章程引领下，实行管理互通、师资互派、研训联动，逐步形成“教学业务管理一体、教师研训活动一体、课程教学资源一体”的办学模式，共同缔造红色昌荣。

枝江市积极创建具有本地特色的“1＋1＋1”教联体模式，即由 1 所城区优质学校牵头，1 所乡镇中心学校和 1 所农村学校为成员校，联盟形成教联体。这种梯队递进式教联体，能够使不同层次学校实现同步优质发展的聚变效应，既不会削峰填谷，避免优质教育资源被挤占，又能使乡镇学校迅速成长，培育更多优质学校。目前，该市成立初中阶段“1＋1＋1”教联体 3 个、小学阶段“1＋1＋1”教联体 5 个，义务教育阶段覆盖率达到 72.7%，同时成立学前教育教联体 5 个。

——资料来源：《湖北教育》2023 年第 4 期

5. 智库嫁接型教联体

由教育科研机构作为牵头单位,采取“科研单位+优质学校+薄弱学校”的形式,由科研机构按照需要帮扶的清单有针对性地制定行动方案,对优质学校先进的办学理念和管理模式进行总结提炼,并嫁接渗透到薄弱学校,使之融合提升;同时,联络优质学校派驻优秀的管理团队和教师团队到薄弱学校进行“组团式”帮扶;争取各级政府支持改善薄弱学校办学条件,促使薄弱学校快速生长,跨越式“脱贫致富”。

案例3-1-5

荆州市“沙梅黄”教联体让薄弱学校快速成长

2022年3月,荆州市政府主要领导在调研公安县黄山头中学办学困境之后,提出了一个十分严肃的问题:如何让农村孩子享受到优质教育?荆州市教育局快速反应,决定由荆州市教科院牵头,沙市区实验中学和公安县梅园中学携手并肩,共同帮扶黄山头中学,组建“沙梅黄”教联体。荆州市教科院在摸清底数、对接需求的基础上,制定帮扶方案,从系统建构办学理念、分步实施校园文化建设、促进管理制度提档升级、有序推进课程改革、组织教师全员培训、科学谋划校园建设等方面加强指导、推动;沙市区实验中学与公安县梅园中学精诚合作,把城区学校好的经验和做法传输给黄山头中学,为黄山头中学持续注入办学的智慧和发展的信心;黄山头中学对好的经验做法,做到智慧加工、合理移植和有效生长。这样,通过“教科院导航、优质校引领、农村校移植、协作体共建”,使黄山头中学在短期内师生面貌有了根本性改观,办学条件有了很显眼的变化,办学品质得到大幅度的提升。

——资料来源:《湖北教育》2023年第4期

目前,各教联体在实施范围和对象上,主要是“六为主”,即以县为主、以义务教育为主、以同区域为主、以同学段为主、以小学为主、以公办学校为主。但也有地方实现了整县全学段推进。比如,宜都市精心制定教育专项发展规划,将教联体建设纳入强县工程,列入乡村振兴战略,融入城乡建设总体规划,共组建了7个融合型教联体,12个共建型教联体(初中、小学、幼儿园、高中分别组建5个、4个、2个、1个),实现了全市各学段全覆盖。也有民办学校组建的,比如,云梦县实验外国语学校和实验外国语小学,云梦恒新学校和城北恒新学校、义堂恒新学校3所九年一贯制学校,分别组成共建型教联体,建立了法人不变、资金单独核算、管理互通、资源互用、活动共享的“联姻”办学模式。也有高校跨单位、跨行业、跨区域组建的。比如,湖北第二师范学院数智化教联体是由湖北第二师范学院新闻与传播学院、人民网、人民数据、人民德育数据中心、人民慕课共同组建,用“互联网+

教育+传播”的数智建设联通教育内外，实现文教联合、体教联合、医教联合、社教联合，推进教育优质化高质量发展，服务区域经济社会发展。

案例3-1-6

黄梅、老河口、竹溪等整县推进教联体建设

黄梅县以城区(含小池滨江新区、龙感湖管理区)1所优质学校为核心学校，通过“城联乡”“强联弱”“大联小”方式，设置了24个融合型教联体，全县106所义务教育公办中小学、32所公办幼儿园全部纳入教联体建设，实现中小学校、幼儿园融合型教联体全面铺开，机构、人员、经费全部调整到位。

老河口市通过“大校联小校”“强校联弱校”“城镇学校联农村学校”等方式，全域全学段推进教联体建设。已组建5个融合型教联体、24个共建型教联体。教联体内通过校际合作与交流，将先进的办学理念、管理模式、优质资源等辐射到各成员学校，提升学校整体办学水平。

竹溪县坚持“以强带弱、以公带民、以城带乡、以大带小”，统筹全部学校、全地域覆盖，全学段推进，全县义务教育阶段成立6个教联体，非义务教育阶段成立1个高中发展共同体、2个学前教育发展共同体，实现了所有学校、各学段全覆盖。

——资料来源：根据《湖北日报》《襄阳日报》《湖北教育》报道整理

（三）健全机制，健康运行

各地正逐步推行人事管理、经费保障、教学课程、资源配置、考核评价等六项共建共管共享机制，全面加强教联体内部建设。

1. 内部治理共融共生

一是发展统一规划。以教联体为单位，制订发展规划，在项目建设、师资配置、经费保障、质量评价等方面统筹安排，共同促进教联体的办学质量和效益的持续提升。二是管理统一实施。在教联体内一体推进人事、教学、安全、财务、后勤管理，保证教联体内师资同盘、教学同步、培训同频、考核一体。三是财务统一结算。建立教联体财务统一预算、结算制度，统筹安排项目建设和资金投入，把有限的资金用在薄弱学校的改造升级上，让一批农村学校焕发出新的光彩。

2. 教师队伍共用共管

省教育厅制定教师队伍交流轮岗政策，实施“群雁”培育计划，鼓励优质学校派出优秀管理人员和骨干教师组团式派驻农村学校、薄弱学校或新建学校任职任

教,其他成员校派出有潜力的管理人员到优质学校跟岗挂职;推动县城义务教育学校新招录教师工作 5 年应到乡村学校交流轮岗,每年到乡村学校交流轮岗的教师中骨干教师不低于 30%;对体育、音乐、美术、信息技术、心理健康等紧缺学科教师实行统一管理、打通使用。一些地方教联体成立教师发展中心,对师资进行统一培养和管理,教师由“学校人”变为“教联体人”,教联体内教师调配和使用效率更高,农村学校、薄弱学校年轻教师快速成长。各地普遍反映,教联体教师交流产生明显的“鲶鱼效应”,校长教师共同发展的意愿更强了。

案例3-1-7

枝江市多渠道提升教联体教师整体素质

枝江市各教联体坚持“一体建设,共同发展”理念,加强教师队伍建设。一是“上派下挂”。教联体内成员学校先后选派 16 名中层以上管理人员到牵头学校跟岗学习,学习优质学校的先进管理经验,拓宽办学治校视野,提高自身管理效能。同时,各牵头学校选派 9 名年轻管理干部到成员学校挂职锻炼,发挥长处,磨砺成长,为成员学校带去新理念、新思路。二是“内引外联”。邀请教联体骨干教师及学科教研员 20 余人,围绕课堂展示、评课议课、专业引领等环节,展现同一教学内容的不同教学实施过程,激发参与教师的智慧碰撞,推动教师间的互研互学、共促共进。三是“以老带新”。开展“青蓝工程”“蒲公英教师”等师徒结对活动,39 对青老教师结为师徒,带动学校团队同研共长。

——资料来源:《湖北教育》2023 年第 4 期

3. 教学资源共建共享

各教联体加强对课程、教学、作业和考试评价等育人关键环节研究,因地制宜采用网络教研、综合教研、主题教研以及集体备课、现场指导、项目研究等方式,提升教研工作的针对性、有效性和吸引力;组织优秀教师共同开发教学设计、微课、教学案例等优质教学资源,定期开展优质课评选、教学基本功展示、听评课、说课等活动;加强课程的统一管理和质量评价,加强对各成员学校课堂教学质量和学生学业水平的统一监测,提高课程建设与实施水平;建立优秀骨干教师送教、走教制度,重点支持薄弱学校、农村学校、偏远学校提升教育教学质量;同步组织文化节、运动会、读书会、研学实践等。联合举办教研活动、学生活动已成常态,有力推动了各成员校校园文化和办学特色的渗透融合,逐步形成“各美其美,美美与共”的建设氛围。

案例3-1-8

枝江、远安、宜都等地教联体实现资源共享

枝江市公园路小学教联体打破校际界限，实现体育美育教师资源共享。远安县鸣凤小学教联体每学期组织优秀教师共同开发教学设计、微课、教学案例等优质教学资源，定期开展教学比武、教学基本功展示、听评课等教研交流活动。宜都市外国语学校教联体积极开展师徒结对、“每月一书”“每月一德”“每周一字”活动，给青年教师提供成长平台。2022年秋季宜都市各教联体校级干部、教师交流轮岗115人，占比20%以上，其中城区有40名骨干教师到农村支教。

——资料来源：中国教育报 2023-06-15(01)

4. 建设成效共测共评

各地探索建立教联体评价机制，将教联体各成员学校发展情况纳入学校绿色质量评价考核内容，实行捆绑式评价，重点考核在资源共建、师资共享、学生共育、质量共赢等方面的成效，以名校带动一般校，实现教联体内学校的质量协同提升，促进优质教育资源的辐射推广与合成再造。做好义务教育质量监测工作，实行“捆绑式”监测评价，倒逼核心校统筹安排教育教学资源，补齐薄弱学校发展短板，促进县域内义务教育优质均衡发展。

案例3-1-9

京山市探索建立教联体评价体系

建立评价标准。组建教联体建设专家指导委员会，围绕学生发展、教师发展、学校发展、社会认可、示范辐射等方面，研制教联体建设评价标准；建立常态化视导诊断机制，加强对教联体建设的指导和监督。

创新考核方式。以教联体为单位，加强对各成员学校课堂教学质量和学生学业水平的统一管理、统一检测和质量评价。组建以教育行政部门、师生、家长为主，以社区、媒体、“两代表一委员”为辅的教联体考核评价团队，分南片、中片、北片、城区进行诊断，实行捆绑结账。

注重结果运用。把教联体成员学校的发展情况作为对核心校负责人年度绩效考核的重要内容，把参与教联体共建作为对成员校主要负责人年度绩效考核的重要内容。教联体评价结果作为干部使用、绩效工资分配、职称评聘、评先评优的重要依据。

——资料来源：《湖北教育》2023年第4期

5. 家校社共谋共治

各地推行“开门办教育”,建立教联体教职工代表大会或教职工全体会议制度,对教联体重要工作和建设项目进行审议。建立教联体对外沟通联系制度,定期听取人大代表、政协委员、基层群众代表的意见建议。建立教联体信息公开制度,重点公开课程设置、教学安排、招生入学、收费项目及标准等信息,保证学生家长及社会公众对学校重要事项的知情权。定期举行“校园开放日”活动,邀请家长、村组(社区)代表等进校园、进课堂、进宿舍,参加学校开学典礼、专题活动,积极宣传党的教育方针政策、办学治校成果。

6. 条件保障共促共进

推进国家智慧教育平台整省试点,全力建设县域教联体管理平台和县级网教协同中心,强化“三个课堂”(专递课堂、名师课堂、名校网络课堂)的常态化应用,聚力提升智慧教育助学、助教、助研、助管、助交流合作等能力,切实扩大优质教育资源的覆盖面。全省在国家中小学智慧教育平台总注册用户达 499 万人、页面总浏览量达 15 亿次,设备活跃数达 2017 万台。

案例3-1-10

湖北部分县市借助数字赋能同上一堂课

崇阳县组建联校网教协同中心,设有 14 间主讲教室,17 名优秀专职音乐、美术教师,通过实时音视频双向互动教学的方式,对 11 个乡镇 28 所农村学校实施联校网教,助力开齐开好音乐、美术等紧缺学科课程。丹江口市土关垭学校推出全国首堂基于 5G 移动通信技术应用的“绿茶采制与茶艺”劳动专递课,土关垭镇小学、土关垭汤湾教学点、十堰市柳林小学、武当山茶园劳动现场、制茶车间炒茶现场 5 个地方的师生同上一节线上课,体验“茶园采茶、车间炒茶、课堂茶艺”,感受中华优秀传统文化魅力。当阳市实验小学教联体运用国家智慧教育平台、宜昌教育云、当阳爱问在线辅导平台等,共享教研资源,实现育人效果最大化。

——资料来源:中国教育报 2023-06-15(01)

(四)成果丰硕,成效显著

通过推动教联体建设,城乡教师资源得到有效整合,城乡教育资源实现优势互补,乡村学校教学质量大幅提升,城区优质学校的择校热、大班额等问题得以缓解,乡村学校生源逐渐回流,乡村学校整体办学水平有效提升,城乡义务教育更加接近优质均衡。

1. 促进了管理体制完善，让梗阻的机制活起来了

“省级统筹，以县为主”的农村义务教育管理体制和“分项目、按比例分担”的经费保障机制自21世纪伊始，已运行了20余年，总体来说比较成熟定型，社会也比较认同、认可，较好地促进了县域义务教育的持续健康发展。但目前乡镇中心学校的管理体制和运行机制问题，成为义务教育多年来没有解决好的“硬伤”。一方面国家制度设计层面已没有乡镇一级教育管理机构，乡镇中心学校的法权属性不明；另一方面取代乡镇教育管理机构的中心学校又客观事实地存在，并实实在在地发挥着管理乡镇一级教育的作用，有的成为办学实体，有的兼具行政和办学双重职能。而且全省各地中心学校的设置、名称、职能、运行和保障五花八门，有其实体而无其名分，乡镇中心学校处于一个非常尴尬的位置，面临身份不明、职责不清、权责不对、体制不顺、运转不畅等诸多问题。推进教联体建设，一些地方撤销了乡镇中心学校，乡镇中心学校的管理人员大部分回归到教育教学一线，乡镇中心学校的资产移交到当地学校，从根本上解决乡镇中心学校的问题，让乡镇一级教育管理机构彻底告别历史舞台。同时，通过城乡配、强弱配、大小配、远近配等形式，突破原有乡镇、学校的限制，分学段将城镇优质学校与乡村学校、薄弱学校、新建学校“捆绑”在一起，组建融合型教联体，由教育局直接管理。各教联体总体上实行“初中管理初中、小学管理小学 、幼儿园管理幼儿园”的扁平化管理，即同学段的城镇优质学校（核心学校）管理乡镇学校。这样，减少了管理层级、降低了管理成本，从根本上解决了乡镇中心学校挤占教师编制、挤占公用经费的问题，让城乡之间、学校之间加强融合，促进资源合理配置和要素合理流动，将整个教育机制盘活做优了。

2. 促进了优质资源共享，让闲置的资源用起来了

组建教联体后，优质资源由“一校独有”变成了“大家共有”，并经过融合集成，产生了原子裂变效应，形成了“1＋1＞2”的效果。一是文化资源共建共享。各成员校共同商议发展愿景，共同确立教育发展理念、办学思想、校园文化、管理制度等，在注入优秀基因的同时增进文化认同。二是教学资源共建共享。各成员校平等地享有教联体内的课堂教学、校本教研、课题研究等方面的教育资源，形成共建共享的合作交流平台，开展集体学习、集体研究、集体备课等。核心校提供理念引领、专业支持和迭代创新，成员校进行移植式、嫁接式、风媒式等多种课程研发，突显学校课程的个性化和品牌打造，通过单向辐射、双向互动、多向轮换等方式实现课程共享。三是名师资源共建共享。通过巩固提升“县管校聘”成果，在教联体内常态化开展交流轮岗、师徒结对、校际教研，教师由“学校人”变为“联体人”，实现优秀教师共享，化解了学校缺编和师资薄弱的矛盾,尤其是体音美等学科师资不足的问题。各校功能教室和实践基地都派上了用场、办学理念和校园文化实现了融合提升,农村学校的孩子享受到了城区优秀教师的课程,各种资源的利用实现了最大化。

3. 促进了办学条件均衡,让校园环境更美了

在教联体内,将联办学校纳入学校建设总体规划,集中财力,统筹安排,加快建设,实现了联体学校教学场地、教学设施、教育装备等形成优质聚集效应,部分教联体内各成员校实现了办学条件大体相当。特别是为解决教联体各成员校物理空间阻隔问题,各地加大加快了教育信息化、数字化、智能化建设,建起了线上巡课系统、集体备课系统、校园安全系统、阅卷评价系统,推进线上同步课堂教学、同步教研活动,促进了“三个课堂”(专递课堂、名师课堂、名校网络课堂)常态化应用,发挥了信息技术在助教、助学、助研、助管、助交流等方面作用,全面提升了联体学校办学条件,为孩子们创造了美好的学习与生活环境,提供了公平优质的教育资源,也为孩子们实现梦想打下了坚实基础。

案例3-1-11

当阳、丹江口、随县等地教联体办学条件大改善

当阳市实验小学教联体由“一校四区”组成,先后为各校区配齐了实验室、学生计算机教室、图书室、音乐室、美术室等功能教室和配套设施,为所有教师配备了办公电脑,各校所有班级全部实现“交互式电子白板”“班班通”和有线、无线网络全覆盖。丹江口市以红旗教育集团、思源教育集团、实验小学等区域名校为主体,建立4个教联体,覆盖城乡学校41所;教联体主体学校借助5G赋能,通过网络学校、网络课程等形式,系统性、全方位地推动优质教育资源共享。随县三河小学先前校园面貌陈旧老化,学生课桌破损严重,12名女教师挤在不足10平方米的楼梯间办公,加入炎帝学校教联体后,学生用上了崭新的课桌椅,师生用上了高大上的智能一体机,教师搬进了宽敞明亮的办公室,用上了崭新的办公桌椅和云电脑,教学效率大大提高。

——资料来源:根据《湖北教育》、人民日报客户端等媒体报道整理

4. 促进了教师专业发展,让“躺平”的教师站起来了

随着城镇化进程的加速推进、人口出生率的降低,很多乡镇只有1所初中、1所小学、1所幼儿园,农村生源严重萎缩,农村教师教学动力不足,千方百计想调走,个别调不走的选择“躺平”;而城区教师编制紧张、工作压力大,职业倦怠严重。

组建教联体后，通过建立城乡教师双向交流机制、优秀教师共享机制、福利待遇同等保障机制，不断提高教师教学能力、教研能力、反思能力，有效促进了教师专业理论水平、课堂教学水平的稳步提升，专业能力得到有效发展，让"躺平"的教师站立起来，让倦怠的教师振作起来，教师队伍的整体活力被激发出来。

案例3-1-12

襄阳、黄石、英山等地教联体教师专业获发展

襄阳市荆州街小学教联体制定名师培养规划和教师校本培训三年规划，依托教联体内三个市级名师工作室，按照"1＋1＋N"(1个隆中名师＋1个卧龙名师＋N个培养对象)模式，以点扩面培育更大体量的名师，促进教联体内青年教师快速成长。2022年秋季以来，50岁以下教师讲公开课和45岁以下教师参加课题研究实现了全覆盖，教学练兵与教学竞赛常态化开展。

黄石市沿湖路小学教联体以"融创启航·和美共生"为发展理念，着力打造"融·创"品牌，每周组织各校区语数外任课教师，参加集中教研活动。教联体全体数学教师每周"相约星期二"，语文教师每周"相约星期三"，英语教师每周"相约星期四"，集中开展"走研思绵绵"系列教研活动、"走教情悠悠"系列走教活动、"走学乐淘淘"系列体验活动。通过优秀教师的展示、分享和交流，提高各校区教育管理效率和教师教学水平。其中，河口中心学校自加入教联体后，一年里获得省级奖的就有4人次、获得市级奖的22人次。

英山县以县实验小学为主体，整合新城小学、莲花小学，组建融合型教联体，实行"师资同盘、教学同步、培训同频、文化同系、考核一体"的办学模式。2023年伊始，教联体在青年教师中开展"一堂优质课、一手粉笔字、一次现场演讲、一次课件制作、一篇应用文写作"的5个项目大比武活动，各校区青年教师全部参加，20名青年教师评上"教学能手"，促进了教师"练内功、提素质"。

——资料来源：根据《湖北教育》、长江云、湖北教育新闻网等媒体报道整理

5. 促进了特色文化传承，让校园书香味更浓了

教联体办学并非简单地贴牌、冠名，而是先进理念的输出与文化的融合。各教联体着眼于学校全面发展，以学校文化建设为着力点，以特色文化为抓手，把立德树人放在首位，坚定文化认同，增强文化自信，着力传承学校特色文化，做到在传承中发展、在发展中增效，有效促进了各成员校和谐、均衡发展。同时各校区原

有特色得到发扬光大,形成溢出效应。许多学校文化布置焕然一新,食堂阅读角、班级图书角等处处充盈书香气息;各种特色主题文化交流活动频繁,学生们像赶集似的穿梭于文化享受中,视野更开阔了。

案例3-1-13

黄冈市实验小学三校共建促进特色文化创新

2022年9月,在黄冈市政府主导下,黄冈市实验小学依托百年办学积淀和优质教师资源,联合黄州区赤壁小学、黄冈市第四小学组建了黄冈市实验小学教联体。经过一年来的共建、共享,各校的文化特色得到了传承创新。黄冈市实验小学以东坡文化启智润心,以校史文化培根铸魂,传承百年红色基因,守正创新,努力办成全国名校。黄州区赤壁小学以家乡传统文化作为校园文化建设的主旋律,以劳动教育为核心的校园综合实践活动颇具特色。黄冈市第四小学以“鸿博文化”为办学特色,在艺术、体育等综合素养特色提升中树立品牌。

——资料来源:中国教育报 2023-06-07(06)

6. 促进了质量整体提升,让群众的口碑更好了

各地通过“强弱配”“大小配”“城乡配”“远近配”,实现了学校空间组合的“物理变化”;通过优秀教师资源的合理配置和常态化的集体教研,实现了师资资源的“裂变效应”和教学效能的“链式反应”;通过学生共享优质课程资源,常态化开展研学实践、劳动实践、体艺竞赛、实践成果展示等活动,促进学生共同成长、多元发展,带动了城乡教育质量的整体提高,产生了内涵品位提升的“化学变化”。广大家长感受到孩子的变化和进步,十分认同教联体建设,对学校和教师的满意度明显提升。团风县城东学校教联体挂牌时,附近群众自发到校门口燃放鞭炮礼花,表达赞赏和喜悦之情。

7. 促进了择校热度消减,让流失的学生回来了

过去,每到新生入学,虽然有“划片就近入学”的要求,但由于优质校、名校的校园环境、设备设施,师资力量等相对优越,其门前人头攒动,络绎不绝;而一般学校就相对冷清了。组建教联体后,统筹规划,均衡建设,资源共享,优质资源的示范辐射和放大效应明显,一些农村学校、薄弱学校办学吸引力不断增强,各校区教育水平、教学质量趋于均衡,极大抑制了择校热的持续升温,一些有转校意向的学生留下了,以前转出的学生又回来了。

案例3-1-14

当阳、鄂州、潜江等地教联体让"择校热"大大降温

当阳市深化实验小学"一校制"改革，建立"两校四区"融合型教联体，主城区玉阳街道辖区农村学生不再择校到城区学校就读，郊区学校、新校区逆向回流学生1175人，全市消除了大班额，100%班级实现标准配额。

鄂州市葛店经开区姚湖小学先前约400名学生只有14名老师。2023年初，实验小学与姚湖小学等3所学校成立融合型教联体，实现"一校四区"，人、财、物统一调度管理，实施城乡教师走教制度，开展城乡学校师徒结对、班级结对、公开课交流等活动。2022年秋季学期，姚湖小学老师增加到29名，学生增加到682名，实验小学在校生从原来的800人上升至1500人。

潜江市村湾小学前身是总口农场江湾中心小学。由于地处偏远、校园设施陈旧、师资力量有限，当地的家长更愿意将孩子送到农场或城区上学。久而久之，江湾中心小学生源越来越少，整个学校不足100名学生。2022年秋季，潜江百年名校——田家炳实验小学牵手江湾中心小学，组建融合型教联体，第二年，学校一下子涌入几百名学生报名，班级扩充到7个。

——资料来源：根据《湖北教育》《湖北日报》等媒体报道整理

三、湖北推进县域教联体建设的问题审思

当前，县域教联体建设得到了各级党委政府的高度重视，取得的成效也是明显的。但由于全面推进的时间不长、还有一个成长成熟的探索过程，各地遇到一些体制机制和操作层面的问题，需要化解和破除。

1. 政策制定与需求匹配的问题

政策教育意蕴的实现取决于政策设计的科学性以及政策的落实程度，需要不断在政策运行中发现问题、优化政策、推进政策。目前，各地出台的关于支持办学的上位政策绝大多数是依据单体学校办学模式制定的，提供的教育资源、经费、人事、编制等基本要素也都是按照单体学校（法人单位）予以保障的，尤其在教师周转宿舍建设、交通补助、绩效分配等方面配套政策供给不足，全省设立教联体建设奖补专项的市、县还不多。但当前的教联体建设有多种模式，每个教联体内的成员学校至少有3-5所，多的达十几所。为保障共同体内各成员校的优质均衡发展，需要统一管理、统一调配人财物等资源，此时往往容易受到上位政策的制约，从而束缚教联体的可持续发展。

尤其是管理体制方面。目前基础教育实行的"以县为主"的管理体制，是在21

世纪初实行农村税费改革、拖欠教师工资的背景下产生的,和我国已经全面建成小康社会的背景不相适应,需要建立更高水平的管理体制和保障机制。还有很多政策话语体系是党的二十大之前的。比如,农村教师队伍建设的政策文件,大都是二十大之前脱贫攻坚背景下出台的,二十大之后要求的是全面建设社会主义现代化国家、乡村振兴和城乡一体化。在这种情况下,如果我们的政策设计,只是简单照搬照抄以往的做法,或者只是做些小修小补,必然不能适用新的要求,必须在认识、理念、制度设计,包括话语体系上,进行重新搭建、重新设计。为此,各地急需根据教联体办学的实际情况,灵活调整上位政策,为教联体办学提供量身定制的政策支持,使其办学之路更为稳健。

2. 合理组建与动态调整的问题

由于政策推动和舆论导向,教联体建设成为各地教育改革的一场“风暴”,某种意义上讲也成为一种“时尚”。一些地方赶潮流似的组建教联体,并没有经过论证和听证,而是硬性“捆绑”,搞得“你不情我不愿”;有的旧瓶装新酒,将原集团化办学“更了名换了姓唤作教联体”;有的由名牌学校出面搞些“友情出演”式的教研活动,表面上看“和和气气”“热热闹闹”,实际收效并没有“三瓜两枣”,对薄弱学校帮助和促动并不大。也有一些地方前期“摊子”铺得很大,但没有后续政策推动;有些地方“调子”起得很高,但政策支持缺乏“干货”“硬货”;有些地方“步子”迈得很急,但政策导向存在不确定性,政府行为缺乏稳定性。

因此,组建教联体,县级政府要切实发挥主导作用,统筹考虑乡村振兴、人口流动、城镇化发展、生育政策调整、地理环境、区域交通等因素,统筹考虑义务教育就近就便入学和提高质量的需要,优化县域学校和教联体规划布局,将其融入“强县工程”总体规划设计中;县域教育行政部门要科学制定教联体建设总体方案,充分考虑学校布局、办学水平、辐射能力、地理条件、合作意愿等因素,充分体现资源和教育基本公共服务下沉的需要,经专家咨询和论证,视情况开展听证和公示,进行合法性审查和风险评估,防止出现简单地“贴牌”“冠名”管理,防止规模过大导致办学质量滑坡等问题;各个学校特别是核心学校要在全面摸清办学底数和要求的基础上,广泛征求成员学校教职工、家长及村(社区)、乡镇(街道)等各方的意见和建议,明确思路和方向,凝聚思想共识。

同时,由于教联体建设带动了薄弱校的发展,缩短了新建校的成长周期,各校区间的教育教学质量差距逐步缩小,很多成员校都成为具有引领示范作用的新优质学校。因此,县级政府及教育行政部门要坚持“成熟一个,发展一个”的原则,科学把握教联体建设的时间、地域、边界,适时调整政策,对相应的教联体进行再修正、再整合、再重组,鼓励和支持一些新优质学校从教联体的母体中独立出来,接管新办学校和薄弱学校,全面参与到新一轮教联体建设行列中,进入全域优质发

展下的“新名校＋”办学阶段。

3. 模式移植与因地制宜的问题

目前，各地轰轰烈烈地推进教联体建设，穿梭式地相互学习，一些地方不切实际地移植他人的经验模式，导致水土不服。一些地方热衷于打造所谓的“名校”，并利用“名校”品牌效应以贴标签的形式组建教联体，盲目扩张。更有些“名校”不切实际地实施跨区域办学、跨学段办学，一味追求高大上，结果与促进教育优质均衡发展的出发点背道而驰，既影响了自身声誉，也阻碍了教联体的可持续发展。

“鞋子合不合脚，只有穿了才知道”。因此，组建什么样的教联体，教联体办学以管理多少所学校为宜，是否适宜跨区域、跨学段办学，如何在规模扩张中保持名校的社会影响力，不断增强优质教育资源的再生力，是教联体办学可持续发展的难点和重点所在。要始终坚持实事求是的精神，因地制宜、因校制宜，找到量与质之间的最佳平衡点，不断提升教联体的组织管理能力和效率。

4. 资源稀释与质量滑坡的问题

教联体办学主要是利用优质教育资源的辐射带动作用，提升各成员校的办学质量，从而整体提升区域教育质量，实现教育优质均衡发展。然而，教联体组建后，侧重优质教育资源的横向共享，即通过名校派出管理层和教师、联合教研等方式帮助成员校整体提升教育质量，先“输血”而后实现“造血”。虽然成员校的教师和行政干部可能会部分调整到核心校，但总体上核心校的教师队伍更多是一种输出的状态。成员校数量越多，核心校面临的输出压力越大。另一方面，核心校自身也面临着不断发展的需要和压力，仅有“输血”而无“造血”或“造血”能力跟不上，势必会出现优质教育资源被“稀释”现象。

要改变这种现状，避免“削谷填峰”“均而不优”“零和博弈”等问题的出现，必须采取“双赢”的举措，使教联体内的整体教育水平能达到甚至超过原来的优质学校水平。一是合理控制教联体规模。根据教育发展需求，综合考虑资源条件、辐射幅度、保障能力和实际效果等因素，科学规划教联体发展，合理控制教联体办学规模，避免单一校区规模过大、在校生人数过多。根据湖北省教育厅《关于推动县域教联体建设提升教育基本公共服务水平的指导意见》要求，原则上一个教联体覆盖的学校(分校区)数不超过 5 所，覆盖的学生数不超过 1.5 万人。二是共建共享课程资源。利用教联体办学优势，聚合学校力量，统筹教联体内课程规划，开发课程资源，完善课程体系，丰富课程供给，打造特色化、多样化、优质化课程群。通过高水平的课程共建和供给，统一提升教联体内各成员校的教育教学质量。三是推进教育教学改革。积极探索基于情境、问题导向的互动式、启发式、探究式、体验式课堂教学，探索项目式学习、研究性学习等跨学科综合性教学，积极开展验证性实验和探究性实验教学。深入推进教育信息化,及时推广辐射优秀教学成果。这样,通过共建共享,扩大优质教育资源供给,让薄弱校(新建校)快速成长,核心校的品牌美誉度不断提升,教联体就不会出现“浓茶变淡茶”的局面。而是通过搭建机制平台,向更多学校不断添加“新茶”,让各成员校成为富有特色的“多味茶”,确保优质资源不稀释、薄弱学校有提高、整体水平大提升。

5. 貌合神离与和而不同的问题

目前,一些县(市、区)“跟风”“赶趟”式的组建了不少教联体,有的县(市、区)还实现了基础教育各学段、各学校的全覆盖,表面上看起来“叫得很凶”,实际上“联得不够”,最终“难成一体”,合作的范围窄、程度浅、形式单一、稳定性差。究其原因,从各级政策要求来看,教联体被定位为促进学校间均衡发展的组织,贯穿了“校际均衡”的设计逻辑。然而,作为一种正式组织,学校在长期与政府、家庭和社会的互动中形成了“以校为本”的组织逻辑,即以服务和维护好本校的利益为重要原则。这种逻辑形塑了学校活动的内部合法性。当与其他学校的互动不违背这一逻辑时,学校可适当允许互动的发生,但当互动触及了学校的核心利益,学校的组织逻辑则会形成巨大的抗拒力来阻止互动的发生。这样一来,薄弱学校希望通过“校际均衡”的政策设计提升实力;而优质学校在无其他利益补充的前提下,输出自己的核心力量来追求“校际均衡”意味着削弱自己的相对优势,因此在帮扶过程中往往会“留一手”。

这种“貌合神离”从一些教研活动上可以看出端倪。从表面上看,联体内部资源共建共享开展得如火如荼,然而有关活动却多局限在不涉及升学竞争的科技、艺术、劳动等特色课程上,鲜少涉及核心课程。某成员校执行校长表示:“我和A中学表面上是一家人,但是私下肯定会有竞争。他们要是考在我们前面了,教师面子上过不去,家长也会有非议。家长都是用脚投票的,竞争力下降,就会影响我们的生源质量和学校信誉度。”这一说法在学校间得到不同程度的印证,反映了部分学校在合作中有所保留的心态。因为社会对教育的评价指标往往比较单一,学校会将核心课程视为“竞争优势”的核心要素,从而导致部分学区在活动上的选择性回避。要促进各成员校实质性合作,应提升评价激励机制的“捆绑”程度,从“半捆绑”迈向“全捆绑”,在成员学校的评价中增加对联合办学的参与度、贡献度指标,将评价权赋予核心校,促进所有学校的深度融合,从根本上破解狭隘的学校组织边界逻辑,引领各校从“形似”走向“神合”。

6. 统一考核与分类评价的问题

一个教联体组建是否成功,是否达到了预期效果,需要考核和评价。目前从各地工作方案、章程制定和实践探索来看,大都强调“统一办学理念、统一管理制度、统一教学安排、统一集体备课、统一研训活动、统一质量评价、统一文化建设”

等“七统一”，忽视了区域差异和群体差异，导致政策评价难以肯定政策目标达成。推行联体办学的政策愿景“剑指”公平与均衡，“以城带乡”“以强扶弱”“资源融合”是其价值追求，但城乡差异、强弱程度永远是存在的，如果拿同一把尺子去衡量城区学校和农村学校、城里孩子和农村孩子，并以评价结果作为资源分配和奖惩依据，就会伤害群众感情，导致“贫富差距”加剧。

因此，政府和教育行政部门要建立基于差异的分类评价体系，坚持协同发展理念，从学生发展、教师发展、学校发展、社会认可和示范辐射等层面开展评价，重点关注农村学校、薄弱学校、新建学校办学水平和学生发展提升情况。各教联体要建立基于绩效的质量评价体系，构建起由“规范管理、学生发展、教师发展、后勤绩效、创新发展”等内容与“一校一报告”组成的学校生态发展治理指标体系，全方位跟踪评判区域教育质量现状。同时，建立基于发展的增值评价体系，基于起点看进步，强调纵向比较，突出教联体内各成员学校在文化管理融合度、优质资源共享度、教师队伍成长度、教育质量提升度、教育特色发展度、师生社会满意度等指标的提升，引导每所学校和每位学生在原有基础上不断提高。一言以蔽之，考核可以统一进行，评价可以统一标准，但评价结果应用要分类，重在“提升”和“增值”。

案例3-1-15

宜都市对教联体实行捆绑式增值评价

宜都市建立教联体考核评价共测共进机制，教联体建设情况和各成员学校发展情况纳入年度绿色质量评价考核内容，实行捆绑式增值评价。考核既包括核心校与成员校领导互访、教师交流、共同教研等过程评价，也包括结果评价，即每年按照教联体核心校、成员校各占50%的比重，计算教联体评价考核得分。宜都市教育局“放权”“减负”，给予政策支持。“放权”是把教联体内部的人事权和财权适当下放给核心校校长；“减负”是由教育局及乡镇承担乡村学校硬件提质升级的经费投入责任。2023年上半年，宜都市对义务教育阶段学校投入1800万元用于改善办学条件，其中1500万元投入乡村学校。

——资料来源：人民日报 2023-06-27(11)

四、持续推进湖北县域教联体建设的策略建议

以共同体的形式推进义务教育优质均衡发展和城乡一体化，推进城乡基本公共教育服务均等化，扩大优质教育资源的受益面和覆盖面，带动教育发展水平的

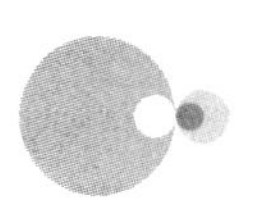

总体提升是国家的重大政策导向,也是重大的教育发展趋势。湖北要顺势而为、乘势而上、聚势而强,推进教联体扩面提质、行稳致远。

(一)处理好相关关系

目前,在教联体建设试点推动阶段,一方面要逐步完善顶层设计,扩大政策供给,确保各项工作有据可依,基本方向不发生偏差;另一方面要处理好各层级、各要素之间的关系,打通"中梗阻",确保教联体运行高效顺畅。

1. 处理好政府部门"统治"和教联体"自治"的关系

政府部门要统筹治理,教联体要高度自治。目前,在地方专项政策的推动下,各市县教联体得以快速成立,覆盖面迅速扩大。但政府授权、政策主导下成立的教联体内部合法性较高,外部合法性较低,社会部门不理解,自身动力有限。各级政府要完善顶层设计,加强统筹协调,科学规划区域联合办学的整体布局,并从教育事业规划、教育资源配置、公共财政投入、教育政策出台等方面进行引领和扶持,使联合办学成为落实区域教育发展规划和提升教育品质的重要战略和抓手。同时,支持和鼓励各联体学校主动作为、自主创新,形成特色,提升质量。打比方说,在义务教育阶段,经费、师资、学校硬件建设等方面政府要"包",但学校如何办、教师如何招如何用、教学如何开展,更多的自决权要交给教联体。还有,一所新校或薄弱校该由哪所名校作为主体校实施联合办学,政府及部门应不做强行规定,不搞"拉郎配"。应采取公开方式,通过发布信息、申请报名、论证评估、听政咨询等程序,选定既有实力又有意愿的学校牵头承担,并由其自主选择合作伙伴、合作方式,从而吸引更多优质学校主动加入教联体行列,形成学校主动作为、高起点办学的态势,实现区域内"办一所、优一所、强一所"的办学良性循环。

2. 处理好核心校"领跑"和成员校"跟跑"的关系

教联体办学成功与否,核心校在其中发挥着关键作用。目前,一些地方对教联体建设指导思想、内涵要求等认识还不深,有的还停留在"我帮你""我带你""我扶你"的认识上,共同体意识还不强。因此,核心校要树立"我和你"意识,有强烈的社会责任感和使命感,将教联体作为不断提升成员校办学水平、不断培育释放新优质资源的载体、平台和孵化器。在引领各成员校发展的过程中,核心校既要坚持"一碗水端平、有所侧重、分清主次、逐步解决"的原则,努力缩小各成员校间的办学差距,促进教育均衡发展;又要秉承和而不同的态度,尊重各成员校的历史,处理好统一性和相对独立性之间的关系,避免办学同质化问题的产生。特别是要尊重成员校的办学自主权,少发"指令",多开"药方",因校施策,精准发力,多做办实事的帮手,少做嘴絮的婆婆。各成员校不能一味"照搬"核心校的办学理念

 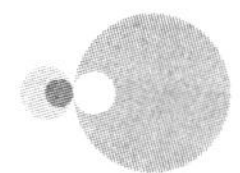

和经验，要根据自己的办学需要和存在的问题，有选择性地从核心校汲取营养，提质增效，逐步提高办学水平；不能一味地“跟着跑”，要学会跑的办法，提高跑的能力，跑得有节奏，跑得很顺畅，在跑的过程中发展壮大，逐步由“跟跑”到“并跑”到成为新的领跑者。总之，无论核心校还是成员校，要树立“一家人”意识，实行“一体化”管理，坚持“一盘棋”部署，做到“一个锅”里吃饭，确保“一碗水”端平，“一条心”共处、“一股劲”干活、“一门心思”谋发展、“一个心眼”创大业。

3. 处理好教联体“共性”和各校“个性”的关系

由于教联体内各成员学校在办学历史、校园文化、办学环境、生源背景等方面千差万别，教联体在管理过程中，需要在相互尊重、平等互利的原则基础上，充分考虑哪些方面需要统整，哪些方面需要保持个性，做到“一型一策”“一校一策”有序推进。核心校要有意识地加强自有品牌和文化建设，充分发挥品牌影响力和文化辐射力；同时也不能忽略成员校在长期办学过程已经形成的特点和优势，在提升常规课程教学水平的同时，帮助其打造特色课程，光大已有特色，凝练新的特色，引领各成员校“和而不同”地发展。各成员校既要注重对核心校品牌文化的移植和发展，也要注重充分挖掘培育自身特色，彰显办学亮点，逐步形成“一校一品”的良好发展态势。同时，每个阶段统一的内容和差异化内容也需要根据教联体发展实际调整优化，在尊重各成员校办学实际和文化传统的前提下，凝聚发展共识，凝练核心价值，共谋发展愿景，发掘、培育教联体共有特色，形成共有品牌，丰厚文化内涵，促进办学品质整体提升。

4. 处理好融合“同化”与自主“分化”的关系

教联体在实施统一管理的过程中，呈现出目标统一、文化统一、考核统一的特点。但由于教联体的统一管理与各成员校发展不平衡的问题，教联体对成员校的管理需要权衡好作用力与平衡点，避免成员校融合过度衍生的“同质化”问题，或自主过度产生的“分裂化”问题。因此，要通过改革和创新内部管理机制，突破成员校“同质化”与“分裂化”发展的阻滞机制，协调化解各成员校的“一体化管理”与特色教育办学的矛盾，构建一套动态调整、不断修正的行政管理机制，同时发挥章程的契约作用，调动社会组织等各方参与管理的积极性。教联体在架构内部领导组织时，可设立行政管理机构、任务型的非行政机构、民主监督机构、研训机构等，管理过程中综合采取行政管理、契约管理、共同体管理、项目管理等具体方式，既建好教联体的共有品牌，也建好各校区的特色品牌，既充分发挥学校集群的“共振效应”，也提高薄弱学校“聚力成势”的后发效应，从而实现区域内教育“优质均衡、富有特色、充满生机、和谐有序”地发展。

5. 处理好内部“融合”与外部“配合”的关系

推进教联体建设，重在优化内部治理结构，不断完善内部议事规则和决策程

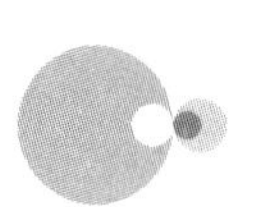

序,构建更加开放、更加科学、更加民主的现代学校制度,强化"一家人"身份归属和价值创造,强调"我们的学校、我们的事业、我们的工作,我们的发展",形成"既有统一意志、又有个人心情舒畅"的局面。但同时,要处理好地方政府、相关部门、村民组织、社区之间的关系,争取他们对教联体的大力支持,营造良好的发展环境。比如,利用新媒体等手段,扩大政策宣传覆盖面,有针对性地扩大社区与全社会对教联体的知晓率和认可度;提炼教联体的办学经验与实际成效,发挥其对社会风尚的示范和导向作用,增强家长和群众对教联体的认同和期待;搭建教联体和社区、社会交流平台,建立互访、学习与研究机制,争取各方的大力支持和配合。特别是一些撤销乡镇中心学校的地方,一定要协调相关部门及社会组织,统筹抓好学校周边综合治理,维护教师和学生权益,保持校园应有的安宁和稳定。

总之,推进教联体建设是一项系统工程。要强化伙伴关系,增加教联体成员校之间的密切联系,凝聚共识,求同存异,双向奔赴,相互成全。升级家校关系,建立"家庭教育指导中心",办好家长学校,共享家庭教育的资源和平台,将家长发展成为学校发展最大的"朋友圈"和最稳固的"关系网"。融洽社会关系,建立教联体对外沟通联系制度,定期听取党代表、人大代表、政协委员、基层群众代表的意见建议。定期举行"校园开放日"活动,邀请社会各界人士进校园、进课堂、进宿舍、进食堂,参加学校开学典礼等专题活动,宣传党的教育方针政策、办学治校成果。

(二)优化治理结构

当前,各县域教联体通过多种方式基本拉开了架子,搭起了台子,当务之急是完善治理架构,提高治理水平。要在分类总结、推广一批成熟教联体建设的经验模式基础上,推动政策制度顶层设计和基层探索良性互动,推进教联体内各办学主体完善内部治理体系,建立优质教育资源快速成长、溢出放大机制,从而以教联体作为县域教育治理基本单元,推动全省基础教育管理体制系统性重塑和整体性重构。

1. 理顺管理体制

在坚持基础教育"省级统筹、以县为主"管理体制的前提下,由县级教育局直接管理各教联体。要协调好相关职能部门,按教联体建制,统筹人、财、物等资源配置与保障,解决好机构编制批复、干部任免、校区资产清算和统整问题。各教联体要组建实体性(融合型教联体)或功能性(共建型教联体)党组织,建立校务委员会和学术委员会,制定办学章程,完善党组织和行政议事决策机制。其中,融合型教联体设一套领导班子,实行党组织领导的校长负责制;其他类型教联体可设立理事会，实行总校长负责的理事协商制度。各级政府及教育行政部门要深化“管办评”分离改革，在规范的前提下最大限度地将人事权、经费使用权、课程开发权、学生管理权等下放至教联体。各教联体可依据组合方式的不同，灵活选择适宜的管理模式，切实提高管理效能。

案例3-1-16

黄梅县健全教联体运行体系

黄梅县在推进教联体建设中，撤销乡镇中心学校，采取“教育局-教联体(核心校)-校区(成员校)”的管理模式，对全县各教联体实行分层管理。一是完善领导结构。义务教育学段教联体核心学校、成员学校领导班子按“1(党组织书记)+1(核心学校校长)+4(核心学校副校长)+N(成员学校执行校长)”模式配备；学前教育教联体核心园、成员园领导班子按“1(核心园园长)+1(核心园专职副书记)+3(核心园副园长)+N(成员园执行园长)”模式配备。二是明确责任分工。核心校党组织书记为教联体总负责人，主持全面工作；核心校校长为教联体法人，负责各项行政事务，落实党组织决策；核心校副校长按政教、教学教研、后勤保障、综合工作等分线管理核心校和成员校相关工作；各校区执行校长兼核心学校副校长，主持本校区全面工作。三是实行扁平化管理。教联体建立决策、管理、执行三级组织架构，各层级之间分工明确，政令畅通。

——资料来源：黄梅县教育局经验交流材料 2023-06-13

2. 明晰发展定位

严格意义上讲，教联体不是一级教育行政管理机构，而是一个办学实体(融合型)或办学联盟组织(共建型、协作型)，兼具一定的行政管理职能，重在如何共享优质资源，传播先进的教育理念、办学思想、管理经验、教学方法，促进教育教学研究，整体提高人才培养质量和办学水平。各核心校要通过多种方式和途径的融合、渗透，在核心的办学理念、发展方向、思想认识、价值诉求上与成员校达成高度一致，促使各成员校从“形似”走向“神合”。各成员校在办学理念与核心校保持基本一致的基础上，要基于自身的文化特征对学校发展进行清晰定位，因地制宜地制定发展目标，不断丰富办学内涵，实现自身的优质特色发展。教育行政部门和核心校在尊重各成员校原有价值追求的基础上，从学校发展、教师成长、学生培养、文化建设等方面采取有针对性的措施，引导成员校寻找特色发展的路径，实现“和而不同，各美其美”。对教联体中的新建学校，教育行政部门和核心校要对其进行科学定位，让新校的起步和发展站在一个较高的台阶上，探索出带有名校文化基因又有自身鲜明特色的文化品牌,尽快成长成熟。

案例3-1-17

天门市实验小学教联体让老校“重生”新校“速成”

天门市实验小学教联体以“一带三”的形式组建,即以“强”带“弱”——实验小学带湾坝校区,以“老”带“新”——实验小学带北湖小学,以“城”带“乡”——实验小学带九真小学。位于天门城区东北郊的湾坝小学,本是一所设施陈旧的乡村学校,于 2019 年由实验小学托管后,两年内实现了蝶变重生,原本只剩 32 名学生的乡村小学变成了炙手可热的名校,771 名学生抢着入学。位于天门城区的陆羽小学,曾是一所新建学校,由实验小学筹建、管理后,仅两年半时间,招生规模就达到 2000 多人。该校于 2022 年 5 月脱离实验小学,成为一个独立办学的法人单位。位于天门市华侨大道与广沟路交会处的北湖小学也是一所新建学校,由实验小学筹建,2023 年 9 月开学,不仅扩充了学位,还有效化解了实验小学“大校额”“大班额”问题。

——资料来源:中国教育报 2022-12-16(03)

3. 优化机构设置

为实现教联体各项工作的共治、久治和善治,要对组织机构设置进行优化。一是统分结合。教联体内设立决策、执行、监督三级组织架构,按照“统筹兼顾、一职多岗、统分结合”的治理方略,形成纵横交织的管理网络。以融合型教联体为例,纵向可为“党组织书记(总校长)—副校长—中层干部(年级组长)”,横向为各成员校执行校长,各岗位职数根据实际确定。党组织书记(总校长)不仅在核心校负第一责任,还要引领各成员校的发展;各校区执行校长兼任教联体副校长,主要负责本校区全面工作。二是条块结合。以融合型教联体为例,总体架构可设置为“1 个党组织+N 个中心(处、室)”。“党组织”依据党员数量设置为党委、党总支、党支部;“中心(处、室)”根据工作任务可设置党(校)务管理中心、人力资源中心、教师发展中心、学生成长中心、课程管理中心、教育研究中心、质量评估中心、后勤保障中心、信息技术中心等,或党政办公室、人事处、政教处、教务处、教研处、安保处、总务处、财务处、信息技术处、后勤处等。各校区可根据规模大小整合部门功能,由一个部门对应总校 1—3 个部门。三是内外结合。各教联体可根据需要设立教学委员会、德育(思政)委员会、学科委员会等教育教学议事决策机构;还可设立发展顾问委员会、家长委员会、社区教育服务委员会等校外辅助机构,聘请专家学者、“两代表一委员”、离退休人员、家长、社会能人、乡贤等参与教联体决策,提供咨询和指导服务。

4. 加强过程管理

组建教联体后，如何在“人”变的情况下，保证管理品质不变，这是一个亟须解决的问题。可借鉴现代企业管理的先进经验，探索实施程序化管理。即针对每个管理项目，按照定人、定时、定岗、定责、定流程、定标准等要素，研发程序化管理手册，为执行者提供可操作的“地图”，明确时间地点、谁来做、怎么做、做到什么程度，以保证各成员校管理的规范性和有效性，确保“人”变后，管理品质不变。当然，教联体的管理是一个持续发展变化的过程，在实际工作中，相关负责人可依据《管理手册》实施管理，但又不拘泥于程序化，可以结合各类活动的实际情况以及本校的办学特色，进行个别环节的设计、完善，使学校的各项工作既有教联体的共性又有成员校的个性。

5. 建好管理梯队

随着教联体办学数量和人员的增加，需要储备管理人才，这样才能保证所有干部从容迎接新的岗位。可基于“激活”和“赋能”两个关键词，探索在教联体内实施“雁阵计划”，培养一支“有思想、能担当、善合作”的干部队伍。“头雁”是核心，引领团队行动的方向，一定要选准配强。同时，团队中的每位中层干部都要“找准位置”，能够在适当时候进行角色互换，使整个团队始终保持飞行的高度和稳定性。各级教育行政部门和核心学校要通过提供培训机会、搭建成长平台、提供管理方法、对接工作实际等多种途径，发掘每一名中层干部的潜能，引领中层干部快速成长，同时强化团队成员的梯队建设，让一批批年级组长、教研组长在学校工作中脱颖而出，成长为学校的中坚力量。建立选拔任用干部鲜明的业绩导向，把年级管理经历、校区管理经历作为选拔教联体校级干部的必要条件，把优秀管理人才放到年级去锻炼，放到校区去历练，做到干部吃苦与运用一致。

6. 强化共同缔造

教联体是一家人，关键是要一条心，通过共同缔造，实现共荣共生。一是建立共享机制。通过“大空间、大调配、大整合”全面盘活各校资源，实现文化资源共享、教学资源共享、名师资源共享。各成员校的校外教育基地、社会实践基地、研学实践基地、劳动教育基地及其他社会资源都应在教联体内开放共享。二是建立共建机制。只有“共建”才能“共享”，通过“共享”促进“共建”，最终达到“共生”的目标。同时，也体现了所有成员校对教联体整体发展的一种责任担当，而不仅仅是“消费”名校的优质教育资源，消除成员校“等靠要”的思想，激发成员校的办学动力和活力。三是建立共商机制。教联体各成员校既是合作关系，也存在竞争关系，单纯依靠自上而下的行政命令，不利教联体的长远发展。特别是长期由龙头校独享领导权力的方式，不仅有可能使教联体蜕变为一个新的教育行政层级，成为一个官僚化的组织,也使龙头学校成为教联体内难以超越的标杆,这既不符合民主共治的现代教育治理精神,也无益于教联体的持续发展和整体办学效能的提升。因此,要推进协商治理,创新领导模式,构建共享型领导机制,即由成员校共享教联体的领导权力,通过协商和共同决策来决定教联体发展的方向与路径选择,使之符合普遍意愿。

(三)健全保障机制

教联体从建成到建好,面临的问题很多。学校大了,校区多了,如何管好;有的地方乡镇中心学校撤了,属地管理如何协调;校区分散但属同一学校,执行校长如何参与教联体决策;教学质量标准输出是关键,如何输出、如何落地、如何取得实效;教联体每个年级的班级数多了,如何实现统一有效管理;信息化赋能,如何在教联体运行中发挥重要作用等。这些都需要健全的机制来保障。

1. 以党的领导保方向

加强党对教联体的全面领导,是教联体行稳致远的根本保证。当前,我国基础教育改革进入深水区,涉及多领域、多部门的复杂改革局面,政府部门之间的合作已经成为常态。但由于各个部门的规章制度有各自的逻辑和规则,有时跨部门合作会遇到瓶颈或阻滞,特别是编制、职称和工资是基础教育领域最为关注的三项政策,它们的改革均涉及复杂的政府跨部门合作。在推进教联体建设过程中,特别是组建融合型教联体,涉及资产分割、资金拨付、人员分流、教师调配等诸多敏感问题,涉及财政、发改、编制、人社等多个职能部门,必须依靠党的领导,以党的最高权威总揽全局、协调各方,才能开展跨部门合作,才能确保各类资源合理归并,把党的领导的制度优势转化为高度的治理效能。各级党组织要按照党组织隶属关系和办学实际,加强对教联体及其成员学校、分支机构党建工作的领导和指导,把握正确的政治方向和办学方向,切实解决教联体建设过程中遇到的各种难题。各教联体要按照党员数量的多少成立统一的党组织,加强党建、思政、意识形态工作,全面落实党的教育方针,坚持立德树人,发展素质教育,在促进教育公平、提高育人质量上取得更好成效。

2. 以政府行为保供给

随着教联体建设的深入,各级政府应适时调整自身职权和行为方式,注重培育教联体办学的自主性,把"有为政府"和"学校自主"有机结合起来,但这并不意味着政府退出治理结构,而是转变参与形式。首先,政府要发挥好常规"供给者"的作用,保障教联体建设必需的资金及人力、物力资源。其次,政府要发挥好"掌舵者"的作用,把资源配置的自决权交给教联体,不仅包括对各类有形资源的配置权,也包括实施这些配置权所需要的更高层次的权力。比如,可将推选校长的部分权力释放给教联体，政府进行引导和监管，保障其运行的公正和质量。再次，强调政府行为的稳定性。政府行为的稳定性对教联体运行的可持续举足轻重，它不仅带来物质上的支持，更重要的是增加教联体地位的合法性，由此产生许多潜在的社会资本。因此，政府应该在充分论证的基础上，把相关政策以常态化的制度形式予以固定，以保障供给承诺的实现。

3. 以制度规章保治理

保证教联体健康运行，根本上要靠制度作保障。教联体制度建设既要与以前单体学校管理相衔接，更要适应新的管理体制需要，单位大了、管理的幅度宽了，相应的管理制度要更新换代、升级提档。教联体制度建设的过程也是新体制下教育治理体系重构的过程。首先，要制定办学章程、中长期发展规划和阶段性建设行动方案，共谋发展愿景，明确发展路径，凝聚发展共识。其次，要建立完善一系列相关管理制度，确保各项工作有章可循、有据可查。比如，干部任用制度，树立鲜明的业绩导向，选准配强领导班子及中层干部和年级主任，把年级管理经历作为教联体干部选拔的必要条件；教师交流制度，既要让城区教师下到农村，传递新的教育教学理念和教学方法，提升农村校区教育教学质量，也要让农村教师到城区学校跟班学习，扩宽视野，接受新理念新方法，找到新的价值实现平台、增强自信；绩效考核制度，充分利用教师单列绩效工资发放的机遇，构建优劳优酬、多劳多得的分配机制，实现教师专任化、专业化；财务管理制度，建立严格的资金审批流程，做到"用钱不管钱，管钱不用钱"；统一教学教研制度，加强教联体学科委员会、教研组和备课组建设，确保各年级、各学科教学基本一致。

4. 以长效投入保运转

各级政府和财政部门除了按规定标准对学校常规性的建设经费、人员经费等进行制度性保障外，可单列专项经费对试点教联体给予特殊的支持，对办学贡献突出的教联体给予一定的奖补；调整经费拨付方式，对融合型教联体，按教联体建制模式，统筹保障经费支出。各级教育行政部门和学校要优化经费支出结构，完善办学专项经费管理办法，把更多经费用在教联体教学改革、课程实施、质量评估、队伍建设、特色发展等方面，促进教学质量和办学水平的提高。要加强重大项目建设，在优化县域学校和教联体规划布局的基础上，统筹实施学前教育学位扩充、义务教育薄弱环节改善与能力提升、县域普通高中发展提升和中等职业教育标准化建设、农村教师周转宿舍建设等工程项目，重点加强乡村小规模学校、乡镇寄宿制学校和县城学校标准化建设，支持建设一批小而美、小而优的"乡村温馨校园"，不断提升县域学校的办学条件，确保教联体各成员学校办学条件大体相当。

5. 以提升素质保效能

各级教育行政部门要在地方政府的统筹下，与同级机构编制、人力资源和社会保障等部门共同研究,采取多种形式,解决教联体办学发展中人力资源不足、结构性缺员等问题。在现有编制总量内,统筹考虑、盘活存量、优化结构、合理核定教职工编制,向教师队伍倾斜,鼓励采用员额制、聘用制、购买服务等方式增加教师总量。对教联体校级领导职数不足、编制紧缺、岗位职数偏低的,及时配置、动态调整。成立教联体建设研究基地,充分发挥各级教联体建设专家指导委员会专家作用,建立常态化视导诊断制度;发挥各类学术组织和智库作用,依托省教育咨询委员会以及基础教育、教师发展、教育政策研究院等智库,加强教联体建设的理论研究、政策咨询和专业支持服务。特别是一些县市撤销乡镇中心学校,由以往的"教育局—中心学校—学校"三级管理,变为"教育局—教联体"的扁平化管理,教育局干部直接面对学校一线,教育管理的专业能力要求更高,教育教学指导能力要求更强,各级政府和教育局等职能部门要合理配置人力资源、提高干部管理素质、改变管理方式方法,保证适应新的管理形势和需要。

6. 以强化师资保质量

教联体建设重在师资的合理配置和流动。要改革现有教师管理体制,充分赋予教联体用人自主权,调动每位教师教书育人积极性,发挥人力资源最大效益。一是总量控制与统筹调配相结合。县级教育行政部门要按照国家和省规定的师生比核定教联体教师编制总数,由教联体统一调配。各教联体在核定的编制、岗位总量范围内,统筹岗位设置,均衡分配师资,融合型教联体教师实行无障碍调配,共建型教联体核心校每年派出一定比例教师到成员校任教,协作型教联体指派一定数量教师到乡村学校支教,确保各校区各学科均有骨干教师。对紧缺学科教师实行统筹管理、打通使用,建立优秀骨干教师送教、走教制度。二是统一政策与鼓励探索相结合。县级教育行政部门要统一制定教联体教师管理办法,加强教师统一管理,形成与教联体相适应的教师补充、职称评聘、绩效考核、薪酬待遇、评先评优、培养培训、选拔任用等制度体系;同时,鼓励有条件的教联体统一组织教师招聘,探索建立教联体内教师职称统一推荐评审制度,鼓励各地向办学成效显著、管理规范的教联体下放教师职称评审权,统一开展教师职称评审工作。三是刚性流动与人文关怀相结合。教师合理调配和流动是教联体总体提高和持续发展的关键。必须对教联体内教师流动进行系统的制度设计,明确规定教师交流的对象、范围、时限、目标、任务和保障等要求,建立完善支持教联体内各成员校之间互派管理人员双向交流、互派教师轮岗交流的制度,建立常态化的教师交流机制;并建立津贴和补偿制度,解决好交流教师的住房、交通、生活等方面问题及其他实际困难。这样,采取"刚性约束+人文关怀+激励机制"相结合的方式,确保交流教师"下得去、留得住、教得好"。四是制度安排与示范引领相结合。建立完善教师成长发展机制,制定各级各类教师培训规划,落实中小学按年度公用经费预算总额的5%安排教师培训经费，确保每位老师每五年至少要有360学时的培训，推动教师终身学习、持续发展。充分发挥联体内名校(园)长、名教师和骨干教师的示范引领作用，通过共建教师发展中心、课程建设中心、名校(园)长名师工作室、特级教师流动站、骨干教师研修共同体等方式，开展教师培训和校本研修，搭建教师成长平台，促进联体内教师专业素质整体提升。支持有条件的教联体与高等院校开展教师教育综合改革试点，推进高校教育课程教师到教联体兼职任教，聘请教联体名师名校长担任高校兼职教师。

案例3-1-18

武穴、黄梅、宜都等地综合施策推动教师交流

武穴市规定教师在同一校区任教满五年的，必须交流到另一校区任教；教师在边远或薄弱校区任教满五年且考核合格的，只要申请交流到主校区，均无条件满足；教师推荐市级以上评优、职称评定、岗位晋升、参加城区学校选调考试的，必须有边远或薄弱校区任教经历；同时，妥善解决交流教师的交通、食宿等问题，保证让每名交流教师有宿舍，房间有空调、热水器、独立卫生间等设施，并按流入学校属性落实基层生活补贴。黄梅县建立执行校长任期满两届、教师工作满六年必须在教联体内跨校区交流轮岗制度，交流教师在一个成员学校工作不少于三年。宜都市城区教师到农村支教，不仅每个月能获得1200至1400元的乡镇工作补贴，在职称评定、评奖评优、提拔任用等方面均能享受一定倾斜。

——资料来源：根据《人民日报》《湖北日报》《湖北教育》等媒体报道整理

7. 以数字赋能保共享

几所学校组成一个教联体，物理空间的阻隔，更需要数字技术赋能城乡义务教育共治。数字技术赋能所产生的城乡义务教育信息资源流动是达成共治目的与生成协作意愿的核心支撑。基于此，在未来数字技术赋能城乡义务教育共治的过程中，应立足“一体化”顶层设计，强调“异质性”互补共进，促进共同体合力升级。建议大力实施教育数字化战略行动计划，加强数字校园建设，推动城乡学校数字技术基础设施设备更新换代、提档升级；统筹用好国家中小学智慧教育平台、湖北省教联体网络服务平台，加强教学点网校建设，推进“三个课堂”(专递课堂、名师课堂、名校网络课堂)常态应用，大力开展空中同步课堂、线上同步教研，促进学生学习资源和教师研究资源共建共享共用；建立网上巡课巡校制度，校长能在核心校随时察看各校区的教室教学状况、校园安全情况；建立网络集体备课制度，确保各学科各校区教师按时相聚云端，开展常态化集体备课活动；建立OA办公

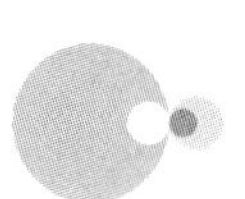

系统,实现网上办事报账,让数据多跑路,人员少跑腿。

8. 以督导评估保落实

各级政府教育督导部门要将教联体建设纳入教育督导和政府履行教育职责评价的重要内容,围绕教联体管理制度与运行机制的健全有效、管理队伍与师资品质的整体提升、教育环境与文化资源的整合优化、办学水平与社会效益的明显提高等方面,进行跟踪督导指导,定期组织考核评估,抓好评估结果应用,推动工作落实。要制定教联体建设评价标准,建立第三方评价和群众满意度调查制度,推动教联体内各成员学校实行一体化、捆绑式评价,重点关注农村学校、薄弱学校、新建学校办学水平和学生发展提升情况。对办学质量达到标准的成员校要给予一定的激励;对达不到办学标准要求的,设置改进期限和退出机制,有效化解办学中的"搭便车"行为;对于没有足够的资源条件、不能带领成员学校共谋发展的核心学校,要严格限制其扩张,防止教联体办学变成一场名校的"圈地运动"。这样,通过激励和问责,促使所有学校各负其责、各尽所能,最终实现教联体的良性运转和整体发展。

参考文献:

[1] 邹红艳. 以县域教联体推进教育数字化[N]. 楚天都市报,2023-02-22(06).

[2] 王树涛,鲍俊威. 数字技术赋能城乡义务教育共治:理论机理与实现路径[J]. 中国远程教育,2022(12):26-34.

[3] 江卉,邓伟,王成龙. 湖北开展美好环境与幸福生活共同缔造活动试点工作[EB/OL]. (2022-09-06)[2023-04-30]. https://baijiahao.baidu.com/s?id=1743194246088792952&wfr=spider&for=pc.

[4] 程墨等. 湖北着力推进县域教联体建设[N]. 中国教育报,2022-10-21(01).

[5] 陈婧,李丹. 学区制管理和集团化办学政策深化发展的问题审思[J]. 人民教育,2023(06):29-34.

[6] 王淑莲. 以共同体建设推动义务教育优质均衡发展[N]. 中国教育报,2023-05-10(02).

(本节执笔人:朱爱国)

第二节　提升中小学课后服务水平

开展中小学生课后服务，是一项“顺民意、暖人心”的民生工程，是提高教育质量、促进学生全面健康成长的重要途径，是增强教育服务能力、有效减轻家长负担的重要举措。2021年7月，中共中央办公厅、国务院办公厅印发《关于进一步减轻义务教育阶段学生作业负担和校外培训负担的意见》（简称“双减”），要求提升课后服务水平，促进学生多元化发展。湖北把课后服务作为落实“双减”政策的重要切口，不断完善政策措施，保证课后服务时间，提高课后服务质量，强化课后服务保障，实现了全省中小学全覆盖，较好地解决了“三点半”“培训热”等问题，满足了人民群众对优质教育的需求，提升了人民群众对教育的满意度。

一、我国中小学课后服务政策的历史演进

课后服务是为学生课后活动提供的服务，是由于家长下班时间与孩子放学时间不匹配的矛盾产生的一种社会活动。家长下班迟而孩子放学早导致家庭难以按时接送孩子、辅导孩子功课。以往这种问题都是由家长寻找校外托管或培训机构提供托管服务或兴趣班服务来解决；“双减”后，主要是在校内由学校教师提供服务来解决。根据我国课后服务的发展性特征以及相关政策的施行时间，可以将我国课后服务政策的演进分为四个阶段。

1. 学校自发组织晚托班阶段（1990—1999年）

20世纪90年代以来，经济体制的转轨和产业结构的调整瓦解了家庭结构和性别角色分工，城市对劳动力的大量需求使双职工家庭迅速成为社会常态。与此同时，国家颁布了一系列“减负”政策，如，1990年，教育部颁布《学校卫生工作条例》，明确规定学生每日在校时间小学不超过6小时，中学不超过8小时，教师不能增加授课时间。1993年，国家教委发布《关于减轻义务教育阶段学生过重课业负担、全面提高教育质量的指示》，把减轻学生负担作为全面贯彻教育方针的重要方面。这两项政策的颁布致使学生放学时间早于家长下班时间，从而引发大部分家庭无法按时接管孩子。在此背景下，为满足家长的接管需求学校开设了晚托班，由学校老师组成，对未能在规定时间离校的学生进行看护和监管他们的安全。晚托班的开设暂时缓解了家庭接管压力。然受限于20世纪90年代家长的学历水平普遍不高，辅导学生功课困难，家长对晚托班的期望由简单的看护转变为辅导学生课业。基于现实需求，学校开展了“培优补差”活动，伴随着职能扩大，晚托班异化为收费制补习班和兴趣班。原本公益性托管演变为“变相补课”，既违背了政府

解决家长需求的初衷,也为学生带来了额外的学习负担。

这一阶段的课后服务以晚托的形式出现,以服务性为主,内容单调无特色,仅停留在作业辅导和安全看护上。且20世纪90年代至21世纪初,城市化进程尚未加快,晚托班暂时只在发达城市运行,处于初探状态。所以课后服务的概念尚未延伸出现,在国家和政府层面均未出台针对晚托服务的规范措施。

2. 校外托管繁荣阶段(2000—2009年)

进入新世纪,晚托班受到教育行政部门出台的相关政策影响,被迫大量关停。一是减负。如,2000年,教育部印发《关于在小学减轻学生过重负担的紧急通知》,强调学校要均衡安排学生时间。二是收费管理办法。如,2004年,教育部、国家发展改革委、财政部印发《关于在全国义务教育阶段学校推行"一费制"收费办法的意见》,规定在义务教育阶段,除按规定标准收取杂费、教材费、作业本费外,禁止收取其他任何费用。这两项政策是推动校内晚托班大量关停的重要原因,由此校外托管班大量涌现。按其性质可以分为三类:一是市场化运营的营利性托管,提供日托服务和教育服务,包括课业补习班、课外阅读班、兴趣培训班等;二是公益和半公益性质的社区托管,利用社区资源和场所,由退休教职工、义工、志愿者组成,为家长提供监管服务;三是私人家庭式托管,由一些科任老师组成"补习班",以规模小、价格低廉的优势和致力于提高学生分数的目的存在于学校背后。

这一阶段市场化运行的营利性托管占据主要地位,后两类托管方式仅属于地方政府和社会组织小范围、小规模的自主探索,校外托管服务缺乏国家层面的政策和法规支持。

3. 地方政策自主试点阶段(2010—2016年)

在减负和规范收费政策的干预下,校外托管的生存空间被极大挤压。如,2013年教育部印发《关于开展义务教育阶段学校"减负万里行"活动的通知》《小学生减负十条规定》,以及教育部等部门2012—2014年连续三年发布《关于治理教育乱收费规范教育收费工作的实施意见》,都对减轻学生负担、规范收费行为提出了明确要求和限制。"孩子放学后去哪儿"的难题再次出现,家长呼吁政府承担起责任,支持学校作为承办主体。最先开展课后服务试点工作的是上海。2010年,上海市教委印发《关于做好本市小学生放学后看护工作的通知》,要求各区小学对看护困难的家庭提供免费服务。2013年,南京市教委印发《关于小学实行"弹性离校"办法的通知》,要求学校统一安排组织专人在放学后的时间段里辅导学生作业或者组织实践活动。2014年,上海市教委再次印发《关于进一步做好本市小学生放学后看护工作的通知》,要求放学后看护工作务必覆盖到所有公办小学,可与城市、乡村学校少年宫活动相结合,再一次强调了课后看护工作的内容。2014年,北京市教委印发《关于在义务教育阶段推行中小学生课外活动计划的通知》,规定北

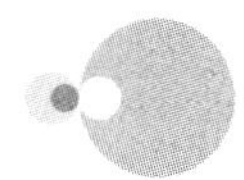

京市中小学通过政府购买社会服务的形式，在义务教育阶段推行课外活动计划，每周不少于3天，每天不低于1小时。

从省市出台的政策来看，各地对课后服务表述和内容存在差异性，不再狭隘地将课后托管等同于课后服务。但该阶段课后服务政策尚未上升到国家层面的统设，印发课后服务通知的地方政府仅对内容、时间、形式作出规定，缺乏对权责归属、性质、实施方式等方面的上层设计。

4. 国家政策规范阶段(2017年至今)

这一时期，很多地区在课后服务的探索上已小有规模和实践经验。为深入开展课后服务工作，保障服务质量，国家出台相关政策予以规范和指导。2017年3月，教育部办公厅发布《关于做好中小学生课后服务工作的指导意见》，在实施主体、服务原则、服务内容、服务时间、经费渠道等方面做了统筹规划。这是国家首次提出课后服务的概念，也是首次从国家层面对课后服务做出规范要求。2018年12月，中共中央办公厅、国务院办公厅印发《加快推进教育现代化实施方案(2018—2022年)》，明确规定支持中小学校普遍开展课后服务工作。2021年3月，教育部印发《义务教育质量评价指南》，提及要“强化中小学校在课后服务中的主渠道作用，提高学校课后服务能力”；同年7月，中共中央办公厅、国务院办公厅印发《关于进一步减轻义务教育阶段学生作业负担和校外培训负担的意见》，要求提升学校课后服务水平，满足学生多样化需求。

2022年是实施“双减”政策的第二年，改革进入深水区，针对性和时效性都更加突出。在校内方面，教育部明确表示，全面落实经费保障机制，建立课后服务信息管理系统；多地出台课后服务细则，就课后服务的师资、经费、内容等作出规范；“保障学生在校期间每天参加不少于一小时体育锻炼”写入新修订的《中华人民共和国体育法》。在校外方面，教育部颁布《校外培训行政处罚暂行办法》《关于进一步加强学科类隐形变异培训防范治理工作的意见》《关于规范面向中小学生的非学科类校外培训的意见》等多个文件，进一步规范校外培训机构和市场。随着2023年“双减”政策的再度升级，补习班全面取消成为教育领域的焦点话题，许多家长表示不满和担忧，认为政府应该为孩子提供多元化的教育选择，对学校课后服务提出了更高要求。

从2017年至今，国家和地方发布的课后服务文件内容越来越完善。在实施对象方面，从最初的解决双职工家庭托管的需求直至覆盖到所有义务教育阶段学校；在实施内容方面，课后服务的定位不再是学生“看”与“管”，逐渐演变为“教”与“学”与“育”；在实施方式方面，学校课后服务学习方式日趋创新，课后服务的功能价值体现更深刻。课后服务在国家政策的规范下，在政府、学校和社会多种力量的支持下，越来越得到重视，规范化、高质量的课后服务制度体系基本建立。

表 3-2-1 国家关于课后服务的相关政策

序号	政策文件	主要内容
1	2017年2月24日,教育部办公厅《关于做好中小学生课后服务工作的指导意见》(教基一厅〔2017〕2号)	充分发挥中小学校课后服务主渠道作用,充分利用学校在管理、人员、场地、资源等方面的优势,主动承担起学生课后服务责任;课后服务必须坚持学生家长自愿原则;科学合理确定课后服务内容形式;切实保障课后服务学生安全;进一步加强对课后服务工作的领导和保障
2	2018年12月8日,中共中央办公厅、国务院办公厅印发《加快推进教育现代化实施方案(2018—2022年)》	支持中小学校普遍开展课后服务工作
3	2018年12月28日,教育部等九部门《关于印发中小学生减负措施的通知》(教基〔2018〕26号)	提供丰富多彩的课后服务内容,合理确定学生离校时间。安排学生参与各种兴趣小组或音体美劳活动。对学有困难的学生加强帮扶,对学有余力的学生给予指导。严禁将课后服务变为集体教学或集体补课
4	2020年9月15日,教育部等八部门《关于进一步激发中小学办学活力的若干意见》(教基〔2020〕7号)	通过政府投入、政策支持、社会参与等多种方式,按照国家有关规定多渠道筹措经费,确保中小学生社会实践正常开展
5	2021年3月1日,教育部等六部门关于印发《义务教育质量评价指南》的通知(教基〔2021〕3号)	强化中小学校在课后服务中的主渠道作用,提高学校课后服务能力
6	2021年6月2日,教育部办公厅《关于推广部分地方义务教育课后服务有关创新举措和典型经验的通知》(教基厅函〔2021〕23号)	推动课后服务全覆盖,确保城区义务教育学校全覆盖、有需求的学生全覆盖。保证课后服务时间,课后服务结束时间原则上不早于当地普遍的正常下班时间后半小时;学校对有特殊需要的学生,可以提供延时托管服务
7	2021年7月7日,教育部办公厅《关于支持探索开展暑期托管服务的通知》(教基厅函〔2021〕30号)	从鼓励学校积极承担、引导教师志愿参与、坚持学生自愿参加等7个方面提出了要求,解决学生暑期“看护难”问题,引导和帮助学生度过一个安全、快乐、有意义的假期

续表

序号	政策文件	主要内容
8	2021年7月24日，中共中央办公厅、国务院办公厅《关于进一步减轻义务教育阶段学生作业负担和校外培训负担的意见》（中办发〔2021〕40号）	提升学校课后服务水平，满足学生多样化需求。保证课后服务时间，课后服务结束时间原则上不早于当地正常下班时间；对有特殊需要的学生，学校应提供延时托管服务。提高课后服务质量，增强课后服务的吸引力。拓展课后服务渠道，充分利用社会资源，发挥好少年宫、青少年活动中心等校外活动场所在课后服务中的作用
9	2021年11月25日，教育部办公厅、中国科协办公厅《关于利用科普资源助推"双减"工作的通知》（教基厅函〔2021〕45号）	引进科普资源到校开展课后服务。各地各校要以"请进来"的方式，引进一批优秀科普人才和相关科普机构，有效开展科普类课后服务活动项目。学校选聘的科技辅导员和合作机构应充分发挥专业优势，通过做科学报告、讲述科学故事、开设线上线下科普课程、指导学生科技社团和兴趣小组活动等多种方式，加强学生科技教育
10	2022年6月14日，体育总局办公厅、教育部办公厅、发展改革委办公厅《关于提升学校体育课后服务水平 促进中小学生健康成长的通知》（体办字〔2022〕88号）	从丰富学校体育课后服务内容、推动专业力量参与体育课后服务、扩大场地供给、强化组织保障等四个方面提出了14条举措。整合体育系统和教育系统优势资源，解决学校体育课后服务资源不足的痛点，支持学校全覆盖、高质量开展体育课后服务，引导广大青少年学生在运动中享受乐趣、增强体质、健全人格、锤炼意志
11	2023年3月27日，教育部等八部门关于印发《全国青少年学生读书行动实施方案》的通知（教基〔2023〕1号）	将读书行动与学校教育教学、课后服务活动和学生日常生活紧密结合，创新读书载体，完善长效机制，推动青少年学生读书行动有效开展
12	2023年5月17日，教育部等十八部门《关于加强新时代中小学科学教育工作的意见》（教监管〔2023〕2号）	各地要将科学教育作为课后服务最基本的、必备的项目，开展科普讲座、科学实验、科技创作、创客活动、观测研究等，不断提升课后服务的吸引力
13	2023年6月13日，中共中央办公厅 国务院办公厅印发《关于构建优质均衡的基本公共教育服务体系的意见》	采取财政补贴、服务性收费或代收费等方式筹措义务教育课后服务经费，丰富课后服务优质资源，强化课后育人功能

二、我国中小学课后服务的逻辑内涵

中小学课后服务主要是在校内为中小学生安排做作业、自主阅读,从事体育、艺术、科普活动,以及娱乐游戏、拓展训练、开展社团及兴趣小组活动等,是促进学生发展、维护社会安稳、提升教育服务能力、增进人民福祉的重要制度安排,是由政府经费补贴、学校酌情收费、教师获取适当劳务报酬的准公共产品,有其独到的逻辑内涵。

1. 促进学生全面发展:课后服务的价值旨归

促进学生全面发展是马克思主义"人的自由而全面发展"的理论要求,也是新时期学校教育的时代使命。"双减"政策坚持学生为本的政策立场,聚焦立德树人的根本任务,将促进学生的全面发展和健康成长作为出发点和落脚点。作为落实"双减"政策的重要举措,课后服务实质上是为了学生的美好生活而服务,为了学生的全面发展而服务。可以说,促进学生的全面发展是"双减"背景下中小学课后服务的价值旨归。

其一,课后服务旨在融通学校教育与社会生活,为学生全面发展奠基。与"全面发展"密切相关的概念是学生的"综合素养"。教师在课堂教学中所能创设的情境和活动是有限的,并不能涵盖人的整体素养的全部范畴,满足学生全面发展的需求。课后服务是学校常规课程的有益补充,是一种开放式的育人方式,允许多元主体共同参与到学校教育活动中,进而弥合了学校教育与社会生活的鸿沟。在课后服务时间,学校教育的场域不再局限于学校,科技馆、博物馆、少年宫、街道社区、研学旅行基地等与社会生活密切相关的机构或泛在的场所都可以成为学生学习的地方。学生在更加综合化的学习活动和真实的情境中进行多维学习,在人与真实情境、人与社会生活知识的互动中生成与之相关的素养,进而实现自身的全面发展。

其二,课后服务旨在消弭分科课程的固有局限,为学生全面发展助力。实现学生的全面发展需要学生进行发展性学习,具有跨学科的素养。割裂的学科知识分布使得跨学科素养的培育成为传统的分科课程的固有局限。同时,随着信息化时代的知识爆炸,各学科间的壁垒逐渐模糊,分科式的课程模式变得难以维系,"课程化"成为课后服务的发展方向。同时,课后服务课程具有独特的育人价值,通过将校本课程、学科拓展课程、综合实践课程,以及其他课程资源进行整合和重构,逐步构建起综合性的课后服务课程体系,弥合分科课程的局限,培育学生的跨学科素养,为学生全面发展助力。

2. 实现师生协同成长:课后服务的应然追求

"双减"政策关注的不仅是学生的学习,同时还有教师的发展。"双减"背景下保证学校教育“质效双增”的应然追求是实现师生的协同成长。

其一，课后服务改变了教师的育人目标取向。从学生学业负担的增生机理来看，学生的学业负担“越减越重”不仅是根植于社会的“考试文化”和家长的“分数神话”，同时还源于教师的“专业失守”。一方面，教为学服务，教师的教是为了促进学生的学。也就是说教师教什么、怎么教，都应该依据学生的学情来决定。另一方面，教师的教也受到教育生态圈中诸要素，特别是评价体系的制约。社会“评什么”影响考试“考什么”，而考试“考什么”则影响教师“教什么”。如果指向应试，则课堂教学呈现出知识本位的特点，反映出教师为学生确立的学习目标是“求知”。而推行中小学课后服务的目的之一是为了与素养导向的课堂教学变革相互协调，确立以发展为本的育人目标取向。“双减”后课后服务的开展使得教师关注学生的全面发展（不单是认知发展），将自身专业实践的目标从帮助学生“求知”向“育人”转换，阻断了学业负担的传导机制。

其二，课后服务为教师的专业发展提供了契机。课后服务主要包含两大类活动：素质拓展课和个性化辅导。首先，在课程实施过程中，以体音美为代表的“副科”往往因学校的不重视而开不齐、上不足、教不好，教师的专业发展也受到严重限制。而课后服务课程体系的重要组成部分即是以艺术鉴赏、科学探究、体育锻炼、红色教育为主题的素质拓展课，这使得这些传统意义上的“副科”教师有更多的机会进行专业实践，在与学生的互动中生成个人的实践性知识，积累实践智慧，进而促进自身的专业成长。其次，对学生进行个性化辅导意味着教师必须突破传统的以讲授为主的教学法，而要基于学生的知识基础、能力水平和发展需求等个体差异来进行因材施教。教师在这种“学为中心”的专业实践中也能重塑自己的教学理念，提升教学能力。

3. 贯彻公平原则：课后服务的基本立场

教育公平是社会公平的基石。作为一种价值追求，公平同时也是“双减”背景下中小学课后服务应当遵循的基本立场。

其一，从教育政策的角度看，坚持教育的公益属性和公平性原则是“双减”政策的深层逻辑。教育政策的本质是对教育资源与利益进行分配的公共性政策，不同的教育政策影响不同群体和个体的教育机会获得与资源分配。坚持教育的公益属性，着力构建优质均衡的基本公共教育服务体系，保障教育公平是党中央面向教育领域的重大举措。“双减”政策的初衷是为了回归教育的公益属性，缓解中国社会的育儿焦虑现象，着力保障教育公平的实现。

其二，从教育生态的角度看，保障“双减”背景下中小学课后服务的公平性，也是重塑教育生态，扭转教育功利化倾向，建设高质量教育体系的应然遵循。在“双减”政策出台前，基础教育阶段生态失衡的根本原因是教育资源的不均衡。一方面,为了获取优质教育资源,提升学业成绩,部分学生涌向校外教育机构,尤其是有经济实力的家庭,增加了家长"让孩子输在起跑线上"的担忧。另一方面,校外培训机构通过"挖"走名师、宣传学生学业差距、考前押题等方式来制造教育焦虑,加剧了教育生态失衡。因此,作为校外培训的有效替代,课后服务必须将公平性作为一以贯之的基本立场,让教育机会面向全体成员同等开放和共享,消解群体性教育焦虑,实现基础教育生态的根本性重塑。

三、湖北中小学课后服务的政策举措和成效

长期以来,湖北特别重视解决义务教育阶段学生放学后家长接孩子难题,从早期的"课后托管"到现在的"课后服务",从早期关注小学生"三点半难题"到现在实现义务教育课后服务全覆盖,始终坚持以人民为中心办教育,着力解决人民群众的急难愁盼问题,交出了一份"办好人民满意教育"的荆楚答卷。

1. 与时俱进完善顶层设计,基本构建学校课后服务制度体系

早在 2016 年 9 月,湖北省教育厅、省物价局印发《关于开展小学生课后在校托管服务的指导意见(试行)》,对托管服务原则、实施办法、服务内容、费用保障等进行了明确规定。要求遵循"家长自愿、校内实施、成本分担、有效监管"原则,组织小学生课后在校托管服务;托管期间,只能组织学生自习、阅读、做课外作业、开展文体活动和兴趣小组活动等,不得组织集体教学或补课,不得开展收费培训活动;托管服务人员由家长委员会聘请,托管时间由家长委员会与学校、学生家长根据实际需求协商确定;托管服务费用采取成本分担办法,聘请托管服务人员的劳务报酬、孩子的午餐费和少量工作运行开支,由家长委员会进行成本核算,由学生家长分担,场地及后勤保障费用,由学校承担。

2021 年,除了省委办公厅、省政府办公厅《关于进一步减轻义务教育阶段学生作业负担和校外培训负担的通知》对学校课后托管服务提出明确要求外,省教育厅等四部门《关于进一步做好义务教育学校课后服务工作的通知》,对课后服务的对象、时间、内容、方式及经费来源、组织实施做出具体部署,要求各义务教育学校"一校一案"制定课后服务实施方案,确保秋季学期课后服务全覆盖;提出课后服务主要包括放学后托管服务、初中晚自习服务、免费线上学习服务、暑期托管服务,以及为在校学生配套提供的就餐服务等,其中义务教育学校全面推行放学后托管服务,采取"5+2"(一周 5 天每天 2 小时)方式,实行"1+X"托管(基础性托管+拓展性托管)。全省义务教育学校课后服务实现"应开尽开",学生参与率、教师参与率均达到 95%以上,全省共聘请 1 万余名校外专业人员参与课后服务,受到全国人大常委会的充分肯定。

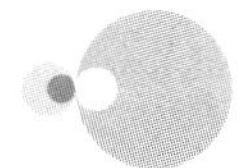

案例3-2-1

武汉市精心部署义务段学校课后服务

12月31日，武汉市教育局发布《关于进一步做好义务教育学校课后服务工作的通知》，对全市课后服务时间、内容、方式、保障办法等作出具体安排。依据《通知》，课后服务对象为武汉市义务教育阶段学校所有在校学生。服务时间，原则上为正常上课日的中午及下午放学后，小学和初中课后服务结束时间，原则上不早于18:00；对有特殊需要的学生，学校应提供延时托管服务。课后服务内容采用“1+X”模式，“1”是指导学生认真完成作业，帮助学习有困难的学生辅导答疑；“X”是指导学有余力的学生拓展学习空间，开展丰富多彩的科普、文体、艺术、劳动、阅读、兴趣小组及社团活动。课后服务一般由本校教师承担，各区教育局可组织区域内优秀特长教师到师资力量薄弱的学校开展课后服务，可按规范程序引入社会机构和个人为学生提供课后服务项目，可聘请科学家、运动员、教练员、艺术家、能工巧匠、民间艺人等专业人才参与课后服务。目前，武汉市义务教育学校“一校一案”已全部开展课后服务，自愿参加课后服务学生约83.03万人，占比92.43%，实现了义务教育学校和有需求的学生全覆盖。

——资料来源：湖北日报 2021-12-31(04)

2. 着力提升作业设计及辅导水平，较好减轻了家长的负担

在推进学校课后服务过程中，各地课后服务的主要任务是“1+N”，“1”是指导学生认真完成作业，为学习有困难的学生答疑释惑；“N”是指导学有余力的学生开展素质拓展活动，培养学生的兴趣特长。在这种形势下迫切需要重新定位作业功能，提高作业设计和实施能力。为此，省教育厅出台了义务教育阶段学生作业设计指南；省教育科学研究院研制作业管理办法，开展优质作业设计与展示交流活动，充分展示“双减”背景下积极探索课堂减负增效的成果；各地各校依据课程标准，紧扣教材内容，从作业总量、作业时间、作业种类、作业难度等方面对作业进行有效整合、改编，布置分层、弹性、个性化作业，不断提高作业的针对性、拓展性、有效性，呈现了“同等看待与不同期待”，每一张作业设计都蕴藏着老师们的一份精巧心思。2023年春节，很多中小学布置了写春联、做年夜饭、看望老人、大扫除等年味十足的特色寒假“作业”，不仅充实了学生假期生活，提高了学生动手操作能力，而且传承了中华优秀传统文化。

案例3-2-2

宜昌、荆门、黄冈等地提升义务教育阶段作业设计与辅导水平

宜昌市伍家岗区秉承作业理念“转”过来，作业数量“减”下来，作业质量“提”上来，作业形式“活”起来，评价杠杆“用”出来的作业研究原则，经历了“点”上突破，精寻支撑点；“线”上思考，建构体系线；“面”上融合，追求覆盖面；“体”上构筑，形成特色体的研修过程，形成了 70 本书面基础型作业汇编，50 余份中小学寒暑假作业设计方案，区域作业资源库雏形初现。

荆门市开展义务教育阶段作业设计与管理优秀案例评选活动。从作业时间有限度、作业难易有梯度、作业形式有维度、作业评价有信度、作业育人有温度五个维度共评选出作业设计优秀案例一等奖 30 份，作业管理优秀案例一等奖 9 份。并采用线下和线上相结合的方式，组织开展了“荆门市义务教育学校优化作业设计与管理交流研讨会”，将优秀作业设计与管理案例通过“荆门教研”微信平台陆续推送。

黄冈思源实验学校小学部课后服务采取“1＋1”模式，晚托第一课时为作业辅导课，作业基本在学校完成，不留书面作业回家；晚托第二课时为素质拓展课，课程内容丰富多彩，包括体育、音乐、美术、劳动、科技、信息等特色课程。如：趣味足球、花式网球、武术操、创客机器人、趣味编程、儿童音乐剧、汉风书法、戏曲欣赏、太空黏土、经典阅读、趣玩数学等。学校素质拓展课程着眼学生未来，开阔学生视野，促进学生全面发展。

——资料来源：根据各市县教育局 2022 年工作总结整理

3. 丰富课后服务内容，拓展课后服务项目

为丰富学校课后服务课程资源，拓展课后服务项目，各地坚持“一校一策”和自愿参加原则，课后服务时间全面开展丰富多彩的体育、美育、阅读等社团活动。无论是城区学校，还是偏远村小，基本形成了校校有社团、生生有特长的生动局面，将健康与活动带给了学生，传染了校园。湖北省教育厅、省教育科学研究院与省新华书店总店合作，组织开展“5＋2”课后服务项目，做好劳动、书法、阅读、美育等课后服务项目的省市级专业辅导及培训工作，组织开展“整本书阅读”及“长江杯”课后服务活动成果展评活动，得到了各地积极响应。其中，“整本书阅读”活动，以阅读服务为切入点，整合书店、出版等资源，以“阅读课＋阅读教材”的方式，实行“一县一区一策”“一校一班一案”，引导学生阅读“整本书”，营造了良好的阅读氛围，激励学生好读书、读好书，提高学生的传统文化素养。“长江杯”课后服务活动成果展评活动，涉及阅读课成果、写字书法成果和美育素养成果三大类别，包

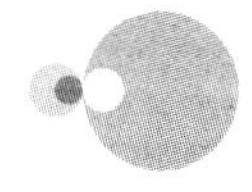

括优秀阅读课例、朗诵、演讲等作品和“阅读示范基地学校”“美育示范基地学校”等多种课后服务成果展评，各地、各校克服疫情造成的困难，广泛发动师生积极参与，产出了一大批优秀成果。

案例3-2-3

孝感打造时段贯通、课程多彩、评价多元的课后服务体系

课后服务，事关民生。孝感市坚持探索课后服务新路径，为学生的课后生活增添亮丽色彩。一是课后服务课程与乡土文化融合。孝感市以当地孝文化、红色文化，以及云梦皮影、三节龙·跳鼓、汉川善书等非遗文化为依托，指导全市中小学将课后服务课程特色化、校本化，不断丰富课外服务内容和形式。二是课后服务时段与家长需求融合。在做到“5＋2”课后服务的基础上，孝感市多所学校积极探索开展午间托管、周末托管和寒暑假托管，满足了部分家长接送孩子和学生兴趣爱好个性化发展的双重需求。三是课后服务评价与“五育”并举融合。对各类兴趣社团活动的效率评估时，改变传统评价模式，将知识点融入游戏和活动场景之中，通过学生听、说、想、讲、演等方式呈现结果，再将结果转化为等级，有效促进学生德智体美劳全面发展。

——资料来源：中国教育报 2022-11-15(01)

四、湖北中小学课后服务的问题检视

作为落实“双减”政策的重要举措，开展中小学生课后服务，是促进学生健康成长、帮助家长解决按时接送学生困难的重要举措，是进一步增强教育服务能力、使人民群众具有更多获得感和幸福感的民生工程。“双减”政策出台至今，中小学在提升课后服务有效性和探索课后服务新模式等方面成绩斐然，但仍然存在诸多实践误识与价值偏倚，还存在课后服务不全面、服务机制不健全、服务行为不规范等问题。

1. 课后服务概念被误读，导致方向发生偏差

课后服务是指“学生在周一至周五学校规定的放学时间后参与的有目的、有组织、系统的学习活动”，与课外活动和校外教育等概念存在差异。课后服务与常规的课堂教学相互补充，对于巩固学生学习成效、促进学生全面发展具有重要作用。然而，教育实践中存在对于课后服务概念窄化和误解的现象。比如，将课后服务简单地理解为课后托管，变成学生在教师的看管监督下完成课后作业的活动，消解了课后服务的丰富内涵，忽视了课后服务的育人属性；将课后服务简单地理解为课堂教学的附属品，部分学校受困于学生升学压力，在课后服务时间仍以布置习题、组织考试、讲评试卷等方式变相开展学科教学活动，学生的负担不仅没有因课后服务而减轻,反而因课时量的增加而加重;将课后服务简单地理解为校外补习的替代物,通过引进校外的学科类培训机构开展课后服务活动,课后服务不是提升学生综合素质的活动,反而充斥着"唯分数""唯升学"的功利倾向。

2. 教师的负担加重,权益没有得到很好保障

"双减"政策的直接目的是减轻学生学业负担,其着眼点在于学生。然而中小学在落实"双减"政策、开展课后服务的过程中,存在着"学生负担减轻,教师负担加重"的反向增负现象。一是部分中小学教师因课后服务的开展而长时间超负荷工作。首先,部分中小学在课后服务时间开设以艺术鉴赏、科学探究、体育锻炼、红色教育为主题的素质拓展课程,加大了对于美术、音乐、科学、体育、思政等学科教师的需求,加重了这类教师的负担;其次,不少学校的课后服务是学生根据自身兴趣爱好进行跨班、跨年级自主选课,涉及跨班流动和"双师辅导",要求多位教师参与,也增加了教师的工作负担。二是教师的权益保障体系不完备。首先,在现行的课后服务体系中,本校的教师往往是课后服务活动的主要承担者,囿于教师数量匮乏、师资力量不足、未开展轮岗轮休等原因,部分教师长期牺牲自己的个人休息时间开展课后服务活动,处于"连轴转"的状态,工作强度大;其次,教师开展课后服务的津贴和补助落实不到位,严重影响了其工作积极性。有基层教师反应:"按照'弹性离校'安排,上级财政按每生每年 300 元经费拨付课后补助,按每周 5 天,每天一个班延迟 2 节课计算,每学期至少延迟 100 节课,一学年就得延迟 200 节课,计算结果是每节课补助 1.5 元。"某种意义上说,部分地区惠及家长的"普惠工程"却是建立在教师的"廉价劳动"之上。

3. 优质资源不足且分布不均,加剧公平价值失序

新时期教育领域一个重要问题是人民群众对接受高质量教育的期盼越来越热切,而优质课后服务资源总量不足和分布不均衡为"双减"背景下中小学课后服务的公平性带来隐忧。一是一些学校课后服务条件不足。目前,中小学"基础托管+素质拓展"的课后服务体系已初步建立,但大多数农村中小学受规模、师资、场地、设备等因素的限制,只能提供课后服务基础托管工作,特色课程的开设遭遇一定困境。有的小规模学校很少开展兴趣特长、体育锻炼、劳动体验等活动,出现"特色活动无特色"的尴尬局面。少数薄弱校基础不足、设施落后、师资匮乏,开展日常教学工作已是捉襟见肘,学生在课后服务时间大多处于"自然生长"状态。二是部分地区通过购买数字教育资源的方式赋能课后服务,却由于教育信息化的程度不同而使得课后服务加大了学生的发展差距。一方面,各地教育信息化基础设施建设水平存在差异,经济发达地区的学生在课后服务时间享有多样的信息技术设备以及丰富的数字教育资源,而贫困地区的学生相对而言可获得资源较为匮乏;另一方面,不同地区学生的信息素养存在差异,其技术使用技能也有高低,使

得学生在课后服务时间使用数字教育资源所获得的发展存在差距,加剧了潜藏的教育不公平。三是少数学校在课后服务时间开展"培优班""拔尖班",为优秀学生组织习题训练、知识拓展等活动,加剧了学生学业表现的两极分化,进而扩大了学生的学业成就差距。

五、提升湖北中小学课后服务水平的策略建议

中小学全面推进课后服务,是落实"双减"政策的重大部署,是增强教育服务能力、减轻家长负担、促进学生身心健康成长的重要举措。湖北要从"办好人民满意的教育"的高度出发,聚焦群众实际教育需求,坚持"自愿、因需、公益"原则,优质高效地开展课后服务,在"全覆盖、广参与"的基础性上,实现"上水平、强保障"的进阶性目标。

(一)完善导向分明的配套政策

教育政策具有滞后性,随着课后服务工作的深入开展,教育政策制定者应及时把握课后服务发展的动态方向,遵循教育规律,立足现实条件,预测未来的发展趋势,不断完善和改进课后服务政策,以保证课后服务政策的及时性、公平性、全面性、创新型、公益性、独特性、前瞻性。

1. 明确课后服务的权责分配

从现行的政策文本来看,课后服务的法律属性同义务教育关系未得到澄清,导致政府、学校、家长之间的权责分配模糊。这种模糊状态不仅导致课后服务出现法律纠纷时难以找到清晰的解决路径,更由于没有合理分担各主体所承担的权责而产生隐患。如政策文本中明确政府是课后服务的责任主体,主要责任在于对课后服务的指导和监管以及资金的保障等,尚未指出政府对学校也有服务责任。另外,政策强调学校要作为课后服务的主渠道,只言学校的义务,未言学校的权力,使学校的义务和权力不对等。因此,课后服务政策要明确政府、学校、家长三者之间的权责分配,做好学校和家长之间的衔接,构建多元协同育人机制,发挥联动效应,使利益相关方之间形成牵制,互相监督,推动课后服务的高质量发展。

2. 保障课后服务的教师薪酬

从各地实践来看,课后服务工作对教师的影响很大。教师工作具有复杂性,包括备课、写教案、上课、批改作业、监管学生安全、管理班级事务等,在教师工作量饱和的状态下,课后服务增加了教师工作量,薪酬制度却没有法律保障。课后服务应保障好参与课后服务教师的薪酬,建立一套标准且公开透明的薪酬制度体系。在核定绩效工资总量时,应考虑教师参与课后服务的因素,把用于教师课后服务补助的经费额度,作为增量纳入绩效工资并设立"教师课后服务补助"项目。

教育部门要指导学校制定完善具体发放办法。对外聘校外人员提供课后服务的,课后服务补助可按劳务费管理。教师参加课后服务的表现应作为职称评聘、表彰奖励和绩效工资分配的重要参考。

3. 建立课后服务的评价机制

现有的政策文件仅仅对实施主体、服务时间、服务内容、经费渠道、安全管理制度等方面作了明晰规定,尚未涉及课后服务的评价标准和监督体系。有效的评价才能推动工作更好开展。对于政府和部门而言,需要定期视察学校,督导学校课后服务的管理,制定学校课后服务年度考核工作方案,对考核结果予以公示。对学校而言,评价工作包括学校管理、上课质量、教师评价、优秀班级评定、家长和学生满意度、日常安全巡检、设施设备维修等方面,具体因校而异,自行安排。对于教师而言,评价的对象包括自身和学生,一方面教师对课后服务工作进行自评,另一方面教师对学生做形成性评价、总结性评价。当然,课后服务作为一项民生工程,家长的评价也需要纳入评价体系中。在评价过程中,要简化评价过程,把握好尺度,不能太过于频繁以至于让被评者产生厌倦。

(二)健全融合融通的课程体系

"双减"背景下的中小学课后服务主要目的是促进学生全面而有个性的发展,为学生的美好生活而服务。面向学生的美好生活意味着学校教育不仅应该创造由书本知识构成的符号世界,还应当融入与学生生活密切相关的真实世界。作为课堂教学的有益补充和"五育"融合的有力抓手,课后服务应让"课程化"成为一种综合性实践育人的方式。

1. 推进课后服务课程目标与学科课程有序衔接

这种衔接不仅表现在内容上的贯通,还应体现在目标上的一致。这里的"一致"并不是要把课后服务课程拆分成多个模块,将对应的学科课程目标直接移植,而是要在学科课程目标的基础上,结合对学生学情和学校校情的调查,对目标进行统合和重构,最终确立课后服务课程目标。目标的一致性使得课后服务课程与学科课程相互衔接、同频共振,使课后服务课程的内容成为学科课程内容的拓展和综合,课后服务成为课堂教学的有效延伸和有益补充,协同促进学生的全面发展。

2. 推进课后服务课程内容与实践和生活切实融合

首先,课后服务课程的内容应当跨越学科边界,具备综合性和互补性,不能将语文、数学等单一学科的活动作为课后服务课程的主体部分。其次,课后服务课程的内容应当为实践类活动的开展预留空间,学校应结合人文特色、历史积淀和现有条件,指导学有余力的学生拓展学习空间,开展丰富多彩的科普、文体、艺术、劳动、阅读、兴趣小组及社团活动，增强课后服务的吸引力，让学生在这段时间“物有所值”。再次，课后服务课程应该面向学生的生活，实现书本知识与学生生活融会贯通，促使学生“做中学”“玩中学”“创中学”。

3. 推进课后服务课程资源向社会多方拓展

首先，中小学不仅要开发校内的课程资源，更要统筹利用文化、科普、体育、艺术、思政等方面的社会资源，通过拓宽资源渠道、促进资源整合来凝聚育人合力，增强课后服务课程与学生生活世界的关联度。其次，中小学校和有关部门要广泛发掘和总结课后服务的典型经验，完善课后服务精品课程资源的宣传和共享机制，实现优质资源的共享共建、互帮互促。再次，学校可因地制宜用好社区活动中心、少年宫、科技馆、高科技企业、德育教育基地、劳动教育基地、博物馆、美术馆、音乐厅、文化馆、社会体育场馆等校外教育资源，开展参观、学习、训练、体验等活动，增强学生的科技人文素养。

（三）组建开放共享的师资团队

课后服务与课堂教学最大的不同在于它是一种敞开式的育人方式，允许多元主体共同参与到育人活动之中。中小学课后服务的开展应当以中小学校为主阵地，充分发挥家庭的辅助作用和社会的支撑作用，组建多元主体联动，家、校、社协同参与的中小学课后服务师资团队。

1. 充分发挥学校教师的主体作用

课后服务一般由本校教师承担，各学校应根据教师的专业方向、任教学科、兴趣特长和本人意愿，安排教师从事课后服务工作，尽可能让每位教师有适合的角色，做到人尽其才、才尽其用。教育行政部门可组织区域内优秀特长教师到师资力量薄弱的学校开展课后服务。对音、体、美等相关艺术类课程的教师可统筹安排、打通使用，实行走教制，给予相应的补助。对所有从事课后服务的教师学校可统筹安排，实行“弹性上下班制”。

2. 充分发挥社会能人的专业作用

学校可按规范程序引入社会机构和个人为学生提供课后服务项目。学校要对参与服务的社会机构和个人进行遴选，把好入口关、监管关、考核关，按相关规定实施，接受监督。遴选参与学校课后服务的对象，包括但不限于符合资质条件的社会机构以及具备指导能力的高校教师、退休教师，少年宫、文化馆、科技馆、体育俱乐部等社会机构的教师（指导员），科学家、运动员、教练员、艺术家、能工巧匠、民间艺人等各领域专业人才，其他符合活动需求的公益人士、家长及志愿者等。中小学应当通过“课后服务＋研学旅行”“课后服务＋场馆教育”“课后服务＋

民俗文化”“课后服务＋社区工作”等形式鼓励研学旅行机构、博物馆、科技馆、民俗文化的传承人、社区工作者等多元主体共同参与课后服务的体系建设。

3. 充分发挥学生家长的辅助作用

学生家长是课后服务师资的重要组成部分。中小学校可以组建家长志愿者团队,鼓励学生家长发挥专业特长或职业优势,通过开展专题活动的方式形成家校协同育人合力,共促学生发展。此外,在课后服务时间,针对提前来校的家长,学校可以面向他们定期开设家庭教育的相关课程,不仅在课后服务时间服务学生,而且服务家长,着力提升家长的育儿水平,增强家庭教育的有效性。

(四)构建公平优质的保障体系

回归教育的公益属性,坚决贯彻公平原则是课后服务的基本立场。课后服务保障体系的建设应当协调各方利益,将公平性作为一以贯之的价值取向。

1. 加强经费保障

建立以公共财政分担为主,家庭与社会合理分担的多元化课后经费保障机制,以“财政补贴＋合理收费＋社会捐赠”的形式多渠道筹措课后服务经费,保障课后服务的公益属性。在经费保障方面,对农村小规模学校采取财政兜底与学生缴费相结合的方式,对困难学生及低保家庭实施减免等倾斜政策。在经费使用方面,政府应设立专项资金,对参与课后服务的教师及相关人员给予劳务补贴。在经费监管方面,有关部门应制定课后服务经费管理细则,保证课后服务经费使用公开透明,防止挪用、盗用、暗箱操作等情况发生。

案例3-2-4

随州市曾都区加强课后服务经费保障

2022年5月,随州市曾都区印发《关于进一步做好义务教育学校课后服务工作的通知》,明确了学校课后服务收费标准。其中,市区中心城区:小学每生每学期315元(70元/月),初中每生每学期360元(80元/月);镇、街道中小学分别按中心城区同类学校收费标准的80%执行。课后服务时长原则上不低于2小时,低于2小时的应适当降低收费标准。对困难群体学生的课后服务费用,学校要适当给予减免。同时要求规范收支管理。课后服务收费主要用于参与课后服务教师和相关人员的补助及课后服务过程中发生的直接耗材支出,不得用于水电费、校内场地使用费等其他公用支出。各学校要将课后服务收费纳入学校预算管理,专款专用,不得截留、挤占和挪用。

——资料来源:曾都区官网 2022-05-26

2. 推进均衡发展

推动课后服务优质均衡发展，加大对薄弱学校开展课后服务的支持力度。首先，完善县域教联体制度设计，促进校际教育资源均衡发展，保障优质教育资源的分布均衡，特别是同一教联体内城乡学校教师的课后服务报酬应大体相当。其次，加强教育数字化基础设施建设，加强对课后服务参与者的信息技术技能培训，弥合信息技术的机会鸿沟和技能鸿沟，通过纳入优质数字教育资源的方式来助力课后服务开展。

3. 合理配置资源

作为落实“双减”政策的重要举措，课后服务更应成为基础教育阶段教育生态的“稳定器”，避免学生的家庭资本差距通过课后服务转化为学业成就差距和将来的经济收入、社会地位差距。这就要求地方教育行政部门合理配置资源，并加大对课后服务实施过程进行质量评估的力度，严禁中小学在课后服务时段开设“拔尖班”“培优班”，避免因校内教育资源分配不均衡而导致的学业成就差距。同时，教师在课后服务开展过程中也要特别关注处境不利学生的学习需求，保证其在课后服务过程中综合素质的提高。

4. 加强安全管理

安全高于一切。农村小学生中有很多是祖辈骑三轮车接送。秋冬季节，课后延时服务结束时往往天色已黑，一些农村道路路况差、照明差，老人孩子的交通安全存在隐患。各地各学校要加强道路安全知识宣讲，提升学生和家长的安全意识，自觉形成遵守交通法规的良好习惯，保证出行安全。秋冬季，学校可灵活调整下午上学、放学时间，避免天黑之后放学，消除安全隐患。

参考文献：

[1] 秦风明.优化农村中小学课后服务[N].中国教育报，2022-12-15(02).

[2] 丁莹.以优质科普资源助推“双减”工作[N].武汉科技报，2022-04-29(04).

[3] 魏红梅，赖俊蓉.我国课后服务政策的历史演进与未来展望—基于历史制度主义的视角[J].教育科学探索，2023(01)：30-36.

[4] 高巍，周嘉腾，李梓怡.“双减”背景下的中小学课后服务：问题检视与实践超越[J].中国电化教育，2022(05)：35-41，58.

（本节执笔人：傅华强）

第三节 深化中小学课程改革

在中小学校,课程与教学问题是教育高质量发展的核心和关键,抓住了这一核心要素,就抓住了问题的要害,由此盘活和带动学校层面的教育改革,打造新的教育教学生态,学校高质量发展才有清晰的行动路径和实施保障。2022 年秋季,湖北义务教育学校全面实施新课程、新课标,各地各校通过课程教学的改革与创新,发展学生核心素养,培养德智体美劳全面发展的社会主义建设者和接班人,全面开启了基础教育高质量发展的新篇章。

一、国家关于中小学课程改革的政策演进

新中国成立以来,尤其是改革开放 40 多年来,我国一直在探索和推进基础教育课程改革。可以说,新中国基础教育开始之时,也是基础教育课程改革开始之时,从未间断。从时间上看,整个基础教育课程改革大致可以划分为八个阶段。

(一) 第一次课改(1949—1952 年):改造旧制度,建立新课程

新中国成立前夕,中国人民政治协商会议第一届全体会议通过的《共同纲领》就明确提出,人民政府应有计划有步骤地改革旧的教育制度、教育内容和教学方法。1950 年 8 月,教育部颁发了《小学各科课程暂行标准(草案)》和《中学暂行教学计划(草案)》,对旧的教学制度、教学内容、教学方法进行了根本改革。例如,中学取消了旧中国规定的“党义”“公民”“军训”等科目,设置了“革命常识”“共同纲领”“时事政策” 等学科,设置了门类齐全的学科课程:政治、语文、数学、自然、生物、化学、物理、历史、地理、外语、体育、音乐、美术等课程。

1951 年 3 月,教育部召开全国中等教育工作会议,提出了普通中学的宗旨和教育目标,并通过了《中学暂行规程》(1952 年 3 月颁布) 以及中学政治等 7 个学科的课程标准草案。1951 年 8 月,教育部召开第一次全国初等教育及师范教育会议,通过了《小学暂行规程》(1952 年 3 月颁布,明确小学学制为 5 年,开设语文、算术、体育、图画和音乐课程,四、五年级增设自然、历史和地理),并制定了新中国第一个《小学教学计划》。

1951 年 10 月,政务院颁布了《关于改革学制的决定》,对各级各类教育的学制做出了新的规定。其中,小学部分缩短了修业年限,改“四二”学制为“五年一贯制”,入学年龄为 7 岁;中学修业年限为六年,分初高两级,各三年。同年,第一套全国通用的中小学教材由人民教育出版社编制出版。至此,新中国第一次制定了统

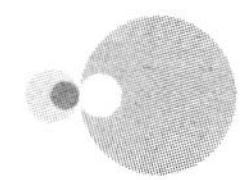

一的课程政策，实现了教学计划、教学大纲、教科书的统一。

（二）第二次课改（1953—1957年）：改进学校教育，初建课程体系

为适应我国第一个“五年计划”大规模经济建设和文化建设的要求，构建较为全面的中小学课程体系，我国进行了以整顿、改进和发展为主要特点的第二次基础教育课程改革。当时的问题主要有：教学质量还很差，学生的政治觉悟和文化水平不够高，教学计划和教材还不切合实际，小学五年一贯制实施遇到困难等。

1953年12月，政务院颁布《关于整顿和改进小学教育的指示》，提出“小学教育应在整顿巩固的基础上，有计划、有重点地发展，小学工作和学习应由教育部门统一领导布置”。1954年4月，政务院颁布《关于改进和发展中学教育的指示》强调，为提高教育质量，中央教育部应根据国家过渡时期的总任务和中学教育的目的，有计划地修订中学教学计划，修订教学大纲和教科书，并为教师编辑一套教学指导用书。随即，我国一方面着手整顿和改进学制及教学计划，如重新制定小学“四二”制教学计划、设置劳动技术教育课、总课时减少等，另一方面掀起了中小学课程与教材建设的高潮。

1956年，随着我国社会主义制度的基本确立，教育部颁发了新中国成立以来全国第一套比较齐全的教学大纲——《中小学各科教学大纲（修订草案）》，人民教育出版社出版了第二套全国通用的中小学教材。1957年初，随着我国较为全面的中小学课程体系的初步形成，第二次课改宣告结束。

（三）第三次课改（1957—1963年）：贯彻教育方针，改革教材和学制

1957年2月，毛泽东在《关于正确处理人民内部矛盾的问题》中提出：“我们的教育方针，应该使受教育者在德育、智育、体育几方面都得到发展，成为有社会主义觉悟的有文化的劳动者。”1958年，中共中央、国务院进一步提出“教育为无产阶级政治服务，教育与生产劳动相结合”的方针。为了更好地贯彻教育方针，教育部掀起了第三次基础教育课程改革浪潮。

这次课改由于受当时全国工农业生产“大跃进”的影响，认为中小学教育存在“少慢差”的现象，且脱离政治、脱离生产、脱离中国实际，需要根据党的教育方针来改革教材、改革学制，进行“教育大革命”。其一，将实施教育与生产劳动相结合作为贯彻落实全面发展的教育方针的重要组成部分，在初高中各年级增设生产劳动课，增加学生参加体力劳动的时间，从而使劳动技术教育在我国基础教育的历史上确立了正式的课程地位。其二，将缩短学制、精简课程作为加快人才培养的主要举措，各地纷纷进行了缩短学制的试验，有小学五年一贯制、中学五年或四年一贯制、中小学七年或九年或十年一贯制等。1960年，人民教育出版社按照中小

学适当缩短学制年限的要求，赶编了第三套全国通用教材，把原来 12 年学完的内容压缩到 10 年完成，以供试验 10 年制的学校选用。其三，将教育事业管理权下放，进行课程、教材从国家完全统一到局部多样化的第一次尝试，提倡各地可以根据因地制宜、因校制宜的原则，对教育部和教育主管部门颁发的教学计划、教学大纲和通用教材、教科书进行修订补充，也可以自编教材和教科书。由此，第二次课改所确定的课程体系遭到全面破坏，严重影响了教育教学质量。

从 1961 年开始，国家以“调整、巩固、充实、提高”方针为指导，对中小学课程改革进行再调整、再统一。如，颁发了《全日制中学暂行工作条例(草案)》《全日制小学暂行工作条例(草案)》，对中小学课程的一些重大问题作了原则上的规定；制定了新的教学计划和教学大纲，对中小学课程做了必要的调整；编写了第四套全国通用教材，供 12 年制学校选用(由于多种原因，修改后的教材没有正式使用)。

(四) 第四次课改(1964—1976 年)：调整未果，“文革”作乱

1964 年初，毛泽东发表了关于中小学教育的“春节讲话”，提出学制、课程、教学方法都要改；当年 3 月，又针对当时学生学习压力过重的问题，批示“课程可以砍掉三分之一”。为此，1964 年 7 月，教育部印发了《关于调整和精简中小学课程的通知》，对贯彻执行毛泽东的指示做出了一系列要求和部署。但是，随后不久爆发的“文化大革命”，使中小学的正常教学秩序受到严重干扰，课改也陷入非理性的无序状态。特别是受极“左”路线的影响，“文革”前十七年教育被整体否定，将以前国家统编的通用教材视为“封资修大杂烩”加以批判；国家不设统一的课程标准和教学计划、教学大纲，也不使用统一的教材，各省、市在“革命委员会”的组织下，自定课程，自编教材，使课程教材建设呈一片混乱状态；过分强调突出政治，教材充斥穿靴戴帽的政治性、革命性内容；片面强调联系实际，将物理、化学、生物课程改成了工业生产知识和农业生产知识，将物理教材简化为“三机一泵”(拖拉机、柴油机、电动机，水泵)，生物教材简化为“三大作物”(稻、麦、棉)等。由此导致教育事业受到巨大破坏，教育质量严重下降。

(五) 第五次课改(1977—1980 年)：拨乱反正，恢复秩序

“文革”结束后，拨乱反正、恢复正常教育秩序成为教育战线的当务之急。在 1977 年召开的全国科学教育工作会议上，邓小平就中小学课程教材建设作出了重要指示：中小学教育，关键是教材，教材非从中小学抓起不可，要编印通用教材。随即，教育部制定了一系列有关中小学课程教材工作的政策和措施：成立教材编审领导小组，领导教材编写工作；重建人民教育出版社，组织中小学教材编写工作；确定中小学十年制为基本学制，制定颁布统一的教学大纲，编写全日制中小学教

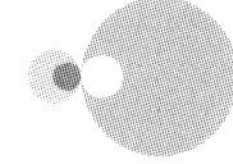

材;确定从1978年秋季开始,在全国使用新教材,即第五套全国通用中小学教材。

1978年1月,教育部颁布了《全日制中小学教学计划(试行草案)》和《全日制十年制学校中小学各科教学大纲(试行草案)》,确定了教材编写的指导思想和基本原则。1978年2月,《全日制十年制中小学教学计划试行草案》颁布实施。该计划草案明确了中小学的任务和学制,提出了制订教学计划的基本原则。配合该计划草案,教育部颁布了全国统一的教学大纲。1978年秋季,小学、初中、高中的起始年级用上了第五套教材。

1980年,第五套教材全部编写完毕,这是"文革"后第一套全国通用的中小学教材。这套教材吸收了国际中小学课程改革的经验和教训,进行了教学内容的现代化改革,清除了"文革"时期出版的教材中的许多谬误,改正了在政治与业务、理论与实际等问题上一些不适当的处理方法,注意基础知识的选择、智力的启迪和能力的培养。

(六)第六次课改(1981—1984年):更新教学计划,适应形势发展

十一届三中全会以后,经过指导思想的拨乱反正,党中央对教育工作做出了一系列新的论断和决策,我国教育事业开始走上了蓬勃发展的道路。但是,面对国际国内形势发生的巨大变化和新的技术革命的挑战,1978年颁布的教学计划在课程设置等方面已跟不上新形势的要求,需要在原有基础上进行新一轮改革。

1980年12月,中共中央、国务院颁发《关于普及小学教育若干问题的决定》,指出中小学学制准备逐步改为十二年制,今后一段时期,小学学制可以五年制与六年制并存,城市小学可以先试行六年制,农村小学学制暂时不动。学制调整的一个直接结果就是我国中小学制出现了"六三三""五三二"等多种学制。学制的多样化带来了教学计划、教学大纲和教材的多样化。

1981年4月,教育部颁发《全日制六年制重点中学教学计划(试行草案)》《全日制五年制中学教学计划(试行草案)的修订意见》和《全日制五年制小学教学计划(修订草案)》,对课程设置及课时开设顺序与课时分配等进行了新的整体规划。人民教育出版社据此开始编写第六套全国通用的十二年制中小学教材,并于1982年秋季向全国供应。在学制方面,中学学制定为六年,由五年制向六年制过渡,多数地区争取在1985年前,把中学学制改为6年。

1984年8月,教育部遵照邓小平"教育要面向现代化,面向世界,面向未来"的指示精神,以现行全日制五年制小学教学计划为基础,并吸收部分小学教学改革的经验,颁发了《全日制六年制城市小学教学计划(草案)》和《全日制六年制农村小学教学计划(草案)》,强调我国初等教育必须以"三个面向"为指导思想积极进行改革,并将研究如何减轻学生过重的课业负担、提高教学质量、使少年儿童能够

生动活泼且主动地发展,作为初等学校教学改革的重点。同时,调整了小学的课时制度,小学一节课由原来的45分钟改为40分钟,也可试行35分钟,要求在每节课中间必须安排5分钟的室内休息或活动。

经过调整,我国绝大多数具备条件的地区和学校的学制、课程和教材基本统一起来了。但是,由于不同地区和学校存在着发展水平的差异,全国各地真正实行的学制并不统一,教学计划也因地制宜,教材建设亦呈现多样化。

(七)第七次课改(1985—2000年):实施义务教育,首发课程计划

1985年5月,《中共中央关于教育体制改革的决定》指出,“实行九年义务教育,实行基础教育由地方负责、分级管理的原则,是发展我国教育事业、改革我国教育体制的基础一环”。1986年,国家颁布《中华人民共和国义务教育法》,第一次提出要在全国有步骤地实施九年义务教育,要求“国务院教育主管部门应当根据社会主义现代化建设的需要和儿童、青少年身心发展的状况,确定义务教育的教学制度、教学内容、课程设置,审定教科书”。于是,义务教育课程、教材建设成为教育领域的一个中心工作。

1. 教材制度打破了“国定制”,开始走向“审定制”

新中国成立以来,中小学教材一直实行“国定制”。全国使用教材统一由人民教育出版社编辑、出版。1985年1月,教育部颁布《全国中小学教材审定委员会工作条例(试行)》,提出“编审分开”,教育部成立全国中小学教材审定委员会负责审教材,审定后的教材由教育部推荐各地选用。1986年9月,首届全国中小学教材审定委员会和各学科教材审查委员会正式成立,标志着我国中小学教材制度由“国定制”改为“审定制”。这是我国教材体制的一个历史性转变。

2. 颁发《九年义务教育教材编写规划方案》,推动教材多样化

1988年8月,国家教委颁发了《九年义务教育教材编写规划方案》,提出九年制义务教育的教材必须在统一基本要求、统一审定的前提下,逐步实现教材的多样化,以适应各地区、各学校的需要,并把竞争机制引入教材建设,通过竞争促进教材建设事业的繁荣和教材质量的提高。1989年,国家教委批准人民教育出版社编写相关教材;上海、浙江根据本地区科技、经济、社会发展的需要,制订具有本地区特点的教学计划和课程标准,并编写相关教材;河北省教委制订编写适合复试教学的课程教材。1989年开始新教材的实验。

3. 颁发《九年义务教育全日制小学、初级中学课程计划(试行)》和24个学科教学大纲

1992年8月,国家教委发布《九年义务教育全日制小学、初级中学课程方案

(试行)》,首次将"教学计划"更名为"课程计划",并在课程计划的"实施要求"中明确规定:"本课程计划国家安排课程所规定的课程门类、教学内容、教学要求和课时分配,体现了国家对义务教育的基本要求,是各级教育部门和小学、初级中学组织安排教学活动的依据,是编定教学大纲和编写教材的依据,也是督导、评估学校教学工作的依据。"与此同时,国家教委配套印发了小学 9 科、初中 15 科的教学大纲(试用),要求自 1993 年秋季起在全国逐步试行。该课程计划有两点重要突破:一是培养目标上首次提出了个性心理品质的教学目标,首次把科学态度和科学方法列入教学目标;二是课程的统一性和灵活性得到进一步结合,国家课程在整个课程计划中占 90%以上的比重,首次在全国统一的课程计划中明确规定地方课程这一类型,这是课程计划的一项突破性改革。新教学大纲和教材共同体现了义务教育的性质和任务,加强了思想性,注重遵循学生的认知规律,适当降低了难度,重视打好基础、培养能力,同时义务教育教材的印刷质量有了较大提高。

4. 开展普通高中课程的实验研究

1988 年 9 月,为配合义务教育法的实施,国家教委颁发了《义务教育全日制小学、初级中学教学计划(试行草案)》,第一次将初中教学计划归入义务教育,与普通高中教学计划分开制定。与此同时,人民教育出版社全面修订、改编的第七套全国通用中小学教材开始使用。

1996 年,国家教委颁发了同义务教育课程计划相衔接的《全日制普通高中课程计划(试验稿)》,第一次将"课程管理"部分单列,明确提出"普通高中课程由中央、地方、学校三级管理",并规定了各级的管理权限,确立了"一纲多本"的课程改革方略。1997 年在两省一市(江西省、山西省和天津市)试验普通高中新课程方案。该方案与九年义务教育课程方案相衔接,规定普通高中的课程由学科类和活动类课程组成。

2000 年,教育部印发《全日制普通高级中学课程计划(试验修订稿)》,对试验稿进行了较大的修改。一是在课程设置上,不再区分学科类和活动类;二是增添了"综合实践活动"这个必修课新科目;三是修订稿指出课程实施主要涉及教材、教师、学生、教学组织等因素,在课程评价部分明确提出不允许公布学生的考试成绩和名次;四是在课程管理体制上仍坚持使用三级管理体制,但对各级管理职责作了调整,如原来由国家教育委员会负责的规划、组织编写和审查教材等工作,修订稿则没有要求,但强调了地方课程的开发。

到 20 世纪末,我国课程体系有了明显的变化。主要表现在:一是改变全国统一的课程制度,形成了统一性和灵活性相结合的课程体制;二是增设活动课程,改变了单一的学科课程体系和课程结构;三是增设选修课程,改变了必修课程一统天下的局面;四是发展综合课程,改变了只有分科课程的状况;五是建立中央、地

方、学校三级管理的课程体制,改变了过分集中的管理制度。基础教育阶段的课程体系基本确立。

(八) 第八次课改(2001 年至今):全面实施素质教育,构建新的课程体系

第八次基础教育课程改革,是党中央、国务院立足于全面提高国民素质、提升综合国力所做出的重大战略决策。从 1999 年 1 月国务院批转教育部《面向 21 世纪教育振兴行动计划》,到 1999 年 6 月《中共中央国务院关于深化教育改革全面推进素质教育的决定》,直至 2001 年 5 月《国务院关于基础教育改革与发展的决定》和 2001 年 6 月教育部《基础教育课程改革纲要(试行)》,国务院和教育部通过一系列政府行为,掀起了第八次课改的热潮(俗称"新课改")。新课改聚焦"六个改变",构成了新一轮基础教育课程改革的总框架,在此框架下,20 世纪 80 年代以来几经努力初步形成的基础教育课程与教学体系被重建。

1. 全面推进素质教育

1999 年 6 月,中共中央、国务院颁布《关于深化教育改革全面推进素质教育的决定》,强调要全面贯彻党的教育方针,全面推进素质教育。2001 年国务院《关于基础教育改革与发展的决定》进一步明确了"加快构建符合素质教育要求的新的基础教育课程体系"的任务。根据该决定的精神,教育部于同年 6 月颁布了《基础教育课程改革纲要(试行)》,11 月颁布了《义务教育课程设置实验方案》。2003 年教育部颁布《普通高中课程方案(实验)》、15 个学科课程标准(实验)以及配套的若干版本的新教材。2010 年 7 月,党中央、国务院颁布了《国家中长期教育改革和发展规划纲要(2010-2020 年)》(以下简称《纲要》),指明教育事业科学发展的方向为:全面提高国民素质,促进教育事业科学发展,加快社会主义现代化进程。2012 年全国各地都进入高中阶段的课程改革,课程改革向纵深全面发展。至此,我国基础教育阶段的课程体系完成改革重建。

2. 全面修订义务教育课程标准

从 2003 年起,国家启动了课程标准修订工作,至 2022 年共修订了四次。2022 年 4 月,教育部召开新闻发布会,向全社会公布了新版义务教育课程方案和 16 门学科的课程标准,要求在秋季学期开始实施。这是党的十八大以来,继 2017 年高中课程修订之后基础教育领域的又一件大事,标志着中小学校在深入落实"双减"政策、推动高质量教育体系建设和教育现代化发展的道路上又迈出了坚实的一步。本次课程修订对新世纪我国基础教育课程改革 20 年的实践经验进行了全面的审视、总结和提炼,结合新时代教育发展的新特征、素质教育发展的新态势和未来人才培养的新需求,提出了符合未来教育发展的新理念和创新性举措。本次课程修订对未来义务教育阶段的课程与教学进行了新的制度设计,其核心追求是贯

彻课程育人新理念，改革不适应时代发展需要的传统教育教学方式，引领育人方式变革，促进学生核心素养发展，最终实现立德树人根本任务。

3. 课程改革进入“立德树人，全面育人”新时代

2012 年，党的十八大提出把“立德树人”作为教育工作的根本任务，开始从国家层面更加深入系统地考虑“教育要培养什么样的人”这一根本问题。2014 年教育部印发《关于全面深化课程改革落实立德树人根本任务的意见》，要求把立德树人贯穿教育全过程。同年，国务院印发《关于深化考试招生制度改革的实施意见》，要求对高中课程和高考改革进行统筹谋划。2017 年 7 月，国家教材委员会正式成立，在意识形态属性强、具有极其重要而特殊育人功能的道德与法治、历史及语文三科教材上实行统编、统审、统用。2017 年 9 月，道德与法治、历史、语文三科统编教材投入使用，同年 12 月，教育部颁布《普通高中课程方案和语文等学科课程标准（2017 年版）》，在内容上凸显思想性、时代性和整体性，进一步强化社会主义核心价值观、中华优秀传统文化、革命文化和社会主义先进文化教育等内容，充分反映马克思主义中国化最新成果以及经济社会发展、科技进步新成就，更加关注学科内在联系及学科间的相互配合，克服碎片化及彼此间的脱节等现象。

近年来国家关于课程改革、教学改革、办学模式改革的政策举措不断推出。2019 年 6 月，中共中央、国务院颁布《关于深化教育教学改革全面提高义务教育质量的意见》，国务院办公厅颁布《关于新时代推进普通高中育人方式改革的指导意见》。2020 年 10 月，中共中央、国务院印发《深化新时代教育评价改革总体方案》。2021 年 7 月，中共中央、国务院颁布《关于进一步减轻义务教育阶段学生作业负担和校外培训负担的意见》；9 月，教育部发布《国家义务教育质量监测方案（2021 年修订版）》。2022 年，教育部先后印发《幼儿园保育教育质量评估指南》《特殊教育办学质量评价指南》，加上 2021 年印发的《义务教育质量评价指南》《普通高中学校办学质量评价指南》，基础教育“三段一类”质量评价体系基本形成。2023 年 5 月，教育部印发《基础教育课程教学改革深化行动方案》，要求各地各校明确责任分工，建立健全推进机制，不断将基础教育课程教学改革引向深入。

表 3-3-1　新中国成立以来国家关于中小学课程改革的相关政策

序号	政策文件	主要内容
1	1951 年 10 月 1 日，政务院颁布《关于改革学制的决定》	小学的修业年限为五年，实行一贯制，取消初、高两级的分段制。入学年龄以七足岁为标准。毕业后，得经过考试升入中学或其他中等学校。中学的修业年限为六年，分初、高两级，修业年限各为三年，均得单独设立

续表

序号	政策文件	主要内容
2	1978年2月,教育部颁布《全日制十年制中小学教学计划试行草案》	全日制中小学学制为十年,中学五年,小学五年。中学按初中三年、高中二年分段
3	1980年12月,中共中央、国务院颁发《关于普及小学教育若干问题的决定》	中小学学制逐步改为十二年制。小学学制可以五年制与六年制并存,城市小学可以先试行六年制,农村小学学制暂时不动
4	1985年5月27日,中共中央、国务院颁布《关于教育体制改革的决定》	改革同社会主义现代化不相适应的教育思想、教育内容、教育方法,使基础教育得到切实的加强;教材制度打破了"国定制",开始走向"审定制"
5	1999年6月13日,中共中央、国务院《关于深化教育改革全面推进素质教育的决定》(中发〔1999〕9号)	调整和改革课程体系、结构、内容,建立新的基础教育课程体系,试行国家课程、地方课程和学校课程,改变课程过分强调学科体系、脱离时代和社会发展以及学生实际的状况。加强课程的综合性和实践性,培养学生实际操作能力
6	2001年5月29日,国务院《关于基础教育改革与发展的决定》(国发〔2001〕21号)	加快构建符合素质教育要求的新的基础教育课程体系。小学加强综合课程,初中分科课程与综合课程相结合,高中以分科课程为主。从小学起逐步按地区统一开设外语课,中小学增设信息技术教育课和综合实践活动,中学设置选修课。普通高中设置技术类课程。中小学都要积极开展科学技术普及活动,加强劳动教育
7	2001年6月8日,教育部关于印发《基础教育课程改革实施纲要(试行)》的通知(教基〔2001〕17号)	整体设置九年一贯的义务教育课程。小学阶段以综合课程为主;初中阶段设置分科与综合相结合的课程,以分科课程为主;从小学至高中设置综合实践活动并作为必修课程;农村中学课程要为当地社会经济发展服务,在达到国家课程基本要求的同时,可根据现代农业发展和农村产业结构的调整因地制宜地设置符合当地需要的课程,深化"农科教相结合"和"三教统筹"等改革
8	2016年9月18日,教育部《关于进一步推进高中阶段学校考试招生制度改革的指导意见》(教基二〔2016〕4号)	严格落实义务教育课程方案,合理安排教学进度,开齐开足国家规定的各门课程,严禁压缩综合实践活动、艺术(或音乐、美术)、体育与健康等课程的课时
9	2019年6月11日,国务院办公厅《关于新时代推进普通高中育人方式改革的指导意见》(国办发〔2019〕29号)	全面实施新课程新教材。各省(区、市)要结合推进高考综合改革,制定普通高中新课程实施方案,2022年前全面实施新课程、使用新教材。完善学校课程管理。依照普通高中课程方案,合理安排三年各学科课程,开齐开足体育与健康、艺术、综合实践活动和理化生实验等课程

续表

序号	政策文件	主要内容
10	2019年6月23日，中共中央、国务院颁布《关于深化教育教学改革 全面提高义务教育质量的意见》	加强课程教材建设。国家建立义务教育课程方案、课程标准修订和实施监测机制，完善教材管理办法。省级教育部门制定地方课程和校本课程开发与实施指南，并建立审议评估和质量监测制度。县级教育部门要加强校本课程监管，构建学校间共建共享机制。学校要提高校本课程质量，校本课程原则上不编写教材
11	2020年10月13日，中共中央、国务院印发《深化新时代教育评价改革总体方案》	完善教材质量监控和评价机制，实施教材建设国家奖励制度，每四年评选一次，对作出突出贡献的教师按规定进行表彰奖励。完善国家教学成果奖评选制度，优化获奖种类和入选名额分配
12	2020年12月18日，中共中央宣传部、教育部关于印发《新时代学校思想政治理论课改革创新实施方案》的通知（教材〔2020〕6号）	将学习贯彻习近平新时代中国特色社会主义思想体现在大中小学各学段的课程目标、课程设置和课程教材内容中，实现全覆盖、贯穿全过程；建立纵向各学段层层递进、横向各课程密切配合、必修课选修课相互协调的课程教材体系，实现课程目标、课程设置、课程教材内容的有效贯通
13	2022年3月25日，教育部关于印发《义务教育课程方案和课程标准（2022年版）》的通知（教材〔2022〕2号）	公布新修订的义务教育课程方案和语文等16个课程标准。要求优化课程设置和课程内容结构，体现综合性与实践性特征，促使育人方式发生变革
14	2022年11月4日，教育部《关于进一步加强新时代中小学思政课建设的意见》（教基〔2022〕5号）	扎实推进习近平新时代中国特色社会主义思想进教材进课堂进学生头脑，依据道德与法治（思想政治）课程标准，统筹编好用好国家中小学思政课统编教材、《习近平新时代中国特色社会主义思想学生读本》等，切实增强思政课教材教辅和读本对不同学段学生的适应性
15	2023年5月9日，教育部办公厅关于印发《基础教育课程教学改革深化行动方案》的通知（教材厅函〔2023〕3号）	全面实施义务教育、普通高中课程方案和课程标准，突出育人方式改革，加强统筹指导，强化教学资源、教学评价、实验教学、培训研修等支撑，处理好统一规范管理与激发改革活力的关系，引导各地各校将育人蓝图转化为自觉的改革行动，引导校长、教师将育人理念转化为实际的教育教学行为，促进学生核心素养的发展和提升

二、湖北推进中小学课程改革的政策举措及成效

经历基础教育领域八次课程改革，湖北整个基础教育正发生着深刻而可喜的变化。特别是新课程改革的实施，让教材内容设置更加科学合理，使课堂教学形

式更加丰富灵活,同时也使教育评价更加多元,激发了学生学习兴趣,促进了教师专业发展。初步建立起新的基础教育课程体系,教师教育观念发生了深层次变化,课堂教学呈现出勃勃生机,参与和支持课程改革的社会氛围更加浓厚,优质均衡发展的格局正在形成。

(一)巩固课程育人主阵地,形成了正确的育人导向

1. 以主题活动为载体加强思想育人

在全省开展"学习新思想,做好接班人"主题活动,各地各校结合传统节日、纪念日开展学雷锋、纪念屈原、清明祭英烈等教育活动。先后开展湖北省第二届中小学班主任基本功和思政课教师教学基本功展示交流、全省文明校园青少年思想道德建设工作创新案例征集宣传等活动。还举办了湖北省第二十二届青少年爱国主义读书活动和"书香迎盛会,荆楚谱新篇"2022年湖北省青少年主题读书活动,开展"同声诵经典"系列展演。全省青少年听党话、感党恩、跟党走,思想主流积极、健康向上。

2. 以校外教育为阵地加强实践育人

开展湖北省中小学劳动教育优质数字资源建设与教学成果展示交流活动,公布了湖北省第一批劳动教育基地和第二批研学基地营地名单。2022年命名劳动教育基地36个、研学实践基地42个、研学实践营地37个,加强实践基地营地规范管理,提高实践育人实效;全年评选劳动教育教师"好课例"128个,学生"小能手"436个,"优秀案例"137个;培训劳动教育数字资源开发教师200人,研学基地营地工作人员400人。召开"宜荆荆恩"研学旅行工作会,四地签署《"宜荆荆恩"研学实践教育共同体协定书》,研学旅行跨区域、一体化发展取得新成效。

案例3-3-1

丹江口市开展劳动教育好课例展评活动

6月2日,丹江口市教师发展中心举行教学设计研讨会,启动2023年"十堰好课堂"劳动教育课例展评活动。此次课例展评主题是"聚焦劳动核心素养,提升劳动育人实效",要求每位参评教师需同时提交教学视频课例、教学设计电子稿、教学课件。"十堰好课堂"劳动教育课例展评活动从2017年开始举办,每两年举办一次,旨在引导学生体验劳动获得感,体现劳动教育课的核心素养即劳动观念、能力、习惯、精神,重在实际教学中突出创设情境,突出教学目标和任务。

——资料来源:湖北日报 2023-06-05(04)

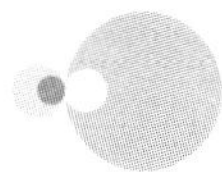

3. 以部门联动为抓手加强协同育人

省教育厅、省文明办、省妇联、团省委等部门举办“青少年维权岗”创建、乡村学校少年宫成果展演、关爱“候鸟”、家庭教育进工地、少先队“三评优”“红领巾讲解员”、湖北省“新时代好少年”等实践体验活动。还开办网上家长学校“家爱学院”,每周六请专家在网上与家长、师生同上一堂家庭教育课,开展“非遗”、垃圾分类、节水节粮、生态环保、知识产权、科普等方面的专题教育,评选湖北省第六批“知识产权试点学校”21 所、家风家教实践基地 30 个。

(二)推进课程实施全覆盖,扩大了优质教育资源总量

省教育厅等十四部门印发《湖北省学前教育发展提升行动计划(2022—2025年)》《湖北省县域普通高中发展提升行动计划(2022—2025 年)》《湖北省特殊教育发展提升行动计划(2022—2025 年)》,抓住关键、突出重点、精准施策,推动“三段一类”教育(义务教育、学前教育、普通高中教育和特殊教育)整体高质量发展。

1. 推动义务教育优质均衡发展

总结、推广武汉市武昌区,宜昌市西陵区、远安县,恩施州鹤峰县等 4 个义务教育优质均衡先行创建县(市、区)工作经验,充分发挥创建引领作用,带动各地加快推进县域义务教育优质均衡发展。将消除义务教育大班额纳入市(州)政府质量工作和乡村振兴战略考核内容,强力推进问题整改。2022 年,全省义务教育大班额基本消除。

2. 推动学前教育公益普惠发展

推进实施“万个公办幼儿园学位扩充”实事项目,实行月度通报、销号管理,2022 年全省新增公办学位 6.8 万个。组织开展城镇小区配套园治理“回头看”,加强配套园的建设和管理。统筹中央及省级学前教育资金,支持和引导各地新建、改扩建公办园 243 所、改善办园条件 1267 所(次)、认定奖补普惠性民办园 1278 所(次),着力扩大普惠性学前教育资源。积极推进幼儿园与小学科学衔接工作,指导 8 个省级实验区开展试点,推选了一批幼儿园游戏活动优秀案例。

3. 推动高中阶段学校多样化发展

省教育厅组织四所县中参与教育部部属高校县中托管帮扶项目,启动实施湖北省“县中托管帮扶工程”。贯彻落实《湖北省消除普通高中大班额专项规划》,稳步推动各地消除普通高中大班额。深化高中教学改革,有序推进选课走班、生涯规划和综合素质评价,组织开展普通高中新课程新教材网络培训。改版升级了普通高中课程改革网有关平台。

4. 推动特殊教育特惠特办

以县为单位,“一生一案”对残疾儿童少年的学习和生活能力进行评价,妥善做好入学安置工作。2022年全省确定应安置适龄残疾儿童少年2356人,其中义务教育阶段已安置入学1608人。支持建设一批特殊教育学校资源中心、资源教室,督促市县加强标准化特殊教育学校和校园无障碍环境建设。省教育厅会同相关部门出台了《关于进一步加强乡村小规模学校特殊教育学校建设和管理的实施意见》《湖北省特殊教育学校机构编制标准》,指导各地推进特殊教育学校建设,促进特殊教育发展。推动各地深化特殊教育课程教学改革,组织开展了首届省级特殊教育教师教学基本功展示和融合教育优秀教育教学案例遴选等活动,推广了一批先进典型。

(三)注重课程变革系统性,激发了教育的整体活力

1. 开展“双新”学习培训

为推动教育部《义务教育课程方案和课程标准(2022年版)》(简称“双新”)在湖北落地实践,湖北省教育科学研究院第一时间在《中国教育报》《湖北教育》等主流媒体刊发解读文章30余篇。举办19个学科学段“双新”省级培训,线上线下累计培训教育管理人员、教育科研人员及骨干教师100余万人次。

案例3-3-2

湖北省中小学美育课程与教学研讨会成功举办

2023年8月18日,湖北省教育科学研究院在武汉举办加强和改进学校美育工作研讨会。全省各市(州)、各县(市、区)约600名教科研人员、中小学校长和一线骨干教师参加会议。

会上,著名美学家、中南民族大学首席教授彭修银作《学校美育与学生发展》专题报告。省教科院中学语文教研员、特级教师蒋红森,省教科院小学语文教研员、正高级教师、特级教师李作芳分别就中小学美育课程教学改革与实施作辅导报告。宜昌第二十五中学教联体总校长张幼君等六位校长分别交流了立足学校实际开展美育课程教学改革实践的经验与思考。此次美育教学研讨会暨培训会的成功举办,为开展美育教学捋清了思路,为中小学开展美育教学实践提供了理论指导和经验借鉴。

——资料来源:长江云 2023-08-19

2. 擦亮“湖北好课堂”名片

依据各学科特点,优化“湖北好课堂”课例展评活动方案,深入推进学科课堂

教学改革。其中，第四届“湖北好课堂”课例展评活动实现了学科全覆盖，小学、初中、高中36个学科，共征集课例近2800节次，举办现场课例展示、集中研讨36场次。此次展评活动体现了“三个聚焦”，即聚焦“文化自信”，道德与法治、语文、历史三大学科引导教师积极探索将课程方案转化为教学行动的路径与方法，引领学生在系列实践活动中感悟中国文化，增强文化自信；聚焦“教-学-评”一体化研究，以素养立意的教学评价引领教学改革；聚焦“数字赋能教学”，引导教师深入推进教育数字化，促进信息技术与教育教学深度融合。

3. 深入推进“双减”工作

省政府及相关职能部门相继出台《关于进一步减轻义务教育阶段学生作业负担和校外培训负担的通知》《湖北省义务教育教学改革指导意见》《湖北省义务教育学校作业设计指导意见》等20余项配套政策措施，建立了29个部门参与的“双减”工作专门协调机制，总结推广了27个省级“双减”典型案例。组织开展了“双减”及新课程实施现状调研与指导。举办了全省中小学作业设计大赛，统筹抓好中小学生作业、手机、睡眠、读物、体质管理等“五项管理”。学生校外负担“1年内有效减轻”的工作目标基本实现，校内作业负担明显减轻。

4. 规范招生入学考试等工作

压实“政府一条线、教育一条线”的双线多级联控联保责任制，对55.7万脱贫户及3.2万重点监测户适龄子女就学情况逐一核查，“一人一案”制定工作方案，推动控辍保学动态清零向常态清零转变。巩固义务教育免试就近入学和“公民同招”成果，保障随迁子女入学，跨区域掐尖招生顽疾得到有效遏制，125万义务教育新生“应入尽入”，进城务工人员随迁子女95%以上在流入地公办学校就读。推动落实普通高中“公民同招”和属地招生政策，切实规范了普通高中招生秩序。

（四）提升课程载体影响力，产出了丰硕教育教学成果

1. 组织教学成果评审

组织开展2022年基础教育国家级教学成果奖评审。积极推进基础教育教学成果奖的省级评审工作，共评选特等次13项、一等次51项、二等次58项，引导一线教师潜心教学改革，注重提炼教改成果并广泛运用。开展2022年基础教育精品课遴选活动，共遴选出省级基础教育精品课一等奖749节、二等奖799节、三等奖899节。

2. 加强教材建设和管理

编写出版了具有湖北特色的《美育》《劳动实践手册》等地方教材。印发湖北省中小学、职业院校、普通高校教材管理及学校选用境外教材管理四个管理实施

细则(试行)。推动中小学统编三科、初中民族团结进步教育等教材全面使用。组织开展“两类教材”(外国语言类教材、其他学科专业类境外教材)、大中小学教材教辅和中小学校园课外读物全面排查,对发现的问题进行了积极有效的整改。

 案例3-3-3

湖北中小学生秋季开学迎来新课程

从2022年秋季,湖北中小学生迎来新的课程方案和标准。2022年版义务教育新课标最大的变化是对各科课时比例进行了调整。从单科角度上看,语文课时比例在十门课中最高,占比达20%—22%;传统三大主课里的外语占比6%—8%,和道德与法治持平;数学占比13%—15%;体育与健康课占比10%—11%,大于外语和理化生、科学课时比例,是小学、初中阶段仅次于语文和数学的第三大科目。数学由原来的三个阶段调整成四个阶段并加强了幼小和初高的衔接。英语需要掌握的词汇量从过去的1600个增加到了2000个,更注重实际运用能力。其他课程课时也进行了优化调整。比如,整合小学原品德与生活、品德与社会和初中原思想品德为“道德与法治”,进行九年一体化设计;艺术课程设置:一至七年级以音乐、美术为主线,融入舞蹈、戏剧、影视等内容,八至九年级分项选择开设;科学、综合实践活动开设起始年级提前至一年级;将劳动、信息科技及其所占课时,从综合实践活动课程中独立出来。

——资料来源:搜狐网 2022-08-28

3. 规范相关竞赛和活动

进一步健全面向中小学生的竞赛活动管理制度,切实规范面向中小学生的各类竞赛活动行为。进一步规范中小学“进校园”活动,统筹规范社会性事务进校园工作,营造了学校安心办学、教师潜心育人的环境。

(五)夯实课程实施基本功,提升了广大教师整体素质

1. 强化各类培训

把学习贯彻党的二十大精神作为校长、教师培训的重要内容。通过上下协调联动、落实精准培训要求、优化培训组织管理、完善培训评价反馈等具体举措,统筹实施“国培计划”中西部骨干项目、湖北省中小学教师素质提升工程、信息技术应用能力提升工程2.0三大类教师培训项目,形成农村教师普惠培训、骨干教师提升培训、优秀教师研修培训的培训体系,“国培”项目向乡村振兴重点帮扶地区

倾斜，2022 年培训教师约 7.5 万人次。

案例3-3-4

天门开展义务教育新课标专题培训

5 月 29 日，由天门市教育局主办，新华书店天门市分公司承办的“落实课程标准深化教学改革”全市 2023 年新课标专题培训会在市育才小学举行。培训采取线上线下相结合的方式进行，北京师范大学石芳教授围绕课程修订背景与追求、核心素养的导向、内容结构化、跨学科主题活动、学业质量标准、教学与考试评价等六个方面，对新版课标进行了专业解读，为全市中小学教师深入领会新方案新课标精神内涵、开展课程实施提供了正确指引。全市各学校分管教学校长、各学科教研组长等 650 余人参加线下培训，各校一线骨干教师 4600 余人参加线上培训。

——资料来源：湖北日报客户端 2023-06-06

2. 改革培训方式方法

修订湖北省中小学幼儿园教师培训项目管理办法、培训项目专项资金管理办法，探索实施“三因素法”，除去教师基数因素，增设地方培训投入和培训绩效考核因素，进一步提高地方谋划实施培训的积极性和项目设计的精准性。

案例3-3-5

宜昌市猇亭区研读新课标 把握新航向

8 月下旬，宜昌市猇亭区各中小学分学科、分学段开展了新课标培训活动，区教研室小数数学教研员刘贞静组织各校教研组长和一二年级的小学数学老师围绕“低年段的数学课堂如何有趣有味”展开了研讨和交流；徐鸣老师重点解读了《义务教育艺术（音乐）课程标准（2022 年版）》的五个修订变化。武汉市教育科学研究院李克玲教师分享了《新课标背景下的音乐欣赏教学思考与建议》；武汉市教育科学研究院胡晓燕老师围绕《新课标背景下戏剧（戏曲）教学思考与建议》，用一个个生动的课堂案例，提供了戏曲教学的新思路。孝感市名师孙丽琴围绕《新课标背景下唱歌教学思考与建议》，用不同的课堂案例展现了唱歌教学的实用策略。

——资料来源：搜狐网 2022-08-30

3. 实施专项补充计划

实施“特岗计划”，通过全省统一招录平台，招录“特岗计划”农村教师 3369 人。

实施“优师计划”,为 28 个定向脱贫县中小学校定向培养 420 名优秀教师。实施“银龄讲学计划”,面向脱贫地区、欠发达的民族县、革命老区县等实施国家银龄讲学计划,招募讲学教师 740 人;面向全省县城、乡镇与农村中小学薄弱学校实施省级银龄计划,招募 500 人。

三、湖北中小学课程改革面临的困境及原因分析

经过多年的探索和实践,湖北中小学课程改革取得积极进展,但在课程改革过程中还存在着诸如观念转变不够深刻、整体发展不平衡、条件性资源缺乏、教师专业发展后劲不足等问题。

1. 新课改理念:教师的观念正在转变,但不够深刻

“以考定教”“以考评教”的现象依然比较突出,“满堂灌”现象依然存在。从总体上看,越来越多的教师对新课程理念持认同态度,但仍有教师在教学过程中,过于关注知识点传授,忽视了学生综合能力的培养。由于学生的考试成绩依然是评价教师的重要指标,部分教师花费大量时间用于独自讲解或自问自答,导致学生认为老师讲得很枯燥,学习兴趣降低,学习效率不高,还有学生认为教师经常布置重复性的作业。

2. 整体发展水平:呈上升趋势,但不平衡

在学段差异上主要表现为,一方面,基础教育阶段学校教师性别比例明显失调,男教师占比一般 20%左右,女教师占比 80%左右。同时,男教师占比随学段的增加而增高,女教师占比则随学段的增加而降低,但整体上女教师占比明显高于男教师。另一方面,不少小学教师认为当前教学内容对学生而言偏多、偏难。

3. 条件性资源:有所改善,但仍然缺乏

部分学校存在实验室、专用功能教室、图书资料和综合实践活动基地场地不足或缺乏的情况。特别是国家生育政策放开后,很多学校出现了因休产假人数过多等原因导致师资力量欠缺、招聘的代课教师和学科教师结构不合理等问题,影响了教育教学秩序的稳定和质量的提升。

4. 教师专业发展:持续推进,但后劲不足

教师培训的针对性缺乏,部分教师认为培训时间太短、次数太少,内容过于偏重理论,对教学实践的指导性较差等。多数教师认为校本教研功能被异化,普遍认为目前校本教研经常用作布置事务性任务,脱离教师的真实需求,存在活动主题不明确、比较随意、缺乏专业引领、缺乏系统性和持续性等情况。

5. 教学质量:总体有提升,部分学科质量需加强

国家每年对各地抽检部分学段部分学科,开展义务教育质量监测,总体来说

教学质量有提高。比如，2022年国家义务教育质量监测反馈结果显示，我省四年级学生身体形态正常比例74.8%，高于全国平均水平4个百分点；小学开设心理健康教育课程比例99.6%，高于全国平均水平18.2个百分点，居全国第2位。也有部分学科不理想，比如，学生数学学业表现下降，学校数学课程开设有待规范，八年级学生学习压力较大等。

产生上述问题的原因很复杂，主要有四个方面。一是课程资源建设不足。60%以上的校长认为，由于时间、能力等条件限制，目前学校开设不了多样化的校本课程。二是教师培训机制不够合理。协调、有序的教师培训组织体系尚未建立；培训内容理论较多，教学实践指导较少；教师参加培训情况不平衡，存在地区差异；培训方式比较单一，教师参与度低。三是监测和评估机制不完善。从教材的选择与使用效果、教师专业成长的路径诉求、高质量的教师教育等问题看，都要有不同的监测方式及评估机制，针对评估结果进行分析和修正，如此才能有效提高基础教育课程改革的整体质量。四是配套的教育行政支持欠缺。部分地方教育行政部门对中小学基础教育课程改革的支持和专业引领不足，教研部门人、财、物短缺，这是引发区域发展不平衡和部分学校发展滞后的重要因素之一。

四、深化湖北中小学课程改革的策略建议

面向未来，推进湖北中小学课程改革要全面落实立德树人根本任务，进一步解放思想，综合施策，纵深推进义务教育、学前教育、普通高中教育和特殊教育“三段一类”教育发展，确保老师“教好”、学生“学好”、学校“管好”，不断健全学校、家庭、社会协同育人机制，推动全省基础教育体系重构、生态重塑、质量提升。

（一）围绕教育强省目标，在大格局中谋划和推动中小学课程建设

党的二十大报告对“加快构建新发展格局”“加快建设教育强国”作出了重大部署。湖北省第十二次党代会提出“全面建成教育强省”的目标任务。基础教育课程改革要在“先行”和“强”上展现新作为。

1. 始终聚焦“促进教育公平”主题

党的二十大报告提出“促进教育公平”，湖北省第十二次党代会提出实施强县工程，提升农村地区教育等基本公共服务水平。要统筹谋划和推进基础教育改革发展，以学校建设标准化、城乡学校一体化、师资配置均衡化、智慧教育数字化、学生关爱制度化为重点，着力构建优质均衡的基本公共教育服务体系。

2. 积极践行“共同缔造”理念

在优化教育发展生态（如解决家校社协同育人“两张皮”问题），办好人民满意的教育（如改变公共服务质量监测靠后的问题），扩大优质教育资源（如丰富课后

服务、加强社会实践教育、暑期防溺水、困难学生关爱援助)等工作中,探索“共同缔造”理念在基础教育领域的有效实践,同社会与群众决策共谋、发展共建、建设共管、效果共评、成果共享,努力形成和谐发展、共生共荣的良好教育生态。

3. 抓住实施“强县工程”的历史机遇

基础教育实行“以县为主”的管理体制,“强县工程”核心是推动县域城乡协调发展。基础教育和“强县工程”在空间布局、社区划分、行政管理等方面契合度很高,二者可以画出最大的“同心圆”。要紧紧抓住县域经济发展带来的教育投入红利,抓住县城建设带来的学校布局规划和项目建设的红利,抓住向基层倾斜政策导向带来的资源、资金、人才供给的红利,以课程改革为抓手,加强县域教研协作体建设,推动县域教育整体水平提升。

(二)优化学校布局规划,为中小学课程实施扩大资源供给

指导各地结合本地人口分布、地理特征、交通资源、城镇化进程和学龄人口流动、变化趋势,主动对接“强县工程”总体规划,优化县域学校规划布局,加强县域优质教育资源供给,为基础教育课程改革创造良好条件。

1. 深入实施“学前教育发展提升行动计划”

组织实施学前教育“两个比例”攻坚行动。修订完善省级幼儿园保育教育质量评估相关标准,完善质量评估监测机制。组织市县持续实施公办幼儿园学位扩充实事项目,扩大公办学前教育资源。宣传推广一批省级优秀游戏案例和幼小科学衔接工作典型经验。不断健全覆盖城乡、布局合理、公益普惠的学前教育公共服务体系,到2025年全省公办幼儿园在园幼儿占比达到50%以上,普惠性幼儿园覆盖率达到85%以上。

2. 深入实施“义务教育薄弱环节改善与能力提升计划”

加强乡村小规模学校、乡镇寄宿制学校和县城学校建设,支持建设一批小而美的“乡村温馨校园”。到2025年,城镇学校学位基本满足入学需求,县域学校办学条件持续改善,义务教育有保障成果更加夯实。

3. 深入实施“县域普通高中发展提升行动计划”

出台《湖北省普通高中学校基本办学标准》,指导各地“一校一案”制订县中标准化建设工程实施方案,采取强有力措施推动大班额消除,全力推进“县中振兴”。深入实施“县中托管帮扶工程”,组织有条件的省属高校开展县中托管帮扶工作,每所优质普通高中托管帮扶1所薄弱县中。开展省级普通高中新课程新教材实施实验区、实验校和普通高中学科基地建设。组织实施好《普通高中学校办学质量评价指南》,研制省级抽样评价实施方案。

4. 深入实施“特殊教育发展提升行动计划”

完善残疾儿童青少年招生入学联动、随班就读、送教上门等工作机制。制定省级特殊教育质量评价实施方案。推动地方建设一批特殊教育学校资源中心、资源教室，进一步改善办学条件。继续开展省级特殊教育教师教学基本功展示和融合教育优秀教育教学案例遴选活动。到2025年，初步建立高质量的特殊教育体系，普及程度显著提高，适龄残疾儿童义务教育入学率达到97%，非义务教育阶段残疾儿童青少年入学机会明显增加，教育质量全面提升，保障机制进一步完善。

（三）落实立德树人根本任务，培养全面发展的时代新人

聚焦育人根本问题，聚焦发展素质教育，聚焦支撑人才战略，做好“培养什么人、怎样培养人、为谁培养人”的湖北答题。

1. 着力做实培根铸魂

健全中小学校党组织领导的校长负责制，强化学校党组织政治功能和领导作用，牢牢把好社会主义办学方向。以学习贯彻二十大精神为主题，在中小学持续开展“学习新思想，做好接班人”主题教育活动，推动党的二十大精神进教材。坚持“一校一案”落实《中小学德育工作指南》，进一步加强新时代中小学思政课建设，构建“大思政”教育体系，积极培育和践行社会主义核心价值观，充分发挥劳动教育综合育人功能，不断增强德育工作时代性、实效性和吸引力、感染力。

2. 着力培育创新素养

进一步健全德智体美劳全面培养体系，大力发展素质教育，不断提高学生综合素质。加强科学教育，抓好实验教学和科普活动，开展人工智能教育，提高学生信息素养，激发科学兴趣，培养创新精神，增强实践能力。广泛开展并持续推进学生阅读活动，完善指导书目，培养良好阅读习惯，提高人文素养。

3. 着力推进实践育人

推进中小学劳动教育实验区、实践基地建设，开展劳动教育数字化资源建设，组织开展劳动教育优质课展示和中小学生劳动教育成果展示活动。加强中小学校外教育和研学实践，推动各地青少年活动中心、研学实践基地（营地）、乡村学校少年宫等校外教育场所开发精品课程、增强队伍力量、严格规范管理，发挥实践育人作用。推动武汉、襄阳、宜荆荆三大都市圈之间加强研学实践协作。

4. 着力加强教材建设

发挥湖北省教材委员会作用，建立完善省级教材专家库，适时召开省教材委员会会议。建立健全湖北省教材委员会运行规章制度。修订《湖北省中小学教材选用管理办法》，完善中小学地方课程和校本课程管理、教辅材料管理制度。根据

形势变化和时代要求,对部分地方课程教材适时修订。

(四)实施课程教学改革深化行动,切实转变育人方式

切实推进《湖北省义务教育课程实施办法(试行)》《湖北省普通高中课程实施办法(试行)》的实施,指导各地各校加强教学规范管理,深化教育教学改革,大力推广先进教育教学方法。组织开展优秀基础教育教学成果、基础教育精品课、湖北好课堂、湖北好教研评比以及教师教学基本功展示等活动,提高教师教学能力,着力打造优质课堂,提高育人水平,使教师教学行为和学生学习方式发生深刻变化,教与学方式改革创新的氛围日益浓厚,基础教育课程教学改革形成新气象。

1. 深入实施课程方案转化落地行动

坚持因地制宜"一地一计"、因校制宜"一校一策",把国家统一制定的育人蓝图细化为地方和学校的育人施工图,明确课程教学改革的具体路线、措施,提出困难问题破解之策。省教育厅要科学制订和完善课程实施的区域整体规划。市县教育行政部门及相关学校要因地制宜、因校制宜规划课程及其实施。学校要以促进学生全面发展、健康成长为目标,高质量落实国家课程,建设校本课程,将课程理念、原则要求转化为具体的育人实践,构建体现学校办学特色的课程育人体系,并注重持续优化。

2. 深入实施教学方式变革行动

落实课程方案和课程标准,全面推进教学方式变革,突出学科实践,强调做中学、做中思、做中悟。通过精品课遴选、"湖北好课堂"展评、教学成果推广应用等带动各地各校深化教学改革,提高教学质量。建设一批国家级和省级基础教育教学改革实验区、实验校。各市县要结合本地实际,相应设立一批实验区、实验校,依托专业机构建立指导支持机制,聚焦核心素养导向的教学设计、学科实践(实验教学)、跨学科主题学习、作业设计、考试命题、综合素质评价等教学改革中的重点难点问题,探索不同发展水平地区和学校有效推进教学改革的实践模式。同时,以基础教育精品课遴选、"湖北好课堂"展评为抓手,引导各市县教育行政部门领导、各学校教师深入研究课程教材内容和课堂教学规律,创新教学设计和教学方法。全面总结教学成果推广应用示范区经验成效和应用模式,进一步扩大推广应用范围和项目,促进成果"本土化"落地。

3. 深入实施科学素养提升行动

落实党的二十大关于教育、科技、人才"三位一体"布局战略要求,针对讲得多、做得少,学生对科学技术缺乏内在兴趣等问题,深化中小学科学教育改革,强化做中学、用中学、创中学,激发青少年学生好奇心、想象力、求知欲,提升学生探

究问题、解决问题的能力,发展学生科学素养。加强科学类学科教学,指导地方开齐开足科学课程,通过多种方式补足配齐科学课教师,遴选推广一批跨学科综合性、实践性教学优秀案例。加强实验教学,强化学生动手操作实验,将学校实验课开设情况纳入教学视导和日常督导。加强科学教育实践活动,遴选一批科技馆、博物馆、研学基地、高科技企业等,作为中小学科学教育实践基地,组织学生在实践探究中学习。加强科普教育,建设一批优质线上科普教育资源,持续开展科学公开课活动,推动中小学定期开展科技节、科技小发明展示、科普读书、寻找最崇拜的科学家等活动,引导学生树立科学理想,积极开展科学创新实践活动;加强教学装备配备和使用,加强中小学实验室建设,支持建设学科功能教室、综合实验室、创新实验室、教育创客空间等,鼓励对普通教室进行多功能技术改造,建设复合型综合实验教学环境。

(五)健全综合治理体系,共同缔造中小学课程发展良好生态

着力深化重点领域和关键环节改革,完善基础教育办学体制,为中小学课程改革顺利推进创造良好环境和条件。

1. 深化教学评价改革

注重核心素养立意的教学评价,发挥评价的导向、诊断、反馈作用,丰富创新评价手段,注重过程性评价,体现以评促教、以评促学,落实"教—学—评"一体化,促进学生核心素养发展。指导地方和学校建立健全校长、教学管理人员和教研员听课评课制度,明确教学评价要素和要求,充分利用人工智能和大数据技术,加强过程性与增值性评价,注重发挥教学评价的引导、诊断、改进与激励作用,提升教师教学评价能力。全面落实幼儿园、义务教育、普通高中和特殊教育办学评价指南,以及中学生综合素质评价实施指南,指导各地各校对标研判、依标整改,引导广大教师注重过程性、实践性、发展性评价,促进学生全面健康发展。

2. 推进作业设计改革

指导各地各校用好教育部委托研制的基础性作业练习册。鼓励各地各校开展作业设计研究,加强探索性作业、实践性作业、跨学科综合性作业设计,切实减轻学生课业负担,激发学生创造潜能。推动各地广泛开展优质作业设计展示交流活动,加强作业设计培训,提高教师作业设计水平和学生做作业效率。

3. 深化考试招生制度改革

进一步落实义务教育"公民同招"和免试就近入学政策,引导规范民办教育发展。指导各地做好中考组织实施工作,深化中考命题改革,实行中考省级统一命题,坚持依标命题、以学定考,落实全面发展素质教育的要求。推动落实普通高中

“公民同招”和属地招生政策,切实规范普通高中招生秩序。

4. 推进数字化赋能教学质量提升

推动数字化在拓展教学时空、共享优质资源、优化课程内容与教学过程、优化学生学习方式、精准开展教学评价等方面广泛应用,促进教学更好地适应知识创新、素养形成发展等新要求,构建数字化背景下的新型教与学模式,助力提高教学效率和质量。建好用好各类教育平台,丰富各类优质教育教学资源,引导教师在日常教学中常态化应用。全面总结基于教学改革、融合信息技术的新型教与学模式实验区经验,推出一批数字化应用的典型案例。

5. 健全课程实施监测体系

开展国家、省两级课程实施监测,研制和完善监测关键指标,重点监测课程实施状况和学生核心素养发展状况,形成反馈改进机制,为有效推进课程实施提供参考依据。

6. 促进校家社协同育人

落实家庭教育促进法,建立完善家长学校、家长委员会、家访、“校园开放日”等制度,持续开展湖北省“党员教师家校社协同行动”,加强“双减”政策解读和家庭教育指导,引导家长树立科学育儿理念和正确教育观念,推动形成学校积极主导、家庭主动尽责、社会有效支持的协同育人机制,积极营造社会各界理解并支持基础教育课程改革的良好氛围。

7. 完善学生安全防控体系

深入推进《湖北省学校安全条例》贯彻施行,落实《中小学幼儿园安全防范要求》最新国家标准,巩固平安校园“七防工程”、中小学幼儿园安全防范“四个100%”建设成效,健全中小学生“两防两加强”(防溺水、防校园欺凌,加强心理健康教育、加强体教融合)长效机制,净化社会育人环境,切实保障学生安全。

参考文献:

[1] 乔建中.基础教育“八次课改”的历史轨迹与研究脉络[J].江苏教育研究,2012(09):18-22.

[2] 郝志军等.以新课程理念导引育人方式变革[N].中国教育报,2022-12-28(09).

[3] 中国教育报刊社基础教育中心,中国教育报刊社数据中心.2022 年中国基础教育年度报告[J].人民教育 2023(3-4):6-62.

[4] 倪闽景.青少年科学教育,从“知识输入”向“科创输出”转型[N].光明日报,2023-07-11(14).

(本节执笔人:李作芳　刘俊丽)

第四章　深化现代职业教育体系建设

独立的教育体系是类型教育的基础特征，也是彰显职业教育中国特色和现代化水平的显著标志。国家高度重视职业教育体系建设。1985 年中共中央颁布《关于教育体制改革的决定》，明确提出“逐步建立起一个从初级到高级、行业配套、结构合理又能与普通教育相互沟通的职业技术教育体系”。随后，分别于 1986 年、1991 年、1996 年、2002 年、2004 年、2005 年、2014 年召开的 7 次全国职业教育工作会议，均对职业教育体系建设做出专门规划和设计。党的十九大报告明确提出“完善职业教育和培训体系”，《国家职业教育改革实施方案》明确要求“完善学历教育与培训并重的现代职业教育体系”，党的二十大报告强调“统筹职业教育、高等教育、继续教育协同创新，推进职普融通、产教融合、科教融汇”。贯彻落实国家的政策法规要求，湖北以提升职业学校关键能力为基础，以深化产教融合为重点，以推动职普融通为关键，以科教融汇为新方向，努力完善现代职业教育和培训体系，现代职业教育体系基本建成。

第一节　推进产教融合

产教融合是职业教育的本质要求，是构建现代职业教育体系的关键路径和核心，也是推进经济社会发展以及产业结构转型升级的国家战略选择。新中国成立以来，党中央、国务院及相关职能部门颁布了大量推进职业教育产教融合的政策文件，为推动形成制度供给充分、条件保障有力、产教深度融合的职业教育良好生态提供了政策保障和有力支撑。湖北一方面积极贯彻落实国家的产教融合政策，另一方面结合实际进行制度创新，着力汇聚产教资源，促进良性互动，健全多元办学体制，深入推进校企协同育人，推进了现代职业教育高质量发展。

一、国家关于产教融合的相关政策及演进特点

新中国成立以来，我国职业教育从“为工农服务，为生产建设服务”的半工半

读教育形式,逐步发展为"产教融合、校企合作"模式。尤其改革开放后,职业教育围绕国家产业发展及人才供给需求,强化政府、社会、职业院校、行业企业等多元主体协同育人,历经初步探索(1978—1995年)、多样化创新(1996—2010年)、不断深化(2010年至今)三个阶段,职业教育办学模式在改革中不断拓展,并不断被赋予新的使命和时代内涵,形成了鲜明的政策演进特点。

表4-1-1　党的十八大以来国家关于产教融合的相关政策

序号	政策文件	主要内容
1	2013年11月15日,中共中央印发《关于全面深化改革若干重大问题的决定》	加快现代职业教育体系建设,深化产教融合、校企合作,培养高素质劳动者和技能型人才
2	2014年5月2日,国务院《关于加快发展现代职业教育的决定》(国发〔2014〕19号)	加快现代职业教育体系建设,深化产教融合、校企合作。遵循产教融合、特色办学的基本原则,研究制定促进校企合作办学有关法规和激励政策,发挥企业重要办学主体作用
3	2014年6月16日,教育部等六部门印发《现代职业教育体系建设规划(2014—2020年)》(教发〔2014〕6号)	到2020年,形成适应发展需求、产教深度融合、中职高职衔接、职业教育与普通教育相互沟通,体现终身教育理念,具有中国特色、世界水平的现代职业教育体系
4	2014年8月25日,教育部《关于开展现代学徒制试点工作的意见》(教职成〔2014〕9号)	明确了开展现代学徒制试点工作的重要意义、总体要求、工作内涵、推进方式及保障措施
5	2015年6月18日,教育部、人力资源社会保障部《关于推进职业院校服务经济转型升级面向行业企业开展职工继续教育的意见》(教职成〔2015〕3号)	坚持政府推动、行业指导、需求导向,深化产教融合、校企合作,发挥职业院校开展职工继续教育的优势,推进职业院校(含技工院校)面向行业企业开展职工继续教育
6	2015年6月30日,教育部《关于深入推进职业教育集团化办学的意见》(教职成〔2015〕4号)	开展集团化办学是深化产教融合、校企合作,激发职业教育办学活力,促进优质资源开放共享的重大举措,要扩大职业教育集团覆盖面、健全职业教育集团运行机制、提升职业教育集团服务能力、优化职业教育集团发展环境

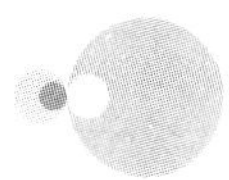

续表

序号	政策文件	主要内容
7	2015年7月27日，教育部《关于深化职业教育教学改革 全面提高人才培养质量的若干意见》（教职成〔2015〕6号）	从落实立德树人根本任务、改善专业结构和布局、提升系统化培养水平、推进产教深度融合、强化教学规范管理、完善教学保障机制等方面提出26条意见
8	2015年8月28日，教育部关于印发《职业院校管理水平提升行动计划（2015—2018年）》的通知（教职成〔2015〕7号）	加大行业、企业和社区等参与学校管理的力度，不断完善学校治理结构和决策机制
9	2015年10月19日，教育部关于印发《高等职业教育创新发展行动计划（2015—2018年）》的通知（教职成〔2015〕9号）	坚持产教融合、校企合作，坚持工学结合、知行合一，推动高等职业教育与经济社会同步发展，加强技术技能积累，提升人才培养质量
10	2016年3月21日，中共中央印发《关于深化人才发展体制机制改革的意见》	改进人才培养支持机制，建立产教融合、校企合作的技术技能人才培养模式
11	2017年4月11日，教育部办公厅《关于做好2017年度现代学徒制试点工作的通知》（教职成厅函〔2017〕17号）	探索建立校企联合招生、联合培养、一体化育人的长效机制，推进专兼结合、校企互聘互用的“双师”结构师资队伍建设，建立健全现代学徒制的支持政策，形成和推广政府引导、行业参与、社会支持，企业和职业院校“双主体”育人的中国特色现代学徒制
12	2017年12月5日，国务院办公厅《关于深化产教融合的若干意见》（国办发〔2017〕95号）	健全多元化办学体制，全面推行校企协同育人，用10年左右时间，形成教育和产业统筹融合、良性互动的发展格局，基本解决人才教育供给与产业需求重大结构性矛盾
13	2018年2月5日，教育部等六部门关于印发《职业学校校企合作促进办法》的通知（教职成〔2018〕1号）	明确职业学校校企合作的目标原则、实施主体、合作形式、促进措施和监督检查，建立起校企合作的基本制度框架，推进校企合作制度化

续表

序号	政策文件	主要内容
14	2018 年 10 月 12 日,人力资源社会保障部、财政部《关于全面推行企业新型学徒制的意见》(人社部发〔2018〕66 号)	按照政府引导、企业为主、院校参与的原则,在企业全面推行以“招工即招生、入企即入校、企校双师联合培养”为主要内容的企业新型学徒制,进一步发挥企业主体作用,通过企校合作、工学交替方式,组织企业技能岗位新招用和转岗等人员参加企业新型学徒培训,促进企业技能人才培养
15	2018 年 12 月 8 日,中共中央、国务院关于印发《中国教育现代化 2035》的通知(中发〔2018〕45 号)	加快发展现代职业教育,不断优化职业教育结构与布局。推动职业教育与产业发展有机衔接、深度融合,集中力量建成一批中国特色高水平职业院校和专业
16	2019 年 1 月 24 日,国务院关于印发《国家职业教育改革实施方案》的通知(国发〔2019〕4 号)	促进产教融合、校企“双元”育人。坚持知行合一、工学结合,推动校企全面加强深度合作,打造一批高水平实训基地,多措并举打造“双师型”教师队伍
17	2019 年 3 月 20 日,教育部关于印发《职业教育改革成效明显的省(区、市)激励措施实施办法》的通知(教职成函〔2019〕5 号)	对坚决贯彻落实中央决策部署,大幅提升技术技能人才供给能力,积极主动服务国家重大战略,在深化产教融合、校企合作方面成效显著的省级行政区(含计划单列市)进行评选,共提出 14 条激励措施
18	2019 年 3 月 28 日,国家发展改革委、教育部关于印发《建设产教融合型企业实施办法(试行)》的通知(发改社会〔2019〕590 号)	完善职业教育和培训体系,深化产教融合、校企合作,充分发挥企业在技术技能人才培养和人力资源开发中的重要主体作用
19	2019 年 3 月 29 日,教育部、财政部《关于实施中国特色高水平高职学校和专业建设计划的意见》(教职成〔2019〕5 号)	强力推进产教融合、校企合作,聚焦高端产业和产业高端,重点支持一批优质高职学校和专业群率先发展,引领职业教育服务国家战略、融入区域发展、促进产业升级
20	2019 年 4 月 4 日,教育部等四部门《关于在院校实施“学历证书+若干职业技能等级证书”制度试点方案》(教职成〔2019〕6 号)	自 2019 年开始,重点围绕服务国家需要、市场需求、学生就业能力提升,从 10 个左右领域做起,启动“1+X”证书制度试点工作。通过试点,深化教师、教材、教法“三教”改革,促进校企合作,建好用好实训基地,探索建设职业教育国家“学分银行”,构建国家资历框架

续表

序号	政策文件	主要内容
21	2019年6月5日，教育部《关于职业院校专业人才培养方案制订与实施工作的指导意见》（教职成〔2019〕13号）	突出职业教育的类型特点，深化产教融合、校企合作，推进教师、教材、教法改革，规范人才培养全过程
22	2019年9月25日，国家发展改革委、教育部等六部门关于印发《国家产教融合建设试点实施方案》的通知（发改社会〔2019〕1558号）	深化产教融合，促进教育链、人才链与产业链、创新链有机衔接，开展国家产教融合建设试点。从总体要求、试点目标、试点对象、试点任务、支持政策、组织实施等方面提出方案
23	2019年10月12日，国家发展改革委办公厅、教育部办公厅关于印发《试点建设培育国家产教融合型企业工作方案》的通知（发改办社会〔2019〕964号）	深化产教融合改革，支持大企业举办高质量职业教育，稳妥有序开展国家产教融合型企业试点建设培育工作
24	2021年10月12日，中共中央办公厅、国务院办公厅印发《关于推动现代职业教育高质量发展的意见》	强化职业教育类型特色，完善产教融合办学体制，创新校企合作办学机制，深化教育教学改革，打造中国特色职业教育品牌
25	2022年4月20日，《中华人民共和国职业教育法》	共八章69条。以“产教融合”一词取代了“产教结合”，对产教融合、校企合作提出了明确要求，用9处“鼓励”、23处“应当”和4处“必须”，进一步明确了产教融合、校企合作的各项举措
26	2022年12月21日，中共中央办公厅、国务院办公厅印发《关于深化现代职业教育体系建设改革的意见》	坚持以教促产、以产助教、产教融合、产学合作，延伸教育链、服务产业链、支撑供应链、打造人才链、提升价值链，推动形成同市场需求相适应、同产业结构相匹配的现代职业教育结构和区域布局

1. 坚持国家统筹，确保产教融合机制的权威性

我国职业教育政策始终将产教融合作为重点进行顶层设计，不断完善制度环境。2014年5月，国务院印发《关于加快发展现代职业教育的决定》，提出“建立健全产教融合制度”，标志着职业教育“产”与“教”两者间的关系从“结合”走向“融

合”,从“提倡”走向“制度建设”。从 2014 年 6 月教育部等六部门印发《现代职业教育体系建设规划(2014—2020 年)》,到 2016 年 3 月中共中央印发《关于深化人才发展体制机制改革的意见》,再到 2019 年 1 月国务院印发《国家职业教育改革实施方案》,以及 2022 年 12 月中共中央办公厅、国务院办公厅印发《关于深化现代职业教育体系建设改革的意见》,一系列国家重大教育改革政策,均将深化产教融合作为加强职业教育与经济社会联系、加快现代职业教育体系建设、推动现代职业教育高质量发展的重要举措。尤其是 2022 年 4 月 20 日颁布的《中华人民共和国职业教育法》,对产教融合、校企合作提出了明确要求,用 4 处“必须”、23 处“应当”和 9 处“鼓励”,进一步明确了产教融合的各项举措。在党的领导下,我国产教融合政策体现出较强的政治优势、组织优势和制度优势。

2. 优化供给结构,构建产教融合发展格局

党的十八大以来,国家在产教融合机制上坚持中央领导、政府主导,在组织上注重统筹协调,在制度上注重激励创新。明确中央政府和各省级政府,以及发改、教育、人社、财政、工信等相关部门和行业组织的职责分工,形成多部门密切配合,有关行业主管部门、国有资产监督管理部门积极参与,省级政府及相关部门做好区域内组织实施的工作协调机制。深化产教融合,从一项单纯的教育工作逐步转向与经济社会发展统筹规划、协调发展的综合工作。同时,围绕产教融合的关键条线,国家推出一批关键政策,将职业教育纳入地方政府专项债券,预算内投资,政策性、开发性金融工具等支持范围,不断优化组织领导、基础设施、公共服务,健全国有资产评估、产权流转、权益分配、干部人事管理等制度。特别是 2022 年 12 月,中共中央办公厅、国务院办公厅印发《关于深化现代职业教育体系建设改革的意见》,提出了职业教育改革“一体、两翼、五重点”的系列重大举措,进一步明确了构建职业教育与区域经济、跨区域产业统筹融合发展的新目标。

3. 强化多元办学,促进政府、行业、社会深度参与

2014 年,《国务院关于加快发展现代职业教育的决定》明确规定“积极支持各类办学主体通过独资、合资、合作等多种形式举办民办职业教育,探索发展股份制、混合所有制职业院校”。2019 年,《国家职业教育改革实施方案》明确要求“发挥企业重要办学主体作用,鼓励有条件的企业特别是大企业举办高质量职业教育”。2022 年颁布施行的《中华人民共和国职业教育法》明确要求“推进多元办学,支持社会力量广泛、平等参与职业教育”,规定“国家鼓励、指导、支持企业和其他社会力量依法举办职业学校、职业培训机构”。国家出台系列政策法规指导产教融合顶层设计,赋予行业、企业共同发展职业教育的权利和责任,鼓励各类企业以独资、合资、合作等多种方式依法参与举办职业教育,鼓励职业学校与社会资本合作共建职业教育基础设施、实训基地,确保产教各方在各自任务、职责范围内团结

协作。以学校、企业双主体为核心，政府、行业、企业、科研机构、学校、各类第三方评价组织等多主体参与的职业教育办学模式逐步凸显。

4. 促进产教对接，不断拓展和丰富产教融合形式

产教关系的实现形式是产教融合政策的重要内容，国家指导各地区、各院校紧密围绕区域发展战略和产业布局，通过设立专项计划、实施产教融合发展工程、开展高水平建设试点，支持一批有基础有意愿的地方、学校、企业、行业组织先行示范，鼓励引企驻校、引校进企、校企一体，设立产业学院和企业工作室、实验室、创新基地、实践基地，推进产教协同创新和成果转化。同时，通过细化标准、简化流程、优化服务等方式，积极培育市场导向、对接供需、精准服务、规范运作的产教融合服务组织（企业），开展人才需求预测、职业技能鉴定等服务，促进企业需求融入职业院校人才培养各环节。“十三五”期间，国家共认定了 21 个国家级产教融合试点城市，培育了 4600 多家产教融合型企业。通过打造标杆、树立品牌，一批行业组织和行业协会积极参与，逐步将职业教育松散的、短期的产教融合形式转向内生型的长久性、结构性融合。

5. 融入“三教”改革，释放技术技能人才培养活力

为推动社会产业与学校人才培养深度融合，国家建立相应机制，从职业教育标准制定与实施、学校专业规划、教材开发、教学设计、课程设置、实习实训、考核评价等多方面，将企业师资、技术、资源等引入学校，将产教融合落实到教师培育、教材开发、课堂教学、人才培养等实践领域，覆盖职业教育全过程。如，支持企业技术和管理人才到学校任教，落实在职教师定期到企业实践锻炼，推动职业院校与大中型企业合作建设教师培养培训基地，促进行业企业参与职业院校“双师型”教师队伍建设；制定《“十四五”职业教育规划教材建设实施方案》，组织开展“十四五”职业教育国家规划教材遴选工作，严格规划教材编写、选用、退出机制；健全学生到企业实习实训制度，推行现代学徒制和企业新型学徒制，强化实践性教学；支持有条件的社会组织整合校企资源，开发立体化、可选择的产业技术课程和“职业培训包”，创新教育培训服务供给等。

二、湖北推进产教融合的政策举措及成效

近年来，湖北不断深化职业教育供给侧结构性改革，优化专业布局和结构调整，加快形成与现代产业体系相适应的技术技能人才培养体系；推动产教融合试点项目，推进职业教育集团实体化运作，探索中国特色学徒制，推动校企共建共管产业学院、企业学院；建立校企协同育人机制，构建政府统筹管理、行业企业积极举办、社会力量深度参与的多元办学格局，产教融合深入推进，职业教育对产业发展的适应性、支撑力和贡献度明显提升。

(一)优化职业教育供给结构

1. 学校布局更适应经济格局

从2015年起,湖北省政府通过合并、划转等方式将省直中等职业学校进行整合,省直部门和高等学校、在汉省示范以上高职不再举办中等职业教育,公办本科不再举办专科高职;积极通过职教奖补资金安排和重大基本建设项目引领,推动县级整合职教资源,加快发展高等职业教育。截至2022年底,除神农架林区外,全省基本形成了每个市(州)和大的行业至少办有1所高职院校、每个市(州)重点建设2-3所中职学校、每个县(市)重点建设1所职教中心的办学格局。

2. 专业布局更匹配产业布局

主动适应湖北经济结构调整和产业变革,紧盯产业链条、市场信号、技术前沿和民生需求,对接新经济、新业态、新技术、新职业,动态优化调整专业设置。近十年来,湖北高职院校共新增1586个专业点,撤销1216个专业点。目前,全省高职院校共开设441个专业、2700个专业点,中职学校共开设233个专业、2828个专业点,基本覆盖了全省国民经济各领域,基本适应全省人才市场需求变化。其中,2022年,湖北省高等职业院校加快发展集成电路、高端装备与智能制造、新能源与智能网联汽车、康养等新兴产业专业和家政、养老、托育等人才紧缺领域专业,改造升级钢铁、化工、建筑、纺织、食品等传统产业专业,淘汰供给过剩、就业率低、职业岗位消失的专业,新增职业教育专业点157个,撤销147个,基本形成精准对接产业发展的专业体系。

案例4-1-1

武汉对接现代产业优化中等职业学校专业结构

武汉市对接"965"现代产业集群,不断优化职业教育的供给结构。在全市中等职业学校现有的91个招生专业中,有79个专业与武汉市"965"现代产业体系匹配,其中72个专业对接"光芯屏端网"、新一代信息技术、汽车制造和服务、高端装备制造等武汉支柱产业,7个专业对接网络安全、人工智能等武汉新兴产业。此外,武汉率先在全省开展中等职业学校专业标准化建设,各职校面向武汉智能制造、信息技术、生命科学等新产业动态调整专业结构,每年新增和淘汰专业点更新率达到10%以上。

——资料来源:楚天都市报 2022-02-08(07)

3. 院校布局更对接现代产业集群发展

立足湖北省产教融合发展现状,对接"51020"现代产业体系,科学编制湖北职业教育对接重大产业发展专项规划，不断调整优化职业教育学科专业设置布局。组织开展重点对接产业职业院校及专业遴选工作，推动职业院校办学定位与产业、行业高素质技能人才需求对接，提高职业教育资源与湖北重大产业战略布局匹配度，增强职业教育适应性。在省教育厅公布的“十四五”期间首批对接服务湖北现代产业集群发展重点职业院校及专业（群）名单中（见表 4-1-2），首批对接服务湖北现代产业集群发展重点职业院校达 33 所、专业（群）62 个，实现每条产业链有 1-2 所职业院校对接发展。

表 4-1-2　湖北首批对接服务现代产业发展重点职业院校及专业（群）名单

序号	产业类别	产业集群名称	重点对接服务学校	对接专业（群）名称
1	5 个万亿级支柱产业	新一代信息技术（光芯屏端网）	武汉职业技术学院	智能光电技术应用
2		新一代信息技术（光芯屏端网）	武汉软件工程职业学院	智能光电技术应用
3		汽车制造	湖北交通职业技术学院	新能源汽车技术
4		汽车制造	武汉城市职业学院	智能新能源汽车技术与服务
5		现代化工及能源	湖北三峡职业技术学院	绿色化工智能制造
6		现代化工及能源	武汉电力职业技术学院	发电厂及电力系统
7		大健康	湖北三峡职业技术学院	健康服务与促进
8		大健康	湖北中医药高等专科学校	中医药
9		现代农产品加工	湖北生物科技职业学院	现代农业技术
10		现代农产品加工	襄阳职业技术学院	现代农牧业
11	10 个五千亿级优势产业	高端装备	武汉职业技术学院	装备智能制造技术
12		高端装备	武汉软件工程职业学院	工业机器人技术
13		先进材料	湖北三峡职业技术学院	绿色化工智能制造
14		节能环保	长江工程职业技术学院	生态水利
15		节能环保	湖北生态工程职业技术学院	林业技术
16		现代纺织	荆州职业技术学院	数字化纺织服装
17		现代纺织	仙桃职业学院	现代非织造技术
18		绿色建材	湖北城市建设职业技术学院	建筑工程技术
19		绿色建材	黄冈职业技术学院	建筑钢结构工程技术

续表

序号	产业类别	产业集群名称	重点对接服务学校	对接专业(群)名称
20	10 个五千亿级优势产业	低碳冶金	武汉工程职业技术学院	钢铁智能冶金技术
21		现代金融	咸宁职业技术学院	大数据与会计
22		现代金融	湖北财税职业学院	智慧财税
23		现代物流	武汉交通职业学院	智慧交通物流
24		现代物流	湖北交通职业技术学院	智能交通技术
25		研发设计和科技服务	武汉城市职业学院	数字媒体技术
26		商务服务	武汉职业技术学院	财经商贸与跨境电商
27		商务服务	武汉软件工程职业学院	电子商务
28	20 个千亿级特色产业集群	新能源与智能网联汽车	湖北交通职业技术学院	新能源汽车技术
29		新能源与智能网联汽车	襄阳汽车职业技术学院	智能新能源汽车
30		新能源	湖北水利水电职业技术学院	发电厂及电力系统
31		新能源	三峡电力职业学院	新能源电力工程技术
32		北斗及应用	湖北国土资源职业学院	国土空间信息与规划
33		北斗及应用	长江工程职业技术学院	测绘地理信息
34		航空航天	武汉交通职业学院	智能制造
35		航空航天	鄂州职业大学	航空机电技术
36		高技术船舶与海洋工程装备	武汉船舶职业技术学院	船舶工程技术
37		高技术船舶与海洋工程装备	武汉交通职业学院	船舶工程技术
38		高端数控装备	武汉城市职业学院	数控技术
39		高端数控装备	湖北职业技术学院	数控技术
40		轨道交通装备	武汉铁路职业技术学院	动车组检修技术
41		智能制造装备	武汉船舶职业技术学院	智能装备制造与应用
42		智能制造装备	襄阳职业技术学院	智能制造
43		智能家电	荆州理工职业学院	智能光电技术应用
44		安全应急	武汉警官职业学院	安全防范技术
45		光通信及激光	武汉软件工程职业学院	智能光电技术应用
46		集成电路	武汉职业技术学院	集成电路技术

续表

序号	产业类别	产业集群名称	重点对接服务学校	对接专业(群)名称
47	20个千亿级特色产业集群	集成电路	武汉铁路职业技术学院	集成电路技术
48		新型显示	武汉职业技术学院	光电显示技术
49		智能终端	武汉城市职业学院	电子信息工程技术
50		智能终端	黄冈职业技术学院	物联网
51		信息网络	湖北生物科技职业学院	信息安全技术应用
52		信息网络	湖北工程职业学院	工业互联网
53		软件及信息服务	武汉软件工程职业学院	软件技术
54		软件及信息服务	武汉职业技术学院	信息技术创新
55		人工智能	湖北科技职业学院	人工智能技术应用
56		人工智能	襄阳职业技术学院	人工智能技术应用
57		电子信息材料	湖北职业技术学院	电子信息工程技术
58		电子信息材料	湖北三峡职业技术学院	电子信息工程技术
59		生物医药及医疗器械	长江职业学院	药品生产技术
60		生物医药及医疗器械	湖北生物科技职业学院	药品生物技术
61		数字创意	长江职业学院	动漫设计
62		数字创意	武汉信息传播职业技术学院	融媒体传播

4. 产教融合型城市、企业试点建设更显湖北特色

湖北省教育厅协同省发改委制定《湖北省产教融合建设试点工作方案》和《湖北省建设产教融合型企业实施细则(试行)》,围绕支撑服务湖北经济社会发展和产业战略布局的十大重点产业,于2021年确定了武汉市、黄石市、荆州市、宜昌市、十堰市等5个省级产教融合试点城市,并公布首批产教融合型企业42家;2022年公布第二批产教融合型企业20家;2023年公布第三批产教融合型企业26家。现有国家产教融合试点城市1个(襄阳市),国家产教融合型企业1家(武汉华星光电技术有限公司),武汉、黄石、荆州、宜昌、十堰等5个湖北省产教融合试点城市,国网湖北省电力有限公司等88家湖北省产教融合型企业。这些试点城市和企业聚焦优化产教融合发展布局、搭建产教融合发展服务平台、创新产教融合发展机制,促进了教育链、人才链、产业链、创新链有机衔接,打造了产教融合发展的湖北样板。

案例4-1-2

湖北省确定首批42家产教融合型企业

2021年8月26日，省发改委、省教育厅印发通知，确定5个产教融合试点城市和首批42家产教融合型企业。按照《湖北省建设产教融合型企业实施细则(试行)》，对纳入湖北省产教融合型企业认证目录的企业，我省将给予"金融+财政+土地+信用"的组合式激励，并按规定落实相关税收政策。比如，取得高新技术企业资格的产教融合型企业，享受企业所得税按15%的税率缴纳的税收优惠，还有用地、政府专项奖补等支持。

——资料来源：楚天都市报 2021-08-28(04)

(二)丰富职业学校办学形态

1. 推进职教集团实体化办学

湖北省教育厅出台了《关于推进职业教育集团化办学的意见》，要求发挥国家示范性职业教育集团(联盟)的引领作用，聚集职业院校、行业企业、科研院所等多方力量，主动吸纳行业龙头企业深度参与职业教育专业规划、课程设置、教材开发、教学设计、教学实施等工作环节，合作共建新专业、开发新课程、开展订单培养，不断推进职业教育集团实体化办学，全面增强职业教育集团化办学的活力和服务能力。2022年，全省高等职业院校新牵头组建全国信息技术应用创新职教集团、长江大保护职教集团、湖北地质职业教育集团、湖北跨境电商职业教育集团等职业教育集团4个。全省累计组建各类职业教育集团76个，参与企业达1500多家，15个职业教育集团入选教育部示范性职业教育集团培育单位(见表4-1-3)，总数居全国第6位。

表4-1-3 湖北省全国示范性职业教育集团(联盟)培育单位名单

序号	院校名称	集团(联盟)名称
1	武汉铁路职业技术学院	湖北轨道交通职业教育集团
2	咸宁职业技术学院	鄂南职业教育集团
3	武汉船舶职业技术学院	湖北省国防科技工业职业教育集团
4	武汉交通职业学院	湖北物流职业教育集团
5	湖北三峡职业技术学院	宜昌三峡职教集团
6	鄂州职业大学	湖北省模具职业教育集团
7	湖北生物科技职业学院	中国现代渔业职业教育集团

续表

序号	院校名称	集团(联盟)名称
8	湖北职业技术学院	湖北护理职业教育集团
9	湖北城市建设职业技术学院	湖北建设职业教育集团
10	湖北交通职业技术学院	湖北交通职业教育集团
11	武汉职业技术学院	湖北旅游职业教育集团
12	湖北生态工程职业技术学院	湖北省林业职业教育集团
13	湖北省水利厅 湖北水利水电职业技术学院	湖北水利水电职业教育集团
14	襄阳职业技术学院	湖北现代畜牧业职业教育集团
15	武汉城市职业学院	武汉汽车职业教育集团

2. 推行中国特色现代学徒制

湖北省教育厅研制《湖北省职业院校现代学徒制试点工作方案》，在全省全面推广现代学徒制，积极开展校企联合招生、联合培养、一体化育人。通过点面结合、以点带面，推进 4 个区域、30 所高职、14 所中职、1 个行业协会试点，积极推进招生招工一体化、标准体系建设、双导师团队建设、教学资源建设、培养模式改革、管理机制建设，着力构建现代学徒制人才培养体系。目前，湖北共获批国家现代学徒制试点地区 2 个（荆州市、宜昌市），国家现代学徒制试点院校 20 所（见表 4-1-4）。其中，2022 年全省职业院校共计 2.8 万余名学生参与现代学徒制试点。从 2019 年起，联合有关企业开展“1＋X”证书制度试点，组织在校生开展职业技能等级证书培训，累计 5.1 万人通过证书考试。

案例4-1-3

咸宁职院联合企业举办“企业新型学徒制”培训班

2022 年 9 月 25 日，咸宁职业技术学院、志研自动化、欧朗机械联合组织的“企业新型学徒制”培训班开班仪式，在志研自动化设备湖北有限公司隆重举行。本次培训班共培养新型学徒 63 人，其中维修电工 30 人、数控车工 33 人，培养期一年。组织“企业新型学徒制”培训班旨在促进企业用工升级改造，优化高技能人才培养机制，促进劳动者高质量就业，是校企共同探索技术技能人才培养模式、完善企业人力资源架构的重要举措，对构筑更宽领域的校企合作命运共同体、进一步深化产教融合具有重要意义。

——资料来源：楚天都市报 2022-09-28(05)

表4-1-4 湖北省荣获国家级现代学徒制试点高职院校名单

序号	试点高职院校	批　　次
1	黄冈职业技术学院	首批
2	武汉铁路职业技术学院	首批
3	武汉船舶职业技术学院	首批
4	武汉职业技术学院	首批
5	长江职业学院	第二批
6	湖北交通职业技术学院	第二批
7	湖北生物科技职业学院	第二批
8	湖北职业技术学院	第二批
9	武汉城市职业学院	第二批
10	仙桃职业学院	第二批
11	襄阳职业技术学院	第二批
12	湖北城市建设职业技术学院	第三批
13	湖北工业职业技术学院	第三批
14	湖北国土资源职业学院	第三批
15	湖北科技职业学院	第三批
16	湖北轻工职业技术学院	第三批
17	三峡电力职业学院	第三批
18	武汉交通职业学院	第三批
19	武汉软件工程职业学院	第三批
20	咸宁职业技术学院	第三批

3. 推动校企共建产业学院

湖北省教育厅等部门印发了《关于进一步规范高等学校校企合作办学有关工作的通知》《关于支持发展现代职业教育加强校企合作有关税收政策的通知》等文件,聚焦现代产业体系建构,以行业特色鲜明、与产业联系紧密的学校为主导,以提高人才培养能力为核心,依托高水平专业群,联合产业领军企业共同举办产业学院,培养符合产业高质量发展和创新需求的高素质技术技能人才。各职业院校围绕区域发展规划、产业结构特点、行业人才需求,与华星光电、华为、京东、吉利汽车等知名企业合作,联合组建智能制造产业学院、数字经济产业学院、吉利汽车产业学院、华星光电产业学院、华为ICT产业学院、电商产业学院等。比如,武汉职业技术学院成立信创产业学院,武汉铁路职院成立高铁产业学院,武汉城市职

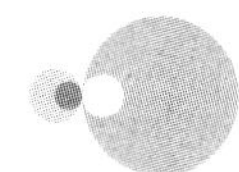

院成立华为鲲鹏产业学院等。

案例4-1-4

襄阳市区校共建产业学院 提升学校服务地方能力

随着新一轮科技革命及产业变革的汹涌来袭，襄阳高新技术产业开发区对制造类高端技术技能人才的需求越发紧迫。襄阳职业技术学院牢牢把握战略主动，因势而谋，应势而动，对接高新区汽车与装备制造等主导产业，与高新区共建先进制造产业学院。产业学院采取“政府部门＋专业群＋产业骨干企业”的办学模式，主动服务区内先进制造业结构调整和转型升级的需要，构建校地企协同育人的机制，实现了在专业建设、现代学徒制、订单培养、员工培训等方面的深度融合。产业学院自成立以来，先后共建了国家智能制造实训基地、国家智能制造协同创新中心、汽车制造专业国家教学资源库等重大项目，促进了专业群与产业无缝对接，课程（项目）与生产性实训基地具体岗位紧密结合，实现了校企合作由点（企业）到线（产业链）、由线到面（高新区）的升级，解决了学校服务地方覆盖面不足的问题。

——资料来源：中国教育报 2022-01-07(03)

4. 打造产教融合新载体

主要体现在三个方面。一是对接区域发展格局，打造市域产教联合体。由地方政府牵头，以产业园区为基础，整合各类资源，有效推动各类主体积极参与职业教育，促进人才培养、创新创业和产业经济高质量发展。已成立“武汉-中国光谷”“武汉-中国车谷”等9个市域产教联合体，把市域内的行业企业、普通高校、职业学院及科研机构都联合起来，共谋共建。二是围绕产业链关键环节，打造行业产教融合共同体。围绕湖北“三高地、两基地”、“51020”现代产业集群和五大优势产业，跨区域组建光电子信息、集成电路、智能制造装备、绿色智能船舶、新能源汽车、网络安全等10个行业产教融合共同体。三是实施职业教育现场工程师专项培养计划。首批立项建设30个左右省级现场工程师培育项目，推选20个项目申报国家现场工程师项目。

（三）建立校企协同育人机制

1. 加强“双师型”教师队伍建设

湖北省率先设立“楚天技能名师”岗位，鼓励和支持职业院校公开招聘能工巧匠担任兼职教师,共聘请了2300余名“楚天技能名师”。以实施“职业院校教师素质提高计划”“技兴荆楚”工程和“职业教育赋能提质专项行动计划”为抓手,强化国培、省培和“双师型”教师培训基地建设,定期大规模组织职业院校教师培训,每年培训规模约占职业院校教师数的7%。目前,5所职业院校获批国家级“双师型”教师培训基地,建设国家级教师教学创新团队15个,建设省级职业教育技能名师工作室88个。落实教师定期到企业实践规定,鼓励企业技术骨干到学校从教,推动“固定岗+流动岗”相结合、校企互聘兼职的教师队伍建设改革。积极推动职业学校与优质企业开展多边技术协作,共建技术技能创新平台、专业化技术转移机构、大学科技园、科技企业孵化器、众创空间等,服务地方中小微企业技术升级和产品研发。

案例4-1-5

湖北产业教授受热捧、两头俏

2014年以来,湖北省教育厅陆续选聘一批特色人才到省内高校兼职担任产业教授。产业教授一方面把企业的新工艺新技术引入院校,另一方面推动企业成为院校的教学和实习基地,在高校和企业之间充当“桥梁”。目前,已有数百名科技创新人才、经营管理人才和高技能人才,走进武汉高校,通过引进新理念、共建实训室、开发新课程,促进生产与教学的深度融合。武汉船舶职业技术学院产业教授王祖华,是武汉第二船舶设计研究所的资深专家,他积极推动武昌造船厂、江南造船厂与武汉船舶职院联姻共建“双师型”教师培养培训基地,推动职院教师及船企员工在船舶智能制造领域的产教融合,并协助武汉船舶职院完善智能制造模拟教学产线建设,做出了许多卓有成效的工作。

——资料来源:湖北省教育厅微信公众号 2022-11-28

2. 推进实习实训基地建设

湖北省人民政府办公厅印发《关于进一步推进高校实习实训基地建设的意见》,积极推动职业教育在产教融合实训基地、开放性产教融合实践中心等项目试点有所突破,依托企业、行业等共建一批高标准实习实训基地,构建专业共建、人才共育、过程共管、成果共享、责任共担的长效机制。目前,湖北共获批国家生产型实训基地62个,“双师型”教师培养培训基地28个,虚拟仿真实训中心3个,应用技术协同创新中心33个。其中,武汉职业技术学院光电智能制造产业仿真实训基地等7个项目入选教育部虚拟仿真实训示范基地培育基地。

案例4-1-6

湖北三峡职业技术学院绿色化工实训基地上榜教育部案例

10月31日，教育部公布2021年度职业教育示范性虚拟仿真实训基地典型案例项目名单，湖北三峡职业技术学院选送的《虚实结合、校企共建，打造绿色化工人才培养高地》项目入选。湖北三峡职业技术学院始终坚持“立足宜昌、融入宜昌、服务宜昌”的办学定位，精准对接宜昌化工支柱产业，与龙头企业兴发集团携手，以兴发产业学院为依托，以国家级职业教育虚拟仿真基地建设为引领，构造了一个基地统筹管理，校内外虚实结合，相互补充、相互映射的实训基地建设模式，有效解决了化工类专业人才培养过程中实习实训高投入、高损耗、高风险及难实施、难观摩、难再现的“三高三难”问题，极大提升了学校服务区域化工产业转型升级和绿色发展的能力和水平。校企双方还共同建成“三峡职院绿色化工智能制造专业群虚拟仿真实训基地猇亭中心”，打造区域示范性高技能化工人才培养高地。

资料来源：中国网 2022-11-18

3. 深化“岗课赛证”综合改革

2022年3月，省人民政府发布《关于推动现代职业教育高质量发展的实施意见》，要求完善“岗课赛证”综合育人机制，引导职业院校对接职业岗位群，优化专业课程体系，科学设置专业课程，将新技术、新工艺、新规范等产业先进元素纳入教学内容，推进“岗课赛证”融通；支持一线教师、行业企业专家、课程开发专家按照生产实际和岗位需求共同设计课程，开发模块化、系统化的实训课程体系；完善国家、省、市、校四级技能竞赛体系，坚持以赛促学，将比赛项目引入培养方案、比赛内容引入课程、赛项评价标准引入教学评价；实施职业技能等级证书制度，扩大毕业生获取职业资格证书和职业技能等级证书的比例，推动学校将职业资格证书、职业技能等级标准及要求有机融入专业课程教学，优化专业人才培养方案。

4. 组织开展“校长访企专项行动”

湖北从2014年起，全面推进“职业院校企业行”和“访企拓岗”活动，推动职业院校与行业组织、企业、产业园区人才培养培训和技术创新需求精准对接。2022年，组织全省职业院校书记、校长共走访各类企业6417家，深入对接企业需求，寻求合作机会；与企事业单位积极发展人才“预约定制”关系，开展订单式培养毕业生。通过开展专项行动，加强与地方政府部门、企事业单位的交流合作，扩大人才合作伙伴关系，共建“人才引荐工作站”“就业见习基地”，从校内外选聘“引才荐才大使”，充分挖掘用人信息，邀请企事业单位来校招聘，为毕业生提供更多就业渠

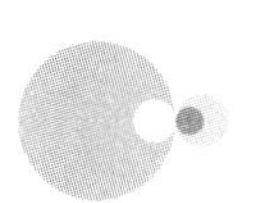

道和岗位;同时,深度了解用人单位对毕业生的能力素质要求,查找学校人才培养和就业服务等方面的不足,促进学校学科专业调整、人才培养改革、招生计划动态调整和就业指导服务质量提升。

湖北交通职业技术学院访企拓岗促就业

近年来,湖北交通职业技术学院实施"访企拓岗促就业专项行动",计划走访企业 100 家。校领导积极带队走访企业,先后与湖北楚天联发路桥养护有限公司洽谈校企合作事宜,与中国电信武汉分公司签署战略合作协议,与国家电网湖北实业公司洽谈学生就业工作,赴省路桥集团、交投集团、京东物流、吉利汽车集团有限公司、华侨城欢乐谷、武汉光庭信息技术股份有限公司、科大讯飞股份有限公司、武汉市德发电子信息有限责任公司、武汉两湖隧道南湖投资发展有限公司、良品铺子供应链科技有限公司等开展"访企拓岗"促就业行动,既为毕业生开拓了更多就业岗位和机会,又为构建产教融合,特别是人才培养与就业有机融合的工作机制提供了契机。

——资料来源:湖北交通职业技术学院官网 2022-05-27

三、湖北推进产教融合面临的困境及原因分析

近年来,湖北省推进产教融合的政策举措在促进职业院校转变传统办学观念和模式,主动面向、融入、服务和引领地方经济社会发展方面发挥了重要作用。但依然存在产教融而不合、合而不作、脱实向虚,产教融合政策机制尚不完整、动力机制尚未形成、实施路径亟待创新等问题,人才培养供给侧和产业需求侧在结构、质量、水平上还不能完全适应,产教"两张皮"问题仍然存在。

(一)地方政府:政策机制尚不完善

1. 政策执行存在现实障碍

2017 年,国家印发了《关于深化产教融合的若干意见》,湖北也先后出台了《关于推进职业教育集团化办学的意见》《职业院校现代学徒制试点工作方案》《产教融合建设试点工作方案》《建设产教融合型企业实施细则(试行)》等政策文件,打出了产教融合政策组合拳,但关于产教融合的配套政策措施依然存在大片空白,政策机制尚不完善。同时,因政策文件在执行层面缺乏适宜的传导机制、运行路径及具体措施,许多政策仅停留在宏观的呼吁层面,有些政策尚无中观层面的落实,导致职业学校和企业在操作层面上比较难以把握,政策落实不到位,政府主导

作用未能充分发挥，产教融合还未形成完备的体制、机制和制度保障，缺乏强有力的政策措施支持。

2. 多头管理难以协调实施

职业教育是“跨界”的教育，横跨教育界和产业界。产教融合不仅仅是教育管理部门的事情，还涉及人力资源和社会保障、工业和信息化等管理部门，部门之间存在“多头管理”“条块分割”的弊端，造成产教融合运行与管理难以有效协调落实到位。学校作为职业教育的办学主体，仅凭一校之力，难以在宏观层面更深层次地推进产教融合格局的形成。因此，推动生产领域与教育领域“分界合作”到“跨界一体”，离不开地方政府统筹驱动，以便在区域发展、产业发展、城市建设和重大生产力布局中谋划产教融合的格局。

（二）行业企业：动力机制尚未形成

1. 双主体模式不明确，企业积极性不高

校企合作双主体办学是提高人才培养质量，实现职业教育体制改革良性发展的关键。新修订的职业教育法提出“国家发挥企业的重要办学主体作用，推动企业深度参与职业教育，鼓励企业举办高质量职业教育”。尽管行业、企业参与职业教育的主体地位在法律上得以确认，但校企共建共育合作机制落实难以到位。结构性减税、用地支持、财政投入与抵免、金融支持等方面的组合式校企合作激励措施在实施过程中存在执行难的问题，企业对职业教育投入的意愿不足。行业、企业被动参与职业院校产教融合必然导致产教融合的深度和广度有限，这种瓶颈必然会制约产教融合的顺利运行，导致运行机制失灵或不完善。

2. 校企间利益不均衡，难以持续发展

目前，职业院校产教融合的随意性较强，各级行业协会或其他行业部门对校企合作发展缺乏协调和指导，学校与单一企业“自由组合”的短期合作普遍存在。由于学校和企业秉承的价值取向、积淀的组织文化、表达的利益诉求都不尽相同，企业只会根据自身的需求与职业院校进行某些选择性的合作，所以校企之间长期深度合作的基础比较薄弱。而从行业指导校企合作发展的动力看，由于校企合作的激励机制尚未形成，以经营为主体的企业如果没有利益支持，就会缺乏参与产教融合的发展动力，即便是响应国家政策参与一些职业院校的产教融合活动，多半也是浅尝辄止，难以形成持续发展态势。

（三）职业院校：实施路径亟待创新

1. 服务产业发展能力不足

部分职业院校未能始终坚守自身的办学理念和定位，在专业建设、教育教学、

师资条件等方面落后区域产业、行业、企业发展一大截,因此对优质企业的吸引力有限。如"双师型"师资并非真正"双能",基于生产过程的专业教学和技能实践未能真正展开,教学方式方法更多偏向书本体系,脱离了生产实际,专业性、应用型、创新性不足;基于教学演示或者模拟教学环境投入建设的教学场所和购置的仪器设备,对比企业实际生产要求还很不匹配。同时,部分县域中职学校还存在自身生存和发展的问题,办学条件亟待改善,校企合作亟待深入。

2. 产教合作改革创新不够

产教融合的实质是产教协同育人,通过形成需求导向的人才培养模式,助推人才教育供给与产业需求结构性矛盾的解决。然而,现阶段湖北省产教关系尚未达到理想状态的"融合",职业教育亦不能真正适切产业结构调整、经济转型升级的现实需求。一方面,产教合作方式创新少,一些合作项目仅限于"冠名""订单"培养和学生的顶岗实习,混合所有制、产业学院等创新项目政策层面难以突破、推进力度不够;另一方面,产教融合的覆盖面不够,只在部分教学环节上有企业参与或停留在某些专业的试点阶段,大部分专业仍停留在传统教育模式上。即使是走在全国前列的"双高""双优"院校,其产教融合模式也没有覆盖到所有专业。

3. 职业教育的适应性有待增强

一方面,职业教育层次布局与区域产业匹配度仍需提高。湖北本科层次职业院校缺乏,与经济社会发展对高层次技术技能人才的需求不相适应。另一方面,职业院校专业结构与区域产业发展适应性不够。服务交通运输、水利电力、艺术等领域的院校较多,服务光屏芯端网、数字经济等方面的院校偏少;部分职业院校办学以招生为导向,盲目追求"高、大、全",同质化倾向比较严重。

四、深入推进湖北产教融合的策略建议

产教融合是现代职业教育的基本特征和最大优势,也是改革的难点与重点。促进产教深度融合必须进一步增强以问题为导向的改革共识,坚持以教促产、以产助教、产教融合、产学合作,持续完善"政-行-企-校"合作。

1. 进一步健全职业教育与区域经济、跨区域行业企业联动机制,完善产教融合发展规划和资源布局

进一步强化产业和教育政策牵引。一方面因地制宜、统筹推进职业教育与普通教育协调发展,一方面加大力度调整优化职业教育布局,支持职业院校建立对接区域主导产业、支柱产业发展的专业(专业群),服务制造强省、质量强省建设。省市等各级政府要进一步将产教融合发展作为基础性要求融入相关政策,在城市规划建设、产业园区开发、重大项目布局中,充分考虑教育和产业结构调整、发展

方式转变、技术优化升级、人力资源开发、促进就业创业等方面整体部署，以新发展理念统筹资源配置，规划产教融合园区建设，推进市域产教联合体和行业产教融合共同体建设，推动形成同市场需求相适应、产业结构相匹配的现代职业教育结构和区域布局。

2. 进一步推进职业教育“三教”改革，探索产、科、教协同的人才培养模式

进一步深入推进基于产教融合的教师、教材、教法改革，促进职业院校与企业联盟、与行业联合、同园区联结、与高等教育及科研机构合作，建立以企业为主导、高校为支撑、产业核心技术攻关为中心任务的“产、学、研、训、创”五位一体的产科教协同创新机制。要引导职业院校立足新经济、新技术、新业态、新职业的发展需求，深度推进以互联网技术为基础，以实现数字化、智能化转型为重点的专业升级及教育教学改革，打通基础研究、应用开发、成果转化、技能型教育的转化通道，提高职业院校技术服务和引领能力。同时，还要进一步推动思想政治教育与技术技能培养融合统一，全面落实“三全育人”，实现“立德树人”目标。

3. 进一步加强区域性产教融合服务平台建设，为校企双方合作提质赋能

进一步完善市场化、专业化、开放共享的省级产教融合信息服务平台建设，依托平台汇聚区域和行业人才供需、校企合作、项目研发、技术服务等各类供求信息，提供技术人才服务对接、人才定制化培养、校企科技项目联合申报、知识产权战略布局等更加精准化的产教融合信息发布、检索、推荐和相关增值服务，解决校企合作信息不对称、对接合作不顺畅等问题。同时，相关行政主管部门要建立定期跟踪、跟进服务的工作机制，引导院校、行业企业及教科研部门常态化、制度化组织各类产教对接活动，组建实体化运作的产教融合集团（联盟）、科技园区、众创空间等创新平台，促进资源共享、成果展示、经验交流、行业科研、成果转化、教育服务，确保产教融合落实落地。

4. 进一步健全社会化评价机制，落实组合投融资和财政支持等激励政策

进一步完善产教融合的规范和标准，对参与合作的政府部门、院校、企业、科研机构的责任和义务等作出明确的规定和认定，强化产教各方参与合作的规范性。细化“金融＋财政＋土地＋信用”组合式产教融合激励政策，有效激发企业参与职业教育的积极性和主动性，充分发挥企业的重要办学主体作用。健全监督问责、监测评估体系，支持社会第三方机构开展产教融合效能评价，并将产教融合合作为绩效考核、投入引导、试点开展、表彰激励的重要依据，增强产教各方参与合作的自律性。此外，要进一步加大职业教育投入，完善政府投资、企业投资、债券融资、开发性金融等组合投融资和产业投资基金支持，落实社会力量举办职业教育可适用的各项财税、投资、金融、用地、价格优惠政策及奖励激励政策，对重大项目

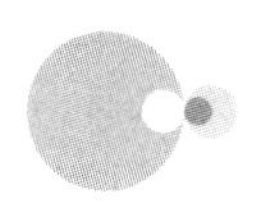

跟进协调服务,对建设成效明显的城市、学校、企业、科研机构予以倾斜支持及动态奖励,提高产教各方参与合作的积极性。

5. 进一步强化宣传、总结及推广,营造产教融合发展的良好环境

进一步做好宣传动员和舆论引导,注意总结梳理深化产教融合实践中存在的突出问题,以及典型经验、得力措施、有关工作建议等,形成典型案例,及时复制推广。同时,要加快企业用人制度、收入分配,以及学校编制、教育科研管理等配套改革,营造全社会充分理解、积极支持、主动参与职业教育的良好氛围,握指成拳,形成促进产教融合的政策导向和改革合力。

参考文献:

[1] 曾天山.以大职业教育观推动职普融通、产教融合、科教融汇[J].职教论坛,2023,39(01):5-8.

[2] 成海涛.职业教育产教融合存在的问题与对策研究——以江西省职业教育为例[J].萍乡学院学报,2022,39(02):105-109.

[3] 黄琳,隋国辉,王榕.应用型转型背景下高校产教融合困境的破解机制研究[J].黑龙江高教研究,2019,37(02):89-93.

[4] 陈志杰.职业教育产教融合的内涵、本质与实践路径[J].教育与职业,2018(05):35-41.

[5] 和震.建立现代职业教育治理体系推动产教融合制度创新[J].中国职业技术教育,2014(21):138-142.

[6] 赵熹.高职院校产教融合的研究与实践[M].西安:西北大学出版社,2022:139-152.

(本节执笔人:方芳　周姗)

第二节　推进职普融通

职普融通指职业教育与普通教育相互沟通、相互融合，是深化职业教育供给侧结构性改革的重要工作，有利于消除职普分离的二元结构，增强学生的综合素养。党的二十大报告指出，要“统筹职业教育、高等教育、继续教育协同创新，推进职普融通、产教融合、科教融汇，优化职业教育类型定位”，明确了现代职业教育的发展方向，强调了职普融通的重要性。近年来，湖北省积极探索职普融通的新路径、新样态，切实增强职业教育的适应性和吸引力，不仅搭建了学生成长的“立交桥”，也推动了现代职业教育体系的建立和完善。

一、我国职业教育职普融通的政策演进脉络

从政策溯源来看，二十世纪八十年代，国家就对职业教育职普融通做出了政策安排，发展历程可分为萌芽初期（1978—2000 年）、探索发展（2001—2009 年）、快速发展（2010—2018 年）、深化提质（2019 年至今）四个阶段。

表 4-2-1　改革开放以来国家关于职普融通的有关政策

阶段	序号	政策文件	主要内容
萌芽初期阶段（1978—2000年）	1	1980 年 10 月 21 日，国务院批转教育部、国家劳动总局《关于中等教育结构改革的报告》（国发〔1980〕252 号）	普通高中要逐步增设职业（技术）教育课。将部分普通高中改办为职业（技术）学校、职业中学、农业中学；职业（技术）学校招收初中毕业生，学制二年至三年，主要进行职业（技术）教育，同时开设有关普通文化课。农业中学、职业中学是普通教育与职业技术教育相结合的中等学校
	2	1983 年 8 月 10 日，教育部发布《关于进一步提高普通中学教育质量的几点意见》	根据城乡不同情况，因校制宜，有计划地开设劳动技术课和职业技术教育选修课
	3	1985 年 5 月 27 日，中共中央办公厅、国务院办公厅印发《关于深化教育体制机制改革的意见》	逐步建立起一个从初级到高级、行业配套、机构合理又能与普通教育相互沟通的职业技术教育体系
	4	1990 年 4 月 9 日，国家教育委员会关于印发《全国农村教育综合改革实验工作指导纲要（试行）（1990-2000 年）》的通知（教燎〔1990〕2 号）	普通中小学在学好文化基础课的同时，应在适当阶段因地制宜地引进职业技术教育因素，认真按教学大纲的要求，上好劳动课和劳动技术课，中学还可开设职业技术选修课

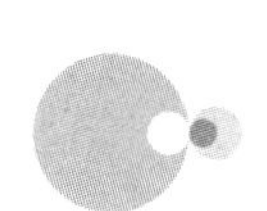

续表

阶段	序号	政策文件	主要内容
萌芽初期阶段(1978—2000年)	5	1991年7月29日,国家教育委员会《关于实施现行普通高中教学计划的调整意见》(教基〔1991〕16号)	高中一、二年级开设的选修课包含技术类选修课。高中三年级开设的选修课包含技术与职业类选修课
	6	1991年10月17日,国务院发布《关于大力发展职业技术教育的决定》	在普通教育中积极开展职业指导,因地制宜地在适当阶段引进职业技术教育因素。城市可在高三分流,对一部分人进行定向性的或预备性的职业技术教育
	7	1993年2月13日,中共中央、国务院关于印发《中国教育改革和发展纲要》的通知(中发〔1993〕3号)	普通中学要分别不同情况,适当开设职业技术教育课程
	8	1995年6月14日,国家教育委员会发布《关于深入推进农村教育综合改革的意见》	积极推进农村中小学教学内容和教学方法改革,根据实际情况渗透技术或职业教育内容,可在初中阶段开设与职业技术相关的选修课
	9	1998年12月24日,教育部发布《面向21世纪教育振兴行动计划》	努力建立符合我国国情特点的职前与职后教育培训相互贯通的体系,使初等、中等和高等职业教育与培训相互衔接,并与普通教育、成人教育相互沟通、协调发展
	10	1999年6月13日,中共中央、国务院发布《关于深化教育改革全面推进素质教育的决定》	强调不同类型教育相互沟通、相互衔接,普通高中和中职毕业生可采取多种方式进入职业技术学院(或职业学院)学习,本科高校通过选拔可以招收职业技术学院(或职业学院)毕业生
探索发展阶段(2001—2009年)	11	2001年5月29日,国务院发布《关于基础教育改革与发展的决定》(国发〔2001〕21号)	鼓励发展普通教育与职业教育沟通的高级中学。普通高中要设置技术类课程。中小学都要积极开展科学技术普及活动。积极组织中小学生参加力所能及的社会公益劳动,培养学生热爱劳动、热爱劳动人民的情感,掌握一定的劳动技能
	12	2001年7月26日,教育部颁布《国家教育事业"十五"规划》	鼓励发展普通教育与职业教育沟通的高级中学
	13	2002年8月24日,国务院《关于大力推进职业教育改革与发展的决定》(国发〔2002〕16号)	保持中等职业教育与普通高中教育的比例大体相当。加强中等职业教育与高等职业教育,职业教育与普通教育、成人教育的衔接与沟通,建立人才成长"立交桥"。在高中阶段开展职业教育与普通教育相沟通的综合课程教育试验,建立中等职业教育与高等职业教育相衔接的课程体系

续表

阶段	序号	政策文件	主要内容
探索发展阶段（2001—2009年）	14	2003年9月17日，国务院《关于进一步加强农村教育工作的决定》（国发〔2003〕19号）	在农村初、高中适当增加职业教育的内容，继续开展“绿色证书”教育，积极创造条件或利用职业学校的资源，开设以实用技术为主的课程
	15	2004年3月3日，国务院关于印发《2003—2007年教育振兴行动计划》的通知（国发〔2004〕5号）	加强新形势下的基础教育、职业教育和成人教育“三教统筹”，有效整合教育资源，充分发挥农村学校的综合功能。继续开展“绿色证书”教育，积极推进农村中小学课程和教学改革，在实现国家规定的基础教育基本要求时，紧密联系农村实际，在农村初、高中适当增加职业教育内容
	16	2005年10月28日，国务院《关于大力发展职业教育的决定》（国发〔2005〕35号）	建立职业教育与其他教育相互沟通和衔接的“立交桥”，使职业教育成为终身教育体系的重要环节，促进学习型社会建立
	17	2007年5月31日，教育部颁布《国家教育事业发展“十一五”规划纲要》	进一步理顺各级各类教育的关系，形成普通教育与职业教育、职前教育与继续教育相互衔接，学历教育与非学历教育、有组织学习与自学相互补充的良好格局，建立各级各类教育相互衔接、相互沟通的教育体系
快速发展阶段（2010—2018年）	18	2010年7月8日，中共中央、国务院颁布《国家中长期教育改革和发展规划纲要（2010—2020年）》	推动普通高中多样化发展。促进办学体制多样化，扩大优质资源。鼓励有条件的普通高中根据需要适当增加职业教育的教学内容。探索综合高中发展模式
	19	2011年8月30日，教育部《关于推进中等和高等职业教育协调发展的指导意见》（教职成〔2011〕9号）	推进普职渗透，丰富学生发展途径。鼓励有条件的普通高中适当增加职业教育课程，采取多种方式为在校生提供职业教育。中等职业学校要积极创造条件，为普通高中在校生转入学习提供渠道；职业学校要为本科院校学生技能培训提供方便。鼓励中小学加强劳动技术、通用技术课程教学，中等职业学校要为其提供教师、场地、资源等方面的支持
	20	2012年6月14日，教育部发布《国家教育事业发展第十二个五年规划》	加强职业教育与普通教育、继续教育的相互沟通。建立学分银行，完善学分互认、累积制度，探索建立同一层次普通学校和职业学校之间的课程互设、学分互认、学生互转的机制

续表

阶段	序号	政策文件	主要内容
快速发展阶段(2010—2018年)	21	2014年5月2日,国务院《关于加快发展现代职业教育的决定》(国发〔2014〕19号)	加强职业教育与普通教育沟通,为学生多样化选择、多路径成才搭建"立交桥"。在保障学生技术技能培养质量的基础上,加强文化基础教育,实现就业有能力、升学有基础。有条件的普通高中要适当增加职业技术教育内容。建立学分积累与转换制度,推进学习成果互认衔接
	22	2014年6月16日,教育部、国家发展改革委、财政部、人力资源社会保障部、农业部、国务院扶贫办关于印发《现代职业教育体系建设规划(2014—2020年)》的通知(教发〔2014〕6号)	普通教育学校为在校生和未升学毕业生提供多种形式职业发展辅导。普通高中根据需要适当增加职业技术教育内容。建立职业教育和普通教育双向沟通的桥梁。普通学校和职业院校可以开展课程和学分互认。学习者可以通过考试在普通学校和职业院校之间转学、升学。普通高等学校可以招收职业院校毕业生,并与职业院校联合培养高层次应用型人才
	23	2017年1月19日,国务院颁布《国家教育事业发展"十三五"规划》	探索综合高中、特色高中等多种模式,促进学校特色发展,为学生提供更多选择机会。建立健全职业教育与普通教育沟通衔接的机制。建立学分银行和信息化平台。在义务教育阶段开展职业启蒙教育
	24	2017年3月24日,教育部、国家发展改革委、财政部和人力资源社会保障部关于印发《高中阶段教育普及攻坚计划(2017—2020年)》的通知(教基〔2017〕1号)	探索发展综合高中,完善课程实施、学籍管理、考试招生等方面支持政策,实行普职融通,为学生提供更多选择机会。建立普通高中和中等职业学校合作机制,探索课程互选、学分互认、资源互通,满足学生升学、就业等多元需求
	25	2017年12月19日,国务院办公厅《关于深化产教融合的若干意见》(国办发〔2017〕95号)	将工匠精神培育融入基础教育。将动手实践内容纳入中小学相关课程和学生综合素质评价。加强学校劳动教育,开展生产实践体验,支持学校聘请劳动模范和高技能人才兼职授课。组织开展"大国工匠进校园"活动。鼓励有条件的普通中学开设职业类选修课程,鼓励职业学校实训基地向普通中学开放

续表

阶段	序号	政策文件	主要内容
深化提质阶段（2019年至今）	26	2019年1月24日，国务院关于印发《国家职业教育改革实施方案》的通知（国发〔2019〕4号）	鼓励中等职业学校联合中小学开展劳动和职业启蒙教育，将动手实践内容纳入中小学相关课程和学生综合素质评价
	27	2019年6月19日，国务院办公厅《关于新时代推进普通高中育人方式改革的指导意见》（国办发〔2019〕29号）	鼓励普通高中与中等职业学校课程互选、学分互认、资源互通，促进普职融通
	28	2020年9月16日，教育部、国家发展改革委、国务院国资委、国家税务总局、国务院扶贫办关于印发《职业教育提质培优行动计划（2020—2023年）》的通知（教职成〔2020〕7号）	加快构建纵向贯通、横向融通的中国特色现代职业教育体系。建立普通高中和中职学校合作机制，探索课程互选、学分互认、资源互通，支持有条件的普通高中举办综合高中
	29	2021年1月29日，教育部办公厅关于印发《本科层次职业教育专业设置管理办法（试行）》的通知（教职成厅〔2021〕1号）	本科层次职业教育专业设置应体现职业教育类型特点，坚持高层次技术技能人才培养定位，进行系统设计，促进中等职业教育、专科层次职业教育、本科层次职业教育纵向贯通、有机衔接，促进普职融通
	30	2021年10月21日，中共中央办公厅、国务院办公厅《关于推动现代职业教育高质量发展的意见》（中办发〔2021〕43号）	加强各学段普通教育与职业教育渗透融通，在普通中小学实施职业启蒙教育，培养掌握技能的兴趣爱好和职业生涯规划的意识能力。探索发展以专项技能培养为主的特色综合高中。推动中等职业学校与普通高中、高等职业学校与应用型大学课程互选、学分互认。制定国家资历框架，建设职业教育国家学分银行，实现各类学习成果的认证、积累和转换
	31	2022年5月1日，新修订的《中华人民共和国职业教育法》正式颁布实施	建立健全职业教育与普通教育相互融通，不同层次职业教育有效贯通，服务全民终身学习的现代职业教育体系。国家建立健全各级各类学校教育与职业培训学分、资历以及其他学习成果的认证、积累和转换机制，推进职业教育国家学分银行建设，促进职业教育与普通教育的学习成果融通、互认
	32	2022年12月2日，中共中央办公厅、国务院办公厅《关于深化现代职业教育体系建设改革的意见》	探索发展综合高中，支持技工学校改革发展；支持高水平本科学校参与职业教育改革，推进职普融通、协调发展

1. 萌芽初期阶段(1978—2000年)

建国初期,我国中等教育一直实行职普分离的双轨教育体制,后来为了适应经济社会发展对各类人才的需求,开始推进职普融通。一是运用课程政策推进职普融通。1983年8月,教育部发布《关于进一步提高普通中学教育质量的几点意见》,强调要根据城乡不同情况,因校制宜,有计划地开设劳动技术课和职业技术教育选修课。1991年10月,国务院发布《关于大力发展职业技术教育的决定》,要求在普通教育中积极开展职业指导,因地制宜地在适当阶段引进职业技术教育因素。二是针对职普规模提出要求。1983年5月,教育部、劳动人事部、财政部、国家计划委员会印发《关于改革城市中等教育结构、发展职业技术教育的意见》,提出到1990年,使各类职业技术学校在校生与普通高中在校生的比例大体相当。三是构建相互沟通的职业教育体系,强调不同类型人才纵向贯通发展。1998年12月,教育部印发《面向21世纪教育振兴行动计划》,要求建立符合我国国情特点的职前与职后教育培训相互贯通的体系,使初等、中等和高等职业教育与普通教育相互沟通、协调发展。1999年6月,中共中央、国务院颁布《关于深化教育改革全面推进素质教育的决定》,强调不同类型教育相互沟通、相互衔接,普通高中和中职毕业生可采取多种方式进入职业技术学院(或职业学院)学习,本科高校可以招收职业技术学院(或职业学院)毕业生,打通不同类型人才纵向贯通发展的路径。

2. 探索发展阶段(2001—2009年)

随着我国社会经济的迅速发展,党的十六大报告提出,走新型工业化道路,必须注重依靠科技进步和提高劳动者素质,为职普融通提供了巨大空间。一是丰富了职业教育与其他教育沟通衔接的内涵。2005年10月,国务院印发《关于大力发展职业教育的决定》,提出建立职业教育与其他教育相互沟通和衔接的"立交桥",使职业教育成为促进学习型社会建立和终身教育体系构建的重要环节。2007年5月,教育部颁布《国家教育事业发展"十一五"规划纲要》,要求完善终身教育体系,形成普通教育与职业教育相互衔接的良好格局,建立各级各类教育相互衔接、相互沟通的教育体系。二是丰富了职业教育课程内容与开展形式。2001年5月,国务院发布《关于基础教育改革与发展的决定》,提出中小学都要积极开展科学技术普及活动,加强劳动教育,积极组织中小学生参加力所能及的社会公益劳动。2002年8月,国务院发布《关于大力推进职业教育改革与发展的决定》,要求在高中阶段开展职业教育与普通教育相沟通的综合课程教育试验。三是提出开设"综合高中"。2001年7月,教育部颁布《国家教育事业"十五"规划》,鼓励发展普通教育与职业教育沟通的高级中学。

3. 快速发展阶段(2010—2018年)

为加快解决经济社会发展对高质量多样化人才的需求与教育培养能力不足

的矛盾，推进社会主义现代化发展进程，职普融通进入了快速发展阶段。一方面，国家致力于推进各级各类教育实现纵向衔接与横向沟通。2014 年 6 月，教育部等六部门联合印发《现代职业教育体系建设规划（2014—2020 年）》，提出系统构建从中职一直到专业学位研究生的培养体系，明确普通学校和职业院校可以开展课程和学分互认，联合培养高层次应用型人才；2017 年 1 月，国务院颁布《国家教育事业发展“十三五”规划》，提出建立健全职业教育与普通教育沟通衔接的机制，建立学分银行和信息化平台，完善学习成果认证制度，并首次提出在义务教育阶段开展职业启蒙教育。另一方面，进一步探索综合高中发展模式。2017 年 3 月，教育部等四部门印发《高中阶段教育普及攻坚计划（2017—2020 年）》，提出探索发展综合高中，完善课程实施、学籍管理、考试招生等方面的支持政策。2017 年 12 月，国务院办公厅《关于深化产教融合的若干意见》鼓励有条件的地方在大型企业、产业园区周边，试点建设职普融通的综合高中。

同时，国家进一步完善了普通高中增加职业教育内容、开展与职业院校合作的政策要求。2011 年 8 月，《教育部关于推进中等和高等职业教育协调发展的指导意见》要求，中等职业学校要积极创造条件，为普通高中在校生转入学习提供渠道；职业学校要为本科院校学生技能培训提供方便。2014 年 6 月，教育部等六部门印发《现代职业教育体系建设规划（2014—2020 年）》，要求职业院校和普通教育学校开展以职业道德、职业发展、就业准备、创业指导等为主要内容的就业教育和服务。2017 年 12 月，国务院办公厅印发《关于深化产教融合的若干意见》，要求将工匠精神培育融入基础教育，将动手实践内容纳入中小学相关课程和学生综合素质评价。

4. 深化提质阶段（2019 年至今）

随着数字化经济与人工智能产业的迅猛发展，迫切需要大批创新型、复合型的技术技能人才，职普融通的重点由路径贯通向深层次、多元化的课程融通发展。2018 年底，中共中央、国务院发布《中国教育现代化 2035》，鼓励普通高中多样化有特色发展。2019 年 1 月，国务院印发《国家职业教育改革实施方案》，提出将动手实践内容纳入中小学学生综合素质评价。2020 年 9 月，教育部等五部门印发《职业教育提质培优行动计划（2020—2023 年）》，提出加快构建纵向贯通、横向融通的中国特色现代职业教育体系。2021 年 10 月，中共中央办公厅、国务院办公厅印发《关于推动现代职业教育高质量发展的意见》，要求一体化设计职业教育人才培养体系，推动各层次职业教育专业设置、培养目标、课程体系、培养方案衔接；探索发展以专项技能培养为主的特色综合高中；鼓励应用型本科学校开展职业本科教育，进一步打通职业教育的上升渠道。2022 年 5 月，《中华人民共和国职业教育法》将职普融通的实践要求纳入法律范畴，要求建立职业教育与普通教育相互融通、不同层次职业教育有效贯通、服务全民终身学习的现代职业教育体系，使职业学校学生在升学、就业、职业发展等方面与同层次普通学校学生享有平等机会。这些政策文件为推动现代职业教育的高质量发展、提升职业教育的民众认可度起到了重要作用。

二、我国职普融通政策的演进特点

1. 规范性逐渐清晰

我国职普融通政策关注普通高中与中职学校的沟通与协调发展，明确提出了各级各类教育纵向衔接、横向融通的要求，建立服务全民终身学习的现代职业教育体系，不断细化职普融通的方式与路径，提出校内课程互融、校级课程合作、校际学籍转换、综合高中办学等政策要求。在学校管理方面，对普职招生规模、高中办学要求、校际合作机制等做出了明确规定，增设教师、课程、资源等方面的支持保障政策。2022 年 5 月，新修订的《中华人民共和国职业教育法》正式实施，将职普融通的实践要求纳入法律规范，为进一步实施职普融通提供了法律保障，职普融通进入法治化阶段。

2. 育人性更为突出

新时期，职普融通被赋予了更多的内涵——实现学习者的全面成长与终身发展。《中国教育现代化 2035》提出推进教育现代化的八大基本理念，其中之一是“更加注重因材施教”，即尊重学生个体差异、发展学生个性特长、实现彼此优势互补。新职业教育法提出“促进职业教育和普通教育的学习成果融通、互认”，让普通教育不仅重视学术要求，还考虑职业需求，职业教育兼顾技能与文化的培养，给学生提供了更多自由选择成长道路的机会，帮助学生找到适合自己的发展方向，使其学习更加主动、扎实，发展更有后劲，更加凸显了职业教育服务经济社会发展和服务人的全面发展功能。

3. 综合性不断强化

随着职业教育改革的不断深入，我国职普融通政策在学校管理、学生流动、课程融通等方面均体现了职普融通的实践要求，从培养模式、课程设置和专业结构等方面综合施策，丰富了职业教育与普通教育互融的内容与形式。在教育目标上，不仅要为青少年接受高等教育做好准备，也要为部分未能接受高等教育的青少年做好就业准备，培养学生适应行业发展所需要的各项素质。在课程设计中，要求在普通教育中增加职业教育课程、融入职业教育要素，在职业教育中增加普通文化课程、融入学术教育要素。在教育体制方面，提出普通高中与职业高中之间的学分互认与学籍互换，打通普通教育与职业教育的转换通道。

三、湖北推进职普融通的政策举措及成效

湖北深入贯彻落实党中央、国务院的重大决策部署，通过多种形式全面学习党的重大方针政策，举办新《职业教育法》专题讲座，召开全省深化现代职业教育体系建设改革工作推进会，组织“技能：让生活更美好”职教周系列活动，不断完善政策支撑体系，大力推进职普融通。

表 4-2-2　改革开放以来湖北关于职普融通的有关政策

序号	政策文件	主要内容
1	2006 年 4 月 7 日，省人民政府《关于大力发展职业教育的决定》（鄂政发〔2006〕23 号）	统筹农村基础教育、职业教育和成人教育的发展，有效整合并充分利用农村中小学、乡镇成人文化技术学校、农业广播电视学校和农业推广等培训资源，教育、劳动保障、农业、科技部门要发挥各自优势，把教育培训和农业技术推广、科技开发紧密结合起来，大力开展农民实用技术培训
2	2013 年 10 月 9 日，省人民政府关于印发《湖北省基本公共服务体系“十二五”规划》的通知（鄂政发〔2013〕45 号）	强调政府统筹，促进普通高中和中等职业教育协调发展；推动普通高中多样化发展
3	2014 年 11 月 17 日，省人民政府《关于加快发展现代职业教育的决定》（鄂政发〔2014〕51 号）	加强中等职业学校和普通高中招生工作的统筹，完善高中阶段学校统一招生平台。加大中等职业学校招收应往届初高中毕业生、大龄工人农民的力度
4	2015 年 3 月 4 日，省教育厅发布《关于开展普通本科高校与高职院校联合培养技术技能型人才试点工作的通知》（鄂教高〔2015〕2 号）	从 2015 年起，在湖北省部分普通本科高校和高职院校开展联合培养技术技能型人才试点工作
5	2017 年 11 月 28 日，省人民政府《关于进一步推进职业教育发展的意见》（鄂政发〔2017〕55 号）	推动职业教育与高中阶段教育、高等教育融合协调发展
6	2017 年 12 月 26 日，省教育厅发布《湖北省推进高中阶段学校考试招生制度改革的实施意见》（教基二〔2016〕4 号）	坚持普职并重。普通高中和中等职业学校招生规模大体相当、协调发展。各级教育行政部门、各初中学校要积极鼓励和引导动手能力强、职业倾向明显的学生接受职业教育

续表

序号	政 策 文 件	主 要 内 容
7	2020 年 7 月 16 日,省人民政府办公厅《关于新时代推进普通高中育人方式改革的实施意见》(鄂政办发〔2020〕38 号)	鼓励普通高中与中等职业学校课程互选、学分互认、资源互通,促进普职融通
8	2020 年 8 月 7 日,省人民政府关于印发《全面加强新时代大中小学劳动教育若干措施》的通知(鄂政发〔2020〕18 号)	加强教育资源统筹,协调利用好职业院校在师资、课程、设备与校内外实习实训基地方面的资源优势,组织中小学生进入职业院校实习实训基地开展劳动教育。加大县域内教师统筹调配力度,探索校际之间劳动教育教师共享机制,鼓励职业院校教师到中小学开展劳动教育
9	2021 年 4 月 10 日,省委、省人民政府印发《关于全面推进乡村振兴和农业产业强省建设 加快农业农村现代化的实施意见》	深化职普融通、产教融合、校企合作,开展职业教育赋能提质专项行动,全面推进健康乡村建设
10	2021 年 4 月 12 日,省人民政府颁布《湖北省"十四五"规划和 2035 年远景目标纲要》	建设湖北省全民终身学习公共服务平台,加快建设湖北教育学分银行。推动高中阶段教育普及多样化发展,加强普通高中标准化建设,支持特色高中建设。推进职业教育融合融通发展,深化职普融通
11	2022 年 1 月 7 日,省人民政府关于印发《湖北省教育事业发展"十四五"规划》的通知(鄂政发〔2021〕32 号)	强化类型教育特征,系统构建贯通中职、专科、本科、专业学位研究生教育的职教人才培养体系,推进职业教育实现融合融通发展
12	2022 年 2 月 17 日,省人民政府关于印发《湖北省县域经济发展"十四五"规划》的通知(鄂政发〔2021〕40 号)	实施县域普通高中振兴行动和特色高中建设计划,推进普职融通,统筹普通高中和中等职业教育协调发展
13	2022 年 4 月 14 日,省人民政府《关于推动现代职业教育高质量发展的实施意见》(鄂政发〔2022〕9 号)	打破职业学校类型界限、条块分割藩篱,推动职业教育内部横向融通,符合条件的学校可按程序增挂中等职业学校、技工学校、高等职业学校、技师学院等校牌,同时享受相关同级同类学校支持政策。持续推进职业教育纵向贯通,鼓励高中阶段毕业生通过高职分类考试报考高等职业学校。加强各学段普通教育与职业教育渗透融合,在普通中小学实施职业启蒙教育,依托职业学校广泛开展职业体验活动

1. 完善职普融通制度体系，纵横交织的职普融通格局基本形成

湖北在加快构建现代职业教育体系中，大力推进职普融通。2016 年，湖北省为健全学校教育与职业培训学分认证机制，推进湖北省终身教育学分银行建设。2017 年 11 月，省人民政府印发《关于进一步推进职业教育发展的意见》，提出推动职业教育与高中阶段教育、高等教育融合协调发展；12 月，省教育厅印发《湖北省推进高中阶段学校考试招生制度改革的实施意见》，要求坚持职普并重，普通高中和中等职业学校招生规模大体相当、协调发展。为此，省各级教育行政部门、初中积极鼓励和引导动手能力强、职业倾向明显的学生接受职业教育，为培养高素质技术技能人才奠定基础。2022 年 1 月，省人民政府印发《湖北省教育事业发展"十四五"规划》，提出职业教育实现融合融通发展；2 月，省人民政府印发《湖北省县域经济发展"十四五"规划》，将推进普职融通作为职业教育的重要发展目标。这一系列政策举措，加强了职业教育与普通教育之间的相互融通，打破了教育内部壁垒，实现两类教育资源共享、教育成果互认。横向融通上，探索出普通高中教育与职业高中教育的相互渗透、普通高等教育与职业高等教育的相互融合；纵向贯通上，在中等职业教育与普通高等教育之间架设"立交桥"，中职学生通过"3＋2"、五年一贯制和高职院校的单独招生考试等多种形式进入到高校，并建立高职和应用型本科联合培养制度，推行专本连读，构建职普融通的现代教育体系。

案例4-2-1

湖北开放大学建立完善终身教育学分银行

2016 年，湖北省教育厅依托湖北广播电视大学成立湖北省终身教育学分银行，由学校负责学分银行的日常管理工作。2018 年，建成湖北省终身教育学分银行运维服务中心，这是湖北省第一个学习成果认证网点，内设学银导师、触控式业务自助办理平台(学习成果"ATM 机")、终身教育立交桥计划、学习成果应用演示中心等高科技设备，为湖北省终身教育学分银行打造出一个全面沉浸式、高科技数字化的服务中心。2019 年，湖北省终身教育管理服务平台升级改造完毕，开始实行学习用户开户、学习成果存储等网上业务办理。2021 年，湖北开放大学升级完善"荆楚学习广场"在线学习平台，通过建立资源共建共享机制，为企业用户和个人用户提供自主学习平台。学习者在荆楚学习广场打卡得积分，该积分即可存储到学分银行，由此实现课证融通、互通互换学分。

——资料来源：湖北开放大学官网 2023-05-06

2. 健全职普融通转换机制,促进了学生多样化成才

2020年7月,湖北省人民政府办公厅印发《关于新时代推进普通高中育人方式改革的实施意见》,鼓励普通高中与中等职业学校课程互选、学分互认、资源互通,促进普职融通。2021年4月,省人民政府发布《湖北省"十四五"规划和2035年远景目标纲要》,强调推动高中阶段教育普及多样化发展,支持特色高中建设。2022年2月,省人民政府印发《湖北省县域经济发展"十四五"规划》,提出实施县域特色高中建设计划,统筹普通高中和中等职业教育协调发展。在政策导向下,武汉、襄阳等地积极推行职普融通试点,普通高中与中职学校结对,设置"职普融通"试点班,高一结束后,学生可选择继续就读普通高中或转入对应中职学校。推进高中阶段教育多样化发展,使学生在升学、就业等方面拥有更加平等的竞争机会,实现"升学有道、就业有门、创业有方",体现出搭建人才成长"立交桥"的作用。新职教法实施后,湖北省积极发展职业本科教育,计划以优质高等职业院校为基础,高起点规划、高标准建设5所左右本科层次职业学校,并鼓励一些"双高"院校创办本科专业。这一系列举措在帮助学生夯实文化基础的同时掌握专业技能,奠定终身发展根基,缓解"一考定终身"的升学压力,打破了职业学校类型界限、条块分割藩篱,推动了职业教育横向融通、纵向贯通。

案例4-2-2

襄阳市襄城区职业高级中学职普融通班圆学生大学梦

2022年6月10日,襄阳市襄城区职业高级中学举行普职融通班开班仪式。首个普职融通班共有26名学生,他们分别来自襄阳二中、湖北文理学院附属中学和田家炳中学。根据前期双向选择和志愿填报情况,普职融通班15名学生将就读财会类专业,11名学生将就读机械类专业;他们的普高学籍已变更为职高学籍。接下来,普职融通班学生将在襄城职高学习中职学校文化基础课、专业理论,参与专业技能实训,完成规定的中职学业要求后,参加2023年的技能高考。

——资料来源:襄阳日报 2022-06-16(04)

3. 丰富职普融通教育内容,提升了社会和公众对职业教育的认可度

2020年8月,湖北省人民政府印发《关于全面加强新时代大中小学劳动教育若干措施》,要求协调利用好职业院校在师资、课程、设备与校内外实习实训基地方面的资源优势,组织中小学生进入职业院校实习实训基地开展劳动教育;加大县域教师统筹调配力度,探索校际间劳动教育教师共享机制。2022年4月,省人

民政府印发《关于推动现代职业教育高质量发展的实施意见》,要求加强各学段普通教育与职业教育渗透融合,在普通中小学实施职业启蒙教育,依托职业学校广泛开展职业体验活动。2022年全省开展了中小学劳动教育优质数字资源建设与教学成果展示交流活动,各地积极鼓励支持普通中小学、高等学校根据实际增加职业教育相关教学内容,有条件的地方积极组织职业学校对普通中小学开展职业启蒙、职业认知、职业体验等方面的教育,部分中学增设了职普融通实验班,让学生现场体验专业课程,参观实训基地,尝试项目化专业学习。通过展示交流活动,职业教育在人们心目中的地位逐步提升,有利于职业教育发展的社会文化和环境氛围逐步向好,越来越多的毕业生自主选择报考职业院校。

案例4-2-3

宜昌开展"职业体验日活动"促进职普融通

宜昌市教育局从2017年开始,持续组织全市中小学开展以"开展职业体验,感受职业文化,启迪学生未来"为主题的职业体验日活动。职业体验活动一般安排在每年3—5月份进行,结合"全面职业教育活动周""市职业教育宣传月""全市职业学校技能大赛"等重大活动统一部署、精心组织,由宜昌市教育局主办,各县市区教育局、各中职学校承办。宜昌市城区(含夷陵区)中小学统一在市职教园开展体验活动,由园区学校轮流承办。县市区中小学统一在县(市)职教中心开展体验活动。通过组织开放"职业体验日"活动,让初中九年级的学生到职业院校,在相关专业老师指导下,亲自动手体验简单、安全、有趣、有技术的职业技能项目,提高了对职业的感性认识,体验了职业乐趣,树立职业理想,并对今后的职业进行规划。同时,初中学校家长、师生、企业代表除了参与职业体验外,还参观校园,观看宣传片,与职业学校师生零接触,对职业学校的办学理念、办学成果、良好的校风、优美的校园环境有了全新的认识。

——资料来源:三峡日报 2023-05-29(02)

四、湖北职普融通面临的困境及原因分析

近年来,国家先后颁布多份重要文件,鼓励推进职业教育综合改革,其中,与普通教育融合发展是一个重要改革方向。在这个政策背景下,湖北省开展了积极探索,并将"职业教育实现融合融通发展"列入湖北省教育事业发展"十四五"规划。但从实际效果看,政策实施预期与现实成效存在一定落差。

1. 职普融通遭遇现实困境,难以等价融通

职普融通的预期是打破普通教育和职业教育的二元对立,使学生能在普通教

育和职业教育之间自由流动,为学生多样化选择、多路径成才创造条件。然而,现实中职普之间的双向流动并不顺畅,“普高生不愿流、职校生不能流”的现实极大地抑制了职普融通的政策效应。在职业教育与普通教育的“双向奔赴”中,沟通机制尚不健全,在进行诸如互派教师、互设课程的改革时,普通高中的积极性远远低于职业学校,一些职普融通班,实质上只是增加了中职生向普高流动的可能性,普高生流向中职的情况较少且意愿不强。其中最为根本的原因是职普不等价,学生由普通教育向职业教育流动被视为“降价”,反之被视为“加价”。由于中考选拔制度的存在,职业教育向普通教育的“加价”流动变得异常困难,而“降价”流动也会招致学生家长的心理抵制,在这种情况下,职普融通显得“被迫且无奈”。如何切实提升职业教育办学水平与育人质量,营造全社会多样化人才舆论导向,使师生在心理上认可并接受职普融通是当前职业教育改革发展需研究的重点课题。

2. 职普融通试点机制不完善,难以落地生根

虽然我国职普融通政策意指全学段,但普通高中和中等职业学校的融通始终是职普融通政策关注和实施的“主阵地”。实际上,在普通高中和中等职业学校之间从办学类型互融(综合高中改革)、课程互选、内容互通、师资互流到学分互认、学籍互转、资源互通等,都需要在试点的基础上,进行面上推广,逐步实现普通高中和中等职业学校交流合作的机制化、常态化。目前,点上试验与面上推广缺乏具体的政策指导,很多地方没有出台配套的实施意见或方案,既没明确责任部门与具体的试点规划,也没有试验后的评价与反馈,缺乏配套的政策激励措施,导致实施过程中的问题难以得到有效解决,试验成功的典型难以得到及时推广,职普融通政策难以落地生根。同时,职普融通政策在其他学段的问题也逐渐凸显,如在基础教育阶段实施职业启蒙教育、职业体验等,大部分课程与项目没有纳入相关的课程标准和学校人才培养方案中,难以实现从规模式发展向内涵式发展的转变。

3. 职普融通制度亟待完善,难以顺畅互认

职业院校和普通学校在招生考试、学生管理、资格授予等环节存在较大差异,学习者在两个教育类型间的身份转换需要一系列法律、制度、程序等方面政策和制度的支持。在学籍管理方面,高中教育阶段学生在职业院校和普通高中间的学籍转换还不是很顺畅。在学分互认和学习成果转换上,普通学校和职业院校之间的学习成果还不能完全实现互认,目前同时涵盖职业教育和普通教育的综合性资历框架及学分互认制度还有待完善。在评价方式上,中考后分批次按分录取的制度无形中将中职生定义为“落榜生”,进入高中阶段后,普通高中以学业水平测试、高考成绩等作为最终评价指标,中职生的职教高考制度改革尚在路上,在不同“指挥棒”的作用下,普高与职高师生对于职普融通的积极性有明显差别。在升学深造方面,普通高中学生可选择本科院校,也可以选择高职为其“兜底”,而“职教高考”本科招生比例较低，职业学校学生的本科通道狭窄，中职学校毕业生进入研究型高等教育的通道很少。因此，推进评价方式、资历框架、招生考试制度等方面改革，是职普融通制度建设的必经之道。

五、深入推进湖北职普融通的策略建议

随着现代职业教育体系建设的推进，职普融通已成为推动经济社会高质量发展、构建高质量教育体系、推进教育现代化的重要抓手之一。湖北要打破职业教育的内循环和职教学生的固化身份，不断拓宽职业学校学生发展通道，通过中高职贯通、中高本衔接、完善职教高考等政策的实施，为有意愿、够条件的学生提供多种就业、升学路径，推动形成制度供给充分、职普深度融通、条件保障有力的良好生态，让不同禀赋和需要的学生能够多次选择、多样成才。

1. 根在认知，推广与普及多样化成才理念

教育观念的偏颇是制约职普融通的一个关键因素。受我国传统文化中“学而优则仕”“重教轻器”等观念的影响，社会公众对职业教育和普通教育不能实现同等认可，普通教育一般处于优势地位。2021 年 4 月，全国职业教育大会提出了构建“技能型社会”的理念，以期形成“国家重视技能、社会尊重技能、人人学习技能和人人拥有技能”的社会形态。2022 年 12 月，中共中央办公厅印发《关于深化现代职业教育体系建设改革的意见》，提出构建现代职业教育体系要坚持服务学生全面发展和经济社会发展，力求建立健全多形式衔接、多通道成长、可持续发展的梯度职业教育和培训体系。湖北可进一步推广与普及这种成才理念，科学引导社会文化转型，重塑高素质技术技能人才形象，建立并完善有利于技能人才成长发展的相关制度，使职业教育获得社会公众、学生及家长的支持及认可。

2. 重在引领，加强试点职普融通的统筹规划

目前，湖北省职普融通的实践多是地方或校际层面的自发探索，以课程互选、实习实训设施场地共享、职业体验等为主，各地参与的积极性与实际效果差距较大。今后，可加强职普融通改革试点的顶层设计，在职业教育与普通教育不同的培养目标和运行逻辑下，降低职普融通过程中双方沟通与合作的成本，完善职普融通的统筹规划，在招生、课程、师资、实习实训场地等方面形成互通共享的有效模式，提高试点区域职普融通的质量；将职普融通政策试点工作与职业教育综合改革有机衔接，鼓励各地继续大力探索职普融通制度建设、保障机制、服务体系的有效实施，积极采用单项试点与综合试点相结合、多轮递进式试点等方式，对政策实施中出现的冲突及时进行原因剖析，不断化解政策实施中可能遇到的问题，并为这些试点的创新实践与探索提供全面支持与保障，形成稳定的合作运行模式，引领全省职普协调发展、相互融通的生态向好发展。

3. 魂在育人,深化职业院校人才培养模式改革

职业教育与普通教育的目的都是为社会培养更优秀更适配的人才,相互融合是基于科学发展观、终身教育、多样化成才和全人教育等理论提出的观点。职业院校在注重提升学生专业技术技能素养的同时,应该以终身教育理念和人的全面发展需求作为制定人才培养方案的宗旨,加强对学生问题解决、团队合作、情绪处理、创新思维等通用能力与核心素养的培养,以提升职教学生整体素养;普通院校在培养学生理论研究能力的同时也需提升学生对实践工作的理解应用能力。从而在整体上形成以义务教育为基础、中等教育为重点、高等教育为延伸的全方位职普融合体系,成为真正服务学生、培养学生和促进学生德智体美劳全面发展的终身学习平台。

4. 本在政策,加快完善职普融通制度保障体系

目前,虽然国家政策对职普融通提出了要求,进行了指导,但在具体制度上还需进一步细化。学籍互换与学分互认方面,在普通教育、职业教育和高等教育之间要搭建可等值、可对比、可沟通、可衔接的桥梁,探索普通教育、职业教育和高等教育的资格互认体系,让不同层级、不同类别的学历与资格证书之间可比较、可沟通。考核与评价方面,要改革中考录取制度,改变以往“普高落榜生”等同于中职生的认知;要深化职教高考改革,探索可体现职业教育类型特色、并被社会公众认可的技能技术素养有效评价方式,引导学生由“低分淘汰选择职业教育”,转变为“根据兴趣、能力与职业发展选择职业教育”。在发展通道方面,要增加职校生的升学机会,积极组建更多本科层次职业院校,扩大职业本科、应用型本科在中等职业学校中的招生计划,使职业学校学生与普通学校学生在升学方面享有平等机会。

参考文献:

[1] 李玉静,岳金凤.推进职普融通:内涵逻辑、现实困境与突破路径[J].职业技术教育,2022,43(33):19-25.

[2] 孙静,崔志钰.21世纪以来我国职普融通教育政策的演变逻辑、问题解析与优化建议[J].中国职业技术教育,2022(21):5-11,35.

[3] 丁关东,问清泓.从“分流”走向“融通”:职普协调发展的路径研究[J].职业技术教育,2022,43(19):48-54.

[4] 王坤,靳晓莹.从普职分流到普职协调发展:融通与共赢——基于生态位理论的视角[J].中国职业技术教育,2023(05):49-55.

[5] 马延伟.论普职融通的价值导向与制度路径[J].职业技术教育,2023,44(04):24-30.

(本节执笔人:洪森　翟予因)

第三节　推进职业培训

职业培训是指对劳动者进行职业技能培训和职业素质教育的过程，是提高劳动者就业和创业能力的重要手段。推动职业院校敞开校门，面向城乡全体劳动者广泛开展培训，既有利于支持和促进就业创业，也有利于学校提升人才培养质量和办学能力，是深化职业教育改革发展的重要内容。湖北各级政府和职业院校在加强职业教育的同时，也注重发展职业院校主阵地作用，加强职业技能培训，为经济社会发展培养了一大批高素质技术技能人才、能工巧匠、大国工匠。

一、国家关于职业培训的相关政策及演进特点

实施学历教育与培训并举是职业院校的法定职责。在我国，职业培训的政策一直是国家关注的重点，也是经济社会发展的重要组成部分。梳理中国职业培训的百年发展历程，结合我国社会发展的关键历史阶段和有关职业培训重要政策文件，我国职业培训事业发展可划分为起步初创期、探索建设期、规范发展期、全面提升期四个阶段。

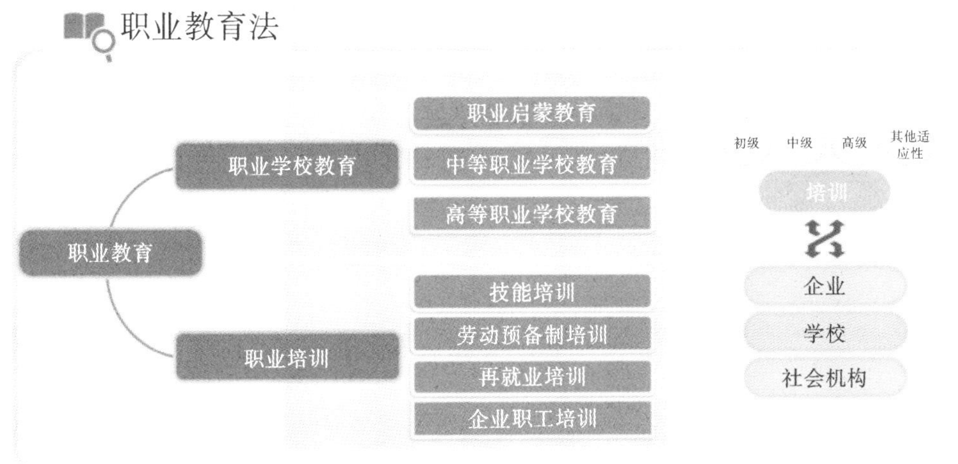

图 4-3-1　职业教育法规定的职业教育体系框架图

1. 起步初创期：1921—1949 年

早期共产党人为带领中华民族摆脱“三座大山”的压迫，激发受苦民众反抗意识和革命精神，开启了中国共产党带领下的职业培训事业，为北伐战争、土地革

命、抗日战争、解放战争培养了一批爱国民主革命人才，建立起以革命干部培训、红军培训和工农扫盲培训为主的职业培训体系。

建党初期和北伐战争时期，中国共产党在上海、湖南等地兴办了多所革命干部学校，重点发展工农教育与干部教育，为北伐战争培养革命领导干部；土地革命战争时期，中国共产党在各地建立了大批根据地，探索以干部培训、红军培训和工农培训为主体的职业培训体系；抗战时期，在抗日民主根据地开办了农业、牧业、医学等职业技术学校和税收、会计、医药卫生、纺织短期职业技术培训班；解放战争时期，为了恢复和发展城市生产，从根本上巩固政权，毛泽东提出："号召我们的同志，要用极大的努力去学习生产的技术和管理的方法。"我国职业培训开始为新中国的生产建设服务。

这一历史时期，中国共产党领导的职业培训主要特点：一是职业培训服务于革命，旨在激发广大底层民众革命意识；二是职业培训层次低，结合社会大众文化素养低的特点，面向民众开展了识字、习武、思想政治教育为主要内容的培训；三是职业培训受革命环境影响，办学频次和形式不稳定。中国共产党人领导的早期职业培训实践，为革命战争、抗日战争、解放战争的胜利提供了可靠的人才保障。

2. 探索建设期：1950—1977 年

新中国成立后，中国共产党在劳动人民就业上做了大量工作，除了继续开展扫盲识字培训外，还注重技术培训，加强社会劳动者的业余教育和在职干部培训。1950—1964 年，经过四次扫盲运动后，农村业余学校、农民广播学校、函授学校、夜校、短训班等农村培训机构在对农村地区扫盲教育做出贡献的同时，也培养了一批农业专业技术人员。国家不仅采取了以工代赈、生产自救、回乡生产等措施来解决失业工人重新就业问题，还举办大量转业培训班，对失业工人进行转业训练。

1950 年，政务院颁发《关于开展职工业余教育的指示》，这是新中国成立后的第一个关于职工培训的文件，要求各企业的技术教育应采取技术训练班、技术研究班或订立师徒合作等方式，有计划地开展。这一时期，我国技术人员等级考核和评价制度开始初步建立。《关于开展职工业余教育的指示》指出，凡修完规定课程测验及格者，教育部门授予毕业证书，与同级普通学校毕业证书具有同等效力。此后，为了完成我国建设社会主义社会的任务，加强党的领导，中共中央相继出台了《关于轮训全党高、中级干部和调整党校的计划》《关于党的高级干部自修马克思、列宁主义办法的规定》《关于轮训干部的决定》等政策来提高全党干部的马列主义水平，以适应领导社会主义建设的重任。仅 1955 年，全国就有 250 多万名干部参加了理论学习，广大干部的理论素养有了一定的提高。

这一历史时期，我国职业培训的主要特点：一是中国共产党基于恢复国民经济、服务大规模经济建设的历史任务，按照生产建设需要设置培训专业；二是与前一阶段相比，培训层次明显提高，依计划实施初级和中级技术人才培训；三是开始建立我国工人技术等级考核制度，在学习经验中探索我国职业培训的出路。

3. 规范发展期：1978—2011 **年**

改革开放后，全党的工作重心转移到社会主义现代化建设上来，社会主义市场经济体制确立，人才供需矛盾凸显，经济建设急需大量技术技能人才，我国职业培训全面发展。一系列法律法规政策的出台，使我国职业培训在管理、目标、方式、内容、评价、激励等方面都得到了初步规范。

1978 年 12 月，全国技工培训工作会议提出有计划地开展在职技工技术培训，以 1979 年国家劳动总局和国家经委颁布的《关于进一步搞好技工培训工作的通知》为标志，国家相继出台了《技工学校工作条例（试行）》《职业技能鉴定规定》和《劳动者职业技能培训条例》，并设立了相应的职业技能鉴定和培训机构，职业培训有序进行。从 1988 年开始，劳动部组织 45 个行业主管部门开展了技术等级标准修订工作，并颁布了我国第一部《中华人民共和国工种分类目录》，将传统的八级工制度简化为初、中、高三级工制度。《中华人民共和国职业分类大典》出台后，快速形成了比较健全的职业技能鉴定网络，国家职业资格证书制度开始确立。2003 年，中共中央、国务院发布《关于进一步加强人才工作的决定》提出，借助高等职业院校和高级技工学校、技师学院的作用加强岗位培训，利用技术革新和攻关，改进技能传授方式。2010 年，国务院发布《关于加强职业培训促进就业的意见》，为构建职业培训体系、提高职业培训质量提供了全方位的政策指导。

这一历史时期，我国职业培训的主要特点：一是按照劳动力市场需求开发劳动者职业技能的机制开始建立，使培训市场规范、有序进行；二是职业培训在扩大规模的基础上重视提高质量；三是政府、企业、社会共同承担职业培训办学任务，多元主体参与职业培训的格局逐渐形成。

4. 全面提升期：2012 **年至今**

党的十八大以来，党中央始终坚持把增进人民福祉、促进人的全面发展作为职业培训的出发点和落脚点，对职业培训制度化体系建设做出了决策部署，健全面向城乡全体劳动者的职业培训制度，探索职业培训多元评价机制，改革职业资格制度，优化职业培训经费支出结构，开展企业新型学徒制培训试点，建设新时代终身学习体系下的职业培训体系，开启了职业培训制度化建设之路。

2012 年，国务院批转《促进就业规划（2011—2015 年）》，要求紧密结合市场需求和就业要求，强化职业培训，使劳动者得到有效培训机会，就业质量进一步提升。2017 年，人社部向社会公布国家职业资格目录，实行清单式管理改革，完善技能人才评价制度，做好职业技能等级制度与职业资格制度的衔接。2018 年，国务院印发《关于推行终身职业技能培训制度的意见》，对大力推行终身职业技能培训制度做出指导,要求面向全体劳动者建立灵活学习制度,加快建设知识型、技能型、创新型劳动者大军。2019 年,教育部办公厅等十四部门印发《职业院校全面开展职业培训促进就业创业行动计划》,提出"到 2022 年,使职业院校成为就业创业培训的重要阵地,基本形成学历教育与培训并举并重的职业教育办学格局"。2021 年,人力资源社会保障部、教育部等四部门印发《"十四五"职业技能培训规划》,提出"到 2025 年实现终身职业技能培训制度更加完善,共建共享职业技能培训体系更加健全,创新型、应用型、技能型人才队伍不断发展壮大,职业技能培训服务更加有效"等目标。2022 年 5 月 1 日,新修订的《中华人民共和国职业教育法》颁布实施,从法律上规定了国家推行中国特色学徒制度。

这一历史时期,职业培训的主要特点:一是职业培训政策更加健全,职业培训走上高质量发展之路;二是职业培训办学体制机制、人才评价机制、资金投入机制、市场监督机制等进一步完善,职业培训工作获得了长足发展;三是随着政府层面对技能人才的鼓励、宣传和重视,终身职业培训社会氛围浓厚。

表 4-3-1 改革开放以来国家关于职业培训的相关政策

序号	政策文件	主要内容
1	1993 年 7 月 9 日,劳动部发布《职业技能鉴定规定》(劳部发〔1993〕134 号)	各类职业技术学校和培训机构毕(结)业生,凡属技术等级考核的工种,逐步实行职业技能鉴定
2	2003 年 12 月 26 日,中共中央、国务院《关于进一步加强人才工作的决定》(中发〔2003〕16 号)	借助高等职业院校和高级技工学校、技师学院的作用加强岗位培训,利用技术革新和攻关,改进技能传授方式
3	2009 年 4 月 28 日,国务院法制办公室发布《职业技能培训和鉴定条例》	国家建立健全面向全体劳动者的职业技能培训和鉴定制度,鼓励开展职业技能培训和鉴定,增强劳动者的就业能力、工作能力和创业能力。劳动者有参加职业技能培训和鉴定的权利。用人单位应当保障职工参加职业技能培训和鉴定的权利
4	2010 年 10 月 20 日,国务院《关于加强职业培训促进就业的意见》(国发〔2010〕36 号)	适应扩大就业规模、提高就业质量和增强企业竞争力的需要,完善制度、创新机制、加大投入,大规模开展就业技能培训、岗位技能提升培训和创业培训,切实提高职业培训的针对性和有效性,实现"培训一人、就业一人"和"就业一人、培训一人"目标
5	2012 年 1 月 24 日,国务院关于批转《促进就业规划(2011—2015 年)》的通知(国发〔2012〕6 号)	健全面向城乡全体劳动者的职业培训制度。统筹推动就业技能培训、岗位技能提升培训和创业培训,积极探索现代学徒制培训,加快构建劳动者终身职业培训体系,使城乡劳动者都能得到有针对性的培训

续表

序号	政策文件	主要内容
6	2014年5月2日，国务院《关于加快发展现代职业教育的决定》(国发〔2014〕19号)	建立有利于全体劳动者接受职业教育和培训的灵活学习制度，推进学习型社会建设。面向未升学初高中毕业生、残疾人、失业人员等群体广泛开展职业教育和培训。推进农民继续教育，加强涉农专业、课程和教材建设，创新农学结合模式。利用职业院校资源广泛开展职工教育培训
7	2014年6月16日，教育部等六部门关于印发《现代职业教育体系建设规划(2014—2020年)》的通知(教发〔2014〕6号)	职业院校是继续教育的重要主体，通过多种形式为所有劳动者提供终身学习机会。企事业单位举办职工教育，建立制度化的岗位培训体系。社会培训机构是职业继续教育的重要组成部分，依法自主开展职业培训和承接政府组织的职业培训
8	2015年6月18日，教育部、人力资源社会保障部《关于推进职业院校服务经济转型升级面向行业企业开展职工继续教育的意见》(教职成〔2015〕3号)	到2020年，全国职业院校开展职工继续教育人次绝对数达全日制在校生数的1.2倍以上，承担职工继续教育总规模不低于1.5亿人次，实现教育类型多元化、管理规范化，多数职业院校成为行业企业职工继续教育的重要阵地，在全国建成1000个职工继续教育品牌职业院校
9	2015年7月27日，教育部《关于深化职业教育教学改革全面提高人才培养质量的若干意见》(教职成〔2015〕6号)	建立学分积累与转换制度，推进学习成果互认，促进工作实践、在职培训和学历教育互通互转。支持职业院校毕业生在职接受继续教育，根据职业发展需要，自主选择课程，自主安排学习进度
10	2015年10月19日，教育部关于印发《高等职业教育创新发展行动计划(2015—2018年)》的通知(教职成〔2015〕9号)	面向社区成员开展与生活密切相关的职业技能培训，以及民主法治、文明礼仪、保健养生、生态文明等方面的教育活动。开设养生保健、文化艺术、信息技术、家政服务、社会工作、医疗护理、园艺花卉、传统工艺等专业的职业院校，应结合学校特色率先开展老年教育
11	2017年12月5日，国务院办公厅印发《关于深化产教融合的若干意见》(国办发〔2017〕95号)	落实企业职工培训制度，足额提取教育培训经费，确保教育培训经费60%以上用于一线职工。创新教育培训方式，鼓励企业向职业学校、高等学校和培训机构购买培训服务
12	2018年2月5日，教育部等六部门关于印发《职业学校校企合作促进办法》的通知(教职成〔2018〕1号)	鼓励有条件的企业举办或者参与举办职业学校，设置学生实习、学徒培养、教师实践岗位；鼓励规模以上企业在职业学校设置职工培训和继续教育机构。企业职工培训和继续教育的学习成果，可以与职业学校教育实现互认和衔接

续表

序号	政策文件	主要内容
13	2018年5月3日,国务院《关于推行终身职业技能培训制度的意见》(国发〔2018〕11号)	建立并推行覆盖城乡全体劳动者、贯穿劳动者学习工作终身、适应就业创业和人才成长需要以及经济社会发展需求的终身职业技能培训制度,实现培训对象普惠化、培训资源市场化、培训载体多元化、培训方式多样化、培训管理规范化
14	2019年1月24日,国务院关于印发《国家职业教育改革实施方案》的通知(国发〔2019〕4号)	从2019年开始,在职业院校、应用型本科高校启动"学历证书+若干职业技能等级证书"制度试点工作。完善学历教育与培训并重的现代职业教育体系
15	2019年5月18日,国务院办公厅关于印发《职业技能提升行动方案(2019—2021年)》的通知(国办发〔2019〕24号)	坚持需求导向,服务经济社会发展,适应人民群众就业创业需要,大力推行终身职业技能培训制度,面向职工、就业重点群体、建档立卡贫困劳动力等城乡各类劳动者,大规模开展职业技能培训,加快建设知识型、技能型、创新型劳动者大军
16	2019年9月5日,教育部等7部门《关于教育支持社会服务产业发展提高紧缺人才培养培训质量的意见》(教职成厅〔2019〕3号)	到2022年,教育支持社会服务产业发展的能力有效增强,紧缺领域相关学科专业体系进一步完善,结构进一步优化,布局进一步拓展,为社会服务产业紧缺领域培养和输送一大批层次结构合理、类型齐全、具有较高职业素养和专业能力的人才
17	2019年10月16日,教育部办公厅等十四部门关于印发《职业院校全面开展职业培训促进就业创业行动计划》的通知(教职成厅〔2019〕5号)	实施学历教育与培训并举是职业院校的法定职责。充分发挥职业教育资源优势,以健全政行企校多方协同的培训机制为突破口,增强院校和教师主动性,调动参训人员积极性,面向全体劳动者特别是重点人群及技术技能人才紧缺领域开展大规模、高质量的职业培训,加快形成学历教育与培训并重的办学格局
18	2019年10月16日,教育部办公厅《关于办好深度贫困地区职业教育助力脱贫攻坚的指导意见》(教职成厅〔2019〕4号)	落实职业院校实施学历教育与培训并举的职责,按照长短结合、内外结合、育训结合的要求,依托就业扶贫、产业扶贫和劳务输出项目,面向在校学生和社会成员开展高质量的职业培训。积极发挥县级职教中心的综合功能,把贫困地区未升学的初高中毕业生纳入免费技能培训的范围
19	2020年9月16日,教育部等九部门关于印发《职业教育提质培优行动计划(2020—2023年)》的通知(教职成〔2020〕7号)	设计了10项任务、27条举措。实施职业教育治理能力提升行动、"三教"改革攻坚行动、信息化2.0建设行动、服务国际产能合作行动、创新发展高地建设行动等5项行动

续表

序号	政策文件	主要内容
20	2021年4月30日，人力资源社会保障部办公厅《关于加强新职业培训工作的通知》(人社厅发〔2021〕28号)	加快新职业标准开发，组织开展新职业培训，加强新职业培训基础建设，有序开展新职业评价，强化政策待遇落实，各类用人单位对在聘的高级工、技师、高级技师在学习进修、岗位聘任、职务职级晋升、评优评奖、科研项目申报等方面，比照相应层级专业技术人员享受同等待遇
21	2021年10月21日，中共中央办公厅、国务院办公厅《关于推动现代职业教育高质量发展的意见》(中办发〔2021〕43号)	鼓励职业学校开展补贴性培训和市场化社会培训。制定国家资历框架，建设职业教育国家学分银行，实现各类学习成果的认证、积累和转换，加快构建服务全民终身学习的教育体系
22	2021年12月25日，人力资源社会保障部、教育部、发展改革委、财政部关于印发《"十四五"职业技能培训规划的通知》(人社部发〔2021〕102号)	明确了"十四五"时期开展职业技能培训工作的基本原则、工作目标、重点任务和保障措施。要求建立健全职业培训工作多元化多层次框架体系、加强职业培训教材与数字资源建设、加强师资队伍建设、推动信息化建设，提高技能人才待遇水平
23	2022年4月20日，第十三届全国人民代表大会常务委员会第三十四次会议审议通过新修订的《中华人民共和国职业教育法》	职业培训包括就业前培训、在职培训、再就业培训及其他职业性培训，可以根据实际情况分级分类实施。职业培训可以由相应的职业培训机构、职业学校实施。其他学校或者教育机构以及企业、社会组织可以根据办学能力、社会需求，依法开展面向社会的、多种形式的职业培训
24	2022年10月7日，中共中央办公厅、国务院办公厅《关于加强新时代高技能人才队伍建设的意见》	构建以行业企业为主体、职业学校(含技工院校，下同)为基础、政府推动与社会支持相结合的高技能人才培养体系
25	2022年12月20日，中共中央办公厅、国务院办公厅《关于深化现代职业教育体系建设改革的意见》	建立健全多形式衔接、多通道成长、可持续发展的梯度职业教育和培训体系，让不同禀赋和需要的学生能够多次选择、多样化成才
26	2023年2月6日，中共中央、国务院印发《质量强国建设纲要》	强化职业技能培训，完善质量专业技术技能人才职业培训制度和职称制度，实现职称制度与职业资格制度有效衔接，着力培养质量专业技能型人才、科研人才、经营管理人才

综上，国家制定的一系列相关政策，从单纯的职业技能培训到以就业为导向、以产业需求为导向的综合性政策体系，政策目标更加明确、政策实施更加灵活、政

策保障更加有力,为职业培训提供了坚强保障。同时,也可以看出政策演进过程是一个长期、渐进的过程,是一个多元化的过程,是一个具有适应性的过程,是一个走向国际化的过程。

二、湖北推进职业培训的政策举措及成效

长期以来,湖北坚持学历教育与职业培训并重,充分发挥职业院校(含技工院校)技能培训优势,允许并鼓励职业院校开展有偿性社会培训,推进技工教育与职业教育融合发展,建立全省统一的职业教育招生平台,组织实施技工院校毕业证书"双认证"行动,积极推进"一培双考""一考双证",推动职业技能等级与相应学历双向比照认定,大力实施订单定岗培训,加强职业院校"双师型""一体化"教师培养,职业院校成为职业技能培训的主要阵地,培养了大批适应经济社会发展需求的高素质技术技能人才。

表 4-3-2 党的十八大以来湖北职业培训主要政策

序号	政策文件	主要内容
1	2012 年 3 月 20 日,省人民政府《关于加强职业培训促进就业的实施意见》(鄂政办发〔2012〕29 号)	充分认识加强职业培训工作的重要意义。进一步整合人力资源和社会保障系统培训资源;积极建立健全面向全体劳动者的职业培训制度;进一步加强职业培训质量管理,进一步强化并规范职业技能鉴定工作,进一步强化并规范职业技能鉴定工作,着力推动高技能人才培训工作;进一步加大职业培训工作综合管理力度
2	2012 年 11 月 9 日,省教育厅《关于充分发挥行业企业作用建设湖北职业教育品牌的通知》(鄂教职成〔2012〕16 号)	围绕湖北支柱产业、高新技术产业、战略新兴产业、重点或特色产业的发展,汇集职业院校、行业和企业资源,通过政府大力引导、扶持、培育,相关行业、企业以及社会组织积极参与,到"十二五"末,努力建成十个左右具有较强影响力的湖北职业教育品牌,扩大湖北职业教育影响力
3	2014 年 11 月 17 日,省人民政府《关于加快发展现代职业教育的决定》(鄂政发〔2014〕51 号)	到 2020 年,形成适应我省经济社会发展需求、产教深度融合、中职高职衔接、职业教育与普通教育相互沟通、职业培训与学历教育并举、体现终身教育理念、具有湖北特色的现代职业教育体系,服务人的全面发展
4	2016 年 4 月 7 日,省教育厅关于印发《湖北省职业院校现代学徒制试点工作方案》的通知(鄂教职成〔2016〕2 号)	坚持以学生技术技能培养为核心,以校企双主体育人、教师师傅双导师教学为突破口,推进职业教育体制机制创新,促进行业企业参与职业教育人才培养全过程

续表

序号	政策文件	主要内容
5	2017年1月20日，省教育厅、省发改委、省财政厅关于印发《湖北省高等职业教育创新发展行动计划实施方案(2017—2020年)》的通知(鄂教职成〔2017〕1号)	加快专业结构调整，合理布局19个专业大类；扩大优质教育资源的总量和覆盖面，提高我省高等职业教育的均衡程度和社会认可度；全面深化高职教育体制机制改革，增强高职教育办学能力、适应能力和自主发展能力；全面提升人才培养质量；提升社会服务能力
6	2017年9月6日，省教育厅《关于进一步规范高等学校校企合作办学有关工作的通知》(鄂教职成〔2017〕8号)	明确校企合作办学的目的，各高校要牢牢把握校企合作办学的正确方向，促进校企合作办学持续健康稳步发展。完善校企合作办学程序，切实加强校企合作办学管理，加强校企合作办学的检查、督查
7	2017年11月28日，省人民政府《关于进一步推进职业教育发展的意见》(鄂政发〔2017〕55号)	发挥国有企业职业教育重要办学主体作用，成立国有企业职业教育集团，统筹协调国有企业职业教育和职业培训。充分发挥职业院校、技工学校在职业培训中的主阵地作用，将分散在各部门的职业培训项目，由政府统筹、部门组织、职业院校实施
8	2018年4月2日，省教育厅印发《关于政校行企开展技术技能人才联合培养工作的指导意见》的通知(鄂教发〔2018〕1号)	高等学校要根据地方政府、行业部门和企业的委托，面向生产、建设、管理一线岗位需求，实施单独招生，联合培养技术技能型人才，深化产教融合、校企校地合作
9	2019年3月22日，省人民政府印发《关于推行终身职业技能培训制度的实施意见》(鄂政发〔2019〕10号)	完善职业技能培训政策服务体系，大力推进就业技能培训，着力加强高技能人才培训，广泛开展创业创新能力培训；强化企业职业技能培训主体作用，建立健全企业职业技能培训多渠道激励机制，加强在职职工岗位技能提升培训，全面推行企业新型学徒制培训；深化职业技能培训体制机制改革；加强职业技能培训基础能力建设
10	2019年7月26日，省人民政府办公厅《关于印发湖北省职业技能提升行动实施方案(2019—2021年)的通知》(鄂政办发〔2019〕45号)	2019—2021年，持续开展职业技能提升行动，三年共开展各类补贴性职业技能培训180万人次以上。发挥企业的主体作用；发挥职业院校的基础作用；发挥社会培训机构的重要作用；加强职业技能培训基础能力建设

续表

序号	政策文件	主要内容
11	2020年5月12日,省教育厅办公室《关于做好2020年“1+X”证书制度试点工作的通知》(鄂教职成办〔2020〕1号)	对接“赋能提质”专项行动计划,对2020年“1+X”证书制度试点范围、项目、要求进行部署,促进特殊群体高质量、高水平就业
12	2020年6月28日,省教育厅办公室印发《关于做好与职业培训评价组织线上对接活动的通知》(鄂教职成办函〔2020〕3号)	试点院校和意向院校的专业负责人或骨干教师要积极参加系列线上对接活动,搭建培训评价组织与试点院校间的沟通平台,推动校企双方现场直接洽谈对接
13	2020年6月30日,省教育厅办公室《关于扩大2020年“1+X”证书制度试点的通知》(鄂教职成办函〔2020〕4号)	组织各高职高专院校、本科高等学校、中等职业学校积极申报,进一步扩大试点范围
14	2020年8月26日,省教育厅、省人社厅等五部门关于印发《湖北省“职业教育赋能提质专项行动计划”实施方案》的通知(鄂教职成〔2020〕1号)	明确了培训的范围对象、组织实施、保障政策,要求各试点院校在做好面向在校生X证书培训同时,面向失业人员、未就业大学生、退役军人等社会群众开展职业技能培训
15	2021年5月7日,省教育厅、省财政厅《关于湖北省高水平高职院校和专业群建设计划实施方案的通知》(鄂教职成〔2021〕1号)	全面推行订单培养、现代学徒制等校企合作人才培养模式,将“1+X”证书制度与专业建设紧密结合,推进“1”和“X”的有机衔接,推进“岗课赛证”综合育人,深化复合型技术技能人才培养模式改革
16	2021年9月24日,省教育厅、省发展和改革委、省财政厅、省乡村振兴局《关于推进巩固拓展教育脱贫攻坚成果同乡村振兴有效衔接工作的通知》(鄂教财〔2021〕1号)	推动职业院校发挥培训职能,与行业企业等开展合作,丰富培训资源和手段,广泛开展面向“三农”、面向乡村振兴的职业技能培训,为农民和村镇基层干部提供不离岗、不离乡、实用适用的学历和非学历教育

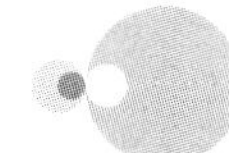

续表

序号	政策文件	主要内容
17	2022年3月9日，省人民政府《关于推动现代职业教育高质量发展的实施意见》（鄂政发〔2022〕9号）	推行终身职业技能培训制度。推动职业学校学历教育与培训并举，充分发挥职业学校在职业技能培训中的主阵地作用。持续实施“职业教育赋能提质专项行动计划”，鼓励职业学校承接各类补贴性培训和市场化社会培训。加快发展面向农村的职业教育，大力开展农业农村各类人才培养培训，助力乡村振兴
18	2022年7月8日，省人民政府办公厅关于印发《实施“技兴荆楚”工程服务现代产业高质量发展若干措施》的通知（鄂政办发〔2022〕31号）	支持符合条件的职业院校申报就业创业培训定点机构，承接各类技能培训，积极拓展新职业、新工种培训。职业院校面向社会承接的各类技能培训所得扣除必要成本后的剩余部分，按照最高不超过40%的比例核增单位绩效工资总量

1. 加强顶层设计，基本形成了具有湖北特色的职业培训制度体系

制度保障是根本性保障，湖北不断加强对职业培训的系统谋划、统筹设计，推进制度规范化、流程标准化、管理精细化。一是加强组织领导。2018年，省人民政府印发《湖北省职业教育和培训工作领导小组工作规则》，明确了职业教育和培训工作领导小组的职责和工作机制，强化了政府对职业教育和职业培训的组织与领导。二是完善体制机制。2019年，省人民政府印发《湖北省职业教育和培训体系建设规划（2019—2022年）》，明确了职业教育和培训的发展目标和任务，提出了完善职业教育和培训体系的具体措施，包括加强职业教育和培训的规划和管理，推进职业教育和培训的资源共享和协同发展，促进职业教育和培训的多元化和个性化发展等。三是促进产教融合。2018年，省人民政府印发《湖北省职业教育和培训与产业融合发展规划（2018—2022年）》，明确了职业教育和培训与产业融合发展的目标和任务，提出了加强职业教育和培训与产业对接、推进职业教育和培训与创新创业的结合、促进职业教育和培训与就业服务的衔接等具体措施。四是出台优惠政策。2020年9月，省教育厅、省人社厅等五部门印发《湖北省“职业教育赋能提质专项行动计划”实施方案》，明确了职业培训的系列优惠政策。比如，允许职业院校将一定比例的培训收入纳入学校公用经费，学校培训工作量可按一定比例折算成全日制学生培养工作量；对在校生和重点群体培训合格且获得职业技能等级证书的，职业院校和职业培训评价组织免收培训费、考证费，由省教育厅在职业教育专项中对职业院校给予经费补助；对参训人员获得的职业技能等级证书，纳入职业教育国家学分银行，计入个人学习账号；参训人员接受更高层次学历教育时，培训成果可兑换学分，免修相应课程等。

案例4-3-1

湖北职业技术学院:致力产教融合 助力乡村振兴

乡村振兴,一头连着千家万户,一头连着经济社会发展。自2018年实施“一村多名大学生计划”以来,湖北职业技术学院承接了三个专业1166人的“一村多名大学生计划”培养任务,向孝感市输送了578名高素质新型职业农民。学院还借助产业学院产教融合基地,主办电商直播、市场营销、乡村旅游等社会培训,每年社会培训服务逾5000人次,实现学历教育与职业培训相融合、教学质量和社会服务“双提升、双促进”。

——资料来源:现代高等职业技术教育 2022-12-06

2. 实施职业技能提升行动,提高了劳动者职业素养和技能水平

该计划主要包括职业技能培训、职业技能鉴定、职业技能竞赛等。各地紧紧围绕区域和产业发展布局,对企业在职员工、重点就业群体以及登记在册的贫困劳动力,开展大规模的职业技能培训。2019—2021年,为180多万人开展各种补贴职业技能培训,其中2019年培训了58万多人,2021年技术工人在就业人员总数中的比例超过26%,高技能人才在技术工人总数中的比重超过31%。实施职业教育赋能提质专项行动计划,面向在校学生、企业职工、退役军人、农民工、失业人员等重点人群,开展各类培训项目,共培训各类职业技能人才118万人次,一批职业院校被授予高技能人才培训基地、产业工人培训示范基地、职教师资培训基地、大学生创业示范基地等称号。

案例4-3-2

湖北省大规模实施职业教育培训

7月14日,国务院联防联控机制联络组联合教育部、湖北省共同启动实施职业教育赋能提质专项行动,对湖北省高校未就业毕业生、退役军人、下岗职工、农民工等各类特殊群体进行大规模免费职业技能教育培训,提升就业创业能力,助力湖北省经济社会加快恢复发展。截至目前,联络组、教育部已会同湖北省完成培训需求和院校承训能力摸底,全省有198所中高职、本科院校申报参与,年承训能力148万人次,设立考核站点121个;举办80场线上视频对接会,促进校企对接1190余次,参会人数近5000人次;累计培训湖北省院校师资2402人。

——资料来源:新华社电讯 2020-07-14

3. 建设职业教育中心，为职业培训搭建了重要平台

湖北各市县职业教育中心致力建设职业技能培训基地、职业技能鉴定中心、职业技能竞赛中心等，为职业教育提供全方位的支持和服务，满足不同层次、不同行业的职业教育需求，促进职业技能的认证和推广。省教育厅在武汉、宜昌、荆州等地建设了一批省级示范职业教育中心，这些职业教育中心不仅提供了优质的教育资源，还为学生提供了更多的实践机会，帮助他们更好地适应社会需求；不仅提高了职业教育的质量和水平，还促进了经济社会的发展。

案例4-3-3

武汉职业技术学院获批国家级职业教育教师培训基地

日前，教育部办公厅发布《关于公布国家级职业教育"双师型"教师培训基地（2023—2025年）的通知》，武汉职业技术学院获批全国首批国家级职业教育"双师型"教师培训基地。基地以武汉职业技术学院为牵头单位，联合中信科移动通信技术股份有限公司、中国联合网络通信有限公司武汉市分公司、武汉华工激光工程有限责任公司、武汉华星光电技术有限公司等行业龙头企业，以及深耕职业教育师资培训的扬州大学、湖北省邮电学校等院校，创建了"1＋6＋12"协作机制，打造校企一体化"双师型"教师培训联盟，拟覆盖湖北、湖南、江西、重庆等中西部区域。学校将以此为契机，聚焦高质量建设目标，发挥基地成员各自优势，汇集优质培训资源，创新培训模式，为高质量"双师型"教师队伍建设贡献"武职力量"。

——资料来源：武汉职业技术学院官网 2022-12-09

4. 推进"互联网＋职业技能培训"，为学生提供了更多的培训资源和机会

"互联网＋职业技能培训"是一种创新、经济、高效的培训方式，解决了培训时间、空间受限的难题，降低了学习成本。2021年，湖北省人力资源和社会保障厅办公室印发《关于做好当前职业技能培训和技能人才评价工作的通知》，开展助力职业（工种）线上职业技能培训活动。此次培训内容结合世界技能大赛项目及内容，涵盖疫情防控、生产安全、心理辅导、职业素养、技能竞赛等相关知识，采取"理论加实操演示"的形式，以在线直播、视频录播、实时互动、专家答疑、考核测试等方式进行。为此，湖北建设了"湖北职业技能培训网""湖北职业技能鉴定网"等平台，不仅为学生提供了更加便捷的学习方式、更广泛的学习资源，也为企业提供了更加高效的人才招聘渠道，湖北职业教育更贴近市场需求，更加注重实践能力的培养。

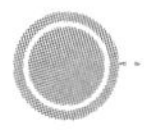
案例4-3-4

湖北生态工程职业技术学院全面推进技能培训

湖北生态工程职业技术学院坚持育训并举，主动面向林业行业、社会开展技术技能培训，培训项目类型和人数年创新高，近3年来学校举办各类培训班60多期，培训人数40000余人次，线上培训共计20000多人次。学校积极报建培训平台，获批国家级高技能人才培训基地，被省总工会认定为“湖北省产业工人培训示范基地”，取得21个工种60余个等级的职业技能等级认定资质；积极组织符合条件的教师参加考评人员培训考核，共有116名教师取得考评人员证书，覆盖学校21个认定工种，并于2022年正式启动认定工作，一年来共组织认定10个批次，报名总人数1347人，获证人数1035人。

——资料来源：湖北日报客户端 2023-05-15

5. 明确线上培训补贴政策，调动了特殊群众的学习积极性

2021年，湖北省人社厅、财政厅印发《关于做好职业技能提升行动线上培训等工作的通知》，明确了职业培训的补贴政策。一是劳动者自主参加线上职业技能培训的，学时计入培训项目部学时，经在线平台测试考核合格取得培训合格证明，作为参加有关职业技能培训项目理论学习、考核合格的依据，不再另外进行理论测试。二是受疫情影响的各类企业，停工期间可自主组织职工（含在企业工作的劳务派遣人员），以项目制培训等形式，开展线上培训或委托线上培训平台开展培训，补贴标准可按实际培训费用的95%给予企业补贴。三是适度提高建档立卡贫困劳动力、贫困家庭子女、农民工、离校2年未就业大学生、城镇登记失业人员等就业重点群体技能培训补贴标准，凡参加各类培训（含在线培训）取得相应证书的，可在原有补贴标准上提高20%。

6. 加强职业技能鉴定工作，提高了职业鉴定的权威性和可信度

这一政策举措的目的是保障劳动者的职业权益，促进职业技能的认证和推广。通过职业技能鉴定，劳动者可以获得职业技能证书，证明其具备一定的职业技能水平。同时，职业技能鉴定机构的建设和管理也是该政策举措的重要内容，提高了职业技能鉴定的服务水平，保障了劳动者的职业权益。从2019年起，湖北联合有关企业开展“1+X”证书制度试点，推行“职业鉴定+技能培训”模式，组织在校生开展职业技能等级证书培训，累计5.1万人通过证书考试。湖北城市职业学校，作为国家级示范中职学校及社会培训评价组织，积极推进“1+X”证书制度试点，为社会培养、认定了大批初、中、高级职业技能人才。目前，湖北省技能劳动者占就业人员总量的比例达到26%以上，高技能人才占比达到31%以上。

案例4-3-5

襄阳职业技术学院职业技能等级认定资质达25种

近期，襄阳职业技术学院新增职业技能等级认定职业（工种）获人社部职业技能鉴定指导中心通过，由襄阳市职业技能鉴定指导中心发函，审核批准该校新增备案面向在校生开展20个职业（工种）等级认定资质。至此，该校职业技能等级认定范围扩大为25种，认定等级为初、中、高级。这是该校师资力量、实训设备等各方面办学实力的充分体现，将极大地增强学生的职业素质和实践能力。

——资料来源：襄阳日报 2023-02-04(05)

三、湖北推进职业培训面临的困境及原因分析

近年来，随着现代职业教育体系框架的全面建成，职业教育服务经济社会发展能力和社会吸引力不断增强，但职业院校开展学历教育和培训“一条腿长一条腿短”的现象普遍存在，面向社会开展培训仍然是职业教育发展的薄弱环节。

（一）湖北推进职业培训面临的困境

1. 优质资源不充足

湖北省职业学校数量有限，教学设备和师资力量不足，无法满足人才培养需要，尤其是在一些偏远地区，职业教育资源更加匮乏，导致培训资源不足，限制了职业培训的发展。教学设备的不足可能直接影响学生的实践能力和技能水平，而师资力量的不足则可能导致授课质量低下，尤其是在职业培训课程更新换代特别快的情况下，师资力量的建设至关重要。

2. 培训水平有待提高

首先，很多职业学校缺乏高素质的教师，导致教学质量不稳定；同时，这些学校的教学设备和实验室条件也没有跟上时代的发展，使得学生毕业后失去了市场竞争力。其次，一些职业培训机构为了追求利润，忽视了职业教育的质量问题，导致培训质量不高，影响了培训效果。这些机构大多不具备资深的师资力量和规范的管理方法，导致学生培训期间所学习到的技能无法得到有效运用。再次，职业教育课程和培训缺乏合理规划，很多职业学校和教育培训机构只开设热门专业和课程，而忽略了社会发展的趋势，导致学生所学专业与行业要求存在差距，知识和实践也无法顺应社会发展的趋势。

3. 与行业对接不紧密

一些职业院校职业培训与行业对接不紧密,职业培训课程设置不适应市场需求,培训内容与实际工作脱节;同时,企业对职业培训的重视程度不高,缺乏对职业培训的投入和支持,导致职业培训与市场需求脱节。具体表现在:一是职业培训的内容和课程设置不够科学,缺乏前瞻性。一些培训机构过于追求盈利,仅仅只是在传授理论知识和基本技能,忽视了行业发展趋势及市场需求。二是缺乏有效的行业对接,导致职业培训与市场需求脱节。一些职业培训机构缺乏深入了解各行业用工的实际需求,在进行培训课程设置时常常脱离实际,使得学员学到的知识与实际工作脱节。三是企业对职业培训的投入和支持程度不高,使得职业培训难以实现良性循环。对于大多数企业来说,职业培训只是简单的培训而已,缺乏长期规划和持续投入,这种情况下,职业培训往往处于短期性、流于表层和瞎折腾的状态,无法得到长期的发展。

4. 保障条件不充分

从历史发展和现实实践来看,湖北公立职业院校的教师主要来自中专升高职后转过来的教师、应届大学毕业生和企业技术人才等,其中前两者占比非常大,且缺少企业工作经验。虽然教师经常进行集中培训和挂职培训,但培训内容却缺乏专业前沿的新技术、新工艺、新规范等知识,短期挂职也很难让教师真正掌握岗位技能,对教师提升实践能力作用有限。另外,职业培训内容过于注重知识的普遍性,未能体现不同企业的特殊需求;专业知识比较陈旧,不能满足员工提升自身技能的需要,且针对性和适用性也不够。

5. 校企合作深度不够

近年来,在国家政策的驱动下,多数高职院校与企业建立了良好的合作育人关系,为学生提供了更多实习、实训机会,促进了校企之间的交流与合作。然而,校企合作的层面大多停留在学历教育上,为企业开展量身定制的培训合作并不多,双方合作缺乏深入沟通,不知道对方的要求和需求是什么,导致校企合作的成效达不到预期效果。同时,双方的合作还停留在单纯的学术交流和实训基地使用上,合作关系存续时间不长、合作方式不稳定,对学生实践应用缺少应有的关注和研究。

(二)湖北职业培训面临困境的原因分析

1. 政府层面政策支持不够"带劲"

职业教育的投入和支持力度不够,导致职业教育资源的缺乏和职业教育质量的下降。在职业培训产业人才方面,师资的引进和培育是非常重要的支撑,但是在湖北省的职业培训市场中，未得到足够的关注。对于某些行业而言，职业培训过程中需要使用一些有竞争力的训练设备，而在湖北一些地区，由于投入不足，缺乏这些设备，很难为学员提供更加专业的训练条件，使得培训质量得不到保证，增加了学员学习的成本和学时，一定程度上抵消了职业培训带来的效益。

2. 教师开展职业培训不够"专业"

目前，湖北职业院校中缺乏熟悉各行各业实际工作的专职教师，职业院校大多数教师是高校应届毕业生，缺少大型企业一线工作经验，导致很多教师在与企业接洽合作项目或提供职业培训时，缺乏相应的表达呈现能力、组织管理能力。虽然湖北职业院校也在不断从不同行业的龙头企业中聘请实践经验较为丰富的兼职教师，但是这些具有实践工作经验的兼职教师又没有经过系统的教学方法学习，其表达能力可能不及在校教师，在向学生传达重要信息时往往词不达意，加上他们的工作重心不在学校，没有太多的时间、精力提升自己的职业培训能力，因而学生能够从中汲取到的养分是达不到预期效果的。同时，职业院校中教师工作绩效考核制度和职称评审制度仍然是教学、科研导向，教师只要把教学特别是科学研究工作做好，在教师工作绩效考核和职称评审中仍会占据优势。职业培训在教师个人的教学业绩考核和专业技术职务（职称）评聘中所占权重很低，导致现阶段很多专业开展职业培训工作，主要依赖外聘专家，造成教师职业培训积极性不高。众多高校的职业培训体系还未形成，比如选拔有实力的教师开展职业培训的选拔机制还未健全，教师开展各类职业培训还没有正式形成评价反馈体系，对教师开展职业培训的师资培训与督导体系还未形成等，造成职业院校教师开展职业培训的意识不强，自我提升职业培训能力的内生动力不够。

3. 企业参与职业培训不够"热情"

企业作为社会的一员，应承担起相应的社会责任，而大多数企业在追求自身利益时却忽略了自身的社会责任。许多企业从自身出发，认为职业技能培训的投资要大于回报，所以不太愿意参与其中。同时，企业以营利为目的，而学校大多是非营利性的，双方的责任和利益难以协调与平衡，因此企业参与职业院校培训的积极性不高，导致职业学校和企业合作形式松散、层次较低，无法建立长期、稳定、互利的合作关系。因此，校企合作一直存在"学校热，企业冷"的现象。

4. 行业需求与职业培训不够"亲密"

职业培训与就业市场的衔接不紧密，某些行业对职业技能人才的需求量很大，但是职业培训课程设置不够灵活，并未针对需求量大、需求层次更高的行业和专业开展培训，导致在需求量旺盛的行业中，职业教育资源又相对匮乏，无法对接行业的实际需求。

四、完善湖北职业培训制度机制的策略建议

(一)政府应加强引导、跟踪监管、多方保障

1. 加强政策引领

首先,政府可以通过政策引导,鼓励职业培训机构以企业需求为导向,开设更符合市场需求的职业培训课程;其次,可建立职业培训信息平台,为职业培训机构和企业提供更便捷的信息交流和合作机会;同时,也可以通过激励机制鼓励职业培训机构与企业合作,通过合作更好地为市场提供所需人才。

案例4-3-6

武汉铁路职业技术学院:区校联动 共谋发展

2022年2月24日,江夏区区校合作发展促进中心党组书记赵振宇、主任刘俊等一行来到武汉铁路职业技术学院调研,就深化区校合作与发展进行座谈交流。校长程时兴表示,学校的成绩离不开江夏区的大力支持和帮助,学校将会把这种支持转化为积极的力量,着力培养更符合区域经济发展需要、更适应用人单位需求的技术技能人才,服务地区经济社会创新发展,同时也期待区校进一步合作,实现共赢发展。赵振宇表示,将扮演好"接线员"和"情报员"两个角色,做好江夏区与高校的双向对接工作;同时,希望通过不断宣传推广,促进本土文化进高校,让更多的高校师生"游江夏、熟江夏、助江夏、投江夏、留江夏"。

——资料来源:武汉铁路职业技术学院官网 2023-02-25

2. 强化专业机构监管

首先,政府可以设立专门的职业培训监管机构,加强对职业培训机构的日常监管和检查,规范职业培训机构的办学行为,保障学员的合法权益。其次,政府可根据职业培训的实际需要,制定相应的质量评估标准并对职业培训机构进行定期评估,提高职业培训的质量和效果,推动职业培训的高质量发展。

3. 推动职业培训市场化

首先,政府可以制定相应的政策,鼓励社会力量参与职业培训,如税收优惠和财政补贴等措施,扩大职业培训机构和企业参与职业培训的范围。其次,政府可以鼓励职业培训机构创新培训方式,提高职业培训的针对性和适应性。比如,通过建立职业培训创新基地等方式,引导职业培训机构开展创新研究和实践,探索

更好的培训方式，以满足市场对职业技能的需求。

4. 办好职业技能竞赛

政府可以通过各种方式组织和推广职业技能竞赛，如设立奖励机制、提供赞助支持等，促进职业技能竞赛的开展，激发职业培训的积极性和创新性，提高职业培训的质量和效果；同时，还可以通过推广职业技能竞赛的先进经验和成功案例，提高职业培训的社会认可度和影响力。

案例4-3-7

“湖北工匠杯”技能大赛成功举办

12月11日，2022年“湖北工匠杯”技能大赛——全省信息化技术和集成电路应用职业技能竞赛“大数据技术应用”赛项决赛在线上举办。本次赛项围绕湖北信创和大数据产业相关岗位的实际需求和要求进行设计，培养参赛选手在企业真实项目环境下进行大数据系统搭建和管理（云平台和容器环境）、数据采集、数据处理、数据分析和挖掘、数据可视化、职业素养等方面的能力，达到“以赛促教、以赛促学、以赛促改、赛课融通、赛训结合”目的。

——资料来源：极目新闻 2022-12-13

5. 增加职业培训投入

政府可以通过设立专门的职业培训基金，增加职业培训的财政投入，来促进职业培训及培训质量的提高。建立职业培训补贴机制，鼓励企业和个人参与职业培训，对参与职业培训的企业和个人提供相应的补贴和支持，鼓励更多的人员参与职业培训，提高职业培训的普及率。建立职业培训贷款机制，为参与职业培训的人员提供贷款资金支持，缓解职业培训的经费压力，促进职业培训的发展。

6. 加大宣传力度

利用政府信息渠道，传播职业教育机构的培训成果，使公众了解职业培训在促进经济社会发展方面的作用，吸引公众关注职业学校职业培训的发展和创新过程；还可与职业院校深度合作，利用微博、微信等各种“微媒体”，扩大宣传范围，强化宣传效果，增强民众的认可度和信任度。公众可以利用微信、微博等平台直接了解专业院校的培训进展和成果。

（二）职业院校应强化自身、对接行业、融合企业

1. 强化责任意识，加强自身建设

职业院校职业培训质量的提升始终要从院校自身建设着手。为了真正实现

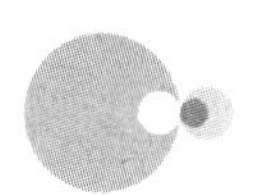

高质量职业培训的目标,职业院校要自觉强化自身承担社会服务职能的责任意识,积极响应国家政策号召,配合国家战略的深入推进,充分发挥自身现有优势,借力国家相关利好政策和全民终身学习的社会氛围,革新自身发展观念,改变对非学历教育、职业培训的重视度远不及学历教育的局面,自觉重视开展职业培训,扩大现有培训规模,加大培训提质增效的建设力度,规划院校职业培训事业发展。各地各类职业院校可依托国家或地方政府所开展的各级教育培训项目,拓展职业培训服务内容,加强技术技能人才紧缺领域的职业培训,改革创新教学方式方法,以提高培训质量,为落实国家重大战略培训更多技术技能人才。

2. 优化组织结构,明确管理分工

当前,管理组织结构的缺陷成为职业院校开展高质量职业培训的先天阻碍。为了实现职业培训提质增效的目标,职业院校要进一步优化自身职业培训组织结构,健全相应的职业培训管理体系。首先,建立分工明确、职责清晰的培训管理制度。在开展职业培训时,设立主要职责部门负责引导和安排后续具体培训任务,同时打通二级院系及其他部门之间沟通合作的渠道,加强各部门之间的团结合作,更要注意与政府、企业等其他主体之间的沟通合作,避免因“多头管理”造成空白地带,可通过定期回访、线上线下平台交流双结合等方式增强合作。其次,针对职业培训业务建立奖惩明晰的督导评估制度,设立专职监督小组,加强对培训整体进度的监管,及时将职业培训过程中出现的各种情况反馈给院校和涉及的企业等相关主体,为培训提供必要的反馈,促进培训更有成效地开展。再次,各部门组织协调时应做好记录,切实做到责任落到实处,落到个人。

3. 对接行业需求,提高市场适配度

产业调整、行业更替和市场需求是职业培训的风向标。职业院校要想开展高质量的职业培训,首先要进行市场调研,深入市场了解当前急需人才类型,把握人才能力需求标准,自觉提升市场敏感度,力争精准对接行业和市场的用人需求,开展符合行业发展需求和市场人才要求变化的职业培训。其次,重视职业培训行业的发展,探索各领域培训服务增长趋势,与开展职业培训的社会机构进行对比,明确市场中各职业培训需求,调整自身职业培训服务范围,满足各类职业人员对于掌握就业所需核心技能的培训需求。再次,做好培训结束后的效果调查,对参训人员进行回访,把握各行业人才需求风向,提高职业培训与人才市场适配度。

4. 把握合作导向,完善激励机制

职业院校应充分认识到学生进入企业参与职业培训的重要性,将学校与企业之间的合作项目视为提高职业培训质量的催化剂。学校可以通过设立奖学金等手段激励学生接受职业培训并获得专业技能;对出勤率高且企业导师评价优良的学生不仅提供物质奖励，还给予精神奖励，例如授予奖励证书、提供就业推荐信等，帮助他们更好更快地找到工作或拥有更高水平的工作平台；鼓励一些与学校有长期合作并取得一定培训成果的公司积极接收学校毕业生，同时学校帮助公司扩大其在该地区的影响力，与企业实现“双赢”。

5. 提升培训比重，扩大投资比例

各级政府和部门要加大职业培训资金筹集力度，合理调整资金支出结构，按规定统筹使用就业补助资金、职业技能提升行动专账资金、财政衔接推进乡村振兴补助资金、文化和旅游发展专项资金、企业职工教育经费等各类资金。职业院校应建立学历教育与培训教育共荣的办学机制，实现学历教育与培训教育的均衡发展。一方面，合理调配建设经费，与企业合作设立专项培训资金，确保用于培训教育的资金足以保障开展高质量的职业培训服务；另一方面，多措并举加大职业培训建设力度，完善各项职业培训所需配套设施，培育优秀培训师资队伍，加快培训课程信息化建设，强化职业培训科研建设等，实现职业院校职业培训质量的快速提升。加强资金监管，对资金使用情况及成效开展常态化评估，提高使用效益，保障资金安全，防止骗取、套取、挪用培训资金。

6. 打造职业培训教师发展共同体

共同体是共同成长进步的大平台和孵化器。一是畅通引进新教师的渠道。引进具有行业和企业经验的全职和兼职教师，实现公司和学校教师之间高素质人才双向流动，壮大职业院校的师资队伍，提高教师的整体水平。二是加强对新教师的指导。安排有经验的教师作为导师，与新教师相互学习、总结经验，帮助新教师提高专业技能，不断充实职业培训队伍。三是建立教师培训团队。围绕项目定期召开会议，共同讨论培训项目中的相关问题，交流培训资源和对培训课程的意见，共同研究应对行业新趋势和新需求的方法，从而提高团队中每位教师的培训和教学技能。此外，学校应从宏观和顶层设计的角度出发，科学制定培训计划，实施“新教师培训”和“骨干教师培训”等不同层次的培训，鼓励教师不断提高自我能力。

7. 健全师资培训体系

职业院校在教师的职业技能提升过程中，不仅要注重教师的学历提升，还应积极组织教师参加技术技能培训，并根据需要取得职业资格证书。积极组织教师深入企业参与实践锻炼，认真学习行业领域的新技术、新材料、新工艺、新趋势，准确把握行业动向，掌握职业标准，提高专业操作技能，增强实践教学能力，为将来的教学培训工作服务，同时通过了解行业产业人才需求，精准提供培训服务。鼓励教师取得一些紧缺工种的职业资格证书，参加考评员、安全管理培训师等师资培训，提升教师的职业培训能力。

案例4-3-8

湖北铁路职业技术学院:百名工程师下企实践

湖北铁路职业技术学院实施"百名访问工程师"计划,选调100位青年教师,到企业一线脱岗实践半年,为企业提供技术培训,反哺企业;同时,参与重大课题项目研究,提高科研实践能力,反哺教学。每年寒暑假,该校教师王金花都要到企业一线跟岗实践。王金花曾是武汉铁路局的技术带头人,用她的话来说,虽脱离了企业,但技术知识不能脱离一线。她说每年去企业实践非常重要,否则没法面对学生。

——资料来源:楚天都市报 2022-12-02(05)

(三)企业应积极主动、科学规划、健全机制

1. 转变观念,积极参与

要提高企业参与职业培训的积极性,首先要对企业进行宣传鼓励。校企合作虽然短期内不会给企业带来巨大效益,但是从长远来看,校企合作可以为企业储备人才、减少企业员工培训费用。因此,企业需要转变观念,积极参与校企合作,承担相应的社会责任,这样才能将校企合作由浅层次推向深层次。其次,让企业占主导地位,提升企业的参与度。可借鉴德国"双元制"由企业主导的做法,整个校企合作过程中,支持企业积极参与招生宣传、制定人才培养目标、制定课程设置、学校教学等过程,让校方知道企业的用人标准及要求,这样学校才能培养出更加适合企业需求的优秀人才。

2. 健全体制,共享资源

企业应设立专门的部门对校企合作实施统筹管理,并制定相关制度规章,如学生管理制度、教师实习管理制度,以便各项工作能顺利进行。对学生在校期间、在企业实习期间的管理职责要明确,还要明确学校教师到企业实习的职责,对企业兼职教师要确定考核方式以及奖励机制,可以参考英国做法,与学员签订协议,健全约束机制,学员培训前必须与企业签订合同,规定培训结束后学员必须在企业工作的年限,若期限未满需提前离职者,应承担相应违约金,从而避免企业组织培训后学员大量流失的现象。要协商搭建平台,借助校企合作的平台,企业不仅能完善管理体制,还能利用学校现有的场地、设备及教师资源对新入职的员工、以及在职员工进行继续教育培训,完善员工培训制度,通过校企双方资源的有机结合、有效利用,真正实现资源共享。

总之,新时代,大力开展职业培训,实现学历教育和职业培训并举并重应成为

现代职业教育的鲜明特征，应成为职业院校办学质量和水平评价的重要指标。各级政府应加快产教融合型企业建设进度，鼓励企业参与职业培训，在政策上给予一定的优惠和扶持，做好学校和企业沟通的桥梁。各职业院校要抓住国家大力推动职业培训的契机，主动与政府部门对接，积极承担面向重点人群的就业创业培训和失业人员再就业培训等政府组织的培训任务；主动与企业接洽，开发出符合企业需要的培训项目，并共同制定培训计划和培训实施方案。企业有义务和责任提高企业职工的素质和职业技能水平，这不仅是企业自身发展的需要，也是企业必须承担的社会责任。

参考文献：

[1] 陈子季. 提质培优 增值赋能 职业教育从“大有可为”到“大有作为”[N]. 中国教育报，2020-10-13(01).

[2] 林军. 从职业培训的视角探讨湖北省营地教育发展现状及对策[J]. 当代体育科技，2021，11(09)：226-228.

[3] 陈子季. 深入贯彻落实《职业教育法》依法推动职业教育高质量发展[J]. 中国职业技术教育，2022(16)：5-12.

[4] 车雪琴，桑宁霞. 建党百年我国职业培训发展历程及未来展望[J]. 中国成人教育，2022(14)：3-9.

[5] 边疆，李爱萍. 打造职业教育类型特色的策略分析——以湖北省职业教育为例[J]. 湖北工业职业技术学院学报，2023，36(01)：1-4.

[6] 张成涛，籍涵星，陈一鑫. 职业培训机构参与技能型社会建设的行动逻辑与实现路径[J]. 职业技术教育，2023，44(13)：66-72.

（本节执笔人：董志远）

第五章　推进高等教育突破性发展

党的二十大报告指出，“以中国式现代化全面推进中华民族伟大复兴”，强调“教育、科技、人才是全面建设社会主义现代化国家的基础性、战略性支撑”。加快构建新发展格局、着力推动高质量发展，离不开教育、科技、人才的坚实支撑，而这三者都与高等教育息息相关，高等教育在中国式现代化建设中发挥着举足轻重的作用。湖北是高等教育大省，在全国具有举足轻重的地位。近年来，湖北积极推进高等教育分类管理，大力推进省属高校一流学科建设，有效推进服务经济社会发展能力提升，为高等教育强省建设奠定了坚实基础。

第一节　推进高等教育分类管理改革

2020 年，中共中央、国务院印发《深化新时代教育评价改革总体方案》，要求推进高校分类评价。教育部 2023 年工作要点明确提出，“加强高校分类管理的顶层设计，推动高校主动融入科技、产业、经济发展大局，在自主创新中找到自己的位置，提升教育的整体价值”。湖北省坚决落实国家的政策部署，围绕高校分类发展和分类评价、人才分类培养进行卓有成效的探索，形成了高校分类发展机制，促进了不同类型高校科学定位，形成省域内高等教育多元发展格局。

一、改革开放以来我国高等教育分类发展的政策演进

改革开放以来，我国高等教育改革历经精英教育、大众化教育和普及化教育三个发展阶段，高等教育分类管理的体制也经历了三个发展阶段。

1. 高等教育分类管理的提出阶段(1978—1993 年)

改革开放后，我国高等教育拨乱反正，各项制度逐步完善，开始探索高等教育分类管理改革。在管理体制上，从 1978 年教育部颁发的《全国重点高等学校暂行工作条例(试行草案)》，到 1985 年中共中央《关于教育体制改革的决定》，高等学校

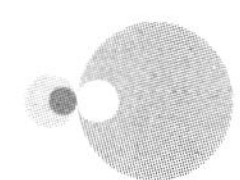

管理体制由中央和省两级管理转向中央、省（自治区、直辖市）、中心城市三级办学的体制；在学校层级上，根据1980年2月第五届全国人民代表大会常务委员会第十三次会议通过的《中华人民共和国学位条例》，学位分学士、硕士、博士三级，由此形成了普通本科高校、硕士学位授予权高校和博士学位授予权高校；在学校类型上，1986年12月国务院发布《普通高等学校设置暂行条例》，明确了全日制大学、独立设置的学院、高等专科学校和高等职业学校四种类型。1993年2月，中共中央、国务院印发《中国教育改革和发展纲要》，首次从国家层面提出了高等教育分类管理的政策，强调"制订高等学校分类标准和相应的政策措施"。

表 5-1-1　1978—1993 年的高等教育分类管理政策

序号	文件名称	主要内容
1	1978年10月，教育部颁发《全国重点高等学校暂行工作条例（试行草案）》	国务院各部委所属重点高等学校，行政上受各部委领导，党的工作受各省、市、区党委领导；省、市、自治区所属重点高校，行政工作和党的工作均受省、市、自治区党委领导
2	1980年2月12日，第五届全国人民代表大会常务委员会第十三次会议通过《中华人民共和国学位条例》	凡是拥护中国共产党的领导、拥护社会主义制度，具有一定学术水平的公民，都可以按照本条例的规定申请相应的学位。学位分学士、硕士、博士三级
3	1985年5月27日，中共中央颁布《关于教育体制改革的决定》	实行中央、省（自治区、直辖市）、中心城市三级办学的体制。中央部门和地方办的高等学校，要优先满足主办部门和地方培养人才的需要，同时发挥潜力，接受委托，为其他部门和单位培养学生，积极倡导部门、地方之间的联合办学
4	1986年12月15日，国务院发布《普通高等学校设置暂行条例》	本条例所称的普通高等学校，是指以通过国家规定的专门入学考试的高级中学毕业学生为主要培养对象的全日制大学、独立设置的学院和高等专科学校、高等职业学校
5	1993年2月13日，中共中央、国务院印发《中国教育改革和发展纲要》（中发〔1993〕3号）	制订高等学校分类标准和相应的政策措施，使各种类型的学校合理分工，在各自的层次上办出特色

2. 高等教育分类管理的试点阶段（1993—2012年）

1998年8月，《中华人民共和国高等教育法》颁布，从法律层面对高等教育的层次和管理体制进行规范。在高等教育层次上，明确了高等学历教育分为专科教育、本科教育和研究生教育；在管理体制上，明确了中央和省两级管理体制，国务院教育行政部门主管全国高等教育工作，管理由国务院确定的主要为全国培养人才的高等学校；省、自治区、直辖市人民政府统筹协调本行政区域内的高等教育事业,管理主要为地方培养人才和国务院授权管理的高等学校。2010 年 7 月,国务院颁布《国家中长期教育改革和发展规划纲要(2010—2020 年)》,明确提出"建立高校分类体系,实行分类管理"。同时,在北京、黑龙江、上海、江苏、浙江、安徽、湖北、广东、云南等省市探索高等学校分类指导、分类管理的办法,落实高等学校办学自主权,标志着高等教育分类管理体制由理念向实践转变。

表 5-1-2 1993—2012 年的高等教育分类管理政策

序号	文件名称	主要内容
1	1998 年 8 月 29 日,第九届全国人民代表大会常务委员会第四次会议审议通过《中华人民共和国高等教育法》	高等学历教育分为专科教育、本科教育和研究生教育。国务院教育行政部门主管全国高等教育工作,管理由国务院确定的主要为全国培养人才的高等学校。省、自治区、直辖市人民政府统筹协调本行政区域内的高等教育事业,管理主要为地方培养人才和国务院授权管理的高等学校
2	2010 年 7 月 29 日,中共中央、国务院颁布《国家中长期教育改革和发展规划纲要(2010—2020 年)》	建立高校分类体系,实行分类管理。发挥政策指导和资源配置的作用,引导高校合理定位,克服同质化倾向,形成各自的办学理念和风格,在不同层次、不同领域办出特色,争创一流
3	2010 年 10 月 24 日,国务院办公厅《关于开展国家教育体制改革试点的通知》(国办发〔2010〕48 号)	探索高等学校分类指导、分类管理的办法,落实高等学校办学自主权,在北京市、黑龙江省、上海市、江苏省、浙江省、安徽省、湖北省、广东省、云南省进行试点

3. 高等教育分类管理的推进阶段(2012 年至今)

进入新时代以来,高等教育分类管理体制在试点的基础上全面推进。一是在办学方向上进一步明确。2015 年 10 月 21 日,教育部、国家发展改革委、财政部印发《关于引导部分地方普通本科高校向应用型转变的指导意见》,启动了应用型高校建设。同月 24 日,国务院印发《统筹推进世界一流大学和一流学科建设总体方案》,启动了"双一流"建设。二是在政策保障上进一步拓展。《国家教育事业发展第十二个五年计划》提出"探索建立科学的高等学校分类体系"。《国家教育事业发展"十三五"规划》提出"以人才培养定位为基础建立高等教育分类体系,研究制定高校分类设置、分类指导、分类拨款、分类评估等制度"。三是在分类实践上进一步细化。2017 年 1 月,教育部印发《关于"十三五"时期高等学校设置工作的意见》提出"我国高等教育总体上可分为研究型、应用型和职业技能型三大类型"。2021 年 2 月,教育部印发《普通高等学校本科教育教学审核评估实施方案(2021—2025 年)》明确了"二类四种"评估套餐。第一类评估少而精,适用于具有世界一流办学目标、一流师资队伍和育人平台,培养一流拔尖创新人才,服务国家重大战略

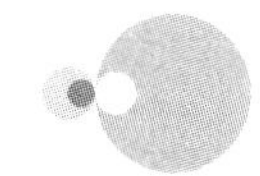

需求的高校；第二类评估量大面广，细分为3种，分别适用于以学术型人才培养为主的高校、以应用型人才培养为主的高校、首次参加审核评估的高校。以高等学校分类设置和分类评价为重点，我国高等教育分类管理体制进入全面实施阶段。

表 5-1-3　2012 以来的高等教育分类管理政策

序号	文件名称	主要内容
1	2012年6月14日，教育部印发《国家教育事业发展第十二个五年计划》	探索建立科学的高等学校分类体系，推进普通高等学校设置暂行条例的修订工作，研究制订核定普通高等学校规模暂行规定。调整和完善高等教育宏观政策，引导高等学校合理定位，办出特色。为高等学校创造开放、公平、有序竞争的发展环境，使各类高等教育都能涌现出一批有特色的一流学校
2	2015年10月21日，教育部、国家发展改革委、财政部《关于引导部分地方普通本科高校向应用型转变的指导意见》（教发〔2015〕7号）	建立高校分类体系，实行分类管理，制定应用型高校的设置标准。制定应用型高校评估标准，开展转型发展成效评估，强化对产业和专业结合程度、实验实习实训水平与专业教育的符合程度、双师型教师团队的比例和质量、校企合作的广度和深度等方面的考察，鼓励行业企业等第三方机构开展质量评价
3	2015年10月24日，国务院关于印发《统筹推进世界一流大学和一流学科建设总体方案》的通知（国发〔2015〕64号）	坚持以一流为目标。引导和支持具备一定实力的高水平大学和高水平学科瞄准世界一流，汇聚优质资源，培养一流人才，产出一流成果，加快走向世界一流
4	2017年1月10日，国务院关于印发《国家教育事业发展“十三五”规划的通知》（国发〔2017〕4号）	推进高等教育分类发展、合理布局。推动地方开展高等学校分类管理改革试点，以人才培养定位为基础建立高等教育分类体系，研究制定高校分类设置、分类指导、分类拨款、分类评估等制度，努力形成高等学校科学定位、特色发展的局面
5	2017年1月25日，教育部《关于“十三五”时期高等学校设置工作的意见》（教发〔2017〕3号）	探索构建高等教育分类体系。以人才培养定位为基础，我国高等教育总体上可分为研究型、应用型和职业技能型三大类型
6	2017年9月20日，教育部、财政部、国家发展改革委《关于公布世界一流大学和一流学科建设高校及建设学科名单的通知》（教研函〔2017〕2号）	公布世界一流大学和一流学科（简称“双一流”）建设高校及建设学科名单，要求坚持中国特色、世界一流，坚持内涵建设，采取有力措施，支持推动建设高校及建设学科加快发展，取得更大建设成效

续表

序号	文件名称	主要内容
7	2021 年 1 月 21 日,教育部关于印发《普通高等学校本科教育教学审核评估实施方案(2021—2025 年)》的通知(教督〔2021〕1 号)	坚持分类指导。适应高等教育多样化发展需求,依据不同层次不同类型高校办学定位、培养目标、教育教学水平和质量保障体系建设情况,实施分类评价、精准评价,引导和激励高校各展所长、特色发展
8	2021 年 3 月 11 日,十三届全国人大四次会议表决通过《中华人民共和国国民经济和社会发展第十四个五年规划和 2035 年远景目标纲要》	推进高等教育分类管理和高等学校综合改革,构建更加多元的高等教育体系,高等教育毛入学率提高到 60%。分类建设一流大学和一流学科,支持发展高水平研究型大学。建设高质量本科教育,推进部分普通本科高校向应用型转变
9	2022 年 1 月 26 日,教育部、财政部、国家发展改革委《关于深入推进世界一流大学和一流学科建设的若干意见》(教研〔2022〕1 号)	以需求为导向、以学科为基础、以质量为条件、以竞争为机制,立足长期重点建设,对建设高校和学科总量控制、动态调整,减少遴选和评价工作对高校建设的影响,引导高校着眼长远发展、聚焦内涵建设
10	2023 年 2 月 21 日,教育部等五部门关于印发《普通高等教育学科专业设置调整优化改革方案》的通知(教高〔2023〕1 号)	到 2025 年,优化调整高校 20%左右学科专业布点。加强学科专业发展规划。加快推进一流学科建设,深化新工科建设,加强新医科建设,推进新农科建设,加快新文科建设,加强基础学科专业建设

二、湖北及其他部分省市高等教育分类管理政策解析

高校分类管理改革一直被认为是破除“千校一面”问题的关键之举。分类管理让高校发展从“一列纵队”变成“多列纵队”,有助于全社会教育资源统筹,更好地服务于学科建设和产业需求,强化高校错位发展、特色发展的内生动力。近年来,湖北及其他省份根据发展需要,在高校分类发展、分类管理、分类评价方面进行了各有特色的探索。

(一)湖北高等教育分类管理政策演进

湖北省高等教育分类发展的政策演进有三个方面的特点:一是分类管理的目标定位更加全面。2011 年 3 月,省委、省政府印发《湖北省中长期教育改革和发展

规划纲要（2011—2020 年）》（以下简称《湖北规划纲要》），提出“引导高等学校彰显办学特色，克服同质化倾向”。2016 年 12 月，省人民政府印发《湖北省教育事业发展“十三五”规划》（以下简称《湖北“十三五”规划》），强调“引导高校科学定位、强化优势、办出特色、争创一流，克服同质化倾向”。《湖北“十三五”规划》比《湖北规划纲要》提出的分类管理导向更加全面。二是分类管理的内涵更加科学。《湖北规划纲要》提出“实行分类管理、分类指导、分类服务、分类评估”的“四分类”模式；《湖北“十三五”规划》提出“推进普通高校分类发展”。由“分类管理”到“分类发展”，内涵进一步拓展，要求更高。三是分类管理的内容更加细化。2022 年 4 月，省委、省人民政府印发《关于全面推进高等教育强省建设的意见》，提出“将全省高校分为研究型、应用型、技术技能型等三大类型”，为高等教育分类发展提供了依据，是推进高校分类发展的重要基础。

表 5-1-4　湖北省高等教育分类管理政策演进

序号	文件名称	主要内容
1	2011 年 3 月 25 日，省人民政府办公厅关于印发《湖北省中长期教育改革和发展规划纲要（2011—2020 年）》的通知（鄂政办发〔2011〕29 号）	发挥政策指导和资源配置的重要作用，实行分类管理、分类指导、分类服务、分类评估，引导高等学校彰显办学特色，克服同质化倾向
2	2011 年 10 月 27 日，省教育厅、省发展和改革委员会关于印发《湖北省教育事业发展“十二五”规划》的通知（鄂教发〔2011〕16 号）	发挥政策指导和资源配置的重要作用，实行分类管理、分类指导、分类服务、分类评估，引导高等学校彰显办学特色，克服同质化倾向
3	2016 年 12 月 16 日，省人民政府关于印发《湖北省教育事业发展“十三五”规划》的通知（鄂政发〔2016〕70 号）	推进普通高校分类发展。引导高校科学定位、强化优势、办出特色、争创一流，克服同质化倾向
4	2021 年 11 月 23 日，省人民政府关于印发《湖北省教育事业发展“十四五”规划》的通知（鄂政发〔2021〕32 号）	完善高校分类发展政策体系，推进高校分类评价

续表

序号	文件名称	主要内容
5	2022年4月21日,省委、省人民政府《关于全面推进高等教育强省建设的意见》(鄂发〔2022〕4号)	制定高校分类管理办法,将全省高校分为研究型、应用型、技术技能型等三大类型,实行分类管理、分类评价,引导高校强化特色、错位发展
6	2022年12月10日,省人民政府办公厅印发《关于加快推进省属高校一流学科建设若干措施》的通知(鄂政办发〔2022〕51号)	坚持扶优扶强,动态调整,激发高校发展内生动力。实施省属高校一流学科建设突破行动,力争到2025年2所以上省属高校进入国家"双一流"建设行列,到2030年3-5所省属高校进入国家"双一流"建设行列,加快建设中国特色、世界一流的大学和优势学科

(二)国内部分省市高等教育分类管理政策特点

根据国务院办公厅《关于开展国家教育体制改革试点的通知》,一些省市积极探索高等学校分类指导、分类管理的办法,发布了高等教育分类管理的政策文件。特别是北京、上海、辽宁、山东、江苏、浙江、江西等7省市聚焦高等教育分类标准进行了积极探索,形成了各具特色的分类体系,主要有三个方面的特点。

1. 分类方式多样

有的依据办学层次进行分类。比如,浙江根据学位授予层次及培养能力对高校进行分类,分为博士学位授予权高校、硕士学位授予权高校、学士学位授予权高校和独立学院四种类型。江苏将省属高校分为本科一类:江苏省高水平大学建设重点(培育)支持高校,博士学位授权高校;本科二类:其他本科高校;高职一类:江苏省高水平高等职业院校建设单位;高职二类:其他高等职业院校。山东根据全省经济社会发展对不同层次人才的需求和高校发展基础,按照Ⅰ类(省属博士学位授予权高校)、Ⅱ类(省属硕士学位授予权高校)、Ⅲ类(其他省属公办本科高校),对省属公办本科高校实施分类考核。有的依据人才培养定位进行分类,比如:北京将市属公办本科高校分为高水平研究型大学、高水平特色型大学、高水平应用型大学三类;上海按照人才培养主体功能和承担科学研究类型等差异性,将高校划分为学术研究、应用研究、应用技术和应用技能四种类型;江西省构建了"两型四类"的分类体系,将全省普通本科高校总体划分为研究型和应用型两个类型,其中研究型又分学术研究型和教学研究型。有的依据服务面向进行分类,比如:辽宁省按照对接产业类别的不同,将高等学校分为农林医药业类、工业类、现代服务业类、社会事业类,明确其主要服务面向,与辽宁产业升级和产业更新换代全面对接。有的依据主干学科进行分类,比如:上海市按照主干学科门类(本科与

研究生）或主干专业大类（专科）建设情况，将高校划分为"综合性、多科性、特色性"三个类别；辽宁省按照高校主干学科门类（或专业大类）属性制定文科类、理科类、单科类高校考核标准。

2. 分类评价率先突破

从已发布分类评价标准的省市来看，山东、江苏、浙江等省市都是在分类评价中率先对高等教育进行分类。其中，山东省人民政府办公厅印发《山东省本科高校分类考核实施方案（试行）》，江苏省委考核工作委员会印发《2022年度省属高校高质量发展综合考核实施办法》，浙江省教育厅办公室印发《普通本科高校分类评价管理指标体系（修订稿）》暨做好2017-2018学年普通本科高校分类评价工作的通知，对省属高校进行分类评价，推进分类管理由公共政策向教育实践转变。

3. 分类政策逐步健全

北京、上海、辽宁、江西均印发了高校分类发展的方案，对高校分类发展进行整体谋划，对推动分类发展提供了全方位制度保障。比如，辽宁省政府印发《辽宁省高等学校分类指导意见》，从引导高校科学定位、分类指导学科专业建设、分类指导人才培养改革、分类创新科研管理模式、分类指导高校教师队伍建设、建立分类绩效考核、绩效拨款的政府投入机制等六个方面进行制度保障。北京市政府印发《北京市属公办本科高校分类发展方案》后，先后出台了《北京市属公办高等学校分类发展项目经费管理办法》《北京市属公办本科高校分类发展B类高校评估工作的通知》等配套文件，推动高校分类发展。

表 5-1-5　部分省市高等学校分类发展政策

序号	文件名称	主要内容
北京	2020年5月，北京市委教育工作领导小组印发《北京市属公办本科高校分类发展方案》	将市属公办本科高校划分为高水平研究型大学、高水平特色型大学、高水平应用型大学三个类别。其中，高水平研究型大学：聚焦国家、北京和特定领域的核心需求设置专业，突出重点领域、促进学科交叉，大力开展前沿研究、基础研究和应用基础研究，重点培养德才兼备、全面发展、具有较强创新能力的优秀人才。高水平特色型大学：面向国家发展和首都急需，集中力量发展最具优势和前景的学科专业，深入推进行业产业领域的基础研究和应用研究，重点培养品学兼优、能力突出、社会需要的行业建设优秀人才。高水平应用型大学：紧密结合北京经济社会发展和人才培养需求，开展高度相关性理论探索和科技创新，重点培养知行合一、学以致用、具有创新精神的优秀应用型建设人才

续表

序号	文件名称	主要内容
上海	2015年12月,上海市政府印发《上海高等教育布局结构与发展规划(2015—2030年)》	按照人才培养主体功能和承担科学研究类型等差异性,将高校划分为“学术研究、应用研究、应用技术和应用技能”四种类型;按照主干学科门类(本科与研究生)或主干专业大类(专科)建设情况,将高校划分为“综合性、多科性、特色性”三个类别。“学术研究型”高校以培养学术研究人才为引领,可授予博士、硕士和学士学位,学校以“综合性”“多科性”为主。“应用研究型”高校以培养应用研究与开发的人才为重点,可授予博士、硕士和学士学位,学校以“多科性”“特色性”为主。“应用技术型”高校以培养专门知识和技术应用人才为主体,一般可授予专业研究生和学士学位,学校布局面向行业以“特色性”或“多科性”为主。“应用技能型”高校主要培养专科层次的操作性专业技能人才,学校面向行业、职业,以“特色性”为主
辽宁	2016年8月,辽宁省政府印发《辽宁省高等学校分类指导意见》(辽教发〔2016〕100号)	按照对接产业类别的不同,将高等学校分为农林医药业类、工业类、现代服务业类、社会事业类。在上述四类高校的分类框架下,按照人才培养主体功能和办学层次水平差异,将全省高校分为研究型、研究应用型、应用型和技术技能型高职院校;按照高校主干学科门类(或专业大类)属性制定文科类、理科类、单科类高校考核标准
山东	2019年11月,山东省政府办公厅印发《山东省本科高校分类考核实施方案(试行)》(鲁政办字〔2019〕176号)	根据全省经济社会发展对不同层次人才的需求和高校发展基础,按照Ⅰ类(省属博士学位授予权高校)、Ⅱ类(省属硕士学位授予权高校)、Ⅲ类(其他省属公办本科高校),对省属公办本科高校实施分类考核
江苏	2022年7月,中共江苏省委考核工作委员会印发《2022年度省属高校高质量发展综合考核实施办法》	将省属高校分为本科一类:江苏省高水平大学建设重点(培育)支持高校、博士学位授权高校;本科二类:其他本科高校;高职一类:江苏省高水平高等职业院校建设单位;高职二类:其他高等职业院校。进行分类考核,着重考核落实党中央、国务院及省委、省政府重大决策部署情况,高校人才培养、科学研究、社会服务、文化传承创新、国际交流与合作、声誉与影响等方面取得的重要成效
浙江	2019年9月,浙江省教育厅办公室关于印发《普通本科高校分类评价管理指标体系(修订稿)》暨做好2017—2018学年普通本科高校分类评价工作的通知(浙教办函〔2019〕291号)	根据学位授予层次及培养能力对高校进行分类,分为具有博士生培养高校、具有硕士生培养高校、学士学位授予型高校和独立学院四种类型

续表

序号	文件名称	主要内容
江西	2022年7月，江西省教育厅关于印发《江西省普通本科高校分类管理实施办法（试行）》的通知	构建了“两型四类”的分类体系。将全省普通本科高校总体划分为“研究型”和“应用型”两个类型，其中研究型分学术研究型和教学研究型，后续从应用型高校中遴选8至10所示范应用型高校给予重点支持和建设。根据江西高校整体发展规划和具体分类标准，对43所普通本科高校实行分类管理，其中4所高校定位为学术研究型高校、9所高校定位为教学研究型高校、30所高校定位为应用型高校

三、推进湖北高等教育分类管理改革的策略建议

当前，湖北高等教育已经迈入内涵式高质量发展关键时期，如何高昂高等教育龙头，助力教育强省建设成为迫切需要回答的时代之问、人民之问。要持续完善高等教育分类标准，推进分类管理和分类评价，促进各类高校办出质量、办出水平、办出特色，形成同类型各层次的高校能够充分释放办学活力、公平竞争，不同类型、不同层次的高校加强合作，联合培养跨领域、复合型、高层次人才的格局。

1. 深化高等学校分类研究

从湖北发展实际出发，在省属高校开展高校发展现状大调研，从人才培养目标定位、师资结构特点、学科专业结构、科研水平、社会服务等多方面分析学校特色，开展深入研究，为制定具有湖北特色、符合湖北实际的高校分类体系，提供理论支撑。

2. 出台高校分类标准

根据湖北实际，结合湖北经济社会发展需求，构建湖北高校的分类体系，出台《湖北省普通本科高校分类管理实施办法（试行）》，将省属高校全部纳入分类体系，针对不同类别实施分类管理、分类评价、分类招生、分类配置资源，推动高校合理定位、特色发展、一流发展。

3. 率先启动高校分类评估

目前，国家已启动分类评估，国家普通本科教育教学审核评估将高校分为“二类四种”，其中第二类又分为学术型、应用型和新建院校。由于一些省份分类标准不同，一些省份在开展高校评估时对国家分类评估标准进行了适当调整和细化。比如，北京将高等学校分为高水平研究型大学、高水平特色型大学和高水平应用型学三类。湖北应以国家分类评估为契机，积极开展省属高校分类审核评估，推动不同高校分类发展。

在具体组织高校分类评估中,要明确分类评价的重点和关键考察点,重点突出国家和区域重大战略需求,突出新兴科技发展方向引领,突出人才自主培养质量,突出服务区域经济社会发展,加大对知识创新、技术升级、产业转型贡献等要素的评价权重。不但要引导高校更加注重自身增值度、同类院校进步度、学生和社会满意度、服务经济社会贡献度,还要引导高校跳出教育看教育、立足长远谋教育、着眼全局抓教育。

4. 加强评估结果应用

研究制定符合湖北实际的特色专业发展指标体系,以本科教育教学审核评估为抓手,强化分类评价结果的导向作用,逐步推动分类评价结果与教育资源分配、政策支持、领导班子考核、绩效工资总量核定等进行"硬挂钩",引导高校克服"大而全""同质化"等问题,各安其位、各展所长,在不同赛道、不同领域争创一流、办出特色。

在具体应用上,要明确分类评价结果的运用方向。比如,服务决策咨询,及时向上级领导和有关部门呈送分类评价考核总体报告、分校报告与分领域诊断报告以及有关决策咨询报告;督促问题改进,建立分类评价监测预警机制,及时下发提示函,并要求及时整改落实;评价结果直接应用于教育督导评估工作,作为各地各单位检查评比、督导考核等工作的重要参考。

参考文献:

[1] 魏依晨.分类管理破除"千校一面" 推进高校科学定位、办出特色[N].科技日报,2022-08-11(07).

[2] 刘振天,张蕊.我国高等教育分类管理政策历史演变、逻辑特征及前景展望[J].济南大学学报(社会科学版),2022,32(02):142-149.

[3] 张伟.开展高校分类评价应明确五个重点[N].中国教育报,2023-06-19(05).

[4] 张艳国.科学用好高等教育分类评价重要方法[J].中国大学教学,2023(04):67-75.

(本节执笔人:刘国卫　高传平　罗国华)

第二节　推进省属高校一流学科建设

学科是高等学校办学的基本功能单元，学科水平直接影响着一所高校的办学水平，一流学科是建设一流高校的重要抓手。2022年，湖北省第十二次党代会提出，推进高等教育内涵式发展；湖北省委、省人民政府出台《关于全面推进高等教育强省建设的意见》，提出“实施省属高校一流学科培育行动，努力实现一流学科建设突破”；湖北省人民政府办公厅印发《关于加快推进省属高校一流学科建设若干措施》，提出“实施省属高校一流学科建设突破行动，加快建设中国特色、世界一流的大学和优势学科”。湖北高教系统认真贯彻落实党代会及相关文件精神，坚持以需求为导向、以改革为动力、以绩效为杠杆，围绕建设一流师资队伍、培养一流创新人才、打造一流科技平台、产出一流科研成果等建设任务，加快推进省属高校一流学科建设，高等教育综合实力得到进一步提升。

一、国家关于高校学科建设的相关政策及演进特点

（一）我国学科目录制度的发展分析

1. 学科目录的发展演变及特征

学科目录是国家进行学位授权审核与学科管理、学位授予单位开展学位授予与人才培养工作的基本依据，在人才培养和学科建设中发挥着重要指导作用和规制功能。1981年，国务院批准实施《中华人民共和国学位条例暂行实施办法》，建立了学科目录的博士、硕士和学士三级学位体系，规定了10个学科门类。1983年首次印发了《高等学校和科研机构授予博士和硕士学位的学科专业目录（试行草案）》，先后于1990年、1997年、2011年、2018年、2022年进行了五次修订。建立学科目录动态调整制度是我国高等教育紧跟国家发展步伐，不断探索学科建设途径、创新建设机制、努力实现与经济社会良性互动的重要尝试。

表5-2-1　我国高等学校学科目录体系的发展演变

序号	文件名称	学科门类	一级学科	二级学科
1	1983年3月，国务院学位委员会印发《高等学校和科研机构授予博士和硕士学位的学科专业目录（试行草案）》	10	63	638
2	1990年10月，国务院学位委员会、国家教育委员会关于施行《授予博士、硕士学位和培养研究生的学科、专业目录》的通知（学位〔1990〕30号）	11	72	620

续表

序号	文件名称	学科门类	一级学科	二级学科
3	1997年8月,国务院学位委员会、国家教育委员会印发《授予博士、硕士学位和培养研究生的学科、专业目录》	12	89	386
4	2011年3月8日,国务院学位委员会、教育部关于印发《学位授予和人才培养学科目录(2011年)》的通知(学位〔2011〕11号)	13	110	自主设置
5	2018年4月,教育部公布《学位授予和人才培养学科目录(修订)》	13	111	自主设置
6	2022年9月13日,国务院学位委员会、教育部关于印发《研究生教育学科专业目录(2022年)》《研究生教育学科专业目录管理办法》的通知(学位〔2022〕15号)	14	117	自主设置

(资料来源:根据有关文件信息整理)

从表5-2-1发现,我国学科目录的发展主要体现了以下趋势:

一是学科门类不断丰富。从1983年的试行草案到2022年的学科专业目录,学科门类从10个增加到了14个,增加的这4个学科门类分别是军事学(1990年)、管理学(1997年)、艺术学(2011年)和交叉学科(2022年)。不难看出,随着科学技术的进步和经济社会的发展,学科门类越来越丰富,学科体系越来越健全。

二是一级学科渐趋稳定。1983年的学科专业目录共设置了63个一级学科;1990年的学科专业目录共设置72个一级学科,与1983年相比,增加了9个一级学科;1997年学科专业目录比1990年学科专业目录增加了17个,共89个一级学科。2011年学科专业目录中一级学科增加到了110个,增幅超过20%;2018年学科专业目录增加了网络空间安全1个一级学科;2022年学科专业目录的一级学科总数为117个,较上一版增加了6个。可见,自2011年起,一级学科在经历了快速增长后逐渐趋于稳定。

三是二级学科自主设置。1983年的学科专业目录共列有638种二级学科,1990年缩减至620种,到1997年,学科专业目录中二级学科总数锐减为386种。自2011年开始,国家不再统一发布二级学科相关信息,改由各高校自主设置。

从以上发展趋势可以看出,我国学科专业目录体系经历了一个不断完善的过程。比如,1983年学科专业目录是我国第一版真正意义上的学科专业目录,其设置基本是按照学科的共同属性及其相互之间的联系进行划分的,因此,许多学科专业的学科门类归属并不合理,不同门类下的学科专业设置标准也不统一,突出表现为一级学科和二级学科缺乏清晰的界限。1990年学科专业目录是按照我国经济社会发展所形成的学科体系,也参考了国际主流的学科分类,对学科门类和

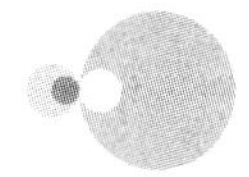

各级学科进行了调整，厘清了各门类、各学科之间的关系，统一了学科专业的设置标准，增加了一批国家急需的学科和专业。1997 年学科专业目录进一步规范和理顺了一级学科，拓宽和调整二级学科，特别是对工学门类进行了重点调整，对大量一级学科更名、拆分或重组。

2011 年是学科专业目录变化的重要时间节点，国务院学位办将二级学科设置权下放，由高校自主设置。自 2011 年学科专业目录起，二级学科不再随学科目录一同发布。2018 年学科专业目录主要在专业学位方面进行了调整，专业学位总数增至 47 个。但总的来看，随着我国进入新发展阶段，原有的目录及目录管理机制已无法适应新的形势要求，具体体现为：一是修订周期过长，对知识创新和经济社会发展需求回应不够及时；二是专业学位在目录中的地位不够凸显，类别、层次需要完善，交叉学科需要稳步发展；三是学科专业设置存在固化、细化等倾向，不利于学科交叉融合和复合型人才培养；四是现有学科专业内涵需要更新。

2. 2022 年学科专业目录的主要亮点

2022 年 9 月 13 日，国务院学位委员会、教育部发布了《研究生教育学科专业目录（2022 年）》（简称“新版学科目录”），共设有 14 个学科门类，117 个一级学科，博士专业学位类别 36 个，硕士专业学位类别 31 个，已于 2023 年正式启用。此次目录修订是服务世界重要人才中心和创新高地建设、支撑行业产业转型升级、构建中国特色与世界标准学科专业体系的重要举措，也体现了以人民为中心的发展思想。与之前的 5 个版本相比，主要有以下几个方面的亮点。

一是强化服务国家重大需求导向。新版学科目录把支撑行业产业发展的专业学位摆在更加突出位置，强调瞄准国际科技竞争的关键领域和行业产业转型升级方向，创新学科专业的组织与建设方式，提升对经济社会发展的快速反应能力，为打造需求牵引的战略科技力量、建设世界重要人才中心和创新高地提供更有力的学科专业支撑。比如，围绕科技前沿和关键领域，新设了智能科学与技术、遥感科学与技术、纳米科学与工程、水土保持与荒漠化防治学等一级学科；围绕服务国家治理体系与治理能力现代化，新设了中共党史党建学、纪检监察学、区域国别学等一级学科。

二是强调尊重学科专业设置规律。在目录设置上，一级学科设置突出宽口径，专业学位类别设置突出专业技术能力，强调精准和灵活；坚持有增有减，重点支持新兴学科、交叉学科以及服务国家治理体系与治理能力现代化的学科，同时对不符合人才成长规律、不能很好满足社会需求的学科及专业学位类别设置进行了调整优化；文理基础学科目录保持相对稳定，仅根据学科内涵对部分已有一级学科进行了更名、合并或类型调整。

三是坚持专业学位与学术学位并重。从呈现形式上，把一级学科和专业学位类别“并表”,将主要知识基础相近的一级学科和专业学位类别统筹归入相应学科门类,凸显两种类型人才培养同等重要,进一步强化了两类人才的培养均须把创新能力摆在突出位置的要求。专业学位类别在数量和博士学位授予层次方面实现了大扩容,在14个门类下均设置了专业学位,学位类别由原来的47个增加到67个,其中硕士专业学位类别31个、博士专业学位类别由原来的13个增加到36个,更好地满足各行各业对高层次应用型人才的需求。

四是创新学科专业建设管理机制。构建了“目录+清单”的学科专业建设新模式。目录是基本盘,突出规范性、普遍性、成熟度,明确每5年修订一次,以学界业界的共识为基础。清单是补充盘,突出灵活性、创新性,每年动态调整,不求系统性、完整性,着重服务国家重点发展领域和重大需求。实行放权与规范并进的目录管理新机制,国家放权学术声誉较高、培养质量较好的学位授权自主审核单位“观念上先行”“建设上先试”,自主开展一级学科和硕士专业学位类别的试点设置,并依据试点成效做出编入目录或撤销试点的决定。

(二)我国高校学科建设的发展演进分析

回顾新中国成立以来高校学科建设的历史,大体可以分为“泛学科建设”时期(1949—1982年)、“重点学科建设”时期(1983—2014年)和“一流学科建设”时期(2015年以来)三个时期。通过不断创新思路和方式,我国高等教育学科建设形成了“国家级—省级—校级”的多层次重点学科建设格局。目前,我国学科建设进入由内涵式发展向高质量转型发展的新阶段。

1.“泛学科建设”时期(1949—1982年)

这一时期是我国学科建设的初步探索阶段,学科建设泛存于高校发展的议题之中,学科发展明显倾向于理工科,学科建设水平参差不齐。1950年6月,第一次全国高等教育工作会议召开,“整顿大学,形成重点”的方针被提出来。1954年10月,中共中央作出《关于重点高等学校和专家工作范围的决议》,确定中国人民大学等6所大学为全国重点大学。自此,我国重点大学建设制度开始形成,“重点学科建设”母体开始孕育。到1966年,经过多次新增,我国重点高校达到了68所。1978年2月,教育部颁布《关于恢复和办好全国重点高等学校的意见》,我国重点高校建设重回正轨,重点高校数量增至88所。重点大学建设制度的确立,孕育了学科建设的母体,为我国高校的学科建设提供了制度保障。同时,通过三次院系调整和多次专业目录设置调整,初步形成了我国高等学校学科分布的基本布局及学科发展的基本模式。一方面,基本建成了工科专业比较齐全且明晰的学科专业体系,师范教育受到了相当程度的重视;另一方面,由于对当时偏重文法轻视理工的弊病矫枉过正,使得自然科学与社会科学、文科与理科之间相互渗透与融合受

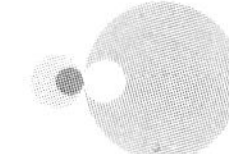

到了严重影响。

2. “重点学科建设”时期(1983—2014 年)

这一时期,通过项目推动、分层建设及评估改进等多项举措,从学科方向、人才培养、学科队伍、科学研究等方面开展建设工作,全面推进高校学科建设。

一是建立重点学科制度。1983 年 10 月,教育部颁布《关于调整改革和加速发展高等教育若干问题的意见》,提出“要采取有力措施,逐步建设好一批重点大学、重点学科(专业),使之成为国家的教育和科研中心与高教事业的骨干”,并且要“建立定期评定重点大学、重点学科的制度”。“重点学科建设”的概念首次在教育部文件中提出,学科建设加快了发展步伐。1985 年 5 月,《中共中央关于教育体制改革的决定》指出:“根据同行评议、择优扶植的原则,有计划地建设一批重点学科。”这是“重点学科建设”第一次在中央文件中明确提出,凸显了政府在学科建设中的主导地位。自“七五”计划起,我国开始编制重点学科建设规划,择优确定、建设一批重点学科点。2006 年 10 月,教育部印发《关于加强国家重点学科建设的意见》《国家重点学科建设与管理暂行办法》,对重点学科建设的目的和意义、指导思想和基本思路、主要措施、建设与经费、考核与认定、管理与职责等方面做了明确规定。2014 年 2 月,国务院办公厅发布《关于取消和下放一批行政审批项目的决定》,正式取消国家重点学科审批,标志着我国重点学科建设历史的终结。1988—2014 年间,全国共组织了三次重点学科的评选工作,共评选出了 286 个一级学科国家重点学科、677 个二级学科国家重点学科、217 个国家重点(培育)学科。我国高校的学科结构不断调整和优化,学科建设水平明显提升,培育出了一批逐渐崭露头角的高水平学科。

二是实施“211 工程”“985 工程”等项目。1991 年 4 月,重点办好一批大学和一批重点学科点被列入《国民经济和社会发展十年规划和第八个五年计划纲要》。1993 年 2 月 13 日,中共中央、国务院正式发布《中国教育改革和发展纲要》提出:“集中中央和地方等各方面的力量办好 100 所左右重点大学和一批重点学科、优势专业。”同年 7 月,国家教委印发《关于重点建设一批高等学校和重点学科点的若干意见》,决定设置“211 工程”重点建设项目,即面向 21 世纪,重点建设 100 所左右高等学校和一批重点学科点。至此,“211 工程”建设正式启动,标志着我国学科建设进入重点建设时期。1999 年,《面向 21 世纪教育振兴行动计划》提出要相对集中国家有限财力,调动多方面积极性,对若干所高等学校和已经接近并有条件达到国际先进水平的学科进行重点建设,“985 工程”正式启动,第一次明确了创建世界一流大学和一流学科的战略目标。2006 年,教育部和财政部开始试点建设“985 工程优势学科创新平台”项目,继续推进一批优势学科创新平台的建设与发展。到 2009 年,共确定“211 工程”学校 112 所、“985 工程”学校 39 所。“211 工程”“985 工程”“985 工程优势学科创新平台”等项目的实施和推广,带动了高校学科建设发展，促使我国高校学科建设不断进行结构性调整和战略性布局。

三是建立学科评估制度。学科评估是教育部学位与研究生教育发展中心按照《学位授予与人才培养学科目录》对全国具有博士或硕士学位授予权一级学科开展的整体水平评估，是一种非行政性、服务性评估项目。这期间，我国分别于2002 年、2006 年、2012 年启动了三轮学科评估，促进了我国高校学科综合实力和发展水平的提升。学科评估是高校学科建设的重要一环，是检视高校学科发展现状、诊治高校学科发展问题、补齐学科发展短板、提升高校学科发展内涵的重要利器，对于了解学科的优势与不足、比较学科发展差距、促进学科建设内涵式发展具有重要意义。

3. “一流学科建设”时期(2015 年以来)

“双一流”建设是基于我国多年重点大学建设及重点学科建设的历史经验，在新时代新形势下促进高等教育内涵式发展的重大创新之举，不仅指引了我国高校学科建设未来深化发展的方向，还明确了我国高校学科建设不断提升实力的丰富内涵和实践路径。2015 年 8 月，中央全面深化改革领导小组审议通过《统筹推进世界一流大学和一流学科建设总体方案》，并于 2015 年 10 月由国务院印发，对新时期我国高等教育重点建设做出了新部署，提出要坚持以学科为基础、优化学科结构、凝练学科发展方向、突出学科建设重点、创新学科组织模式、打造更多学科高峰等要求。2017 年 1 月，教育部等三部门印发《统筹推进世界一流大学和一流学科建设实施办法(暂行)》，再次强调坚持以学科为基础，统筹支持建设 100 个左右学科，着力打造学科领域高峰。同年 9 月，“一流学科”建设名单公布，共遴选出42 所一流大学建设高校，95 所一流学科建设高校，覆盖了 465 个一流学科(含 44个自定学科)。2018 年 8 月，教育部等三部门联合印发《关于高等学校加快“双一流”建设的指导意见》，明确提出要以学科为基础，更加注重学科的结构布局优化协调，构建协调可持续发展的学科体系。同时，从明确学科建设内涵、突出学科优势与特色、增强学科创新能力、创新学科组织模式等方面提出了强化内涵建设，努力打造出一流学科高峰的一系列举措。2022 年 1 月，教育部等三部委印发《关于深入推进世界一流大学和一流学科建设的若干意见》，针对“双一流”建设中存在的高层次创新人才供给能力不足、服务国家战略需求不够精准、资源配置亟待优化等问题，就“十四五”时期深入推进“双一流”建设提出了九个方面 27 条意见，强调要准确把握新发展阶段战略定位，全力推进“双一流”高质量建设。

这期间，教育部分别于 2016 年、2020 年启动了两轮学科评估，并对学科评估进行了相应改革。2020 年 11 月，教育部学位与研究生教育发展中心公布《第五轮学科评估工作方案》，正式启动第五轮学科评估工作。新一轮方案强调落实立德树人根本任务，遵循教育规律，扭转不科学的评价导向，加快建立中国特色、世界

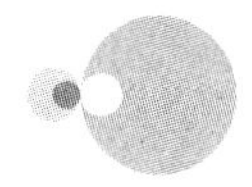

水平的教育评价体系，提升我国学科建设水平和人才培养质量，推动实现高等教育内涵式发展。

表 5-2-2　教育部第一轮至第五轮学科评估指标体系的演变

条目	2002 年	2006 年	2012 年	2016 年	2020 年
一级指标	学术队伍、科学研究、人才培养（客观指标），学术声誉（主观指标）	学术队伍、科学研究、人才培养（客观指标），学术声誉（主观指标）	师资队伍与资源、科学研究、学科声誉	师资队伍与资源、科学研究水平、人才培养质量、社会服务与学科声誉	人才培养质量、师资队伍与资源、科学研究（与艺术/设计实践）水平、社会服务与学科声誉
二级指标	博士学位教师数、硕士学位教师数、院士人数、长江学者人数，科研条件、获奖情况、发表学术论文情况、科研项目情况，获国家教学成果奖情况、学生情况、三年研究生人均发表论文数、全国优秀博士论文数，学术声誉	教师情况、专家情况，科研基础、获奖专利、论文专著、科研项目，奖励情况、学生情况，学术声誉	专家团队、师生情况、学科资源，学术论文、发明专利、科研项目，科研获奖，学位论文质量、学生国际交流、授予学位数、教学与教材、优秀学生，学科声誉	师资质量、师资数量、支撑平台，科研成果、科研获奖，培养过程质量、在校生质量、毕业生质量，社会服务与学科声誉	思政教育、培养过程、在校生、毕业生，师资队伍、平台资源，科研成果（与转化）、科研项目与获奖、艺术实践成果、艺术/设计实践项目与获奖，社会服务、学科声誉
指标体系分类	人文社科、理学、工学、农学、医学、管理学（6 套）	人文社科、理学、工学、农学、医学、管理学（6 套）	人文社科、理学、工学、农学、医学、管理学、艺术学（7 套）	人文、社科、理工、农学、医学、管理、艺术、建筑、体育（9 套）	人文、社科、理工、农学、医学、管理、艺术、建筑、体育（9 套）
参评一级学科数	80	81	95	95	99

（资料来源：根据有关文件整理）

（三）我国高校学科建设的逻辑演进

1. 建设思路：重点建设一以贯之

非均衡发展一直是我国高等教育发展所采取的一种基本战略。无论是 20 世纪 80 年代前期的重点大学建设制度,还是 20 世纪 80 年代后期开始的重点学科建设制度,重点建设的思路一直都在延续。即使是现行的一流学科建设制度,其本质上仍然是重点建设思路的延续,这也是现实情况使然。由于我国高等教育资源分散不均,高等教育供给与需求的矛盾一直贯穿其发展之中,在无法顾及所有学科均衡发展的情况下,集中力量建设一批重点学科自然成为优先选择,特别是实际效果更加坚定了这一思路。通过重点建设,我国培养出了一批高水平的学科人才队伍和学科基地平台,提高了我国大学的综合实力与国际影响力,对带动其他学科的发展起到了良好的辐射效应。但是,重点建设的弊端也是显而易见的,特别是身份标签固化,导致身份壁垒,已经成为高校跨界竞争的最大障碍。一流学科建设在一定程度上缓解了这一痼疾,但仍然没有彻底根除。因此,学科建设中的身份固化、路径依赖等问题仍然需要格外警惕和防范。

2. 目标导向:由外在需求走向内涵发展

新中国成立之初,国家发展重心在提升工业化发展速度,高校学科建设也紧密围绕与工业建设相关的专业展开,通过这些专业直接服务于国家经济建设。改革开放以来,随着重点学科制度的建立,特别是“211 工程”“985 工程”等高等教育重点建设计划的不断推出,与国家经济建设和社会发展中的重点行业和部门紧密结合,以解决重大科学技术问题或者目前发展水平相对较低的薄弱学科,成为最重要的评选标准。很显然,这一阶段的学科建设,外在需求导向体现得尤为明显,更多的是为了外在的经济和社会发展。随着时代的发展,这种外在需求导向,逐渐成为我国高校学科建设实际进程中的掣肘。党的十八大以来,中国特色社会主义进入新时代,我国高等教育综合改革中愈发强调公平发展、优质发展、均衡发展。特别是随着“双一流”建设的深入推进,我国高校学科建设内涵发展的目标导向日益明确,更加注重学科自身的生态发展内驱力,更加关注学科建设的梯队建设,更加倡导跨学科与交叉学科研究,更加强调自然科学和社会科学的融合发展。

3. 遴选机制:由定向计划走向自主竞争

新中国成立之初,国家实行的是高度集权的计划经济体制和管理体制,高等教育的各项政策一般都是通过命令式方式自上而下传达,具有极强的指令性色彩。我国高校学科建设制度也是始于国家统一规定实施的,在很长时期内高校重点学科都是通过国家指定方式产生的,定向计划的特征十分明显。改革开放以来,随着市场经济的快速发展,调适高等教育计划体制迫在眉睫,国家指定重点学科的方式越来越不合时宜,随着国家行政审批制度改革的推进,2014 年取消了国家重点学科审批。自 2015 年起开启高校“双一流”建设,主要通过竞争优选、专家评选、政府比选、动态筛选的机制产生,一流学科的遴选具有比任何时期都更强烈的竞争性。其中,一个重要变化就是由面向部分指定高校的定向投入转向面向所

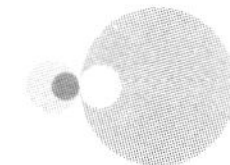

有高校的竞争性投入，只要经过学科评估证明具有一流学科的实力，都可以通过竞争方式成为一流学科。这在一定程度上打破了我国高校学科建设中的身份壁垒，凸显出了遴选机制的自主竞争性。

4. 管理体制：由封闭静止走向开放联动

无论是新中国成立初期的重点大学建设制度，还是之后的重点学科建设制度，一旦入选重点学科，一般无特殊情况都不会被淘汰。这种学科建设管理体制缺乏明确的监督惩处机制，具有明显的封闭性、静止性特点，导致学科建设领域内的“马太效应”愈加明显。随着世界高等教育变革及我国高等教育综合改革更加强调效率、优胜劣汰和公平优质，愈发影响到高校学科建设的管理体制。2015 年以来，一流学科通过竞争方式选出后，建立了一套总量控制、分类建设、动态管理、开放竞争、以绩效评价为主的进出和调整机制。通过引入评估监督机制和退出机制，对于一定时期内不能够达到一流学科建设目标或者学科评估不合格的学科，予以一定惩罚或直接淘汰，具有鲜明的开放性、联动性特点，在一定程度上保证了我国高校学科建设的活力与动力。比如，2022 年 2 月，国家公布第二轮“双一流”建设高校及建设学科名单时，全国共有 15 所高校的 16 个学科因未达到建设预期被给予公开警示(含撤销)。

二、湖北加强高校学科建设的主要政策及成效

改革开放以来，湖北高校学科建设按照国家总体部署，结合湖北实际情况，着力实施了重点学科建设、优势特色学科建设和“双一流”学科建设等重大项目。通过开展重点学科评选与验收、重点学科项目建设与评价、优势特色学科项目培育、一流学科重点建设与培育等举措，培育了一批省级重点学科、优势特色学科和一流学科重点建设(培育)学科，初步构建起了“双一流”建设学科、省级优势特色学科(群)、校级重点学科三级学科重点建设体系，带动了湖北高等教育办学水平的总体提升。

1. 着力加强重点学科建设

与国家重点学科评选基本同步，湖北于 1998 年、2003 年开展了两次省级重点学科评选，以一级学科和二级学科为申报对象，从学术队伍、科学研究、学术交流、教学与人才培养、条件建设等方面进行综合评选，引导高等学校开展学科建设。从 2006 年开始组织重点学科项目建设，按照以人为本、突出重点、学科创新、为地方服务等原则，重点支持和建设一批优势和特色学科。自此，省级重点学科开始转向支持、建设优势学科和特色学科。经过近 20 年的建设，到 2008 年，湖北省高校已形成比较完整的学科体系，有一级学科国家重点学科 17 个，二级学科国家重点学科 125 个、国家重点(培育)学科 18 个，省部级重点学科一级学科 99 个、二级

学科 668 个。这期间,各高校以重点学科建设为牵引,不断提升学校核心竞争力,建设了一批促进经济建设和社会发展的支撑学科,打造了一批在省内外有较大影响的一流学科群。2013 年,湖北省教育厅、财政厅出台《湖北省高等学校重点学科建设项目管理办法(试行)》,明确提出坚持“统筹规划、分年实施,绩效考评、动态调整”的原则,引导高校从条件建设、学科团队建设、科学研究和人才培养四个方面开展重点学科建设。

2. 着力加强优势特色学科(群)建设

2008 年,湖北省教育厅正式启动“湖北省普通高等学校特色优势学科建设工程”,当年在省属高校评出优势学科 21 个、特色学科 31 个。自此,重点学科建设开始转向优势特色学科,以此为示范引领,促进高等教育内涵式发展,增强高校培养拔尖创新人才、知识创新、科技创新和服务社会的能力,推动湖北由高教大省向高教强省转变。随后在 2012 年、2015 年、2021 年先后三次开展了优势特色学科(群)评选,每次评选都是在前一期建设的基础上开启新一轮评选。其中,2012 年共评选出 14 个优势学科、79 个特色学科、74 个省级重点(培育)学科。通过优势特色学科(群)的持续建设,引导各高校通过不断调整学科建设规划、加大经费投入力度、凝练学科优势与特色、强化学科内涵发展等措施,提高教育质量水平和创新能力,加强重点学科建设。

表 5-2-3　2008 年以来湖北省属高校优势特色学科(群)建设情况

年份	优势学科	特色学科	重点(培育)学科	优势特色学科(群)	培育学科(群)
2008	21	31	—	—	—
2012	14	79	74	—	—
2015	—	—	—	39	—
2021	—	—	—	112	16

(资料来源:根据湖北省教育厅有关文件整理)

随着 2014 年国家重点学科建设政策的废止,“十三五”期间,湖北以优势特色学科(群)建设夯实“双一流”建设学科底盘。2015 年,在 27 所高校立项了 39 个学科(群)开展建设,引导高校聚焦建设目标和办学定位,创新管理体制机制、统筹经费和项目资源,全面落实“双一流、双服务、双促进”的建设任务。2020 年,省教育厅出台《湖北省高等学校优势特色学科(群)建设项目管理办法》,把优势特色学科(群)建设作为高校发展的一项战略性、基础性工作,作为提升高校学科水平、体现办学特色、彰显核心竞争力的重要举措,从建设师资队伍、培养创新人才、打造科技平台、产出重大成果、服务经济社会发展等方面着力推进。“十四五”期间,优势特色学科群建设进一步发力,每年投入资金 1 亿元。2021 年,全省共立项省级优

势特色学科(群)134个,培育学科(群)16个。

3. 着力加强一流学科建设

为贯彻落实中央“双一流”建设重大决策部署,2016年,湖北省委、省政府开始部署推进“双一流”建设工作。当年底,省政府印发《关于推进一流大学和一流学科建设的实施意见》,明确到2020年一流大学和一流学科的建设目标、建设任务、改革举措、支持措施。2018年1月,省政府办公厅印发《湖北省推进一流大学和一流学科建设实施办法》,按照“总量控制、开放竞争、动态调整”的原则,以五年为一个建设周期,支持有实力的高校以提高人才培养能力为核心,提高学校学科建设、科学研究、社会服务、文化传承创新和国际合作交流水平,集聚一流的学术领军人才和创新团队,推进学校治理体系和治理能力现代化,推动一批高校和学科进入世界一流、国内一流行列。

此次立项建设依据高校办学条件、学科水平、办学质量、主要贡献、国际国内影响力等条件,共遴选了24所高校、58个学科进行建设,其中省属高校15所、建设学科29个。由湖北省和武汉市等市(州)共同设立“双一流”建设专项资金和激励性奖补资金,对省属高校以专项和奖补相结合的方式予以支持,建立激励机制;对部属高校以支撑和服务湖北经济社会发展的项目为主给予专项资金支持,助力部属高校“双一流”建设。

表5-2-4　湖北省首轮“双一流”立项建设省属高校及学科

序号	建设高校	建设学科及第四轮学科评估结果	建设类别
1	湖北大学	材料科学(C^+)与化学(C)、中国语言文学与哲学文化(B^-)、生物学(B)	国内“双一流”建设高校
2	武汉科技大学	材料科学与工程(B)、冶金(B)与矿业工程、机械工程(B)	国内“双一流”建设高校
3	三峡大学	水利工程(B^-)、土木工程(B^-)、电气工程(B^-)	国内“双一流”建设高校
4	长江大学	地质资源与地质工程(B^-)、作物学(C^-)、石油与天然气工程(C^+)	国内“双一流”建设高校
5	武汉工程大学	化工与矿业工程(B^+)	国内一流学科建设高校
6	湖北中医药大学	中医学(C^+)	国内一流学科建设高校
7	湖北工业大学	轻工技术与工程(B^-)	国内一流学科建设高校
8	武汉纺织大学	纺织科学与工程(B^-)	国内一流学科建设高校
9	武汉轻工大学	食品科学与工程(B^-)	国内一流学科建设高校
10	江汉大学	化学工程与技术(C)	国内一流学科建设高校

续表

序号	建设高校	建设学科及第四轮学科评估结果	建设类别
11	湖北师范大学	教育学(C⁻)	国内一流学科建设高校
12	武汉体育学院	体育学(A⁻)	国内一流学科建设高校
13	湖北医药学院	临床医学	国内一流学科建设高校
14	湖北美术学院	美术学	国内一流学科建设高校
15	武汉音乐学院	音乐与舞蹈学	国内一流学科建设高校

(资料来源:根据湖北省政府有关文件整理)

经过首轮建设,各立项建设高校深化改革、加大投入、集中发力,在师资队伍建设、创新人才培养、科技平台打造、科研成果产出、优秀文化传承等方面取得了较大成效。

随着国家"双一流"建设进入第二轮,湖北省委省政府进一步加大投入,聚力攻坚突破,推动省属高校一流学科建设,建强补齐省属高校"双一流"建设短板,加快建设中国特色、世界一流的大学和优势学科,聚力打造全国重要人才中心和创新高地,助力湖北建设全国构建新发展格局先行区,把湖北的科教优势加速转化为创新发展的新动能新优势。

案例5-2-1

长江大学学科建设提档升级

作为湖北省属高校中规模最大的综合性大学,长江大学学科门类齐全,近年来学科水平实现了跨越式发展。从优势特色学科看,现拥有智能油气勘探、农产品绿色高效生产、绿色化工与清洁能源、油气智能装备4个"十四五"湖北省优势特色学科群;石油天然气、绿色农业2个"十三五"湖北省优势特色学科群;16个"十二五"省级重点学科和重点(培育)学科。从ESI学科排名看,2023年5月,长江大学化学学科进入ESI全球排名前1%,正式跨入国际高水平学科方阵。至此,学校共有工程学、植物学与动物学、农业科学、地球科学、临床医学、化学6个学科进入ESI全球排名前1%行列。从GDI学科排名看,长江大学石油与天然气工程、地球物理学、园艺学、水产学4个学科进入国内一流学科行列;地质学、地质资源与地质工程、植物保护、农业资源与环境、作物学、农林经济管理、风景园林学等7个学科进入国内高水平学科行列。

——资料来源:根据网络资料整理

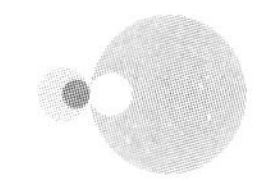

2022 年 12 月，湖北省人民政府办公厅印发《关于加快推进省属高校一流学科建设若干措施》（简称《若干措施》），确定 11 所高校 11 个学科为省属高校一流学科建设学科，其中，4 个为重点建设学科、7 个为培育建设学科。《若干措施》明确了“四个强化”的政策支持，即强化人才发展激励、强化平台建设布局、强化有组织的科研、强化投入绩效导向，以政策组合拳推动省属高校加快一流学科建设。《若干措施》明确提出，省财政每年安排 10 亿元专项资金支持省属高校一流学科建设；同时，设立 10 亿元省属高校一流学科建设专项基金，通过市场化运作模式，支持建设高校开展科技成果转化。同年，湖北省教育厅、湖北省财政厅联合印发了《湖北省省属高校“双一流”建设资金管理办法》，按照竞争性、差异化、预拨与奖补相结合的原则分配一流学科突破行动专门经费，引导高校争取地方政府和社会支持，引导高校勇于承担国家和省的重大改革事项，引导高校服务湖北经济社会发展，引导高校内涵发展、特色发展，聚焦学科建设。通过扶优、扶特、扶强、补短等措施，推动各高校坚持问题导向、目标导向、需求导向，聚力攻坚，加快推进一流学科建设。

案例5-2-2

武汉体育学院创新机制推动学科建设

“十四五”以来，武汉体育学院成立学科建设领导小组，出台《体育学迎评第六轮学科评估行动方案（2021—2025）》，修订《优势特色学科（群）建设管理办法》，按照“一流理念、一流规划、一流人才、一流平台、一流成果、一流机制”的要求，坚持目标导向、问题导向和结果导向，构建协同推动学科建设的体制机制。一是布好“长远局”，强化学科建设续航力；二是聚焦标志性成果，提升学科核心竞争力；三是织密“责任网”，夯实任务落实的支撑力；四是优化“软环境”，激发学科齐抓共建的内生力；五是抢抓发展机遇，发挥一流学科带动一流大学建设的引领力。2022 年，体育学一级学科在第五轮学科评估中由 A^- 晋级为 A，并入选湖北省一流学科培育建设学科。

——资料来源：摘自《武汉体育学院 2022 年度高质量发展绩效考核办学特色报告》

对比两轮一流学科建设政策，在保持连续性的同时，第二轮建设政策体现了以下特点：一是建设对象更加聚焦。支持建设的省属高校从首轮的 15 所缩减到第二轮的 11 所，学科从 29 个缩减到 11 个，明确以学科为支持单位，分为重点建设学科和培育建设学科两类支持建设。二是动态调整机制更有力度。以“赛马”制方式，将建设成效不突出的重点建设学科调整为培育建设学科；将工作力度大、进展快、成效显著的2个培育建设学科纳入重点建设学科;将工作进展慢、成效不明显的2个培育建设学科调出建设范围。三是绩效导向更加鲜明。省属高校一流学科建设专门经费,按照竞争性、差异化、预拨与奖补相结合的原则分配首批重点建设学科、培育建设学科的比例为6∶4,后续分配比例根据建设情况动态调整,每年将50%的建设经费纳入高校年初部门预算,剩余经费按年度目标任务完成情况和高校自筹资金到位情况给予奖补。建设周期结束后,对超额完成建设目标的高校给予奖励,对未完成建设目标的高校按照一定比例收回资金。四是激励约束更加精准。按照"以目标定任务、以任务配资源、以绩效给奖补"的原则,对年度目标任务完成较好的高校,在资金分配等方面予以倾斜支持;未完成年度目标任务的高校,在年度考核中不能评为优秀等次,并扣减相应的建设经费。五是对口支持机制更加完善。以学科建设为重点,建立了在鄂部属高校与建设高校对口支持机制,推进部属高校在学科建设管理、人才队伍建设、科研平台建设、教育教学改革及优质资源共享等方面对建设高校进行对口支持,提升建设学科整体实力。

表5-2-5 湖北省第二轮一流学科建设立项名单

编号	建设高校	立项学科	立项类别
1	武汉科技大学	材料科学与工程	重点建设学科
2	湖北大学	生物学	重点建设学科
3	江汉大学	化学工程与技术	重点建设学科
4	武汉纺织大学	纺织科学与工程	重点建设学科
5	长江大学	石油与天然气工程	培育建设学科
6	湖北工业大学	轻工技术与工程	培育建设学科
7	三峡大学	水利工程	培育建设学科
8	武汉工程大学	化学工程与技术	培育建设学科
9	湖北中医药大学	中医学	培育建设学科
10	武汉轻工大学	食品科学与工程	培育建设学科
11	武汉体育学院	体育学	培育建设学科

三、湖北省属高校一流学科建设面临的困境及原因

从第一轮建设情况看,尽管省属高校学科建设取得了一定成效,但仍然面临一些困境、短板和薄弱环节。比如,学科方向有待进一步凝练和优化,稳定且富有特色的学科方向较少;学科发展水平和积淀厚度在国家层面竞争力还不够突出;

省属高校博士点学科的门类和数量瓶颈仍然明显;学科领军人才和高层次创新团队、国家级科研平台仍然短缺;学科高质量发展需求与资源供给能力相对不足的矛盾依然比较明显。具体体现在以下几个方面:

1. 建设学科缺乏核心竞争力,高水平学科相对短缺

缺少高峰学科和优势学科群是湖北省属高校学科建设最大的痛点,也是其在与国内外一流大学竞争中最大的短板。2022年,教育部公布了新一轮“双一流”学科建设名单,湖北省属高校仍然没有实现零的突破。而从第二轮湖北省一流学科立项建设名单看,仅有武汉体育学院的体育学从第四轮学科评估的A^-晋级到第五轮的A,长江大学的石油与天然气工程从第四轮学科评估的C^+晋级到第五轮学科评估的A^-,其他立项建设的学科均处于B^+及以下等次。在ESI排名方面,仅有武汉科技大学的材料科学与工程、江汉大学的化学、武汉工程大学的化学进入ESI排名前1%。在优势特色学科(群)建设方面,高端学科平台、学术声望和领军人才还比较缺乏,核心竞争力尚未全面形成。从全国第四轮、第五轮学科评估结果和ESI学科排名看,这些立项建设的优势特色学科群在全国同类学科中仍然缺乏较强竞争力。

2. 跨学科协同不够,服务能力有待提升

“双一流”建设带来了新一轮高等教育发展格局的优化重组,各种优质资源向“双一流”建设高校叠加汇聚的态势愈发明显。目前,湖北省立项建设的一流建设学科所在高校尽管学科门类覆盖面比较广,但总体看学校内部跨学科协同比较缺乏、各种创新主体力量比较分散,现有学术组织模式相对封闭,“各自为政”“利益固化”的学科壁垒仍然严重,各种学科资源被割裂呈碎片化,难以汇聚形成大平台、大项目、大成果。因此,在国家优质学科资源配置上处于比较边缘的位置,统筹各种资源集中干大事的空间、能力和水平受到很大限制。从服务经济社会发展看,面对新一轮科技革命和产业变革,省属高校高水平学科链与人才链、产业链的匹配度偏低,高水平学科团队和高质量科研成果偏少,对湖北“51020”支柱产业、优势产业和特色产业集群的支撑不够有力,服务国家区域经济社会发展的能力不足,对国家区域重大项目的参与度不够,话语权不足。这是目前湖北省属高校一流学科建设应该着重关注和着力突破的问题。

3. 建设价值导向存在偏离,学科结构不尽合理

一流学科的遴选条件、建设进程与评价成效必然要以一定的标准为参照。目前,ESI排名和教育部学科评估结果是遴选一流学科的重要参照条件。尽管这种可视化、可量化的方式在一定程度上改变了以往重点建设战略中因缺乏绩效参照而导致投资泛化、效益不彰和竞争缺失的问题,但也不可避免地产生了学科建设

工具理性和价值理性的偏离,容易诱导高校过于关注学科评估结果而忽视内涵建设,助长学科评估形式重于内容的不良风气,在一定程度上造成了高校之间非有序、非理性、非公平的盲目竞争。从湖北第二轮立项建设的学科情况看,人文社会类学科1个、理学1个、工学8个、医学1个,工学占到了72.7%。这种弱化人文社科类、理学等学科建设,强化同质化程度较高的工学学科建设,在一定程度上造成了学科生态不平衡的问题。

究其原因,很大程度上是因为ESI数据库的22个学科分类中,人文社会学科仅有社会科学总论、经济与商业2个。高校如果设置过多的人文与社会学科很难与ESI数据库中的人文社会学科进行配对,被认定为一流学科的可能性很低;同时,人文与社会学科、理学等学科的发展需要长期积淀,短期内难以达到很高水平。显然,这种功利主义色彩浓厚的学科建设思路,可能导致学科生态体系遭到破坏,有损于往往能够催生重大原始创新的"跨学科领域的发展"。部分高校甚至在教学质量、人才培养等难以"指标化"的领域渐行渐远,为了维持自身在排行榜中的现有位次,不得不更加重视"指标化"的权重,这种建设布局从长远看不利于一流学科建设。因为人文社会学科代表着一所大学乃至一个国家历史底蕴与精神高度,对培养学生批判性的思考能力至关重要。如若一所大学失去了人文社会学科,很难落实好立德树人这一根本任务,"双一流"建设中的"中国特色"就会慢慢褪色。

4. 学科规划缺乏持续性,学科特色有待强化

学科定位是学科建设的基础,主要包括学科类型、层次、功能、规模、结构和服务面向等内容,这是科学制定学科发展规划的前提。总体看,湖北省属高校在硬件设施、办学质量、建设经费、综合软实力和社会影响力等方面与东部发达地区省属高校相比,还存在较大差距。尤其是一些高校在制定本校学科建设规划时,往往忽视原有学科发展基础,盲目追求多学科综合发展,结合学校学科发展实际进行合理布局不够,造成了学科的严重同质化和办学资源的浪费。应该看到,每所高校在不同的历史发展过程中都会形成各自不同的优势特色学科,学科发展离不开历史传统积淀,但是也需要根据时代变化和经济社会发展需求进行升级改造。在立足新发展阶段、构建新发展格局、推进高质量发展的新形势下,社会需求的多元化日益突出,客观上要求高校对传统优势学科不断进行升级和创新。但是,一些高校对自身传统优势学科发展重视不够,没能及时进行改造升级,没有充分继承传统优势学科,导致自身学科优势和特色凝练发展不够。相反,为了扩大招生规模和提高经济效益,一些高校未考虑自身的办学基础和条件,往往跟风增设了许多热门新兴学科和专业。这些热门新兴学科和专业的设立,挤占了高校传统优势特色学科的师资、设备、资金等发展资源,而新设学科缺乏应有的基础和内涵,

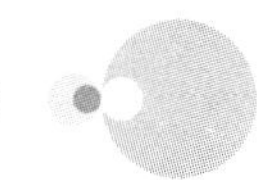

导致学校传统优势特色学科的实力严重削弱。

表 5-2-6　湖北部分省属高校不同时期特色优势学科发展比较

序号	高校名称	“十二五”时期			“十三五”时期	“十四五”时期
		优势学科	特色学科	培育学科	优势特色学科（群）	优势特色学科（群）
1	湖北大学	材料科学与工程、生物学	理论经济学、中国语言文学、中国史、哲学、数学、化学、电子科学与技术、马克思主义理论、教育学	工商管理、物理学、外国语言文学、新闻传播学、地理学	材料科学与技术、中国文化传承与发展	马克思主义理论与中国实践、文化遗产与文化产业、网络空间安全与新一代信息技术、生态安全与区域绿色发展
2	武汉科技大学	冶金工程、材料科学与工程	机械工程、控制科学与工程、化学工程与技术、矿业工程、安全科学与工程、管理科学与工程、公共管理、计算机科学与技术	马克思主义理论、数学、生物学、外国语言文学、公共卫生与预防医学	现代冶金及先进材料、绿色钢铁智能装备与系统	绿色煤炭化工与冶金资源环境、人工智能与智慧冶金、公共卫生与健康、大数据与省域治理
3	长江大学	地质资源与地质工程、作物学	石油与天然气工程、化学工程与技术、机械工程、农林经济管理、物理学、计算机科学与技术	植物保护、风景园林学、临床医学、水产、教育学	绿色农业、石油天然气	智能油气勘探、农产品绿色高效生产、绿色化工与清洁能源、油气智能装备
4	湖北中医药大学	中医学	中药学	护理学	中药发掘与产业发展、中医传承与创新	中医传承与创新、中药挖掘与产业发展、中西医结合、管理科学与工程（培育学科）
5	武汉体育学院	体育学	心理学	新闻传播学、音乐与舞蹈学	体育教育与健康促进	智能体育与产业发展、运动与脑科学、体育教育与健康促进、新闻传播学
6	三峡大学	水利工程、土木工程	电气工程、中国语言文学、基础医学、管理科学与工程、生态学	计算机科学与技术、机械工程、物理学、外国语言文学	电力与新能源、水科学与工程	大健康与医药、新材料、资源生态管理与区域可持续发展、绿色生物育种与生物制造

续表

序号	高校名称	“十二五”时期			“十三五”时期	“十四五”时期
		优势学科	特色学科	培育学科	优势特色学科(群)	优势特色学科(群)
7	武汉工程大学	化学工程与技术	材料科学与工程、动力工程及工程热物理、土木工程、管理科学与工程、控制科学与工程	法学、化学、环境科学与工程、外国语言文学	化工资源开发与利用、新材料与先进制造	新材料与先进制造、模式识别与智能控制、污染防治与生态修复、工业安全科学与技术
8	湖北工业大学	轻工技术与工程	仪器科学与技术、土木工程、食品科学与工程、设计学	材料科学与工程、应用经济学、机械工程、电气工程	装备制造与检测控制、生物与化学制造	绿色建筑与城市生态环境、新能源与智能电网、智能制造技术与装备、生物与化学制造
9	武汉纺织大学	纺织科学与工程	环境科学与工程、材料科学与工程、机械工程、设计学	管理科学与工程、化学、计算机科学与技术	时尚创意文化、现代纺织技术	先进制造与纺织装备、创意设计与精美制造、大数据与智慧管理
10	武汉轻工大学(武汉工业学院)	食品科学与工程	畜牧学、机械工程、化学工程与技术	生物学、马克思主义理论、土木工程	生物农业、食品科学与安全	生物农业、天然产物与功能食品、粮油智能制造
11	江汉大学		化学工程与技术、基础医学、管理科学与工程	控制科学与工程、生物学	城市圈经济与产业集成管理、光电化学材料与器件	智能爆破与城市环保、老年医学与现代康养、城市治理与文化传承

5. 学科文化建设不足,学科发展生态有待优化

学科文化是一流学科建设的内核,离开文化的学科,很难成为真正高水平的学科。目前,湖北省属高校在学科文化建设中在三个方面有待改善:一是认识不到位。大多数高校在进行学科建设时,更多地将基础设施的建设、资金投入以及人才引进作为提升学科竞争力的关键要素,较多考量的是外在的评价标准,关注“硬指标”的建设,往往忽视学科精神内核的发展、良性学科文化生态环境的营造。

一些高校领导认为,学科文化建设无法用量化的指标进行评测,是可有可无的,在学科建设中易于评测的指标才是建设的重点,忽视学科文化建设带来的重要影响。二是学科文化建设主体存在局限。学科文化建设是一个系统工程,需要多主体参与,共同完成育人过程。学科文化的主体成员包括学生、教师、管理人员,缺少任何一方的参与,都很难发挥学科文化的功能,而大多数高校简单的将学科文化的主体定位在学生,忽视了教师、管理人员的重要作用。一些高校热衷于开展各种形式的讲座,重视的是学生听取讲座的数量,忽视学生是否从中有所收获。三是高校对学科声誉的重视程度有待提高。目前,学科评估往往关注于师资队伍、科研成果、基础设施等指标,虽然自第四轮学科评估起增加了学科声誉这一指标,但由于此项指标不易量化,实际的评估往往流于形式,高校对于此指标的重视程度并未得到改善。

6. 人才引进及培育不力,高层次人才偏少

高层次人才队伍是一流学科建设的基础,是衡量学科建设水平的重要指标之一。在一流学科建设中,要想取得建设成效,需要引进具有创造能力、研究能力的高层次人才,通过组建高水平学科团队来提升学科建设水平。近年来,尽管湖北出台了一系列人才政策,但受区域经济水平、地域限制、科研环境等因素的影响,湖北省的人才政策吸引力不够强,优势不明显,面临着高层次人才引进难、留不住的局面,日益加剧的人才流失现象已成为制约湖北省经济持续发展的关键问题。省属高校院士、长江学者等高层次人才引进较少,自身培养也很乏力,高层次人才团队比较稀缺。特别是武汉市外的高校还面临着比较严重的人才流失问题。随着国家第二轮“双一流”建设的深入推进,各省市高校都加大了高层次人才的引进力度,高校之间的人才竞争越来越激烈,高校高薪抢挖人才的现象更加突出,这在一定程度上加速了人才流动,增加了地方高校对人才流失的担忧。如何摆脱人才流失及人才引进困境,是目前湖北省一流学科建设亟待解决的一大问题。

7. 区域经济实力存在差距,经费投入仍显不足

长期以来,我国优质高等教育资源的分布本来就呈现为一种非均衡的状态,主要集中在北京、上海以及东部发达省区,目前这种非均衡状态正呈加剧之势。尽管“双一流”建设遴选坚持“动态调整”原则,坚持以学科为基础,看似比以往的重点建设战略具有让其他地区的高校拥有更多的入围机会,能够在一定程度上改变我国优质高等教育资源集中在经济发达地区的现状。但事实上,经济发达地区的高校在入围“双一流”建设中颇具“先天优势”。从学校层面看,首轮“双一流”新增的25所“双非”院校中,所在地区居前3位的依次是北京、上海和江苏;从学科层面看,首轮“双一流”新增的31个学科中,北京和上海入选的数量比其他地区至少高出2倍。从学科发展对地方经济社会发展的影响看,一旦经济发达地区有了更多“双一流”建设高校的“加持”,就会给当地带来更多的溢出效益,加之地方财政的比较优势,进而会增强驻地高校进入下一轮“双一流”建设的可能性。

实际上,我国地区间经济发展不均衡的问题根深蒂固,加之地方财政不仅要支持地方高校,还要支持驻地部属高校,这更加助推了第二轮“双一流”建设高校进一步向经济发达地区聚集。从学校层面看,第二轮“双一流”新增的 7 所院校,所在地区居前 3 位的分别是广东、上海和江苏,占新增学校总数的 71.4 %;从学科层面看,第二轮“双一流”新增 9 个地方高校的学科,来自广东、江苏和上海的占据了半壁江山;新增 34 个来自部属高校的学科,位于上海、北京、天津等经济发达地区的占总数的近 60%,而除山西、湖南、重庆等之外的广大经济欠发达地区没有一流学科的新增,两轮“双一流”建设高校均呈现明显的“东扩”现象。经济发达地区的地方高校将成为今后冲击“双一流”建设的主力“后备军”。

经费投入对高校发展和学科建设起到至关重要的作用。对比省属、部属高校一流学科建设财政经费情况可以发现,省属高校在高校数量和招生数量上远远高于部属高校,承担着高等教育普及化的主要任务,但对于资金的投入远远低于部属高校。从区域比较看,与东部发达地区高校相比,与一流学科建设的经费需求相比,湖北省属高校经费投入存在明显差距,会进一步导致省属高校在科学研究、人才引进、获得资源方面竞争力不足,拉大省属高校与部属高校学科建设之间的差距以及与东部发达地区地方高校、学科建设方面的差距,进而导致省属高校学科建设发展进展不够快,无法达到预期的建设成效。当前,如何权衡资金的分配已成为湖北省属高校一流学科建设的关键。

四、深化湖北省属高校一流学科建设的策略建议

没有一流的学科就不可能建成一流的大学。一流学科已成为当前省域高水平大学建设的核心指标和区域高等教育建设的着力点。针对湖北省属高校一流学科建设存在的困境、短板和薄弱环节,要切实落实“一流理念、一流规划、一流人才、一流平台、一流成果、一流机制”的发展理念,压实各方责任,实施攻坚突破行动,努力使省属高校在体现学科核心竞争力的标志性成果方面取得突破性进展。

1. 科学制定学科规划,明确一流学科发展定位

学校的整体定位和发展战略目标决定了学科建设的水平、层次和目标定位。只有清楚地知道了自己是谁、在哪里、往哪去,学科规划和布局才有意义。因此,围绕学校总体目标制定具有前瞻性、系统性和可行性的学科战略规划,引导学校学科建设实现可持续性和连贯性发展,显得尤为重要。首先,湖北省属高校应对自身的办学层次、办学目标和办学使命有清晰的定位。俗话说:选择不做什么比选择做什么更有价值。打破均衡发展的传统思路,坚持有所为、有所不为,有先

为、有后为，采取错位竞争，选择在自己的强势学科领域追求一流、追求卓越，是“双一流”建设视野下省属高校一流学科建设的战略选择。其次，要找准自身特色，多在特色学科上做文章。突出优势、彰显特色，实现人无我有，力争人有我特，以区域特色学科发展带动高校整体协调发展。再次，要准确把握湖北区域经济社会发展趋势和产业发展布局，围绕解决关键核心技术“卡脖子”问题、服务三大都市圈和“51020”现代产业体系建设，加强高校一流学科建设布局，使学科结构更加协调、动态调整机制更加完善、人才自主培养质量进一步提高，不断增强适应性和竞争力，既能充分体现传统优势，又能带动学校整体实力的提升。

2. 对接国家建设标准，着力打造优势学科群

学科建设是集体舞，单靠某个学科难以支撑，必须以扎实的学科群为基础。应坚持以实现一流学科建设突破为目标，优先重点建设个别优势学科；同时，以助推一流学科突破为指向，集中资源打造若干优势学科群，应成为湖北省属高校打造学科高峰的优先发展思路。当前，湖北省属高校在学科建设上最大的不足就是“长板”不够长，因此必须在构建良好学科生态体系的基础上，更加强调“锻长板”，使“长板”更长、更强。应以省一流学科建设重点（培育）学科为主体，以省优势特色学科群为支撑，采取“立项建设制”的方式，遴选一批交叉学科方向团队，着力打破传统学科之间的壁垒，建立以关键核心技术和“卡脖子”难题攻关为中心的学科交叉会聚引导机制，完善与学科交叉相适应的学科平台高效联动机制、灵活多样的用人机制、交叉学科人才培养机制，实质性推进学科深度交叉融合与学术创新，建成一批具有鲜明产业特色、与湖北现代产业体系相匹配的高水平交叉学科（研究方向），逐步形成基础学科与应用学科、工科与文科、传统特色学科与新兴交叉学科、学术学位与专业学位协调发展的学科布局，夯实具有显著优势和鲜明特色的学科。在此基础上，坚持不懈构筑高原、打造高峰、冲击一流，推动学校办出优势，形成核心竞争力，促进学科整体实力提升。

3. 坚持特色发展路径，大力提升学科特色水平

近年来，一些省份地方高校之所以能够在“双一流”建设上实现跃升，靠的就是特色发展。但总体看，湖北省属高校在学科特色化的发展道路上，以单科见长的高校走得相对比较坚决，而以综合性见长的高校则走得比较艰难，因为坚持特色就意味着取舍，由于缺少处于绝对优势的主导学科，“坚持谁、放弃谁”成为两难选择。推动学科特色发展是省属高校一流学科建设的重要方向。一方面，省财政应该实施弹性的学科建设经费投入政策，鼓励和支持省属高校结合湖北及自身的资源优势，大力发展特色学科，避免恶性竞争。另一方面，省属高校也需要理性思考一流学科特色与质量的关系，结合湖北特色资源优势，进一步凝练学科方向和学科特色，加大培育和建设特色学科力度，加强对省域内特有自然环境资源的挖

掘和利用、社会文化特色资源的开发和研究,以及经济技术特色资源的利用,打造与区域发展战略和地方重点发展产业相契合的特色学科。除此之外,还要优化资金投入结构,向特色学科倾斜,让学科特色更特、更亮、更有影响。

4. 坚持引育并举原则,汇聚一流学科人才

一流人才是打造一流学科的关键。政府部门要增强学科人才意识,主动谋划高校学科人才建设,完善人才政策,加大人才建设力度。省属高校应坚持开放办学思维,根据学科团队梯度的需要,统筹“引”“育”“留”各环节,打造一支由学科带头人、学科骨干、学科助理、事务助手和技术顾问等在内的结构合理的一流学科人才梯队。

一是引进高层次学科人才。相较于东部发达地区高校而言,湖北省属高校经济基础相对薄弱、资源条件缺乏优势,对高层次人才吸引力不足。因此,在引进策略上,应坚持“不求所有、但求所用,不求所在、但求所为”的共享人才观,建好人才资源数据库,采取柔性引才举措吸引高层次人才加入;在引进对象上,注重引进优秀的学科带头人,既要充分挖掘省域内人才资源,也要积极引进国内人才和国际人才,特别是急需的高层次人才和科技拔尖人才;在人才选拔上,适当引入竞争机制,根据学科团队建设需求,坚持公开公正,综合考察科研成果、知识水平、学科发展能力、道德素养、人格特质等多个因素。

二是加强学科人才梯队培养。省属高校要做好学科人才培养规划。通过对学科人才及其培养的规划,了解其优势与潜能,优化支持政策,让学科人才得到充分开发和利用。一方面,要加强学科带头人的培养,建立健全学科带头人培养、选拔和考评体系,制定严格规范的培养、选拔和考核标准,坚持公平公正、引培并举、动态调整。另一方面,要加强学科人才梯队建设,优化学科人才梯队结构,提高学科人才队伍的整体学识和能力水平,特别要加强对青年人才的培养,提高他们的科研水平,让青年人才快速成长为学科人才队伍中的主力军,打造一批热爱科研事业、富有钻研精神、特别能奉献的学科建设团队。

三是营造良好的学科人才环境。省属高校要坚持因地制宜、因校制宜,突出政策聚才和环境聚才,对人才形成持久的吸引力。在环境营造上,要加强科研设施建设,不断完善科研条件,为学科人才搭建优质的科研服务平台,配套先进的硬件设备,鼓励和支持学科人才参加各种学术会议与活动,为学科人才提供发展空间。在评价激励上,要制订和完善科学、合理、人性化的评价和奖励制度,进一步优化职称评审和提拔晋升政策,以正面激励为主,重奖业绩突出的学科人才,激发学科人才干事创业的积极性和内在潜能,形成先进带后进、共同发展的工作氛围。在政策保障上,政府部门要完善并落实吸引人才的具体措施,畅通人才引进的绿色通道,简化聘用手续,并在薪资、编制、住房、配偶工作、子女就学等方面提供实际支持,引导高校采用灵活和良性竞争的方式吸引高层次人才到高校工作。

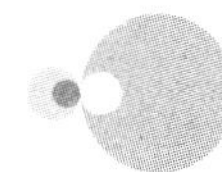

5. 强化内外协同发力，提升一流学科服务发展能力

当前的学科建设，必须立足外部需求，跳出自我发展、自我循环、封闭保守的传统理念，面向国民经济建设和社会发展主战场，着力解决行业产业领域亟待突破的关键技术和关键问题，或者直接嵌入国家战略、地方重大支柱产业或重大项目工程中，实现与国家和区域发展的同频同向。

一是把服务重大战略作为学科建设的重要任务。未来一段时期，湖北省属高校应紧密对接国家重大战略需求、湖北建设全国构建新发展格局先行区的战略目标以及“51020”现代产业体系布局，推动“学科链”有效对接“需求链”“产业链”。一方面，加强传统优势学科的改造升级，为国家重大战略和省域传统产业转型升级提供技术支持；另一方面，主动接轨国家和省域新兴产业发展，大力发展新兴优势学科，走出一条省属高校与区域发展同频共振的新路子。

二是把科研创新作为学科建设的重要支撑。省属高校应以国家和区域战略需求为导向，把加强区域创新体系建设和加快突破关键核心技术作为重要目标，依托省域特色资源创设一批研究基地和平台，紧盯光电子信息、新能源与智能网联汽车、生命健康、高端装备、北斗等五大优势产业和人工智能、量子信息等未来产业，深化校地协同、科教融汇、产教融合、校企合作，加大科研创新力度，重点围绕超高层闪存芯片、高端医学成像设备等 32 项关键核心技术，着力解决经济社会发展的“卡脖子”关键技术难题。

三是把协同攻关作为学科建设的重要途径。精准对接湖北区域经济发展、科技进步和产业更新的需求，密切联系科研机构和企业单位，联合建立创新平台、重点实验室和研究中心，深化产学研一体化，进行技术合作攻关，不断产出创新科研成果，并及时将成果应用于区域经济发展。尤其要围绕集成电路、新型显示器件、下一代信息网络、生物医药等国家战略性新兴产业集群建设，加快生物产业从培育到壮大，提升航空航天与北斗、新材料、高端装备、绿色环保、数字创意等新兴产业发展能级，实现一流学科建设与湖北经济社会高质量发展的良性互动。

6. 创造良好学科环境，优化学科发展生态

一流学科建设是一项庞大而复杂的系统工程，尤其需要处理好学科高峰、学科高原和学科生态的关系，推动形成以一流学科建设为主线，构建优势学科、支撑学科和辅助学科互为欣赏、互为支撑、共同繁荣、全面提升的学科生态体系。

一是营造良好学术氛围。一流学科文化是孕育一流学科的重要土壤，良好的学术氛围是学科文化的基础要素。要注重培养学科团队成员之间的学术诚信意识，反对学术不端，抵制学术造假。要注重培养学科团队成员的学术包容意识，在进行学术交流时，面对与自己相左的观点，要尊重对方不同立场的观点。还要注重协调好行政权力与学术权力之间的关系，减小行政权力对学术权力的干预，为学科人才营造宽松、自由的学术氛围。

二是加强学科声誉培育。学科声誉不仅反映了某一学科在国内学科中的发展水平,也反映出该学科在国际上的影响力,已成为高校学科实力的象征。国际上的许多大学评价组织都将学科声誉纳入评价体系当中,我国开展的学科评估也将学科声誉作为一级指标纳入评价体系。因此,湖北省属高校要转变学科建设思路,不仅关注学科内的基础设施建设和科研水平建设,也要加强学术共同体的建设,积极构建基于学术共同体的学科文化,培育与积累学科声誉,提升学科软实力。

三是改革学校学科评价。学科评价"这只看不见的手"具有很强的"指挥棒"作用。国家第二轮"双一流"新增学科认定过程中特别强调,新增建设学科必须切合急需,学科方向需要与国家战略急需领域有较为精准的匹配度。从建设实践看,一流学科建设需要大项目和大成果的支撑,因此,需要探索建立利于大项目和大成果产生的考核评价体系。省级政府和部门层面,一流学科建设绩效考核可尝试实行"突破性贡献指标清单"管理,对有突出表现或取得重大影响的突出成果、突出贡献的建设高校,经认定符合清单内容的相应指标免予考核。省属高校层面,应以全国学科评估和"双一流"建设成效评价办法为参照,结合自身办学定位,完善自我学科评价机制,确保一流学科建设成效。

7. 完善学科治理体系,夯实学科建设基础保障

一流学科建设与区域经济、社会、资源及文化等环境紧密联结,不仅涉及高校、政府、社会等多元主体,还涉及学科生态结构、学科设置结构、人才培养结构等内外部系统,既要构建政府、高校、社会三者的新型关系,又要处理好院系谋划与学校顶层设计的关系,不断创新学科治理。

一是提高学科治理能力。省属高校应积极对接地方经济社会发展,优化一流学科建设与高等教育发展模式。政府有关部门应在政策、资金等方面对一流学科建设予以倾斜支持,创建一流学科研究中心和实验室,促进一流文化创新成果不断产出。同时,还要深入实施国际化发展战略,鼓励和支持省属高校与国外高水平大学、科研机构进行双向、深度、有效的国际交流与合作,实现借梯登高,助力打造一流学科。

二是拓宽资金投入渠道。无论是建设一流学科,还是一流大学,一定规模的资金投入无疑是必要条件。资金不足是制约省属高校学科建设发展的重要因素之一。湖北省要想实现一流学科建设突破,一方面,需要克服经费投入依赖症和项目投入碎片化;另一方面,大力拓宽筹资渠道,吸引企业和社会资本支持,建立起以政府投入经费为主、多种灵活资金投入方式相结合的学科建设经费途径,为一流学科建设提供更加充足的资金保障。省财政要优化专项资金分配机制,根据学科建设绩效情况,建立动态分配及激励机制。同时,鼓励高校与企业合作共建,

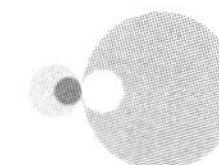

构建实质性的产学研联盟，深化产学研融合，通过发挥现有科研成果优势、扩大科研服务创收、推进科研成果转让等方式获得收益，为学科建设提供资金支持，促进学科建设与产业发展紧密对接。另外，还要进一步完善相关政策，既鼓励社会资本支持高校学科建设，又鼓励高校积极争取社会捐赠，增加学科建设投入。

总之，推动省属高校一流学科攻坚突破是湖北省委、省政府贯彻落实党的二十大精神的重要工作安排，是湖北建设全国构建新发展格局先行区、建设高教强省的重要任务。实现一流学科突破需要多方聚力攻坚、协同发力。政府部门要打好政策组合拳，在强化人才发展、平台建设、有组织科研、经费投入等方面支持力度。省属高校要对标新一轮国家一流学科建设标准，紧密对接湖北区域发展战略和现代产业体系布局，聚焦高质量人才自主培养、高层次人才引进培育、高水平科研平台建设、标志性科技成果产出，找目标、找差距、找路径、找状态，把发展基础和潜在优势加速转化为一流学科的实际存在。

参考文献：

[1] 李海生.新版学科专业目录：新在何处，如何落实[N].光明日报，2022-09-27(15).

[2] 姜涛，曲铁华.我国大学学科建设的历史递嬗、演进逻辑与深化策略[J].现代教育管理，2021(04)：7-15.

[3] 贺祖斌，陈洋.地方高校一流学科建设及其路径优化[J].大学与学科，2022，3(02)：90-103.

[4] 方琳，田佩雯.11 所高校入围，建立“赛马”式动态调整机制——湖北加快推进省属高校一流学科建设政策解读[N].湖北日报，2022-12-31.

[5] 程开华.地方高水平大学学科建设：时代机遇与推进策略[J].教育学术月刊，2022(11)：25-30.

[6] 王颖丽，张渊.“双一流”背景下地方高校学科建设的突围之路[J].中国成人教育，2022(20)：17-20.

[7] 解清.湖北多措并举 加快推进省属高校一流学科建设[EB/OL].(2023-04-20)[2023-05-10].https://news.hbtv.com.cn/p/2404572.html.

（本节执笔人：任会兵）

第三节　提高高校服务经济社会发展水平

高校主动服务经济社会发展大局,既是贯彻党的教育方针的必然要求,也是中国特色高等教育发展的必由之路,更是时代赋予高校的历史使命。近年来,湖北通过政策供给创新、资源配置创新和教育实践创新,推动高校全方位全过程深度融入省流域综合治理和统筹发展等重大发展战略,对接服务湖北现代产业体系建设,加快拔尖创新人才培养,提升服务区域经济社会发展的匹配度和贡献力,为高等教育强省建设提供了战略支撑。

一、高校服务经济社会发展的相关政策及演进特点

根据不同时期高等教育政策的发展变化和阶段性特点以及国家重大高等教育政策颁布时间,可将新中国成立以来我国高校服务经济社会发展政策变迁划分为四个阶段。

1. 初步探索阶段(1949—1976 年)

新中国成立初期,高等教育的管理体制带有强烈的计划性,高校服务经济社会发展处于初步探索阶段。一是从 1949 年至 1957 年,中国高等教育的创建期,形成了与计划经济体制社会需求相适应的办学模式。少数以文理科为主的综合性大学保留,按照行业对口建立了许多单专业学院,其中大部分为工科院校;各部委按照本部门行业发展需要,建设为本行业发展培养专业人才的高等学校。这种规划模式由于专业对口、效率高,适应了当时的政治体制和经济体制,某种程度上满足了大规模建设社会主义的人才供给,但后期无法满足地方对高等教育的需求,出现了高校与地方经济发展脱轨的现象。二是从 1958 年至 1965 年,属地化管理模式形成。1963 年,中共中央、国务院颁发《关于加强高等学校统一领导、分级管理的决定(试行草案)》,明确了中央与地方两级管理制度,部分高校由中央统一管理下放到属地管理。这种管理模式虽然从客观上增强了高校为地方和部门服务的能力,但对学校管理过严的状况延续了下来,学校主动服务经济社会的能力并未得到有效提升。三是从 1966 年到 1976 年,陷于停滞时期。教育部所属的高等学校全部交由地方管理,中央各业务部门的直属高校也全部交由地方管理。到 1971 年底,全国高校削减至 328 所,在校学生只剩 8.3 万人,且基本不能开展正常的教学活动。高等教育原有的法规和管理制度均被废止,高校自身的发展陷于停滞,社会服务功能遭到破坏。

这一阶段,在计划经济体制下,高校主要是为社会主义建设培养所需要的各

类专门人才，旨在重塑我国的高等教育体系。但由于多种历史原因，高校主动服务经济社会发展的能力并未得到有效提升，后期甚至遭到破坏。总体上讲，这一时期高等教育服务经济社会发展处于初步探索阶段。

2. 达成共识阶段(1977—1991 年)

十一届三中全会后，党和国家的工作重心转移至社会主义现代化建设，教育工作的重心也随之转移，高校服务经济社会发展的职能也被正式提出。这一时期，国家相继召开了全国科学大会、全国教育工作会议、年度高等学校招生工作会议等专项会议，陆续出台了《全国重点高等学校暂行工作条例》(1978 年)、《关于教育体制改革的决定》(1985 年)、《关于普通高等学校机构设置的试行意见》(1988 年)、《普通高等学校教育评估暂行规定》(1991 年)等政策文件，高等教育走向全面重建之路。一是从 1977 年至 1984 年，社会经济体制进入了由计划经济向市场经济过渡时期。教育领域经历了由“乱”到“治”，一定程度上恢复了高等教育的社会服务功能，并且取得了长足的发展。通过对高校专业和招生的调整，人文学科、社会学科和信息学科的招生人数大幅度增加，培养了一大批社会发展急需的人才；高校开始主动参与国家科技课题和社会经济发展研究，一批对科技发展和社会发展影响巨大的研究成果得到了应用推广；高校开始发展校办产业，将技术和人力优势直接用于社会服务。据统计，1981 年全国 704 所高校中约有 510 所办有工厂(独立车间)1450 个，年产值达 28271 万元；1984 年高校校办工厂总产值接近 4 亿元，实现纯收入近 1 亿元。但这一时期，高校直接为社会提供服务的认识还不明确，无论在服务内容和方式上都没有太大的变化，高校社会服务功能仍处于探索期。二是从 1985 年至 1991 年，正式达成共识。1985 年《中共中央关于教育体制改革的决定》的颁布标志着我国高等教育体制改革进入了新阶段，第一次全国教育工作会议明确指出，扩大高等学校办学自主权；1986 年国务院颁布《高等教育管理职责暂行规定》提出“扩大高等学校管理权限，增强高等学校适应经济和社会发展的能力”，高等教育的社会服务功能初步达成共识；1988 年第三次全国高教会议后，高校服务经济社会发展作为一种基本职能得以确认。这一时期，高校自主性进一步增强，并根据区域经济和社会建设需要主动调整专业设置，大力发展产学研一体化和校办产业，高校科技服务在数量和质量上均有了较大提高，形式上也有了突破，直接服务社会的能力和动力也得到了大幅度提升。

这一阶段，市场经济的发展使得高等教育发展与社会发展形成了良性互动。高校自主权的扩大加强了高校同社会生产的直接联系，科技体制改革与高等教育体制改革形成了联动，高校教科研综合能力得到进一步提升，高校服务经济社会发展的职能也被正式提出并达成共识，高校社会服务形式呈现逐渐拓展的趋势，直接服务社会的能力和动力有了非常显著的提升。

3. 正式确立阶段(1992—2009年)

1992年邓小平南方谈话和党的十四大召开，将中国的改革开放和现代化建设推入一个新的历史阶段，高等教育体制和结构迎来重大调整，高校社会服务职能在政策法律层面上得以正式确立。这一时期国家相继出台了《关于加快改革和积极发展普通高等教育的意见》(1993年)、《中国教育改革和发展纲要》(1993年)、《关于加强高等学校为经济社会发展服务的意见》(1996年)、《面向21世纪教育振兴行动计划》(1998年)、《关于做好普通高等学校本科学科专业结构调整工作的若干意见》(2001年)、《2003－2007年教育振兴行动计划》(2004年)、《2004－2010年西部地区教育事业发展规划》(2004年)、《关于加快研究型大学建设，增强高等学校自主创新能力的若干意见》(2007年)、《关于深化高等教育体制改革的若干意见》(2008年)等文件，使高等教育社会服务职能在政策法律层面上得以正式确立，高等教育层次结构更加分明、类型结构更加明确，基本形成了高等教育与市场机制相称的发展格局，高校社会服务能力通过扩大招生规模得到增强。科技发展方面取得了巨大成绩，1999年教育部和科技部联合开展国家大学科技园的试点工作，推进高校科技成果和人才优势向市场转化；仅“十五”期间，高等教育累计争取科研经费1300多亿元，年均递增18.5%，承担各类课题61.9万余项。高校兴办企业的规模持续扩大的同时发展质量也得到提升，2004年全国高校校办产业收入总额达到969.30亿元，其中科技型企业收入总额为806.78亿元，占全国高校校办产业收入总额的82.23%，校办产业对社会的回报总额为78.19亿元。

这一阶段，高等教育社会服务职能在政策法律层面得以确立。国家通过政策和规模调整，鼓励发展民办高等教育、支持中外合资办学、支持建设重点大学和重点学科，使得高校与市场需求结合得更加紧密，服务经济社会发展的广度和深度都大为提高。

4. 深化落实阶段(2010年以来)

伴随我国经济的高速发展以及产业结构的优化转型升级，国家对人才素质提出了新要求，要求全面深化落实高校服务经济社会发展职能。2010年《国家中长期教育改革和发展规划纲要(2010—2020年)》提出：“高校要牢固树立主动为社会服务的意识，全方位开展服务。”2012年《教育部关于全面提高高等教育质量若干意见》强调：“高校要主动服务经济发展方式转变和产业转型升级，加快高校科技成果转化和产业化，瞄准经济社会发展重大理论和现实问题开展研究。”2015年《关于引导部分地方普通本科高校向应用型转变的指导意见》提出：“推动转型发展高校把办学思路真正转到服务地方经济社会发展上来。”2018年习近平总书记在全国教育大会上指出，“要坚持把服务中华民族伟大复兴作为

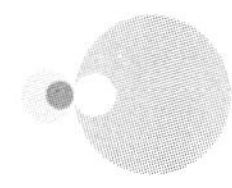

教育的重要使命，进一步提升教育服务经济社会发展能力”，为高等教育主动融入经济社会发展大局明确了方向和要求；2022 年党的二十大报告提出“教育、科技、人才是全面建设社会主义现代化国家的基础性、战略性支撑”，要全面深化落实高校服务经济社会发展的职能；2023 年《普通高等教育学科专业设置调整优化改革方案》提出：“以服务经济社会高质量发展为导向，建好建强国家战略和区域发展急需的学科专业。”期间，国家深入推进“双一流”建设，全面深化“四新”建设，开设“交叉学科”，全面加强基础学科拔尖人才培养，全面深化创新创业教育改革等，全面加强创新人才培养；深入推进高职院校“双高”建设，先后启动实施了国家示范性高职院校、国家骨干高职院校、优质高职院校和骨干专业、中国特色高水平高职学校和专业等重大建设项目；先后实施了高等学校“创新能力提升计划”“关键领域自主创新行动”“基础研究珠峰计划”等一批重大战略行动和乡村振兴、一带一路、人工智能、碳中和、区块链等一系列科技创新专项行动计划；组织高校建设了一批国家重点实验室、国家工程（技术）研究中心，主动布局建设前沿科学中心、集成攻关大平台，成建制、体系化建设了 688 个教育部重点实验室和 448 个教育部工程研究中心，形成了层次清晰、结构合理、支撑有力的高校科技创新体系，高校科技创新服务能力稳步提升，为国家重大战略实施和经济社会发展提供了强有力的支撑。

案例5-3-1

高校服务国家战略和区域发展的能力显著增强

党的十八大以来，高等教育主动将自身发展“小逻辑”服务服从国家经济社会发展“大逻辑”，日益成为支撑、引领经济社会发展的关键力量。一是源源不断为社会培养和输送人才。十年累计培养了高素质专业人才 7700 多万人，持续为国家重大战略实施和经济社会发展提供强大智力支撑。二是形成了布局清晰、层次合理的高校科技创新体系，取得了一批标志性的重大科技成果，获得了 60％以上的国家科技三大奖励，承担了全国 60％以上的基础研究、80％以上的国家自然科学基金项目，为高铁、核电、生物育种、疫苗研发、国防军工等重点领域提供了关键技术。参与研制了超级计算机、北斗卫星导航系统、神舟系列等国家利器，服务国家重大战略能力持续增强。三是推动高校哲学社会科学繁荣发展。高校牵头建设了 38％的国家高端智库，承担了 90％以上的国家社会科学基金项目。四是成为脱贫攻坚和乡村振兴的重要生力军。各校累计投入和引进帮扶资金 44.4 亿元，帮助引进企业 663 个，引入企业实际投资额 151.6 亿元。

——来源：教育部网站 2022-07-19

这一阶段,高等教育事业发展始终在国家、区域和专项规划蓝图指引下推进,同党和国家事业发展要求相适应、同人民群众期待相契合、同我国综合国力和国际地位相匹配,更加注重内涵建设和质量特色,高校服务经济社会发展的目标更加清晰、联系更加紧密,在提高人才供给水平、提升高校创新服务能力、提升服务区域发展战略支撑力、提升文化传承创新水平和提升教育对外开放水平等方面不断深化落实高等教育社会服务职能。

表5-3-1 2010年以来国家关于高等教育服务经济社会发展的相关政策

序号	政策文件	主要内容
1	2010年7月29日,中共中央、国务院印发《国家中长期教育改革和发展规划纲要(2010—2020年)》	全面提高高等教育质量、提高人才培养质量、提升科学研究水平、增强社会服务能力和优化结构办出特色,以适应国家和区域经济社会发展需要。充分发挥高校在国家创新体系中的重要作用,增强社会服务能力,全方位开展服务
2	2010年10月24日,国务院办公厅《关于开展国家教育体制改革试点的通知》(国办发〔2010〕48号)	适应国家和地区经济社会发展需要,改革高等学校办学模式和开展高等教育综合改革试点。推进高校与地方、行业、企业合作共建,促进行业高等学校特色发展,培养高水平专门人才,探索高水平中外合作办学模式,培养国家紧缺的国际化创新人才
3	2014年6月23日,教育部等六部门关于印发《现代职业教育体系建设规划(2014—2020年)》的通知(教发〔2014〕6号)	加快高等职业学校改革步伐,加紧满足社会建设和社会管理人才需求。支持定位于服务行业和地方经济社会发展的本科高等学校实行综合改革,向应用技术类型高校转型发展
4	2015年5月4日,国务院办公厅《关于深化高等学校创新创业教育改革的实施意见》(国办发〔2015〕36号)	全面深化高校创新创业教育改革,加快培养规模宏大、富有创新精神、勇于投身实践的创新创业人才队伍,不断提高高等教育对稳增长促改革调结构惠民生的贡献度
5	2015年10月19日,教育部关于印发《高等职业教育创新发展行动计划(2015—2018年)的通知》(教职成〔2015〕9号)	通过三年建设,高等职业教育整体实力显著增强,人才培养的结构更加合理、质量持续提高,服务中国制造2025的能力和服务经济社会发展的水平显著提升,促使高等教育结构优化成效更加明显,推动现代职业教育体系日臻完善
6	2015年10月23日,教育部、国家发展改革委、财政部《关于引导部分地方普通本科高校向应用型转变的指导意见》(教发〔2015〕7号)	高等教育要主动适应我国经济发展新常态,主动融入产业转型升级和创新驱动发展,坚持试点引领、示范推动,转变发展理念,增强改革动力,强化评价引导,推动转型发展高校把办学思路真正转到服务地方经济社会发展上来,全面提高学校服务区域经济社会发展的能力

续表

序号	政策文件	主要内容
7	2016年10月20日，教育部办公厅关于印发《促进高等学校科技成果转移转化行动计划》的通知（教技厅函〔2016〕115号）	围绕科技成果转移转化难点问题和薄弱环节，加强高校顶层设计与校内协同，建立适合高校特点的科技成果转移转化体制机制，培养一批复合型科技成果转移转化专业人才，建设一批专业化服务机构，提高科研质量和科技成果转移转化效益
8	2016年11月24日，教育部关于印发《高等学校"十三五"科学和技术发展规划》的通知（教技〔2016〕5号）	提出坚持支撑发展，服务国家战略需求；坚持引领创新，抢占原始创新战略制高点；坚持科教融合，支撑高质量高等教育；坚持开放协同，构建科研组织新机制；坚持追求卓越，营造崇尚创新的文化氛围等举措，全面提升高校创新能力
9	2016年12月27日，教育部等六部门关于印发《教育脱贫攻坚"十三五"规划》的通知（教发〔2016〕18号）	加快发展，服务全局，积极推进教育参与产业发展、公共服务，拓宽服务的深度和广度，拓展教育服务区域脱贫攻坚的空间和能力
10	2017年1月25日，教育部、财政部、国家发展改革委关于印发《统筹推进世界一流大学和一流学科建设实施办法（暂行）》的通知（教研〔2017〕2号）	坚持扶优扶需扶特扶新，推动"双一流"建设，全面提升我国高等教育在人才培养、科学研究、社会服务、文化传承创新和国际交流合作中的综合实力
11	2017年12月19日，国务院办公厅《关于深化产教融合的若干意见》（国办发〔2017〕95号）	通过发挥企业重要主体作用，促进人才培养供给侧和产业需求侧结构要素全方位融合，培养大批高素质创新人才和技术技能人才等措施，推动学科专业建设与产业转型升级相适应
12	2017年12月27日，教育部办公厅《关于进一步推动高校落实科技成果转化政策相关事项的通知》（教技厅函〔2017〕139号）	落实相关激励政策，进一步简政放权，优化科技成果转化流程，激发科技人员创新活力，健全技术转移体系，强化责任落实
13	2018年7月19日，教育部关于印发《高等学校基础研究珠峰计划》的通知（教技〔2018〕9号）	组建世界一流创新大团队，建设世界领先科研大平台，培育抢占制高点科技大项目，持续产出引领性原创大成果，为关键领域自主创新提供源头供给，成为加快"双一流"建设和实现高等教育内涵式发展的战略支柱，推动高等学校成为教育强国和科技强国建设的战略支撑力量

续表

序号	政策文件	主要内容
14	2018年11月12日,教育部关于印发《高校科技创新服务"一带一路"倡议行动计划》的通知(教技〔2018〕12号)	深入推进"一带一路"教育和科技创新合作,谋求共同利益、造福共同命运、勇担共同责任、促进共同繁荣,打造发展理念相通、要素流动畅通、科技设施联通、创新链条融通、人员交流顺通的高校创新共同体,实现资源共享、人才共育、学术共生、文化共鸣,为"一带一路"建设提供有力支撑
15	2018年12月8日,中共中央、国务院关于印发《中国教育现代化2035》的通知(中发〔2018〕45号)	提升一流人才培养与创新能力,优化教育体系结构和学校布局结构,努力提升高校创新服务水平等推进教育现代化的十大战略任务
16	2018年12月29日,教育部关于印发《高等学校乡村振兴科技创新行动计划(2018—2022年)》的通知(教技〔2018〕15号)	构建高校支撑乡村振兴的科技创新体系,全面提升高校乡村振兴领域人才培养、科学研究、社会服务、文化传承创新和国际交流合作能力,为我国乡村振兴提供战略支撑
17	2019年5月18日,国务院办公厅关于印发《职业技能提升行动方案(2019—2021年)》的通知(国办发〔2019〕24号)	坚持需求导向,服务经济社会发展,适应人民群众就业创业需要,大力推行终身职业技能培训制度,面向职工、就业重点群体、建档立卡贫困劳动力等城乡各类劳动者,大规模开展职业技能培训,加快建设知识型、技能型、创新型劳动者大军
18	2022年10月31日,教育部关于印发《绿色低碳发展国民教育体系建设实施方案》的通知(教发〔2022〕2号)	加强绿色低碳相关专业学科建设、支持高等学校开展碳达峰碳中和科研攻关、支持高等学校开展碳达峰碳中和领域政策研究和社会服务等举措,以绿色低碳发展引领提升教育服务贡献力
19	2022年1月26日,教育部、财政部、国家发展改革委《关于深入推进世界一流大学和一流学科建设的若干意见》(教研〔2022〕1号)	明确了"双一流"建设的新方位、新使命、新要求更加突出"双一流"建设培养一流人才、服务国家战略需求、争创世界一流的导向,在关键核心领域加快培养战略科技人才、一流科技领军人才和创新团队
20	2022年11月28日,教育部办公厅等四部门《关于加快新农科建设推进高等农林教育创新发展的意见》(教高厅〔2022〕1号)	面向新农业、新乡村、新农民、新生态,加快新农科建设,推进高等农林教育创新发展,更好地支撑服务农业强国建设,大力推进农林类紧缺专业人才培养,加快构建多类型农林人才培养体系,强化农科教协同育人

续表

序号	政策文件	主要内容
21	2022 年 12 月 21 日，中共中央办公厅、国务院办公厅《关于深化现代职业教育体系建设改革的意见》	坚持服务学生全面发展和经济社会发展，以提升职业学校关键能力为基础，以深化产教融合为重点，以推动职普融通为关键，以科教融汇为新方向，统筹职业教育、高等教育、继续教育协同创新，有序有效推进现代职业教育体系建设，切实提高职业教育质量，培养更多高素质技术技能人才
22	2022 年 12 月 28 日，教育部办公厅、国家知识产权局办公室、科技部办公厅《关于组织开展"百校千项"高价值专利培育转化行动的通知》（教科信厅函〔2022〕42 号）	在高校重大科研计划实施和创新平台建设过程中，挖掘一批有市场化前景的科技成果，布局形成一大批高价值专利，推动实现上千项高价值专利成果转化落地，并探索构建可推广、可复制的高校高价值专利培育和转化运用新模式和新机制，带动提升全国高校专利质量和转化运用水平，有效提升高校科技成果转化效率
23	2023 年 3 月 7 日，教育部办公厅、国家发展改革委办公厅工业和信息化部办公厅《关于开展第二批现代产业学院建设工作的通知》（教高厅函〔2023〕5 号）	以国家和区域产业发展急需为牵引，面向行业特色鲜明、与产业联系紧密的高校、重点是地方应用型高校，建设一批现代产业学院，造就大批产业需要的高素质应用型、复合型、创新型人才，为提高产业竞争力、汇聚发展新动能提供人才支持和智力支撑

二、湖北高校服务经济社会发展的政策举措及成效

湖北是高等教育大省，科教资源富集是湖北最突出的比较优势、最宝贵的资源禀赋、最硬核的基础支撑，高校在服务经济社会发展方面有良好的基础和经验。近年来，湖北省以建设高教强省为目标，大力提升创新能力、服务能力，着力促进人才培养链、科技创新链、产业价值链紧密结合，着力促进科教优势转化为发展优势和竞争优势，为湖北经济社会发展做出了突出贡献。

表 5-3-2　党的十八大以来湖北高校服务经济发展的有关政策

	文件名称	有关内容
1	2013 年 5 月 29 日，省教育厅《关于加快建立普通高等学校学科专业动态调整机制的指导意见》	通过调整布局结构、促进内涵建设、创新管理制度等措施，落实和扩大高校专业设置自主权，努力形成政府宏观调控与高校自主发展相结合的学科专业动态调整新机制
2	2013 年 12 月 18 日，省人民政府《关于促进高校院所科技成果转化暂行办法的通知》（鄂政发〔2013〕60 号）	共 10 项措施，简称"科技十条"。大力实施创新驱动发展战略，充分调动全省高等院校、科研机构科技人员创新创业积极性，促进科技成果在鄂转化应用

续表

	文件名称	有关内容
3	2014年6月19日,省人民政府办公厅《关于进一步做好普通高等学校毕业生就业创业工作的通知》(鄂政办发〔2014〕33号)	鼓励和促进更多大学生在湖北就业创业,服务湖北经济社会发展
4	2014年8月20日,省人民政府《关于实施湖北省大学生创业引领计划的通知》(鄂人社发〔2014〕37号)	完善政府激励创业、社会支持创业、大学生勇于创业的体制机制,优化创业环境,提高创业能力,逐步提高大学生在鄂创业规模和比例
5	2015年10月30日,省人民政府《关于推动高校院所科技人员服务企业研发活动的意见》(鄂政发〔2015〕66号)	简称"新九条"。提出改革企业委托研发项目经费管理方式、提高科研人员科研劳务收入比重、实行高校院所部分职称评定与服务企业挂钩、鼓励高校院所科技人员到企业开展研发服务、鼓励高校大力承接省内企业研发项目等9项激励措施
6	2016年4月7日,省教育厅关于印发《湖北省职业院校现代学徒制试点工作方案》的通知(鄂教职成〔2016〕2号)	进一步改革职业教育管理制度、招生制度、人才培养模式和评价制度,提高人才培养质量和职业教育服务区域经济社会发展能力
7	2016年5月3日,省人民政府办公厅《关于进一步深化高等学校创新创业教育改革的意见》(鄂政办发〔2016〕24号)	实施"荆楚卓越人才"协同育人计划,建立需求导向的学科专业调整机制,开设创新创业教育课程,不断完善高校创新创业教育体制机制
8	2016年12月16日,省人民政府关于印发《湖北省教育事业发展"十三五"规划》的通知(鄂政发〔2016〕70号)	推进教育与经济协调发展,实施一流大学和一流学科建设工程,加强服务湖北现代产业的新兴学科专业集群建设,提升高校服务创新驱动发展能力
9	2016年12月28日 ,省人民政府《关于推进一流大学和一流学科建设的实施意见》(鄂政发〔2016〕75号)	以需求为导向,以学科为基础,以改革为动力,以绩效为杠杆,加快建设一流大学和一流学科,提升我省高等教育综合实力和国际竞争力
10	2017年11月2日,省人民政府办公厅《关于深化医教协同进一步推进医学教育改革与发展的实施意见》(鄂政办发〔2017〕77号)	建立以"5+3"为主体、"3+2"为补充的临床医学人才培养体系,为健康湖北建设和全省卫生与健康事业发展提供重要的人才支撑
11	2017年11月28日,省人民政府《关于进一步推进职业教育发展的意见》(鄂政发〔2017〕55号)	完善职业教育和培训体系,推动职业教育供给侧结构性改革,增强职业教育促进就业创业、服务经济社会发展的能力

续表

	文 件 名 称	有 关 内 容
12	2019 年 7 月 26 日，省人民政府办公厅关于印发《湖北省职业技能提升行动实施方案（2019—2021 年）》的通知（鄂政办发〔2019〕45 号）	紧紧围绕“一芯两带三区”区域和产业发展布局，面向职工、就业重点群体和建档立卡贫困劳动力等城乡各类劳动者，大规模开展职业技能培训，发挥职业院校的基础作用
13	2020 年 5 月 19 日，省人民政府办公厅关于印发《加快推进科技创新 促进经济稳定增长若干措施》的通知（鄂政办发〔2020〕26 号）	探索“校区＋园区＋社区”联动创新创业模式。将大学科技园创新发展纳入高校整体建设发展规划，加快高校创新资源和社会资源汇聚融合，深化科教融合、产教融合
14	2020 年 8 月 25 日，省人民政府关于印发《湖北省新一代人工智能发展总体规划（2020—2030 年）》的通知（鄂政发〔2020〕20 号）	构建人工智能人才高地。引导和鼓励高校设立人工智能相关学科专业，支持高校人工智能学科建设。构建政产学研用联动的人才需求对接和定向培养机制
15	2021 年 4 月 27 日，省教育厅关于印发《推进新时代湖北研究生教育高质量发展措施》的通知（鄂教研〔2021〕1 号）	提出调整优化学科专业结构、服务国家战略和湖北需求、推进科教融合产教融合等七个方面 35 条措施，进一步推动全省各研究生培养单位深化研究生教育综合改革，促进研究生教育高质量发展、特色发展
16	2021 年 5 月 7 日，省教育厅、省财政厅关于印发《湖北省高水平高职院校和专业群建设计划实施方案》的通知（鄂职教成〔2021〕1 号）	重点支持建设一批引领改革、对接产业、支撑发展、特色鲜明、省内领先的职业院校和专业群，促进教育链、人才链与产业链、创新链有效衔接
17	2021 年 7 月 7 日，省教育厅关于印发《百校联百县—高校服务乡村振兴科技支撑行动计划（2021—2025）》的通知（鄂教科〔2021〕1 号）	聚焦农业产业、教育、医疗等 10 个领域，组织全省百所高校对接百个县市，以项目制方式，组织全省高校科技人员和学生深入乡村一线，着力解决乡村振兴中的技术、规划、策略、人才等方面的问题
18	2021 年 8 月 25 日，省教育厅《关于公布“十四五”湖北省高等学校优势特色学科（群）建设名单的通知》（鄂教研函〔2021〕5 号）	“十四五”期间，每年投入资金 1 亿元，建设省级优势特色学科（群）134 个，培育学科（群）16 个，构建“双一流”建设学科、省级优势特色学科（群）、校级重点学科三级学科建设体系
19	2021 年 9 月 24 日，省人民政府关于印发《湖北省科技创新“十四五”规划》的通知（鄂政发〔2021〕18 号）	优化高等教育发展布局，分类推进高校“双一流”建设，支持省属高校特色发展，加快建设高水平研究型大学，高等教育新增财政性教育经费用于科技创新的比例不低于 30％

续表

	文件名称	有关内容
20	2021年9月24日,省教育厅、省发改委、财政厅、省乡村振兴局《关于推进巩固拓展教育脱贫攻坚成果同乡村振兴有效衔接工作的通知》(鄂教财〔2021〕1号)	拓展乡村振兴智力服务,努力推进振兴乡村教育和教育振兴乡村良性循环
21	2021年10月17日,省人民政府关于印发《湖北省数字经济发展"十四五"规划》的通知(鄂政发〔2021〕24号)	加强数字化人才队伍建设。鼓励有条件的高校开设数字经济相关专业,探索校企协同的人才培养机制,支持有关高校和重点龙头企业共建实习实训基地
22	2021年10月29日,省人民政府关于印发《湖北省制造业高质量发展"十四五"规划》的通知(鄂政发〔2021〕29号)	大力发展职业技术教育,实施技能人才振兴计划,开展职业技能提升行动,弘扬工匠精神,支持各类职业院校开设品牌专业和精品课程等,鼓励院校与企业开展联合培养
23	2021年11月23日,省人民政府关于印发《湖北省教育事业发展"十四五"规划》的通知(鄂政发〔2021〕32号)	提升教育服务经济社会发展能力。提高人才供给水平,提升高校创新服务能力,提升服务区域发展战略支撑力,提升文化传承创新水平,提升教育对外开放水平
24	2021年11月25日,省教育厅等六部门《关于调整优化高等教育学科专业设置布局服务湖北建成中部地区崛起重要战略支点的通知》(鄂教研〔2021〕2号)	坚持服务需求、面向未来和统筹规划,立足发展定位和体现办学特色,服务国家战略和湖北区域发展布局,规划引领和动态调整相结合,进一步完善学科专业动态调整制度
25	2021年12月31日,省人民政府办公厅《关于印发湖北省"5G+工业"互联网融合发展行动计划(2021—2023年)》的通知(鄂政办发〔2021〕69号)	支持高校加强工业互联网相关学科专业建设;鼓励"产学研用"共建人才实训基地、实验室、专业研究院或交叉研究中心,培养高素质复合型技能人才
26	2022年3月9日,省人民政府《关于推动现代职业教育高质量发展的实施意见》(鄂政发〔2022〕9号)	完善产教融合办学体制,大力推进校企合作育人,促使职业教育供给与湖北经济社会发展需求高度匹配,在推动湖北高质量发展中的作用更加凸显
27	2022年3月10日,省人民政府办公厅印发《关于改革完善省级财政科研经费管理若干措施》的通知(鄂政办发〔2022〕7号)	共七个方面23条措施,进一步优化科研经费管理,激励科研人员多出高质量科技成果,为实现高水平科技自立自强作出更大贡献

续表

	文件名称	有关内容
28	2022年4月8日，中共湖北省委、省人民政府《关于全面推进高等教育强省建设的意见》（鄂发〔2022〕4号）	通过加强“双一流”建设、高水平人才培养、科技创新和成果转化、产学研深度融合、国际合作与交流、高水平教师队伍建设、经费保障、“放管服”改革、信息化建设等措施，提高高等教育服务湖北经济社会发展的水平
29	2022年4月23日，省人民政府办公厅关于印发《长江中游城市群发展“十四五”实施方案湖北省主要目标和任务分工方案的通知》（鄂政办发〔2022〕16号）	推动成立长江中游城市群高校联盟，探索教师互聘、学分互认、联合培养等模式，促进高等教育协同发展。统筹职业教育布局和专业设置，支持三省共建共享产教融合实训基地，鼓励职业院校与企业跨地区开展合作
30	2022年6月12日，省人民政府办公厅印发《关于进一步支持大学生创新创业的若干措施》的通知（鄂政办发〔2022〕27号）	深入实施协同育人计划，健全高校创新创业教育体系，明确全体教师创新创业教育责任，实施大学生创新创业训练计划，举办大学生创新创业大讲堂，实施创业培训
31	2022年7月6日，省人民政府办公厅印发《关于进一步推进高校科技创新服务湖北高质量发展若干措施》的通知（鄂政发〔2022〕39号）	围绕促进高校与地方政府、企业深度融合，引导高校立足湖北、服务发展，在评价导向、创新激励、资源配置等方面提出了15条措施
32	2022年7月15日，省教育厅《关于进一步加强省属高校横向科研项目和经费管理服务的指导意见》（鄂教科〔2022〕1号）	把横向科研项目和经费情况作为省财政教育科技经费分配的重要指标。将服务企业经历和实效作为高校职称评聘的重要依据，进一步调动高校科技人员承担横向项目的积极性
33	2022年7月28日，省人民政府办公厅关于印发《实施“技兴荆楚”工程 服务现代产业高质量发展若干措施》的通知（鄂政办发〔2022〕31号）	支持职业院校开展技能培训，推动产教融合取得实效，拓展校企合作，共建实习实训基地，加强培训教材资源开发
34	2022年8月3日，省人民政府办公厅关于印发《湖北数字经济强省三年行动计划（2022—2024年）》的通知（鄂政办发〔2022〕34号）	支持武汉大学、华中科技大学等高校开设数字经济相关学科专业，推进信息科学与技术相关学科与其他学科间的交叉融合。推动数字经济骨干企业与科研院所共建人才实训基地，加大复合型、实用型数字人才培养力度
35	2022年8月21日，省教育厅《关于进一步推进高校服务千家企业活动的通知》（鄂教科函〔2022〕7号）	组织全省百余所高校结对服务上千家规上企业或专精特新企业，推动校企共建1000个左右技术研发与成果转化平台；共建1000个左右技术研发与成果转化团队；联合开展10000项左右服务企业项目

续表

	文件名称	有关内容
36	2022年12月10日,省人民政府办公厅关于印发《加快推进省属高校一流学科建设若干措施》的通知(鄂政办发〔2022〕51号)	强化国家重大战略和我省重点优势产业需求导向,充分考虑学校综合实力、学科领军人物、科研创新平台、科研成果、学科评估、统筹组织能力等因素,比选确定11所省属高校11个学科为一流学科建设学科
37	2023年2月7日,省人民政府办公厅印发《关于进一步加强科技激励若干措施》的通知(鄂政办发〔2023〕4号)	重点激励两类创新主体,精准激励三类科研人员,加大青年科研人员培育,支持科研团队潜心研究,鼓励科研人员转化科技成果
38	2023年4月7日,省人民政府印发《关于进一步深化制造业重点产业链链长制实施方案》的通知(鄂政发〔2023〕8号)	鼓励企业与高校院所组建创新联合体,探索构建"产学研用"一体化机制。鼓励高校院所建设一批科技成果中试和产业化平台
39	2023年4月8日,省科技创新办公室关于印发《加快推进光谷科技创新大走廊协同创新高质量发展行动方案(2023—2025年)》的通知	深化校地人才联合培养,高水平建设华中科技大学卓越工程师学院,深入推进工程硕博士培养改革专项试点,实施省级卓越工程师校企联合培养,培养一批卓越工程师后备力量

(一)持续巩固高教大省地位,服务经济社会发展的实力更加强劲

湖北高等教育规模和综合实力处在全国第一方阵,创新资源富集、创新成果丰硕,有条件有基础在全面提高人才自主培养质量、造就拔尖创新人才和服务区域经济社会发展上先行先试,服务和支撑国家重大战略实施。

1. 规模靠前

湖北高等教育数量规模居全国前列,由精英教育进入普及化发展的新阶段。湖北现有高校132所(普通本科高校68所、高职院校64所,公办88所、民办44所),居全国第6位;另有军事院校3所,军事院校校区(培训基地)3个。2022年,全省普通高等教育本专科招生55.58万人,在校生177.26万人,毕业生47.16万人;研究生招生7.18万人,在校研究生21.89万人,毕业生5.00万人,均居全国前列。武汉市大学生130余万人,是中国拥有大学生最多的城市之一,是国家重要人才培养基地和科技创新高地。2022年,全省高等教育毛入学率73%,比全国平均水平高13.4个百分点。

2. 质量领先

在国家第二轮"双一流"建设名单中,湖北高校入选学科数由第一轮的29个增加到32个,居全国第4位。全省普通高校共有博士学位一级学科授权点198

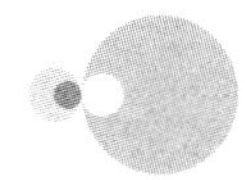

个，排全国第5位；硕士学位一级学科授权点520个，排全国第4位；博士后流动站183个，排全国第5位。现有国家级一流学科数34个，省级一流学科数146个；国家级一流本科专业建设点783个，省级一流本科专业建设点793个，分别居全国第5位和第3位。人才培养质量稳步提升。通过高校本科教学质量年专项行动计划、一流本科“双万计划”、一流本科课程“双万计划”等专项计划的实施，新工科、新医科、新农科、新文科建设进展良好，培养了一大批高素质专业人才。武汉大学等高校获批17个国家级基础学科拔尖学生培养计划2.0基地。全省高层次教学、研究团队1319个，其中国家级教学团队56个、教育部创新团队36个、国家自然科学基金委创新研究群体29个、科技部重点领域创新团队7个、省级高层次研究团队632个。

3. 人才汇聚

高层次人才聚焦效应凸显。全省高校高层次人才3607人，居全国第8位。全省81名“两院”院士中，54人在高校（省属高校3人，其中江汉大学2人、武汉纺织大学1人），武汉纺织大学徐卫林教授当选中国工程院院士，实现了省属高校本土院士培育零的突破。目前，湖北教育系统入选国家“千人计划”526人（全省共计624人）、“万人计划”270人、长江学者特聘教授和青年学者278人、国家杰出青年基金获得者202人，高层次人才行业占比约为三分之二。近年来，评选楚天学者1076人、评建湖北名师工作室230个、选聘湖北产业教授97人，其中一批优秀人才成长为国家级高层次人才。

4. 资源富集

数据显示，湖北区域综合科技创新水平指数在全国排名第八、中部第一。世界知识产权组织发布2021年全球创新指数，武汉位列世界城市集群第25位、中国城市第6位，这与湖北高校发挥的基础性、先导性、战略性作用密不可分，高校科技创新在全国具有比较优势。湖北高校现有科技人员6.79万人，居全国第7位。现有科研平台636个，其中，国家级平台55个，居全国前5位；在建的10个湖北实验室中，4个由高校牵头，其余6家均有部属、省属高校深度参与；布局建设的8个重大科技基础设施中，6个依托高校；湖北十大新型智库，8个由高校牵头建设。9所高校获批11个省部共建协同创新中心（部属高校5个、省属高校6个）。武汉成为全国第五个获批的科技创新中心，光谷科创大走廊加速建设，10个湖北实验室陆续组建运行，新获批2家国家技术创新中心、3个重大科技基础设施。湖北大学、武汉纺织大学、江汉大学先后获批建设3个国家重点实验室。武汉大学空天信息智能服务和华中科技大学高端数控装备分别获批教育部集成攻关大平台，武汉大学免疫与代谢前沿科学中心成为教育部首批立项建设的7个前沿中心之一。

5. 成果丰硕

2022 年,湖北省 68 所普通本科高校共获教学成果奖 649 项,其中国家级 40 项、居全国第 2 位,省部级 609 项;获国家级教学研究与改革项目 87 个,国家级本科教学工程项目 996 个,省级本科教学工程 1602 个;专利著作权 14115 项,其中各项发明专利 6488 项、实用新型专利 3415 项、外观专利 456 项、软件著作权 3193 项,行业联合专利 563 项;出版专著 1379 本、教材 790 本。

表 5-3-3 湖北省普通高校 2021—2022 学年优势一流专业

类　　型	数量(个)
国家级一流专业建设点	783
省级一流专业建设点	793
入选卓越工程师教育培养计划 2.0 专业	53
入选卓越医生教育培养计划 2.0 专业	1
入选卓越农林人才教育培养计划 2.0 专业	6
入选卓越教师培养计划 2.0 专业	26
入选卓越法治人才教育培养计划 2.0 专业	2
入选卓越新闻传播人才教育培养计划 2.0 专业	5
入选基础学科拔尖学生培养计划 2.0 专业	14
师范类专业认证(二级及以上)	29
工程教育专业认证(含住建部组织的专业评估)	140
医学类专业认证(临床、护理、中医等)	12

(二)充分对接产业发展需求,服务经济社会发展的能力更快提升

1. 提供了充足人力支撑

全省 2022 届高校毕业生共 52 万人,毕业去向落实率 84.1%,其中应届本科就业人数 20.72 万人。“十三五”以来,湖北高校共向社会输送毕业生 260 余万人,毕业生就业情况总体稳定,就业率平均达 90%,实现了“五个持续增长”,即毕业生留鄂就业人数持续增长、毕业生到基层就业人数持续增长、帮扶困难群体毕业生就业持续增长、大学生自主创业人数持续增长、大学生征兵数量持续增长,60%以上的高校毕业生在湖北充分就业、高质量就业,起到了重要的人力资源支撑作用。尤其是学科专业对产业行业发展形成重要支撑。

2022 年,湖北 68 所本科院校共设本科专业点 3403 个,其中,工学 1208 个、管理学 568 个、理学 244 个、文学 324 个、艺术学 419 个、经济学 167 个、法学 104 个、教育学 136 个、医学 162 个、农学 49 个、历史学 16 个、哲学 6 个;共新设 690 个本科专业

点，分布在242个专业；共停招399个本科专业点，分布在171个专业；41所高校新增备案本科专业92个，12所高校新增审批本科专业14个，2所省属高校调整学位授予门类或修业年限专业3个，16所高校撤销专业50个，总体上与湖北产业发展相适应。湖北新增专业以工科为主，在新增92个备案本科专业中，有36个工学专业，占比39%，进一步满足了“推动湖北由产业大省加快迈向产业强省”对人才的需求。

2. 产出了丰硕科技成果

近三年，全省高校获得的国家三大科技奖占湖北获奖总数70%以上，高校成为全省科技创新的重要策源地，高校在科技创新、基础研究、产业创新平台和社科智库产生了一批服务国家战略和湖北发展的标志性成果。2020年，湖北高校获国家奖333项、居全国第2位，其中获国家科技奖13项、居全国第6位；2021年，湖北高校获湖北省科技奖221项，占全省77.54%；2022年，湖北高校获湖北省科学技术奖210项，占比71%，其中科学技术突出贡献奖2项、自然科学奖46项、技术发明奖26项、科学技术进步奖133项、科学技术推广奖3项。

学生创新创业教育深入推进。2022年，湖北省普通高校在校学生创业项目数4545个，参与创业学生数26493人，学生创业项目获得资助金额5209万元；获国家“互联网+”大学生创新创业大赛奖项340个，其中一等奖12个；获省部级创新创业大赛奖项2928个，其中一等奖164个。牵头建设国家级实践育人创新基地90个，居全国第1位。

3. 创造了巨大经济效益

全省高校积极贯彻《湖北省流域综合治理和统筹发展规划纲要》及“三大都市圈”发展规划要求，分解落实34项教育具体任务。对接“三高地、两基地”“51020”现代产业体系和“五大优势”产业需求，教育协同创新中心服务经济社会发展贡献突出，共有48个中心对接湖北重点产业体系，共转化推广科技成果2256项，产生直接经济效益840多亿元，与100多个市（州）县建立研发中心300余个，与企业共建研发平台200多个，初步实现了创新链、政策链、产业链、资金链、人才链、服务链有效衔接。实施“百校联千企”和“访企拓岗”行动，组织高校和企业共建研发平台与成果转化机构，共同开展技术攻关，全省高校共建校企合作平台2000余个、研发团队1300多个，开展横向合作项目13000余项。

（三）不断优化高等教育体系，服务经济社会发展的定力更为坚韧

1. 统筹推进高等教育紧密融入经济社会发展

统筹设计高等教育目标与经济社会发展目标。2010年，省委、省政府明确提出“率先建成高等教育强省”的发展目标。2012年，省政府出台《关于加快建设高

教强省提升高校创新与服务能力的意见》,促进高等教育“四项功能”紧密融入湖北“五位一体”总体布局。2016 年,省政府印发《湖北省教育事业发展“十三五”规划》,明确要求推进教育与经济协调发展,实施一流大学和一流学科建设工程,加强服务湖北现代产业的新兴学科专业集群建设,提升高校服务创新驱动发展能力。2021 年,省政府印发《湖北省教育事业发展“十四五”规划》,提出要提升教育服务经济社会发展能力,提高人才供给水平、提升高校创新服务能力、提升服务区域发展战略支撑力、提升文化传承创新水平和教育对外开放水平。2022 年,省委、省政府印发《关于全面推进高等教育强省建设的意见》,把高等教育放在湖北经济社会发展的大局中谋划和推进。

2. 统筹优化高校布局结构及资源配置

适应人口变化、产业布局趋势,加强高等教育资源的宏观调控,统筹整合部属高校、省属高校及社会创新资源,引导武汉高校创新资源向其他市州扩散,深入推行科技特派员制度,支持高校与地方共建新农村研究院。从 2000 年起,全省高等教育进行了大规模的结构调整,通过“共建、调整、合并、合作”等途径加大改革力度,推进“强强联合、优势互补”,优化办学层次类型、区域布局和学科专业结构,已形成与全省经济社会布局相一致,以武汉为中心,向东、西北、西南延伸的高等教育走廊。目前,除神农架林区外,每个市州都有 1 所高校,大的市州有 1 所本科高校和 1 所高职学校,推动了高校与区域经济社会融合发展。

3. 统筹推进高校有特色、高水平发展

建立高校分类管理办法,按照“层次+功能”的方法,将全省高校分为研究型、应用型、职业技能型三大类,强化扶特、扶需、扶强的“三扶”原则,推动各类高校强化功能定位和特色意识。大力推进地方本科高校向应用技术转型发展、大力实施高等职业教育创新发展行动计划、大力推进民办高校自主发展等,在不同层次、不同领域办出特色、争创一流,逐步形成了一批特色高校、特色院系、特色学科和特色专业。大力推进“双一流”建设,2016 年,省人民政府出台《关于推进一流大学和一流学科建设的实施意见》,实施“湖北省一流大学和一流学科建设工程”;2022 年,省政府印发《关于加快推进省属高校一流学科建设若干措施的通知》,实施省属高校“一流学科突破行动”,力争 2025 年 2 所以上省属高校进入国家“双一流”行列。以“双万”计划为契机,全面实施一流专业建设,深化“四新”建设;大力推进“双高”建设、“三教”改革、“双师”培育,增强高校服务经济社会发展的能力。

(四) 全面提高人才培养质量,服务经济社会发展的动力更有保障

1. 全力推动高校学科专业与行业产业对接

2021 年 8 月,湖北省教育厅印发《推进新时代湖北研究生教育高质量发展措

施》,围绕基础学科、关键核心技术和战略性新兴产业领域布局学科建设,实施“支柱产业和战略新兴产业人才培养项目”,鼓励一大批本专科专业直接面向省内支柱产业、战略性新兴产业,培养应用型、复合型专门人才。2021 年 11 月,省教育厅等六部门印发《关于调整优化高等教育学科专业设置布局服务湖北建成中部地区崛起重要战略支点的通知》,大力推进高校学科专业、类型、层次和区域布局动态调整,建立以需求为导向的学科专业调整机制,提高社会需求量大、应用范围广的专业人才培养能力。2022 年 12 月,省教育厅公布首批对接服务湖北现代产业集群发展重点职业院校及专业(群)名单,确定了 943 个学科专业和 76 个基础学科,满足现代产业集群发展对技术技能人才需要;向国务院学位委员会申请动态调整新增机械、材料与化工等博士点 2 个、硕士点 4 个;新增集成电路科学与工程等博士点 12 个,硕士点 2 个。推动成立了武汉大学国家网络安全学院、华中科技大学航空航天学院、湖北工业大学芯片产业学院、武汉职业技术学院信创产业学院、武汉铁路职院高铁产业学院等一批服务重点产业的院系。开展专业综合改革试点,建成 200 个左右专业综合改革试点项目,支持 20 类产业发展,推动学科专业链与产业链、创新链、人才链相互匹配;同时,停办、停招了一批社会需求量小、就业率低、不适应产业转型升级发展方向的学科和专业。

2. 努力推进高校人才培养模式改革

建立科教结合、产教融合、校企合作协同育人长效机制,聚集各种资源投入人才培养,实现多种方式协同育人,着力培养高素质“湖北工匠”。2016 年,省教育厅印发《湖北省职业院校现代学徒制试点工作方案》,积极推进校企联合招生、联合培养的教师师傅“双导师”教学、学校企业“双主体”育人的人才培养模式改革;2017 年,省委、省政府印发《关于实施技能人才振兴计划建设技能强省的若干意见》,打通技能人才与专业技术人才的评价通道,从制度设计上引领人才成长。实施高职院校对口支持与交流合作计划,推动“16 所国家和省示范高职+16 所地方和民办高职”的对口支持与交流合作。实施“高校与企业合作攻关计划”,每年重点资助 20 项产学研用科技合作攻关计划项目,在华中农业大学等 5 所高校启动了“湖北省高等学校新农村发展研究院”试点建设。成立武汉城市圈和鄂西生态文化旅游圈两个高职教育联盟,以专业建设为平台,创新高职院校办学模式和人才培养模式;组织武汉南湖片 10 所高校成立“南湖高校联盟”,10 校共提供 63 个专业供学生选择学习。鼓励多元主体组建职业教育集团,开展多元投资主体依法共建职业教育集团的改革试点。建立高等教育与产业紧密结合、高校与企业深度合作的长效机制,以特色优势学科专业为合作基础,与企业开展合作育人、合作科研、合作就业、合作发展,高校与企业共建重点实验室、工程中心等科研平台(基地)300 余个。

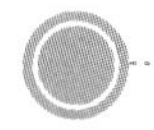
案例5-3-2

三峡大学首个产业研究院"中药产业研究院"成立

近日,三峡大学首个产业研究院"三峡大学武陵(恩施)中药产业研究院"揭牌成立。该院主要借助学校袁丁教授团队长期积累的科研基础,依托宣恩县椿木营乡中药产业链而设立,旨在解决高山地区道地中药材产业链的关键问题,最终实现强链、补链和延链的目标。团队主要成员已从事竹节参相关研究近30年,主持与竹节参相关的国家科技部专项1项、国家自然科学基金项目16项,湖北省自然科学创新群体项目2项,总科研经费达1600余万元;获湖北省科技进步一等奖和二等奖各1项;获竹节参新品种1个;目前正在与恒安芙林完成竹节参颗粒剂国家标准的研发,同时对木瓜、淫羊藿、天麻等武陵道地中药材进行深度研发。

——资料来源:人民资讯 2022-02-10

3. 大力开展高校创新创业教育

以创新创业教育为导向,深入实施"荆楚卓越人才协同育人计划""2011协同创新计划",努力创新技术技能人才教育培训模式,使之更好地适应经济社会发展需要。省委、省政府和有关部门先后出台《关于实施湖北省大学生创业引领计划的通知》《关于进一步支持大学生创新创业若干措施的通知》等制度性文件,形成了比较完备的大学生创新创业政策体系。全省高校普遍开设创新创业课程,依托大型企业和职业院校,实施"大学生创业示范基地建设计划",大力推进校园创新创业文化建设,打造大学生创新创业文化交流、项目孵化、指导服务"三大平台",提升学生岗位适应能力和就业能力。

案例5-3-3

长江大学创新创业教育获全国金奖

近日,长江大学参赛作品《高效地膜回收机——专注新疆棉田"白色污染"治理》斩获第八届中国国际"互联网+"大学生创新创业大赛全国总决赛高教主赛道金奖。这是该校"互联网+"大赛金奖的历史性突破。长期以来,长江大学将创新创业教育作为立德树人以及人才培养结构性改革的重要内容,通过持续推动,"互联网+"创新创业大赛已成为学校双创能力提升的练兵场、人才培养的新高地。学校已成功获批了国家级创新创业教育实践基地、全国深化创新创业教育改革示范高校以及各类省级大学生创业示范基地等平台,为深入推进创新创业教育改革创造了良好条件。

——资料来源:荆楚网 2022-11-21

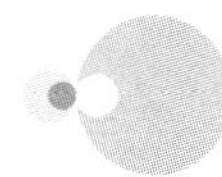

(五)加快科技成果转化应用,服务经济社会发展的效力更显突出

1. 提升高校协同创新能力

实施“湖北省高等学校创新能力提升计划”(湖北“2011计划”),推动湖北高校与国内外高校、科研院所、行业企业、地方政府,合作共建、认定和培育一批湖北省“2011协同创新中心”,提升高校人才、学科、科研“三位一体”的创新能力。从2012年开始,省教育厅面向部属、省属高校共建协同创新中心59个,至2017年省财政共计投入11.83亿元,支持“2011协同创新中心”在科技前沿、行业产业、区域发展、文化建设和社会发展等领域开展协同创新。自2018年教育部启动省部共建协同创新中心建设以来,湖北获批省部共建协同创新中心11个,其中部属高校5个、省属高校6个。组织全省高校开展“百校联千企”“万人攻万项”活动,以企业创新需求为导向,鼓励高校围绕产业链创新发展的各个环节,与重点企业深度合作,产出了一批科研成果,创造了巨大效益。

案例5-3-4

武汉工程大学做强高质量发展科技引擎

多年来,武汉工程大学主动对接和服务湖北省经济社会发展需要,主动融入“光谷科技创新大走廊”,跨学科跨行业组织科研力量积极与省域万亿级产业集群企业精准对接,开展科技攻关,突破了一批“卡脖子”技术难题。该校膜科学与技术团队将碳化硅分离材料及装备作为研究方向,十年如一日,研制出碳化硅陶瓷膜制备成套技术,打破了国外产品垄断,8项专利作价2128万元,取得了良好的经济和社会效益;化学与环境工程学院潘志权教授团队研发的科研成果“难选胶磷矿多功能基协同自组装高效浮选药剂的关键技术与产业化”被认定为达到国际领先水平,在多家化工企业得到转化,为我国胶磷矿的高效利用提供了有力支撑。

——资料来源:中招网 2023-01-22

2. 提升高校自主创新能力

“十二五”以来,湖北围绕推进科技创新发展,陆续出台了《关于加快建设高教强省提升高校创新与服务能力的意见》《关于促进高校院所科技成果转化暂行办法》《关于推动高校院所科技人员服务企业研发活动的意见》《关于加快推进科技强省建设的意见》《关于改革完善省级财政科研经费管理若干措施》《关于进一步推进高校科技创新服务湖北高质量发展若干措施》《湖北省自主创新促进条例》等

30余项政策，涵盖企业和高校院所等各类创新主体，覆盖创新链各个环节，包括财政、税收、金融、知识产权等多样化政策工具，建立起教育和科技等部门统筹配置高校科技资源的协调机制，加强重点实验室等科技平台和科技计划的系统部署与衔接，营造了良好的法规政策环境，为创新驱动发展提供了强有力的支撑和保障。

案例5-3-5

湖北工业大学：科技创新化解企业难题

近年来，湖北工业大学精准对接产业发展技术和经济需求，奔着最紧急、最紧迫的问题，把论文写在产业链条上，为企业提供科技支撑。

毕圣泉酒业是湖北英山县小有名气的酒厂，年产值达数千万元。但六年前该酒厂却一度濒临破产。湖北工业大学生物工程与食品学院汪江波教授作为省级科技特派员驻点公司，成立校企技术研发中心，针对技术落后、发展瓶颈等问题，带领团队攻克一系列产业技术难题，让这家险些倒闭的小酒厂扭亏为盈。

位于京山市的湖北聚汇农业开发有限公司“永超”牌散装酱腌菜市场份额排全国前三，但由于发酵新鲜蔬菜技术采用传统工艺，稍有闪失就会导致原料变质。2019年，湖北工业大学生物工程与食品学院副教授柳志杰成为公司科技顾问，带领科研团队，经过持续攻关，消除了食品生产安全隐患，还提高了产品的营养价值和安全性，实现了酱腌菜配套加工装备机械化，公司产值2021年突破3亿元，豆角酱菜年销售近万吨。

麻城木子店老米酒有千年历史，靠手工作坊式生产，缺乏营销渠道，只能自产自销。湖北工业大学生物工程与食品学院陈茂彬教授研究发现，延长保质期是老米酒走出麻城的关键。为此，他一头扎进实验室，研发出热灌装杀菌技术，让原本仅有3个月保质期的老米酒，平均保质期延长至一年。如今，老米酒已成为木子店镇产业发展的引擎和重要支柱，老米酒产业常年就业人数超过1000人，上下游对接产业从业人员3000人以上。

——资料来源：中国教育报2022-09-09(02)

3. 推动高校科技成果转化和产业化

深化高校科技体制机制改革，湖北陆续出台了《进一步加强横向项目和经费管理的意见》《湖北省科技成果转化中介服务补贴管理办法(试行)》等文件，完善高等学校科技服务湖北经济社会发展考核评价办法，改革教师职称评定，改革科研绩效评价机制。从2011年起，每年开展高校十大科技项目评选表彰，对科技成果转化成效显著的高校和教师予以重奖。2015年，湖北省启动实施“科

技成果大转化工程”，通过科技投入、计划管理、绩效考核、指标分配等多维度的机制创新方式，全面构建各级科技管理部门、高校院所、中介服务机构、企业和投资机构联动机制，共同推动科技成果转移转化。建立国家技术转移中部中心，已形成“6＋2＋1”的建设架构，即华中网上技术转移服务平台、知识产权投融资综合服务平台、科技金融创新创业服务平台、华中科技条件共享服务平台、华中技术经纪培育中心和技术转移综合服务市场6个关键支撑平台，襄阳、宜昌2个区域分中心和1个武汉城市圈技术转移体系，提供了丰富的信息资源、便捷的沟通渠道。

案例5-3-6

武汉科技大学单项科技成果卖出1.5亿元

2022年11月28日，来自湖北随州的湖北犇星新材料股份有限公司，与武汉科技大学科研团队签订1.5亿元技术转让费，携手开展硅碳负极材料项目技术合作。这次科技成果转化，创造了湖北高校院所单笔技术转让交易的最高纪录。

武汉科技大学新能源材料与储能技术研究团队负责人说，现在市面上的锂离子电池负极材料是石墨，其理论容量是372毫安时每克，而用更高容量硅材料负极取代石墨，可有效提升电池能量密度。为此，该研发团队研制了特殊形貌的硅碳负极材料，掌握了硅材料形貌调控、体积膨胀控制和高效碳复合等核心技术。目前，该校硅碳负极材料应用于新能源锂离子电池项目，落户随州高新区青春化工园区，项目建成后可创年产值200亿元以上，贡献利税30亿元以上。

——资料来源：科技日报2022-11-29(02)

（六）切实增强社会服务功能，服务经济社会发展的活力更见勃发

1. 发挥高校文化引领作用

建设湖北省中国特色社会主义理论体系研究中心，下设10个分中心，主要设在高校。实施“湖北省高校哲学社会科学繁荣计划”，建设一批具有地方特色的高校人文社科重点研究基地，2022年，省教育厅开展了对全省144个人文社科基地的评估验收，共评选合格以上等次123个，不合格21个，形成服务湖北经济社会发展战略与政策研究的支撑体系。支持武汉大学、华中科技大学、中南财经政法大学、湖北大学分别组建了党内法规研究中心、中国边界与海洋研究院、国家治理研究院 、湖北金融研究中心、湖北区域发展研究院等一批新型智

库,产出了一批重大理论成果,为服务国家和湖北宏观决策提供咨询服务。自2022 年起,湖北谋划建立了“1+6”的省级教育智库建设体系,成立了“湖北省教育咨询委员会”和基础教育研究院、职业教育研究院、高等教育研究院、教育数字化研究院、教师发展研究院、教育政策研究院等 6 大省级教育智库,发挥高校和科研院所人才智力优势,围绕教育重大问题开展有组织的科研。同时,鼓励高校参与和支持农村文化建设和企业、社区等基层文化建设,建立高校对口支援县(市、区)繁荣发展基层文化的机制;支持高校参与文化事业与文化产业发展,形成一批优秀社会科学研究成果。

案例5-3-7

江汉大学成立专家咨询委员会助力一流学科建设

3 月 17 日,江汉大学召开化学工程与技术一流学科建设推进会暨专家咨询委员会第一次会议,18 位专家受聘为专家咨询委员会委员,共同研讨江汉大学一流学科建设的战略定位与建设路径。

由华中科技大学丁烈云院士担任主任委员的专家咨询委员会由 6 名中国工程院院士和 12 名知名教授组成,他们将深度参与学校一流学科建设全过程,在制定学科建设规划、凝练学科发展方向、优化学科结构和资源配置等方面发挥“思想库”和“智囊团”作用。

校长景新华在致辞中强调,要聚焦“大学者”,打造高水平优结构的学科队伍;建强“大平台”,打造学科发展的关键支撑;培育“大成果”,打造重点学科的竞争优势,率先跻身国家“双一流”建设行列,不断取得高水平城市大学建设的新业绩。

——资料来源:江汉大学官网 2023-03-17

2. 助力乡村振兴和教育脱贫

省教育厅、省乡村振兴局等部门联合印发《关于切实加强就业帮扶巩固拓展脱贫攻坚成果助力乡村振兴的通知》,大力实施“百校联百县—高校服务乡村振兴科技支撑行动计划”,以项目制方式,组织全省高校科技人员和学生深入乡村一线,着力解决乡村振兴中的技术、规划、策略、人才等方面问题,为乡村振兴和农业产业强省建设提供科技支撑,共确定 1502 个高校科技支撑服务乡村振兴项目,参加高校 101 所,覆盖县市 104 个,做到了全战线参与,全县域覆盖。发动各级各类技工院校积极承担技能帮扶任务,推动技工院校和乡村振兴重点帮扶县结对帮扶,通过实施“雨露计划”,引导脱贫家庭(含防止返贫监测对象家庭)新成长劳动力接受中高等职业院校和技术学院教育,提升脱贫创业就业技能。各本科高校发

挥人才智力优势，对口支援贫困县，真金真情帮扶贫困县发展产业，提升贫困人口脱贫能力，主动服务地方经济社会发展。

案例5-3-8

武汉轻工大学博士团队“问诊”堰头垸村 数字赋能乡村振兴

5月23日，作为湖北省高校首批样板党支部创建单位的支部书记，武汉轻工大学数学与计算机学院信息与计算科学系党支部书记范丽丽带领5名党员博士，走进第二批全国乡村治理示范村——麻城市黄土岗镇堰头垸村，与村党总支开展结对共建，“问诊”数字赋能乡村振兴。

范丽丽博士表示，将帮助堰头垸村建成一个村干部好用、村民会用的高效便捷服务平台，利用人工智能技术打造更多应用场景，赋能村里的菊花、油茶、手工布鞋、香米、土鸡蛋等传统产业转型升级。同时积极做好乡村数字化平台建设的需求沟通、技术顾问、科技攻关等工作，助力堰头垸村数字化平台建设，有效提升乡村治理现代化水平。

——资料来源：科技日报 2023-05-25(03)

3. 促进国际交流合作

建立立体多元的教育对外开放合作新格局。全省共有48所高校和来自12个国家的64所院校共同举办了97个中外合作办学项目和机构，其中，5个硕士项目、53个本科项目、33个专科项目和6个本科及以上机构。着力实施“留学湖北”计划，全省42所高校共培养92000多名来华留学生，学历生平均占比74.3%，国际学生规模连续5年位居全国前9位。着力打造“湖北留学”品牌，实施“湖北省高校教师国际交流计划”和“湖北高校优秀大学生游学计划”，全省共派出教师974人次，每年资助约400名在校本科生到欧美等国家知名大学参加课程学习和科研能力训练，累计公派出国(境)研修交流师生8.52万人次。着力搭建具有国际影响力的交流合作平台，“华创会—国际教育合作专场”等交流平台更加稳固，“世界著名科学家来鄂讲学计划”等引导项目的作用更加彰显，对非洲教育科技产业交流合作的良好态势初步形成，“国际产学研用合作会议”开局良好。

三、湖北高校服务经济社会发展的困境及原因分析

目前，湖北高校发展与区域经济社会发展需求还有许多不适应，高校学科专业设置与地方战略新兴产业发展契合也不高，高校人才智力支撑、科技创新与服务社会的贡献度与湖北高教大省地位不相匹配。主要表现为以下四个方面：

(一)高校与经济社会发展的融合度不够深

1. 高校科教资源宏观布局不尽合理

当前,湖北高校区域布局还不能完全适应“一主引领、两翼驱动、全域协同”的区域发展布局要求,部分高校多校区办学资源闲置与发展空间受限问题并存。全省六成以上的高校和学生在大城市(武汉占77.24%),襄阳、宜荆荆都市圈以及其他市州高校特别是理工类高校偏少。办在市州的地方高校,科研人才、科研经费、科研平台等较为匮乏,科技创新能力和社会服务能力整体水平不高,对区域发展的辐射带动作用有限,使得高校服务中小城市的力度明显不足。同时,创新资源两极分化严重,湖北创新人才、科研院所、开发区、国家级科技企业孵化器等创新资源主要集中在武汉、荆州、宜昌、襄阳,主要科研平台都集中在重点综合性大学、科研院所及国有大中型企业,而部分有潜力的省属院校和中小企业则缺乏创新资金、创新人才和创新平台。

2. 高校特色发展理念不够牢固

一些高校定位不准、目标趋同,特色彰显不够。湖北原有省属高校大多是师范教育基础,“划转院校”大多是学科比较单一的行业院校,办学模式雷同、定位不清、特色不明、发展同质化的问题比较突出。少数行业背景非常鲜明的学校升格或更名后,失去了原有的应用性、技能性的传统优势。湖北省现有的64所高职院校中,多数高职院校将办学定位表述为“服务区域经济发展”“培养高素质技术技能人才”,这是基于高职教育基本属性定位的总体办学方向,还有不少院校未形成明显的办学特色或办学优势。出现这些问题的主要原因在于学校缺乏科学定位,人才培养的类型、层次特征不清晰,办学封闭化倾向严重,缺乏与行业企业需求和区域发展需求紧密结合的机制。如何走出特色发展困境,实现“人无我有,人有我优,人优我强,人强我特”的目标,实现更充分、更长足的发展,应成为所有高校的主要价值追求。

(二)学科专业与经济社会的契合度不够高

1. 学科专业与产业结构适应性不强

无论是本科、专科的学科类型与专业类型布局,还是博士、硕士点的学科专业布局,均出现“盲点”与“同质化”并存的现象,学科专业设置不能适应经济社会发展需求。传统学科专业调整较慢,生命科学、前沿新材料、新能源与智能网联汽车等布点不足。2022年,湖北68所本科高校仍有6种专业类未布点,407种专业未布点,有112个专业(含23种专业合作办学)仅有1所高校设置,对接湖北产业的大数据、机器人工程、航天航空、网络安全、智能制造、现代物流、社会治理等急需学科专业仍有欠缺。同时,专业重复设置的现象比较严重,如英语、计算机科学与技术、视觉传达设计等12种专业开设学校数都在40所以上。全省64所高职院校,2/3的院校开设有电子商务、酒店管理、物流管理、旅游管理、机电一体化技术、会计、市场营销、计算机应用技术、工程造价等专业,这些专业的在校生占到了全省高职在校生的51.14%,而电子信息类专业布点和在校生规模偏少。

2. 产学研合作的紧密度不够

由于高校与企业追求目标错位,研发经费投入方向、归集管理等方面相对滞后,致使产学研结合还很薄弱,功利化、形式化现象比较普遍,“形似而神不至”,与技术创新、高新技术产业发展和科技成果转化的需要仍不相适应。校企合作方面短期项目、单项合作、松散合作多,长期合作、系统合作、紧密合作少。有的产学研合作只是为了申报政府项目,为了满足政府要求的申报条件而合作;有的产学研合作主体厚此薄彼,更热衷于在经济发达地区的产学研合作;有的产学研合作主体缺乏诚信,致使利益纠纷不断。此外,多数行业组织无力承担指导职业教育发展的应有责任,难以及时提供职业院校最急需的人才需求预测和质量评价等服务,行业指导和企业参与职业教育的责权缺乏有力的制度性保障。

(三)人才培养与经济社会的适应度不够强

1. 人才培养质量仍需提高

科技研发、经营管理、技术技能等高端复合型创新人才匮乏,创新创业人才尚显不足。省属高校办学综合实力有待提升,连续两轮没有1所省属高校入选国家“双一流”建设名单,尚没有1所职业本科院校。部分高校在服务区域经济发展过程中,忽视文化引领和人文价值取向,过于注重科学技术对经济的拉动作用,导致人才培养的全面性和综合性素质不够高。

2. 人才供需的结构性矛盾明显

目前,湖北高校人才培养的梯度和层次不够完善和丰富,多样化人才培养结构不够清晰,人才专业分布不够合理和均衡,导致经济转型升级过程中存在严重的“一面是企业招募专业技术人才难,一面是大学毕业生找到适合自己的岗位难”的现象,特别是重点领域高技能人才不足。高校与产业相对应的专业人才总量不足,与湖北产业发展的匹配度有待提升。

(四)科技创新对经济社会的贡献度不够大

1. 调控引导政策落地落实不够

虽然湖北先后出台了“科技十条”“新九条”和“企业十一条”等创新政策,但是

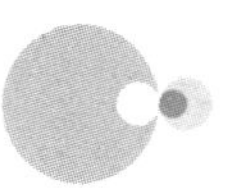

这些新政策落实的效果与预期还有不少差距,仍然存在政策衔接不畅、支持方式需调整完善、金融政策锦上添花多、人才政策系统性不强等问题,政策落实"最后一公里"尚未打通,科研院校和企业获得感还不足。此外,湖北科教投入不足,资本市场发育不充分,缺乏足够的投融资体系支撑,特别是创业投资滞后,大量的科技成果转化、企业自主创新和高新技术产业发展面临资金瓶颈。

2. 科技创新和成果转化机制仍需完善

目前,湖北高校科技力量基本覆盖了重大战略和重点产业的多数领域,但高校如何主动与企业融为一体,为重大战略实施、重点产业发展全方位提供科技人才支撑的力度还不够。这个问题既表现在创新技术研发方面,也表现在产业政策研究方面,湖北许多高校和科研院所在广东、浙江等沿海发达地区建立了产业技术研发机构,发挥了成果辐射源的作用,但湖北技术吸纳能力相对较弱,导致科技成果在鄂转化率不高。

四、提高湖北高校服务经济社会发展水平的策略建议

当前,湖北正处在经济发展的重要战略机遇期和经济发展再上新台阶的关键期,为经济转型升级提供高层次人才和高水平科研支撑,是高校的历史使命和战略任务。要进一步加强宏观引导、优化政策环境,加强学科建设、促进成果转化,使湖北科教优势真正转化为竞争优势和发展优势。

(一)进一步加强宏观引领,增进高校与经济社会发展的融合度

1. 优化高等教育区域结构

组织三大都市圈编制教育专项规划,构建与都市圈建设相适应的高等教育空间布局,加快形成"中心带动、多极支撑、协同发展"的高等教育办学格局。一是在武汉高标准、高起点规划建设大学城,引导鼓励办学空间不足的在汉高校整体搬迁到武汉都市圈其他城市;推进武汉地区高校"竞进提质、升级增效",巩固和发展武汉作为全国重要科教基地的地位,支持武汉建成全球最具影响力的产业创新中心,使湖北成为国家创新驱动发展战略的核心引擎。二是推动襄阳都市圈、宜荆荆都市圈加快建设高水平理工大学。推动高校与城市互融共赢,支持校地卫生、文化、体育设施共建共享,共建一批高水平大学科技园,建设环大学创新经济带,打造城校共生、校地合作新模式。三是引导武汉高校创新资源向其他市州扩散,支持高校建立完善科技成果技术转移中心,鼓励高校科技人员以及大学生到农村一线开展科技创新、创业和服务;继续实施新农村研究院建设计划,支持涉农高校与地方政府合作创新,推进产业转型升级。四是积极推进合作办学,吸引国内外著名大学来湖北办分校,也可邀请清华大学、中国科技大学、哈尔滨工业大学等来

湖北办分校，形成人才培养的互补。加快推进以开发优质高等教育资源为导向的高等教育结构调整，促进优质高等教育资源开发与利用，逐步成为高等教育发展新的主导力量。

2. 丰富高等教育类型层次

在武汉、宜昌等地创办网络安全、航空航天类高校，扩大教育资源，提升高等教育快速响应产业能力。推动部分医药、汽车类高校升格更名，提升人才培养层次和质量，服务大健康、新能源与智能网联汽车等优势产业转型升级。以优质高职院校为基础，创办本科层次职业院校和专业，对接服务光电子信息、高端装备制造等现代产业集群。

3. 推进高校分类特色发展

制定高校多维分类管理办法，从学科门类、科学研究类型、人才培养定位等维度实行高校差异化分类管理，推动高校特色、错位发展。一是深入推进"双一流"高校建设。湖北首批国内"双一流"建设高校完成了阶段性目标任务，但还没有形成自己的高地。应按照强强联合、地域相邻、优势互补、特色鲜明的原则，整合资源，集中力量支持2—3所有优势、有竞争力的省属高校，进入"双一流"建设"国家队"，有计划地进行新一轮国内"双一流"高校建设，当好湖北高校建设的排头兵。二是加快本科教育提质创优。深入实施高水平本科教育建设工程，深入实施"六卓越一拔尖"计划2.0和"荆楚卓越人才"协同育人计划，深入实施一流本科专业建设"双万计划"和一流本科课程建设"双万计划"，以新工科、新医科、新农科、新文科建设引领新时代本科教育创新发展。三是大力发展高质量研究生教育。完善省域研究生教育布局，推动宜昌、襄阳、荆州、十堰等建设区域性研究生教育基地；坚持学术型与应用型人才并重，深入推进科教融合的学术学位研究生培养模式和产教融合的专业学位研究生培养模式。四是优化高职院校办学模式。结合区域发展需要、行业产业布局规划，通过合并、重组等形式，对职业教育资源进行整合，实现一个行业产业内，高职、本科等各个层次集中办好1所院校。五是建立新时代高校办学评价体系。明确不同类别高校的发展要求和评价指标，完善分类评估、绩效拨款的政府投入机制，引导高校找准服务领域和行业，培养适应经济社会发展需求的高水平人才。

（二）进一步突出特色优势，强化学科专业与经济社会的契合度

1. 优化学科专业设置

落实高校学科专业优化调整实施方案，聚焦区域和产业发展急需，大力发展理工农医类学科专业，适度控制管理、法学、艺术等学科专业，到2025年完成调整

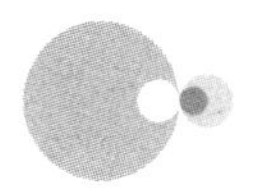

优化20%左右学科专业布点的目标。一是建立规划引领机制。加强学科专业设置统筹,发布专业目录指南,实行“负面清单”制度,综合应用规划、信息服务、政策指导、资源配置等,每年公布限制设置、禁止设置的专业名单,避免因低水平重复建设而造成结构性过剩;充分发挥学位授权自主审核功能,推动自主审核单位优化现有学位授权点布局结构。二是建立评估监控机制。严格学科专业检查评价,搭建高校专业管理公共服务平台,依据人力资源市场和薪酬等状况开展专业评估。定期开展重点学科建设绩效考评、学位授权点质量评估等学科评价工作;定期开展学科专业建设质量检查,积极探索自愿撤销、定向增列的学科结构调整机制,实行高考第一志愿报考率、初次就业率与招生计划、项目安排挂钩,增强人才培养的适应性。三是建立学科专业、招生计划等与产业发展联动机制。指导高校“一校一案”科学编制学科专业发展规划,定期发布湖北学科专业设置“红黄绿”清单,培育建设一批适应新技术、新产业、新业态、新模式的“绿牌”学科专业,对市场需求趋于饱和的“黄牌”学科专业实施预警,对“红牌”学科专业实行过渡管理,过渡期内招生计划只减不增,生均拨款按照其他专业的70%拨付,过渡期后不再安排招生计划和生均拨款。

2. 优化学科专业结构

以促进学科专业链与创新链、产业链、人才链相互匹配、相互促进的原则,突出经济社会发展需求导向,建立健全学科专业动态调整机制,对专业布局进行整体优化。一是做大做强传统优势学科专业。紧紧围绕地方经济社会发展、地方主导产业发展情况,加大传统文理类专业、师范类专业、医药卫生类专业的改造力度,对具有一定优势、关联度高的专业进行优化整合,构建与地方产业链紧密对接的专业集群。二是培植战略新兴产业专业。实施“战略性新兴(支柱)产业人才培养计划”,重点支持电子信息、装备制造、食品、石化、汽车、建材、钢铁、有色、纺织、医药等十个主导优势产业以及节能环保、新一代信息技术、生物、高端装备制造、新材料、新能源、新能源汽车等七个战略性新兴产业相关专业。三是建成一批特色专业。围绕湖北优势产业升级、新兴产业壮大和服务业提升,建成一批特色专业点和特色专业群,重点在先进制造、“互联网+”、大数据、新能源、生命健康、现代农业等领域培育一批新的专业增长点,积极开办需求量日益增加、适应“一带一路”国家战略需求的非通用语种专业。

(三)进一步加大培养力度,增强各类人才对经济社会的适应度

1. 高质量培养高素质人才

一是加快聚集战略领军人才。实施“楚天英才”计划,发挥高校人才“蓄水池”作用,聚焦国家重大战略、湖北现代产业体系、一流学科建设等,加快引育一批战

略科学家、领军人才和优秀青年人才。建立高校首席专家特殊调配机制，赋予战略科学家和领军人才跨学校、跨区域、跨部门整合资源自主权和“以才引才”举荐权，领衔开展重大科技攻关。开展高层次人才筑基行动，高校每年安排不少于40％的基本科研业务费，专项资助优秀青年科技人员自主研究。完善人才综合服务保障机制，为高层次人才提供“一站式”服务。二是贯通选育拔尖创新人才。支持武汉大学、华中科技大学等高校深度参与国家基础学科拔尖人才培养战略行动，建好拔尖创新学生培养基地。建设基础学科协同育人共同体，推动高校与在鄂科研院所、领军企业开展研究生联合培养。实施拔尖人才“育苗”计划，遴选一批科技高中建设基础学科人才培养生源基地，推进高校与中学深入合作，探索建立学科超常学生早期发现、专门选拔、针对性培养机制。三是协同培养高水平应用型人才。争取建设武汉光谷国家卓越工程师创新研究院，打造卓越工程师后备人才培养和科技产业创新特区。实施省级卓越工程师培养试点行动，围绕解决产业复杂工程技术难题，在高校和企业联合建设10个省级卓越工程师学院，深入实施一批省级卓越工程师校企联合培养项目。布局建设一批现代产业学院、乡村振兴学院等专业特色学院，培养符合湖北现代产业需求的高素质应用型、创新型人才。深化现代职业教育体系建设改革，大力实施高职“双高”、中职“双优”计划和现场工程师专项培养计划，培养“荆楚工匠”和高技能人才。

2. 高规格引育高层次人才

一是实施高层次人才培养项目。支持高校申报国家高层次人才计划。实施好“楚天学者计划”“湖北产业教授”“湖北名师工作室”等人才项目，适度加大资助力度，每年评选200名左右“楚天学者”、100个“湖北名师工作室”、100名“湖北产业教授”。实施更加积极、更加开放、更加有效的人才政策，健全人才引进全周期服务机制，支持其在重大科技任务中“挑大梁”“当主角”。二是做好高层次人才引进。适度加大人才项目资助力度，加强基础研究和原始创新、关键核心技术等领域人才引进。支持省内外企事业单位科技创新人才和高技能人才到湖北高校兼职任教；支持省属高校申报国家高层次人才计划，积极争取相关部委给予湖北省属高校更多支持；支持省属高校抢抓全球人才流动机遇，创新引才方式，扩大实施世界著名科学家来鄂讲学计划，面向全球公开招聘院系负责人、学科带头人。三是加强青年人才培养。引导高校加强高层次人才队伍梯队建设，把政策重心和工作重点放在培育青年科技人才上，完善优秀青年人才全链条培养制度，加强高校优秀毕业生接续培养；扩大教育人才项目对青年人才的支持规模，优化支持方式；鼓励部属高校楚天学者结对帮扶省属高校，培育有潜力的高层次人才；促进国际人才交流合作，实施“高校教师国际交流计划”“高校青年骨干教师访学计划”，加快培育一批具有国际化视野、发展潜力大的高素质青年后备人才。

(四)进一步创新体制机制,提升科技创新对经济社会的贡献度

1. 加快完善科技创新体系

一是加快建立多元化的产学研合作创新机制。建立健全以企业为主体、市场为导向、政府引导带动、社会金融资本相结合的多元化科技创新投入体系。着力打造产业技术创新战略联盟,按照优势特色学科与重点产业对接的原则,加快建立湖北汽车、食品、钢铁、石化、机械、电子信息、纺织、电力、建材9个千亿元产业以及若干个千亿元培育产业的战略联盟,实现"经科教互动,产学研结合,校企所共赢"。深入实施"湖北省高等学校创新能力提升计划",推动湖北高校与国内外高水平大学、科研机构、企业等开展深度合作,为湖北经济社会发展提供强大的人才、科技和文化支撑。支持武汉大学、华中科技大学等高水平研究型大学,以战略性需求为导向,以战略性任务为统领,与国家实验室、国家科研机构、科技领军企业等建立高效协同攻关机制,着力解决制约国家发展和安全的重大难题。二是加强科技创新平台建设。瞄准国家重大战略需求和关键"卡脖子"问题,加快在优势高校布局建设前沿科学中心和关键核心技术集成攻关大平台,支持高校积极参与创建武汉国家科技创新中心、湖北东湖综合性国家科学中心和湖北实验室建设。进一步推进协同创新中心建设,重点支持30个左右与产业对接紧密的协同创新中心建设,培育建设20个左右省部共建协同创新中心,推动创新链与产业链深度融合。三是完善科技创新支撑和服务体系。推动高校参与建设集科技信息服务、技术转移对接、科技投融资和网上技术交易等于一体的科技成果转化服务工作体系。搭建以促进产业化为目标的技术转移平台,提升技术成果管理与推广、技术数据库、项目推荐、产学研合作推进等服务功能,为湖北企业的技术转移提供全方位、综合性服务。

2. 强化科技成果转化保障

一是创新科技成果转化机制。建立以质量、绩效、贡献为导向的高校科技人才评价体系,构建充分体现知识、技术等创新要素价值的收益分配机制,完善科研人员职务发明成果权益分享机制,赋予科研人员职务成果所有权和不低于10年的长期使用权。支持高校科研人才按规定离岗创业、兼职创新、在职创办企业、到企业工作或参与项目合作。二是优化科技资源供需环境。进一步完善湖北高校科技成果转化服务平台,开辟"湖北技术交易大市场"高校专场,促进高校科技成果就地在鄂转化。通过"互联网+"为上下结合赋能,按照现代科技服务业的发展路径,打造"互联网+"科技资源供需平台,平台面向全省各级政府及部门、高校院所、科技园区、各类企业开放,形成扁平化的、不受时空限制的政产学研数字化共享环境。三是完善科技成果转化激励机制。定期开展"湖北高校十大科技成果转化项目”评选活动，对在企业核心技术或行业关键共性技术上有重大突破，对行业技术进步和产业结构优化升级有重大贡献的科技成果转化项目进行奖励，激励高校科技力量围绕湖北经济社会发展重大战略需求开展科技攻关。按照部属高校、省属本科高校、高职高专院校三个系列对高校的科技贡献分类排名并公布，重点考核高校科技成果在鄂转化的效益。推进建立科技成果分类评价、开放评价机制，加强开放多元的国内外专家数据库建设和共享，实施基础研究引入国际同行评价，应用研究主要由企业和用户评价，改变重形式、轻效果的单纯量化考核评价方式，引导高校科技创新更加注重质量和对经济社会发展的实际贡献。

参考文献：

[1] 祁占勇，李莹.改革开放 40 年来我国高等教育政策的演进逻辑与理性选择[J].高等教育研究，2018，39(04)：16-22.

[2] 张志元，李洋.高等教育服务经济社会高质量发展的目标要求与路径选择[J].党政干部学刊，2022(02)：62-68.

[3] 省教育厅编.《湖北省普通高等学校本科教学质量分析报告(2021—2022 学年)》[Z].教育厅内部印制.

[4] 教育部官方网站.教育这十年“1＋1”系列发布会相关材料[EB/OL].(2022-09-27)[2023-05-10].http://www.moe.gov.cn/fbh/live/2022/54875/sfcl/202209/t20220927_665106.html.

[5] 湖北省人民政府.湖北省 2022 年国民经济和社会发展统计公报[EB/OL].(2023-03-18)[2023-05-10].http://www.hubei.gov.cn/zwgk/hbyw/hbywqb/202303/t20230318_4589713.shtml? eqid＝dbb02c68000b67b700000006642d26c0.

（本节执笔人：李博）

第六章　完善教育强省建设保障机制

建设教育强国是中华民族伟大复兴的基础工程，“到2035年总体实现教育现代化、率先全面建成教育强省”是《湖北省教育事业发展“十四五”规划》确定的奋斗目标。实现这一奋斗目标要从宏观层面把握战略方向和发展规律，从中观层面建起“四梁八柱”、撑起目标体系，从微观层面注重远近结合、解决突出问题，加快建设高质量保障体系，为教育强省提供坚实支撑。近年来，湖北立足建成教育强省大局，落实教育优先发展战略，在总体实现教育经费“两个只增不减”的基础上，加强绩效管理，提高了经费使用效益；在保证教师队伍基本满足事业发展需要的基础上，切实加强教育智库建设，发挥教育科研的支撑驱动和专业引领作用，促进了教育质量的整体提高；在持续做好国家教育信息化省级试点的基础上，纵深推进教育数字化战略行动，以教育数字化推进教育现代化迈上了新台阶。

第一节　提高财政资金的投入绩效

财政资金绩效管理是根据财政效率原理，对财政资金从预算绩效目标设定、预算执行绩效跟踪到项目完成绩效评价及结果运用的整个过程实施管理的机制。推进绩效管理，有利于调整优化支出结构、规范财政资金的分配使用，提高财政资金的配置、使用、管理和运行效益。近年来，湖北教育系统围绕财政改革发展大局，牢固树立“讲绩效、重绩效、用绩效”“花钱必问效、无效必问责”的理念，着力优化资源配置，强化过程管理，科学实施绩效评价，提高了财政资金使用绩效和科学化精细化管理水平。

一、我国关于财政绩效管理的相关政策及演进特点

预算绩效管理是政府全面绩效管理框架的重要组成部分。构建全方位、全流程、全覆盖的预算绩效管理体系，强化财政资金绩效考核评估，是提高财政资金绩

效水平的重要手段，是推进国家治理体系和治理能力现代化的重要制度安排。进入21世纪以来，从中央到地方，高度重视财政资金的预算绩效管理，出台了系列政策予以支持和规范。

国家进行了总体设计和战略部署。2003年，党的十六届三中全会报告提出“建立预算绩效评价体系”，财政预算绩效管理改革正式进入中央文件；此后，党的十七届二中、五中全会、十八大、十八届三中全会等都对预算绩效管理进行了相应的部署。2017年，党的十九大报告提出“建立全面规范透明、标准科学、约束有力的预算制度，全面实施绩效管理”。2018年，中共中央、国务院印发《关于全面实施预算绩效管理的意见》，对全面实施预算绩效管理进行了统筹谋划和顶层设计，成为我国新时期预算绩效管理工作的根本遵循。此外，2015年新修订的《预算法》将“讲求绩效”作为预算管理基本原则，对预算绩效管理做出了具体而明确的规定；2021年《国务院关于进一步深化预算管理制度改革的意见》也对预算绩效管理提出了明确要求。

财政部进行了专业规范和具体安排。2005年，财政部开始组织对中央部门预算支出开展绩效评价；2009年，财政部制定了《财政支出绩效评价管理暂行办法》，并在2011年结合实施情况进行了修订；2011年，财政部印发《关于推进预算绩效管理的指导意见》，指导和推进全国的工作；2012年财政部制定《预算绩效管理工作规划（2012—2015年）》，对阶段性工作进行了全面部署，指导和推进全国预算绩效管理工作；2018年财政部出台《关于贯彻落实＜关于全面实施预算绩效管理的意见＞的通知》；2021年财政部印发《中央部门项目支出核心绩效目标和指标设置及取值指引（试行）》。这一系列的意见、制度和流程，较好地指导和推进了我国的预算绩效管理工作。

教育部提出了行业规范和工作要求。2011年6月，国务院印发《关于进一步加大财政教育投入的意见》，要求完善财务监督制度，强化重大项目经费的全过程审计，建立健全教育经费绩效评价制度。2018年8月，国务院办公厅印发《关于进一步调整优化结构提高教育经费使用效益的意见》，将绩效管理范围覆盖所有财政教育资金，建立健全体现教育行业特点的绩效管理体系。2019年12月，教育部印发《关于全面实施预算绩效管理的意见》，提出到2020年底，基本建成覆盖部门预算和转移支付的全面预算绩效管理制度体系。在此期间，教育部、财政部先后出台了义务教育、高等教育、高等职业教育、中等职业教育等生均公用经费基准定额或生均财政拨款水平标准，对各类经费的使用绩效评价提出了明确要求，并按照“一个专项对应一个资金管理办法”的原则，累计制定或修订各类专项资金管理办法30多个。每年教育部还提供各类资金使用绩效评价报告，对各类教育资金的使用绩效作出评判，提出改进的意见和建议。

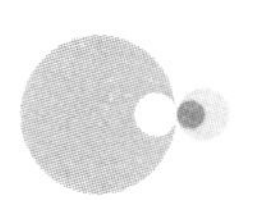

表6-1-1　2010年以来国家关于教育投入绩效管理的政策要求

序号	政策名称	政策要求
1	2010年11月30日,财政部、教育部《关于进一步提高地方普通本科高校生均拨款水平的意见》(财教〔2010〕567号)	加强预算管理,提高预算编制质量,提高预算执行效率;防范学校财务风险,建立地方高校健康、可持续发展的长效机制;建立经费使用绩效评价制度,加强经费使用监督,切实提高资金使用效益
2	2011年6月29日,国务院《关于进一步加大财政教育投入的意见》(国发〔2011〕22号)	加强财务监督和绩效评价。进一步完善财务监督制度,强化重大项目经费的全过程审计,建立健全教育经费绩效评价制度。着力做好教育基础数据的收集、分析和信息化管理工作,健全学校财务会计和资产制度,规范学校经济行为,防范学校财务风险
3	2014年10月30日,财政部、教育部《关于建立完善以改革和绩效为导向的生均拨款制度加快发展现代高等职业教育的意见》(财教〔2014〕352号)	切实提高财政资金使用效益,建立完善高职院校生均拨款制度要与强化绩效管理相结合,将绩效理念和绩效要求贯穿于高职教育经费分配使用的全过程,体现目标和结果导向,加快发展现代高等职业教育
4	2015年11月9日,财政部、教育部、人力资源和社会保障部《关于建立完善中等职业学校生均拨款制度的指导意见》(财教〔2015〕448号)	切实提高财政资金使用效益,建立完善中职学校生均拨款制度要与强化绩效管理相结合,将绩效理念和绩效要求贯穿于中职教育经费分配使用全过程,体现目标和结果导向,加快发展现代中等职业教育
5	2015年11月25日,国务院《关于进一步完善城乡义务教育经费保障机制的通知》(国发〔2015〕67号)	加强义务教育学校预算管理,细化预算编制,硬化预算执行,强化预算监督。规范义务教育学校财务管理,创新管理理念,将绩效预算贯穿经费使用管理全过程,切实提高经费使用效益
6	2018年8月17日,国务院办公厅《关于进一步调整优化结构提高教育经费使用效益的意见》(国办发〔2018〕82号)	将绩效管理范围覆盖所有财政教育资金,并深度融入预算编制、执行、监督全过程,完善细化可操作可检查的绩效管理措施办法,建立健全体现教育行业特点的绩效管理体系
7	2019年5月24日,国务院办公厅《关于印发教育领域中央与地方财政事权和支出责任划分改革方案的通知》(国办发〔2019〕27号)	完善预算管理,提高资金效益。全面实施预算绩效管理,优化支出结构,着力提高教育领域资金配置效率、使用效益和公共服务质量
8	2019年12月10日,教育部《关于全面实施预算绩效管理的意见》(教财〔2019〕6号)	以预算资金管理为主线,从运行成本、管理效率、履职效能、社会效应、可持续发展能力和服务对象满意度等方面,综合衡量本单位整体预算绩效

湖北结合实际进行了试点推进和实践探索。2001年湖北恩施州选取了5家单位进行试点，拉开了财政支出绩效评价试点工作的序幕，探索出一整套财政支出绩效评价体系，形成"恩施模式"并向全国推广。2005年以来，省财政厅先后制定了省级部门预算项目和财政项目支出绩效考评管理办法、预算绩效管理专家库管理办法、绩效目标管理办法、绩效目标审核工作规程、绩效评价结果应用办法等一系列制度办法。2013年，省政府出台《关于推进预算绩效管理的意见》。2017年省人大通过《关于进一步推进预算绩效管理的决定》，这是省级层面出台的第一部关于预算绩效管理的地方法规。2020年，湖北省财政厅修订完善了《湖北省省级预算绩效目标管理暂行办法》《湖北省省级预算绩效评价管理暂行办法》《湖北省省级预算绩效评价结果应用暂行办法》，调整了《湖北省省直专项、省对市县转移支付绩效管理暂行办法》，补充了《湖北省省级预算事前绩效评估管理暂行办法》《湖北省省级预算绩效运行监控管理暂行办法》，将这六个办法用一个文件同时印发，即《湖北省财政厅关于印发全面实施预算绩效管理系列制度的通知》。2023年省财政厅出台《湖北省省直部门整体绩效管理暂行办法》，设立了6个必选一级指标、17个必选二级指标和30个必选三级指标，加强整体绩效管理。

二、湖北开展财政教育项目绩效评价的主要做法及成效

从2016年开始，湖北省推进教育预算绩效管理，开展财政教育项目绩效评价。经过七年的探索和实践，基本建立了以绩效目标实现为导向的全方位、全覆盖、全过程的预算绩效管理新机制，基本实现预算绩效管理的科学化、精细化和常态化，预算绩效管理步入制度化、规范化、科学化轨道。

（一）主要做法

1. 协同部署推进

省教育厅始终把预算绩效管理摆在重要位置，积极发挥牵头组织职能。一是加强部署调度。利用网络会等安排部署、调度推动。专门召开网络布置会布置年度教育项目绩效自评工作任务，开展教育项目绩效自评具体业务培训，并印发绩效自评工作方案，明确工作目标和任务。二是坚持统筹推进。强化省市县三级工作衔接，上下联动，同步实施，整体推进。

2. 统筹制度设计

省教育厅对标省财政厅工作要求，注重从顶层、从根本上来研究设计预算绩效管理实现路径和方式。一是健全制度体系。本着绩效引领、制度先行的改革思路，省教育厅先后制定出台了《湖北省教育厅项目支出事前绩效评估管理实施细则（试行）》《湖北省教育厅预算绩效管理办法（试行）》《湖北省教育厅绩效目标管理实施细

则(试行)》《湖北省教育厅绩效评价结果应用工作流程》等操作细则，涵盖绩效管理的各个环节和主要内容，为顺利推进改革提供了操作规范和制度保障。二是建立绩效指标库。着力健全预算绩效标准体系，省教育厅搭建起现代职业教育质量提升计划专项资金、改善普通高中学校办学条件补助资金等38个项目共性绩效指标框架，建立起包含466个指标的绩效标准体系，为各级编制预算提供了有力参考。

3. 夯实工作基础

加强统筹谋划，注重协调推进，落实落细各项措施，着力强化预算绩效管理的基础支撑。一是成立预算绩效管理领导小组。省教育厅财务处负责牵头组织实施绩效评价工作，承担省教育厅绩效评价工作的主体责任，并委托省教育评估院具体组织绩效评价工作。省教育评估院依据工作需要聘请第三方专业机构参与绩效评价工作。各县(市、区)教育部门负责组织辖区内涉及财政资金项目的绩效评价工作，各项目高校负责组织本单位涉及资金项目的绩效评价工作，形成领导有力、分工合理、齐抓共管的工作格局。二是积极参加省财政厅组织的预算绩效管理培训，不断提高预算绩效管理业务水平。同时，省教育厅财务处和各厅直单位也组织开展预算绩效管理专题培训，积极宣传预算绩效管理理念和绩效管理文化，为预算绩效管理创造良好的舆论环境。

案例6-1-1

宜昌市夷陵区健全预算绩效管理制度体系

近年来，宜昌市夷陵区按照全面实施预算绩效管理改革要求，针对事前、事中、事后及结果运用出台了《宜昌市夷陵区预算事前绩效评估管理暂行办法》《宜昌市夷陵区预算绩效目标管理暂行办法》《宜昌市夷陵区预算绩效运行监控管理暂行办法》等一系列制度文件，明确了职责分工、管理范围、评估流程、指标、方法，将事前绩效评估、绩效目标编制、绩效运行监控、绩效评价管理、评价结果应用等绩效管理理念和方法，贯穿预算申请、编制、执行、监督全过程，初步建立了夷陵区预算绩效管理制度框架，形成了政府主导、财政牵头、预算部门具体执行、社会各方共同参与的预算绩效管理工作机制。

——资料来源：夷陵区人民政府官网 2022-08-15

4. 把握关键环节

坚持预算与绩效一体化理念，着力完善工作机制，将绩效要求全面嵌入预算管理，建立全过程预算绩效管理链条。一是加强绩效目标管理。省、市、县所有教育部门设置总体目标、职责、活动、预算项目绩效目标，绩效目标管理实现全覆盖。

二是深入开展支出绩效评价。省教育厅聘请第三方对年度预算绩效管理项目开展了绩效评价工作。在工作中,明确了职责定位,规定了参与方式,优化了工作机制,完善了工作衔接,为第三方放开手脚、高质量地开展工作创造条件。三是强化绩效评价及结果应用。省教育厅绩效评价工作结束后,将绩效评价信息及时反馈给具体实施处室,督促其完善管理制度,改进管理措施,提高管理水平,并对结果进行通报,各处室对绩效管理工作的认识和重视程度显著提高。

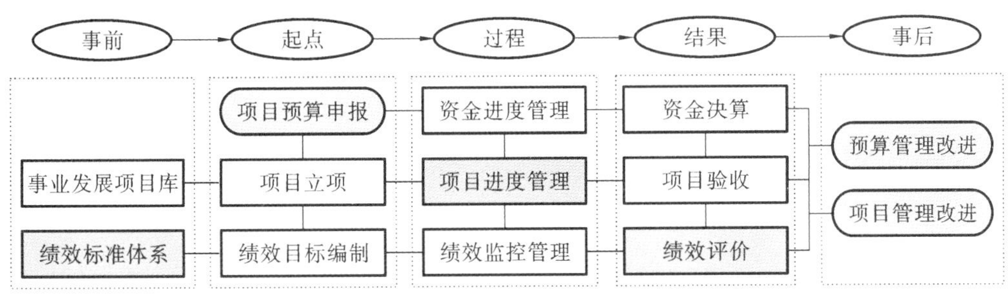

图 6-1-1 预算绩效管理关键环节示意图

（二）主要成效

通过在教育领域全面实施预算绩效管理,湖北教育系统绩效评价工作水平和绩效评价报告质量居省直部门前列,是预算绩效指标标准体系建设示范试点单位,也是省预算绩效管理标准化工作组成员单位,开展绩效评价工作的经验做法在全省推广,在省直部门预算绩效管理工作考核中结果为“优秀”。

1. 促进了绩效管理理念的树立

通过开展绩效评价,教育工作者特别是财务管理者转变了经费使用观念,开始重视财政支出绩效问题,由重资金争取、重过程管理,向重支出责任、重产出和结果转变。以提高资金使用绩效为目标、以结果为导向的管理理念正逐步形成。

2. 强化了绩效责任意识

通过设定明确可衡量的绩效目标,全省教育系统更清楚地了解财政支出所要取得的社会效益和经济效益,其职能和目标得到进一步明确;通过绩效评价,考核省教育厅各处室绩效目标完成情况和取得的成效,与下年度预算安排直接挂钩。“花钱必问效、无效必问责”,在一定程度上强化了单位整体和各部门的自我约束意识和责任意识。

3. 增强了项目管理规范

对教育项目支出的科学性、效益性和管理水平的评价,对绩效评价结果的应用,促进了部门不断完善内部管理,自觉加强资金的管理和监督,不断提高理财水平,增强财政资金分配、管理的科学性。

4. 提高了资金使用效益

通过开展绩效评价,将全省教育系统的发展规划和年度工作计划有机结合起来,并进行跟踪问效,有利于整合财政资源,优化财政支出结构,减少财政支出的随意性和盲目性,最大限度地将有限的财力和资源配置到效益最佳的部门,并发挥最大效益。

案例6-1-2

襄阳运用"三四三"模式促进预算绩效管理提质增效

近年来,襄阳市在教育经费管理过程中,不断强化预算绩效理念,积极探索"三四三"工作模式,促进预算绩效管理提质增效。一是强基础、聚合力,做到"三个优化"。优化工作流程,形成相互补充、共同发力的绩效管理模式;优化管理制度,建立了"1+10+N"的管理制度体系;优化指标体系,完成了相关部门的绩效指标标准体系建设。二是强管理、促融合,严把"四个关口"。严把事前绩效评估关,严把绩效目标编审关,严把绩效运行监控关,严把评价结果应用关。三是强质效、拓广度,实现"三个延伸"。延伸至"四本预算",推动"四本预算"绩效评价全覆盖;延伸至各个城区,建立考核激励机制;延伸至跨年度全生命周期,实现预算跨年度平衡。

——资料来源:襄阳市财政局官网 2023-01-18

三、湖北财政教育项目绩效评价的问题及原因分析

近年来湖北省教育厅预算绩效管理工作取得了较为明显的成效,但与上级部门的要求还存在一定的差距,总体上表现为部分单位推进预算绩效管理的观念还比较淡薄,参与绩效评价的积极性不高,具体工作中存在拖延或者被动应付现象,一些工作浮在面上、流于形式,没有充分反映项目绩效的真实情况。具体而言,主要有以下几个方面:

(一)绩效标准体系建设有待完善

1. 项目个性与特色难以在标准体系中体现

绩效指标和标准体系解决了共性问题,但是项目个性与特色的考核如何在预算绩效管理实践中体现,这一问题没有很好地解决。以民族教育项目为例,财政部预算司2019年版《分行业分领域绩效指标和标准体系》中,民族教育设定了"双

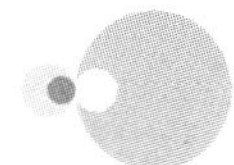

语培训人次”“双语教材编译和审查的字数”“材料质量符合教育教学标准”“提高少数民族双语教学水平”“推进民族地区汉语普及率提升”等 6 个绩效指标。《湖北教育项目绩效指标和标准体系》中，民族教育发展项目则是围绕“民族团结教育德育室建设”“仪器设备购置”“校舍工程”“实施改扩建运动场”“民族特色文化课程”等 5 个项目实施，具体内容设定了 9 个产出指标和 11 个效益指标。具体到项目实施单位，项目单位实施的围墙建设、民族文化宣传墙、教育信息化等项目内容在省教育项目绩效指标和标准体系中没有得到充分体现。

2. 绩效指标科学性、合理性有待提升

绩效指标要做到好用、好考核，绩效指标解释、应用范围和评价方法的界定是关键。实践中存在绩效指标解释不清楚、评价适用范围模糊、评价方法不明确等问题，一定程度上影响了绩效指标和标准体系的应用。如，助学类项目常常会涉及数量指标“受助学生人数”，这个指标看似简单明确，而在指标应用过程中，则存在许多需要界定清楚的事项。从指标解释来看，学生资助工作涉及春季和秋季两次，受助人数是按照“人次”计算还是按“人”计算，存在争议；从统计范围来看，受助范围是“建档立卡贫困人口”，是“普通人口”，还是“遭遇特殊变故人口”等也需要明确界定；从评分来看，像“受助学生人数”这类指标的目标值在预算申报时很难界定清楚，缺少明确的目标值，为后期绩效评价工作带来困扰。

3. 绩效指标和标准体系没有做到上下一致

除具体项目实施单位为某一个单位的项目外，绩效目标申报、绩效监控和绩效评价工作都涉及统一汇总的情况，上下的一致性尤为重要。绩效指标和标准体系如何分解上级部门下达的绩效目标，有没有充分体现自身项目实际，是目前预算绩效管理工作中急需解决的实际问题。以高校“双一流”建设项目为例，财政部预算司 2019 年版《分行业分领域绩效指标和标准体系》设定了“支持国际交流的学生人次”等 10 个产出指标，“大学及学科的学术声誉提升”等 3 个产出指标。湖北 2019 年预算下达时主要涉及的绩效目标包括“支持国内一流大学建设高校”等 9 个产出指标，“资金监管”等 4 个效益指标，“高校、学生、社会对建设项目满意度”1 个服务对象满意度指标。某高校在实践中，“双一流”项目设定“发表学术论文数(篇)”等 24 个产出指标，“建立人才培养标准合格率(%)”等 15 个效益指标。综合比对，国家、省和项目高校设置的绩效指标各不相同，且各个层次所列的绩效指标缺少明显的逻辑支撑关系，为后期的绩效评价增加了难度。

（二）预算绩效管理质量有待提高

1. 对全面实施预算绩效管理的要求认识不足

财政部新修订的《项目支出绩效评价管理办法》(财预〔2020〕10 号)和制定

的《第三方机构预算绩效评价业务监督管理暂行办法》(财监〔2021〕4 号),对预算绩效管理从不同的维度提出了新的要求。湖北省财政厅出台的《全面实施预算绩效管理系列制度》(鄂财绩发〔2020〕3 号),涵盖事前绩效评估、绩效目标管理、绩效运行监控、绩效评价、评价结果应用、支付绩效管理等 6 项制度。湖北省市场监督管理局发布的《预算绩效管理制度编制指南》(BB42/T1600—2000),对预算绩效管理制度编制提出标准化要求。这些新要求和新政策需要进行宣传,加强理解,达成共识才能够落实到位。而现实工作中,对这些政策规章学习不够、落实不够。

2. 预算绩效评价指标、单位履职范围和政策变化衔接不紧密

一是绩效目标设置与单位事权和政策内容结合不够。在设置绩效目标的过程中,往往根据经验确定,结合单位事权和政策内容不够,行业标准、行业政策没有很好的融入评价指标体系。二是绩效指标设置“避重就轻”。部分单位在设置指标时主要考虑目标的可实现性,设置的绩效目标没有任何“挑战性”,失去了目标应有之义。另一方面,在设置绩效目标的过程中没有充分吸取社会公众或者其他利益相关者的意见,导致设计的指标不能全面反映情况。三是指标设置不够科学。未依据项目情况“量身定制”指标体系,机械套用指标框架模板,特别是效益指标个性化不够,导致指标设置难以反映项目实际情况;末级指标数量不足、应量化未量化的情况较多。

3. 绩效评价报告不够规范

一是格式不规范。在绩效评价过程中,有的绩效评价报告在格式上不够规范。如,资金支出明细金额填列不完整或与报告内容不匹配,漏填绩效目标及指标等;部分报告文字部分在结构上未按照引言、概况、绩效、问题、建议的要求进行撰写,表述较随意,结构不完整。二是文字表述不清晰。部分报告的项目概况对基本情况交代不清,提炼不到位。有的报告对项目绩效未做全面深入的分析归纳,表述不够清晰、充分,甚至无绩效陈述,或与项目执行情况混为一谈;绩效陈述与绩效指标设置缺乏关联度。部分报告问题反映不清楚,与指标扣分点不一致;问题反映缺乏深度,描述简单,对问题的原因分析不够到位。一些报告建议表达不明确、不充分,缺乏建设性和可操作性,有的建议与问题不匹配,有些建议仍停留在套话和空话上,泛泛而谈,不够具体细化。三是“酌情扣分”情况较普遍。一些项目在绩效评价过程中,评价标准欠合理,没有合理分档和细化量化,标准描述不够清晰,主观判断成分较多,操作性不强,“人情分”现象严重;同时,指标权重分布不合理,存在项目产出或效益指标权重过低的情况,反映出绩效评价对于指标权重设置不够重视和细化。四是评价工作欠严谨。部分报告文字描述和指标所反映情况存在脱节,绩效报告质量有待进一步提高。个别报告内容不完整,文字

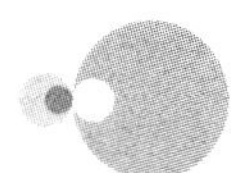

逻辑不清晰。部分项目评价评分不够科学，评价结论的可用性不足；从报告反映的评价实施过程看，评价中未开展实地调研和资料核实，对有受益对象的项目未设置问卷调查环节，或有些问卷调查流于形式，没有与指标设置及评分标准相匹配，调查的深度和广度不够，调查内容不足以支撑效益指标的评判和项目绩效结论的形成。

（三）绩效评价结果应用有待深入

1. 绩效评价结果“不好用”

绩效评价应该是一个创造价值的过程，绩效评价的价值取向直接影响绩效评价效果。绩效评价结果最终集中体现绩效评价报告上，绩效评价报告的最高境界就是“结论可用”。但目前绩效评价结果“用不了”“不好用”成为资金和项目调整的关键障碍。

2. 绩效评价结果“不想用”

绩效评价的目的是形成评价结果（评价报告和自评报告），并在评价结果与资金分配、绩效改进和绩效问责之间建立起制度化的关联，这也是全面实施绩效管理的最终目的。目前，不论是从绩效评价结果对预算资金分配的影响来看，还是从预算绩效问责、绩效评价结果公开等方面来看，离全面实施绩效管理的要求都有很大的差距，评价结果应用这个关键环节在多数地方、多数部门可以说还没有破题，这正是有人认为绩效评价形式多、实效少的原因所在，也是一些地方、一些部门没有真正重视绩效管理工作的症结所在。

（四）绩效管理人员专业水平有待提高

1. 绩效理念需要强化

认识的深入、理念的普及和绩效文化的创建是全面实施预算绩效管理的前提。随着预算绩效管理工作的逐步推进，教育各部门对预算绩效理念有一定的了解，但长期以来形成的“重分配、轻管理”的观念还没有彻底根除，“重产出、重效益”的绩效理念尚未真正建立，少数部门对预算绩效管理工作重视不够、被动应付，工作缺乏主动性。

2. 专业人才普遍缺乏

预算绩效管理是一个专业性、系统性较强的工作，不仅要收集大量基础数据，还要做大量细致深入的调查研究以及测算分析工作，涉及经济、管理、统计等各个领域的专业知识，需要大量能开展各方面工作的复合型人才，而教育职能部门普遍缺乏这方面的人才。

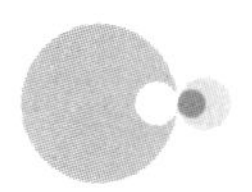

四、我国全面实施预算绩效管理的新要求

经过多年的发展与探索,预算绩效管理工作已由“部门推进”升级为“中央战略”,从注重“事后评价”升级为“事前”与“事后”并重,从“资金绩效”拓展到“政策绩效”,从“项目绩效”覆盖到“部门和单位整体绩效”。具体来说,这些新变化集中体现在以下几个方面:

1. 预算绩效管理从“规范型”向“价值型”转变

湖北省财政厅《关于推进全面实施预算绩效管理工作的通知》在建设目标中,明确提出“改变预算资金的固化格局”。预算绩效管理将直接影响财政资源分配,特别是在财政收支矛盾较为紧张的情况下,绩效结果将与资金分配直接挂钩,预算绩效管理从“重视形式”向“真实有用”转变。

2. “事前绩效评估”成为预算管理的重要环节

2018 年以前,预算绩效管理内容主要包括绩效目标、绩效监控、绩效评价和结果应用四个方面。2018 年 9 月 1 日,中共中央、国务院印发《关于全面实施预算绩效管理的意见》,提出“建立事前评估机制”,表明预算绩效管理工作延伸到项目立项环节。要求在今后的预算管理中,对新出台的重大政策、项目需要开展事前绩效评估,并且评估结果是申请预算的必备条件。这样,可以从源头上提高预算编制的科学性和准确性。

3. 预算绩效管理升级,全部财政资金纳入管理范围

这一变化主要体现在全方位和全覆盖两个方面。一是构建全方位预算绩效管理格局,将政府收支预算,部门和单位全部收支、政策和项目预算全部纳入绩效管理;二是完善全覆盖预算绩效管理体系,将一般公共预算、政府性基金预算、国有资本经营预算、社会保险基金预算、政府投资基金、PPP、政府采购、政府购买服务、政府债务等都纳入绩效管理。绩效管理将延伸到政府投融资活动,全部财政资金都要实施绩效管理。

4. 预算管理、绩效管理、业务管理一体化趋势越来越明显

预算绩效管理是将事前绩效评估、绩效目标编制、绩效监控、绩效评价、结果应用等内容嵌入到预算管理全过程。全面实施预算绩效管理后,资金从预算编制、预算执行、决算公开的全过程都与绩效管理紧密相连。预算管理与绩效管理形影相随,成为一个问题的两个不同方面。

5. 绩效管理成为日常管理工具

以往是财政或者财务部门提出绩效管理要求,预算单位或者业务部门被动实施绩效管理。全面实施预算绩效管理后,绩效管理成为一项日常管理工具。今后，预算绩效管理将由“财政部门带着做”转变到“各职能部门主动为”。对各个单位来说，也将由“财务处室做绩效”转变为财务处室和业务处室互动配合，完成绩效管理工作。

五、提升湖北财政教育项目绩效评价水平的策略建议

随着预算绩效管理的深入推进，全省教育系统应积极构建贯穿预算编制、执行、监督全过程的预算绩效管理体系，逐步建立绩效报告机制、反馈整改机制和绩效评价结果与预算安排相结合的机制，确保财政资金的使用安全、规范、高效，助力教育高质量发展，加速教育强省建设。

1. 健全绩效评价体系

及时开展教育项目事前绩效评估工作。为保证教育项目资金及时分配下达，强化项目库管理，教育和财政部门要提供各教育项目事前评估报告，采取现场调研、实地勘察、调阅资料等方式，开展逐项目审核。对评估等级为优、良的，按照评估得分排序，纳入部门项目库管理，作为申报项目预算的参考依据；对评估等级为中、低的，修改完善后达到优、良等级再纳入部门项目库管理；评估等级为差的，不纳入项目库管理。未纳入项目库管理的项目不予预算。

按期开展教育项目事中绩效监控。按照“全面覆盖、突出重点，权责对等、约束有力，结果运用、及时纠偏”的原则，教育、财政协同发力，强化事中监督。通过财政云系统监督和教育项目实地察看监督，及时掌握项目绩效目标完成情况、项目进展和资金拨付使用情况，对绩效目标偏离和资金使用效益低下等问题，认真分析原因，及时督促单位纠错整改，力促实现预期目标。特别是要增强“谁支出，谁负责”的主体意识，降低运行成本，提高预算执行效率和资金使用效益。

督促做好教育项目事后绩效自评工作。按照“谁使用资金，谁负责绩效”的原则，教育部门应做好绩效自评工作。进一步加强和规范项目管理，充分发挥资金使用效率，为指导预算编制和优化财政支出结构提供参考依据。

2. 完善绩效评价指标和标准体系

评价指标体系体现的是评价方向，具有“指挥棒”的作用。应完善绩效指标和标准体系，实现共性指标与个性指标相结合、定性指标与定量指标相结合、正数指标与负数指标相结合、传统指标与现代指标相结合、基本指标与修正指标相结合、过程指标与结果指标相结合，定期采集绩效运行信息并汇总分析，对绩效目标运行情况进行跟踪管理和督促检查，纠偏扬长，促进绩效目标的顺利实现。

要强化“实用性”原则。绩效指标和标准体系唯有应用才有价值和意义，具备可操作性才能够落地。一是预算绩效标准体系收录的绩效指标应为使用财政资金展开的工作中实际需要应用的绩效指标，以确保指标库能用、好用。二是预算

绩效标准体系的设计及绩效指标的收录,除结合项目单位的实际情况,还与国家、省教育部门的绩效管理指标框架体系兼容。

要运用"工具书"思维。绩效指标和标准体系应建设成为预算绩效管理工作中的一本"工具书",确保可查、可用、可更新。一是全面梳理总结,尽可能全面地搜集项目绩效指标,将相应的指标界定解释清楚,实现每一个项目都有足够的候选绩效指标。二是多维度建立绩效指标,充分考虑国家、省级、市县级对绩效目标的设置要求,满足标准使用者的多样性。三是及时、定期更新预算绩效标准体系中的指标,以反映事业发展各方面最新的政策和工作要求,确保与时俱进。

要强调"参与型"方式。绩效指标的建设不应该只是财政部门和财务部门"闭门"研制,应该充分调动业务部门充分参与,甚至可以考虑让项目受益者参与绩效指标和标准体系的建设。一些地方在建立绩效指标和标准体系过程中邀请教师、学生、家长参与绩效指标的问卷调查工作,这种"参与型"方式是建设绩效指标和标准体系的一种积极尝试。

3. 规范绩效评价行为

建立科学的评价模型和方法。充分利用关键绩效指标模型(KPI)、"3E"理论模型、绩效三棱镜模型的理论基础,构建部门整体支出绩效评价的评价模型。将财政项目评价与政策评价有机结合,把整个项目植入到政策发展的视野中进行评价,重点评价实施项目是不是符合现有政策的要求,能不能对现有政策进行强有力的支撑,评价项目和政策有没有调整的空间。规范部门整体支出绩效评价流程,构建部门整体支出绩效评价的多主体参与模式,实施部门整体支出绩效评价的大数据分析。

放宽评价视野。绩效评价工作不局限于项目内,应该将绩效评价项目放入项目实施周期,关联项目群,站在国家和省级的宏观政策层面去开展绩效评价。要强调业财融合,将资金管理与项目管理融合互动,将项目筹融资、资金安排与项目发展关联。业务与财务的共同推进,协同开展绩效评价更有利于提高绩效评价报告的质量和水平。

写好绩效评价报告。绩效评价报告要有大局观,要用数据和事实说话。要把绩效评价作为数据收集和引导资金投向的重要手段,及时监控汇总各级部门的财务和项目执行数据,形成数据中心,服务重大教育决策。

4. 加强绩效评价结果运用

建立绩效评价结果的反馈与整改、激励与问责制度,不断完善绩效评价结果的反馈和运用机制,将绩效结果向社会公布,进一步增强单位的责任感和紧迫感。将评价结果作为安排以后年度预算的重要依据,将一些绩效评价结果不好的项目取消,对执行不力的单位的预算要进行相应削减。重视部门整体支出绩效评价中的问

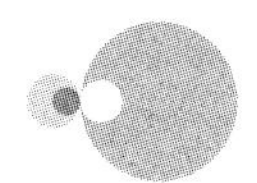

题总结，利用绩效评价结果对部门和部门成员进行奖励或惩处，以起到激励作用。

5. 提高绩效管理人员专业水平

通过多种渠道招聘专业的财务人员。加大培训力度，在对全年工作进行统筹安排的前提下，加强预算绩效管理工作培训，聘请专业人员讲解绩效管理工作，增强预算绩效管理工作人员的业务素质，保质保量完成绩效管理工作。

参考文献：

[1] 王开川. 新时代教育资金预算绩效管理发展的探究[J]. 财会学习，2023(05)：75-77.

[2] 李洁雯. 教育经费预算绩效管理现状和对策分析——基于 G 省 67 家基层预算单位的问卷调查[J]. 教育财会研究，2022，33(05)：20-26.

[3] 刘华贤. 教育经费预算绩效管理问题研究[D]. 郑州：河南农业大学，2022.

[4] 韩德余，杨晶，封伟毅，白雪峰. 高校教育经费绩效评价问题研究——基于全面预算绩效管理视角[J]. 长春理工大学学报(社会科学版)，2022，35(03)：143-148.

[5] 张鹤. 全面预算绩效管理背景下高等教育专项资金绩效评价研究[J]. 辽宁师范大学学报(自然科学版)，2021，44(02)：167-173.

[6] 郭晓婷. 全面实施预算绩效管理背景下高等教育资源的优化配置研究[J]. 教育财会研究，2020，31(04)：19-24，48.

（本节执笔人：刘莉　鲜兰　饶景阳）

第二节　发挥教育科研的专业支撑作用

教育科学研究是教育事业的重要组成部分。重视和加强教育科学研究,是坚持党的理论品格和贯彻科学技术是第一生产力的必然要求,是探索教育规律和人才成长规律、推动教育改革发展的必然要求,也是推进教育治理体系和治理能力现代化的必然要求。近年来,湖北教育科研系统作为推进改革创新的人才库、建言献策的智囊团,围绕中心、服务大局,潜心钻研、默默奉献,不断推进教育理论创新、制度创新和实践创新,在资政育人、创新理论、指导实践和引导舆论等方面取得了良好成效,树起了“科研鄂军”品牌。

一、国家关于教育科研的相关政策演进

中国教育科研政策变迁及演进的轨迹受到不同时期政治、经济、文化的影响,是在多重背景下个体与群体认知和行为共同作用的结果。

1. 初创时期(1949—1965 年):建立三级教研体系

建国初期,为恢复和建设教育事业,教育部在 1949 底召开了第一次全国教育工作会议,要求在省、地市、区县三级教育行政体系都设立教研机构,称为教研组。1952 年,教育部相继颁布了《中学暂定规程(草案)》和《小学暂行规程(草案)》,指出教研组要以改进教学工作为目的,教研员的职责在于研究教学和改进教学,中小学内部的教研组由此确立,成员基本是基层教师。到 1966 年之前,各省、地(市)、县(区)的教学研究组织相继成立,初步建立了基础教育三级教研制度。

2. 恢复与发展时期(1977—1999 年):建立五级教研体系

1983 年,教育部成立全国教育科学规划领导小组办公室(简称“全规办”),作为教育部全国教育科学规划领导小组的常设办事机构,整体规划管理全国的教育科研工作。1990 年,国家教育委员会发布《关于改进和加强教学研究室工作的若干意见》,指出教研室是承担中小学(幼儿园)教学研究和学科教学业务管理的机构,各省、地(市)、县(区)都要设立教学研究室。中央、省、市、县和学校的教研机构成立,至此我国基础教育形成了比较完整的五级教研体系。

3. 调整与发展时期(2000—2009 年):形成校本研究

2001 年,在党中央、国务院的领导下,教育部正式启动了新一轮基础教育课程改革,颁发了《基础教育课程改革纲要(试行)》等系列政策文件,初步构建了符合时代要求、具有中国特色的基础教育课程体系。2002 年,教育部印发《关于积极推

进中小学评价与考试制度改革的通知》，提出学校要建立校本教研制度，教师要积极参与教学研究工作。2003 年，全国基础教研制度教育工作会议提出“开创以校为本的自下而上的教研制度”。同年，84 个区县教育局被教育部确立为“全国首批创建以校为本教研制度建设基地”，标志着我国正式开始探索与实践以校为本的教研制度。

4. 完善与深化时期(2010 年至今)：教育科研的转型与创新

2019 年 10 月，教育部印发《关于加强新时代教育科学研究工作的意见》，这是新中国成立以来由教育部专门就教育科学研究工作印发的第一个规范性文件，全面阐述了新时代教育科研工作的指导思想和要求，对教育科研机构和研究人员坚定信念、明确使命、开创教育研究工作新局面具有重要指导意义。同年 11 月，教育部印发《关于加强和改进新时代基础教育教研工作的意见》，提出要“发挥教研支撑作用”，并对教研管理体制、工作体系和机构设置、队伍建设、工作方式等进行了全面部署。两个《意见》的发布，指明了今后一个时期我国基础教育教研、科研工作的基本方向，是新时代基础教育教研、科研工作的根本遵循，对于坚持和完善中国特色基础教育教科研制度和治理体系，凝神聚气谋划教研改革和转型发展，开创新时代教科研工作新局面具有十分重要的现实意义和深远影响。

表 6-2-1　国家关于教育科研的相关政策

序号	政策文件	主要内容
1	1952 年 3 月，中央教育部颁布《中学暂定规程（草案）》和《小学暂行规程（草案）》	明确提出了中小学要建立学科教研室和学校教学研究会议制度，首次对中学小教研组的设置作出了规定，这成了我国教研组成立最早的法规依据，也标志着教研组以国家文件的形式在中小学正式确立
2	1990 年 6 月 6 日，国家教育委员会《关于改进和加强教学研究室工作的若干意见》（教基〔1990〕13 号）	各级教育行政部门要从教研室（所）承担任务的实际需要出发，保证教研室的经费。除拨给经常性经费外，还应按工作需要拨给专项业务费，以保证教研工作的正常开展。还要逐步改善教研工作条件，根据实际需要配备必要的图书资料、教研设备等
3	1994 年 7 月 3 日，国务院关于《中国教育改革和发展纲要》的实施意见（国发〔1994〕39 号）	采取与实际工作部门以及境外机构和个人联合培训、研修等措施，努力培养适应社会主义市场经济急需的管理人员和教学、研究人员
4	2001 年 6 月 8 日，教育部关于印发《基础教育课程改革实施纲要（试行）》的通知（教基〔2001〕17 号）	在教育行政部门的领导下，各中小学教研机构要把基础教育课程改革作为中心工作，充分发挥教学研究、指导和服务等作用，并与基础教育课程研究中心建立联系，发挥各自的优势，共同推进基础教育课程改革

续表

序号	政策文件	主要内容
5	2002年12月27日,教育部《关于积极推进中小学评价与考试制度改革的通知》(国发〔2001〕21号)	教研部门应贯彻课程改革的精神,认真研究评价内容和评价方式,提高为学校和教师服务的能力,促进教师的发展和学校课程实施水平的提高
6	2010年7月29日,中共中央、国务院印发《国家中长期教育改革和发展规划纲要(2010—2020年)》	树立系统培养观念,推进小学、中学、大学有机衔接,教学、科研、实践紧密结合,学校、家庭、社会密切配合,加强学校之间、校企之间、学校与科研机构之间合作以及中外合作等多种联合培养方式,形成体系开放、机制灵活、渠道互通、选择多样的人才培养体制
7	2016年11月7日,中共中央办公厅、国务院办公厅印发《关于实行以增加知识价值为导向分配政策的若干意见》	充分发挥市场机制作用,通过稳定提高基本工资、加大绩效工资分配激励力度、落实科技成果转化奖励等激励措施,使科研人员收入与岗位职责、工作业绩、实际贡献紧密联系,在全社会形成知识创造价值、价值创造者得到合理回报的良性循环,构建体现增加知识价值的收入分配机制
8	2018年7月18日,国务院《关于优化科研管理提升科研绩效若干措施的通知》(国发〔2018〕25号)	建立完善以信任为前提的科研管理机制,按照能放尽放的要求赋予科研人员更大的人财物自主支配权,赋予科研人员更大技术路线决策权,减轻科研人员负担,充分释放创新活力,调动科研人员积极性,激励科研人员敬业报国、潜心研究、攻坚克难,大力提升原始创新能力和关键领域核心技术攻关能力
9	2018年12月26日,国务院办公厅《关于抓好赋予科研机构和人员更大自主权有关文件贯彻落实工作的通知》(国办发〔2018〕127号)	深入推进下放科技管理权限工作。推动预算调剂和仪器采购管理权落实到位。推动科研人员的技术路线决策权落实到位。推动项目过程管理权落实到位。科研单位要健全完善内部管理制度,确保在落实科研人员自主权的基础上,突出成果导向,提高科研资金使用绩效,完成科研目标任务
10	2019年6月23日,中共中央、国务院印发《关于深化教育教学改革 全面提高义务教育质量的意见》	发挥教研支撑作用。加强和改进新时代教研工作,理顺教研管理体制,完善国家、省、市、县、校教研体系,有条件的地方应独立设置教研机构。明确教研员工作职责和专业标准,健全教研员准入、退出、考核激励和专业发展机制
11	2019年10月24日,教育部《关于加强新时代教育科学研究工作的意见》(教政法〔2019〕16号)	要围绕中心,服务大局,坚持改革创新,推动建设具有中国特色、世界水平的教育科学理论体系,不断提升教育科研质量和服务水平,为加快推进教育现代化、建设教育强国、办好人民满意的教育提供有力的智力支持和知识贡献

续表

序号	政策文件	主要内容
12	2019年11月20日，教育部《关于加强和改进新时代基础教育教研工作的意见》(教基〔2019〕14号)	教研工作是保障基础教育质量的重要支撑，在推进课程改革、指导教学实践、促进教师发展、服务教育决策等方面发挥着十分重要的作用。要完善教研工作体系，深化教研工作改革，加强教研队伍建设，完善保障机制
13	2022年11月4日，教育部《关于进一步加强新时代中小学思政课建设的意见》(教基〔2022〕5号)	要将思政课教研员培训纳入教师"国培计划"，每位教研员每年接受不少于72课时的专项培训。各地各校要建立思政课教师教研共同体、集体备课制度等，指导思政课教师认真备课教研。健全思政课教研员到中小学校定期任教、示范授课、巡回评课制度，广泛开展网络教研、远程教研和跨区域教研
14	2023年5月9日，教育部办公厅关于印发《基础教育课程教学改革深化行动方案》的通知(教材厅函〔2023〕3号)	强化教研专业引领。加强教研队伍建设，严格落实准入标准，完善教研员遴选配备办法和退出机制，建立一支专兼结合的高素质专业化创新型教研队伍。推进教研方式创新，定期组织开展全国性和区域性教研活动。建设基础教育学科教研基地，建立区域教研联盟，加强协同教研。建立健全各级教研员培训交流机制，不断提升教研员服务课程教学改革的能力

二、国家关于教育科研政策的主要特点

教科研制度是中国特色社会主义教育教学管理制度的重要组成部分，具有鲜明的中国特色，是在不断解决我国教育教学问题过程中创立、完善和发展起来的，经历了从无到有、从弱到强的过程；中国的教科研人员也经历了时代的演变、历史的变迁。在改变中国教育的整体格局、改变区域和学校的发展势态、改变教师的思维和行为方式上，中国的教科研制度和人员发挥了独特而重要的作用。

1. 我国教育科研制度的政治特色：始终坚持中国特色社会主义研究方向

我国教育科研制度的创立是为了适应当时我国中小学教育发展需求，在借鉴苏联经验的基础上不断完善和发展起来的，旨在解决我国中小学教育教学过程中的问题。在新中国成立前后，东北地区不少省市向苏联学习，着手建设自己的中小学教育课程体系，探索自身的教学管理模式。除了在学校设立教研组，在市或省级也设立了各种形式的教师进修培训组织或专门的教研组织，负责教材编写和教师培训。之后，随着我国基础教育的改革和发展，教科研管理制度不断完善，即使在"文革"时期，一些教科研组织和学校教研组仍坚持工作，减少了基础教育的损失。进入21世纪，具有中国特色的教科研管理体系基本完善，既包括学校—地市(或区县)—省各级专门教科研组织，也涵盖小学、初中、高中各学段、各学科，可

以说无论其体系构建的严密,还是人员配备的齐全,都是世界上独有的;而且始终坚持中国特色社会主义研究方向,始终坚持为党育人、为国育才,着力为培养德智体美劳全面发展的社会主义建设者服务,其独特性和重要性堪称我国教育教学管理体系中的一支"奇葩"。

2. 我国教育科研制度的组织特色:形成五级教育科研网络体系

目前,我国已建成"国家-省级教科院所-地市级教科院所-县级教科院所-学校教科研室(组)"五级教育科研网络。这种教育科研网络构建了全面覆盖、立体贯通、分工明确、优势互补的教育科研机构体系,明确了各级教育科研机构的分工,创新了教育教研活动方式、范式,灵活、有效地开展教研活动,提高了教育科研质量。全国教育科学规划领导小组负责全国教育科研工作的统筹规划和管理指导,各省(区、市)的教育科学规划领导机构统筹省域内教育科研工作,加强规划管理。各级教育科研专门机构重点加强教育理论研究、政策研究和实践研究,提高服务决策能力和指导实践水平。高等学校重点加强基础理论研究、决策服务研究,优化教育学及其相关学科规划建设和人才培养;中小学积极开展教育教学实践研究,改进教学方法,提高教育质量。教育学术团体突出特色,发挥平台优势,组织开展专业研究,推进群众性教育科研工作,普及先进教育理念和教育科学知识。国家鼓励支持和规范引导社会教育研究机构以多种形式开展科研工作。

案例6-2-1

从上海学生在PISA考试中的突出表现看教育科研优势

上海学生在2009年和2012年连续两次的PISA考试中均分别取得了科学、阅读、数学三项成绩的第一。OECD组织和各路专家对上海基础教育的分析和评价认为:上海PISA成绩的世界第一,非常重要的原因之一是中国的教研制度。OECD在一份《PISA给美国启示》的报告中明确提出,上海严密的教研管理系统和严格的教学常规,是取得良好PISA成绩的一个重要原因。长期以来,包括上海市、区、校三级教科研的组织,特别是学校教科研团队的建设是非常健全的。市区联动的研修一体团队建设,还有跨学区教学教研联盟的建设,都是非常有利的开展,有效支撑了教科研活动的组织,保证了教育教学质量的提高。

——资料来源:纪明泽.从上海PISA看教研的继承与创新[J].现代教学,2018(07):15-18.

3. 我国教育科研制度的功能特色:兼具行政与学术权力的双重属性

行政性权力体现在我国教科研制度的垂直管理:由教育部牵头制定宏观教育

政策和路线,再由省级教育科研机构提出教育科研工作的目标、方针、内容、形式、方法和任务等,然后推广至市、县级机构,最后下放到学校的教科研组。行政部门主导着教育科研制度的价值取向。学术性权力体现在地方教育科研机构对上级教育科研机构要提供决策支撑,即地方教育科研院所需要根据当地实际情况,建立教师培训制度,推进课程改革的进行,设立课程评价体系,组织考试命题工作,贯彻落实教育科研制度。

4. 我国教育科研制度的实践特色:坚持问题导向,服务实践需求

教育部《关于加强新时代教育科学研究工作的意见》明确提出,教育科研要服务实践需求,即立足中国大地,面向基层一线,坚持问题导向,突出教育科研的实践性,以重大教育战略问题和教育教学实践问题为主攻方向,支撑引领教育改革发展。教育部《关于加强和改进新时代基础教育教研工作的意见》也明确提出,教研要加强对课程、教学、作业和考试评价等育人关键环节研究。同时,教科研要根据不同学科、不同学段、不同教师的实际情况,因地制宜采用区域教研、网络教研、综合教研、主题教研以及教学展示、现场指导、项目研究等多种方式,提升教科研工作的针对性、有效性和吸引力、创造力。

5. 我国教育科研制度的主体特色:兼具多种角色

纵观我国教育科研制度 70 多年的发展历程,在各个历史时期,各级教科研组织及多级教科研网络在教育改革和发展中都发挥了不可替代的作用。在"穷国办大教育"的国情下,教科研体系起到了管理和组织教学研究、支持和指导课堂教学、适应和推进课程改革、稳定和保障教学秩序、咨询和论证教育决策的重要作用。同时,教科研组织还承担了教材编写、教师培训、考试研究等大量工作,成为推动我国教育教学发展的中坚力量。特别是近年来教育科研服务教育决策的职能属性越来越显现,许多教育科研机构瞄准国家重大战略和区域发展需求,把握国际教育竞争、人口结构变化、科技创新、社会变革等大形势大趋势,强化预研预判,加强基础性、前瞻性、针对性、储备性教育政策研究,产出了一批重大智库成果,并较好地转化为教育决策。不少教科研人员先是围绕着"教学研究",随着新课程改革的推进,转向了"课程研究"和"政策研究",教科研人员自身的科研意识,以及教科研方法的规范化、专业化都明显加强。

三、湖北加强教育科研的政策举措及成效

在各级政府和教育行政部门的领导和指导下,湖北教育科研体系基本健全,有基本的条件保障和制度保障,能正常地开展常规性教科研活动,一些富有特色的校本研究形成品牌和效应,一些教学改革项目有序推进,教育研究的成果丰硕,教育研究的整体面貌积极向上。

（一）完善教育科研体系，基本形成了健全的科研网络

经过多年的发展和积累，湖北教育科研工作取得了长足进步，初步构建了全面覆盖、立体贯通、分工明确、优势互补的教科研工作体系，基本形成了上下联动、运行高效、合力攻坚的教科研工作机制。

1. 从制度建设来看

从省到市县到学校，就加强和改进教研工作制定和完善了一系列规章制度，形成了具有地方特色的教科研制度体系。省级层面，省教育厅出台了《关于加强和改进新时代基础教育教研工作的实施办法》，从机构设置、职能定位、队伍建设、工作重点、保障措施等方面，提出了具体要求和落实举措；出台了《湖北省基础教育教研工作规范(试行)》《湖北省基础教育教研工作评估办法(试行)》，引领各级教科研机构聚焦主业，规范研究，多出成果，出好成果。特别是 2023 年，“教育科研提振行动”作为全省十大教育行动之一，得到省教育厅的高度重视和大力推动，在聚焦组织形态改革和力量体系建设、强化有组织的教育科研、服务教育重大决策等方面进行了卓有成效的探索，为打造全国教育科研创新高地开好了局、起好了步。各地结合实际出台了具有地方特色的教科研规章制度，基本形成了上下贯通的教育科研制度体系。

案例6-2-2

各市县加强教育科研制度建设

孝感市政府出台中小学教师梯级荣誉管理规定，通过评选“教坛新秀、教坛能手、教坛英才、教坛名师、教坛名家”，表彰在教学、科研和育人工作中取得显著成绩的教师和教科研人员。十堰市教科院编制了内控机制建设基本规范，规定了内设机构部门主任、学科教研员的岗位职责、职权风险点与防范措施。应城市教研室出台了《教研员岗位职责及考核评价细则》，从岗位职责、基本要求、工作指标、考核办法等方面提出要求。

——资料来源：根据 2023 年全省教育科研工作会相关材料整理

2. 从机构建设来看

从省到市、县、乡镇、学校基本建立了五级联动的教育科研工作体系。在省级层面：2015 年，省教育厅整合省教研室、省教科所、省职教中心和省教师资格认定中心，组建了省教育科学研究院和省教育评估院，实现了各类教育研究、教育教学评估、服务教师专业发展的统筹。在基教领域：各市（州）分别设立教科

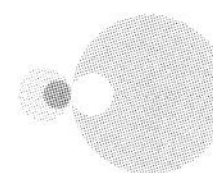

院;县(市、区)设立教科院(教研室、教研中心);乡镇学区教研员配合县市教科研部门开展教科研工作,并以乡镇中心学校为龙头,协调各义务教育学校定期开展学科联片教研,落实市县教科研计划和安排;具有一定规模的中小学校由教科室或教务处负责学校教学研究计划和教研活动的筹划和管理,备课组主导实施,形成教研训一体化的格局。在高教领域:无论是本科高校还是高职院校均设有教育研究机构,统筹学校教育教学研究和教学指导工作,在加强基础理论研究、决策服务研究、优化教学及学科专业规划建设、人才培养方面发挥了重要作用。此外,湖北还有近30家各类省级教育类学会、协会、研究会,它们在不同类型教育和领域发挥了信息交流平台和教育智库作用,极大地提升了湖北教育科研的影响力和竞争力。

案例6-2-3

省市县加强教育科研网络建设

省教科院建立市州、县区以学科为组织单元的教研网络,加强与华中师范大学、湖北师范大学等师范类高校、兄弟科研院所、教育协会(机构)深度合作,共享教育资源和成果。武汉市教科院作为副局级单位,内设12个机构,发挥了对全市教育研究、指导、评价、服务的功能。十堰市教科院在传统小学、初中、高中教育研究室的基础上,专门成立了德育研究室、体育与艺术教学研究室、信息化与实验教学研究室,基本实现各学科、各学段教研全覆盖。应城市教研室将全市划分东西南北四个片区,建立区域教研联动协作体,常态化开展区域教研活动。

——资料来源:根据2023年全省教育科研工作会相关材料整理

3. 从队伍建设来看

各级教科研机构把队伍建设作为基础工作来抓,积极引进和培育人才,加强培训和实践锻炼,努力建设高素质创新型教育科研队伍。近年来,湖北更是出台多项激励措施,改革和创新科研经费使用和管理方式,为科研人员"减负松绑",赋予创新团队和领军人才更大的人财物支配权和技术路线决策权,激励广大科研人员勇于探索、大胆创新、各展其能、各尽其才。比如,2021年8月,省委办公厅、省政府办公厅印发《关于加强人才发展激励促进科技创新的若干措施》,建立顶尖人才"一事一议"引进通道;对突破关键技术瓶颈、产生重大驱动效应的人才项目,资助额度不设上限;推行"举荐制"选拔青年人才,继续实施好"楚天学者计划"楚天学子项目,每年遴选200名左右楚天学者,其中楚天学子占80%左右。2022年4月,省政府办公厅印发《关于改革完善省级财政科研经费管理的若干措施》,进一

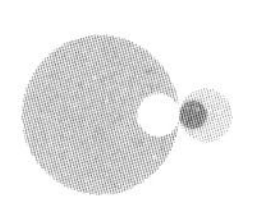

步松绑科研经费管理,破解科研经费使用、管理中的诸多难点痛点问题。2023 年 4 月,省政府印发《关于进一步加强科技激励的若干措施》,针对目前企业研发投入不多、科技创新平台效能不高、科研人员激励不精准等痛点,出台 9 条举措,进一步优化创新环境,激励广大科研人员大胆创新。目前,全省基础教育专职教科研人员超过 7000 人,高校教科研机构聚集了一大批教学研究人员,全省教科研系统能正常开展专业学科的研究、指导、管理、服务、培训、规划、评估、咨询等工作。

案例6-2-4

各市县加强教育科研队伍建设

恩施州教科院成立基础教育学科教学、教育管理、德育研究等教学指导委员会 33 个,办好"教研员学术大讲堂",提升了整体教研力量。荆州市教科院着力培养本土金牌教练和骨干教师,三年培养包括高校导师、市区教研员、高中名师在内的 100 名金牌教练员。十堰市教科院要求每位教研员每学期完成"六个一":参与一个专题研究,读一本教育理论专著,记一万字的读书笔记,上一节公开课,做一次教研活动的中心发言人,写一篇高质量的教学案例、教研论文或教学反思。

——资料来源:根据 2023 年全省教育科研工作会相关材料整理

4. 从平台建设来看

各地各校通过引进培育、合作共建、扶持升级等方式,聚集催生了一批教研、科研创新平台,不断壮大创新策源优势。比如,省教科院开设了系列"科研论坛",通过专题研讨分享等形式,展示研究成果,分享研究经验;搭建"湖北省基础教育教研云平台",集"云课堂""云教研""云直播""云资源"和"研云锦"于一体,把所有学科常规性教研活动搬到网上,扩大了受众面,提升了时效性;规范统整"名师工作室""名师工作坊"以及武汉地区相关教育媒体平台,形成协同聚力的教研联合体。天门市教科院挂牌成立了 8 个教学实践基地,辐射全市中小学,提供"订单式"服务。孝感市教科院举办"孝感教育大讲堂",每次线上活动参与人数过万。

(二)积极引领教育教学实践,构建了良好的教育科研新形态

各地各校立足落实立德树人根本任务,突显教育教学研究属性,根据教育场域和场景的变化,在加强教学指导、推进课程改革、完善评价体系等方面,大胆探索,努力尝试,构建了一个良性的基础教育教科研工作新形态。

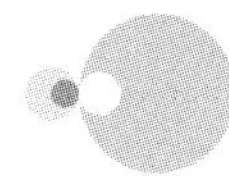

1. 加强教育教学指导和视导

各级教科研机构和研究人员自觉扎根一线教学实践，悉心指导学校育人方式改革，倾心打造高品质课堂，越来越多的优秀研究成果从抽屉里、书橱里、头脑里到了学校里、课堂中、教师和孩子们身上。省教科院组建了“湖北省基础教育学科教学指导委员会”，编写出版了中小学39个学科《教学指南》、41个学科（学段）《教学指导意见》；出台了《关于提高义务教育作业设计质量 加强作业规范管理的指导意见》和《关于加强教学改革提高课堂教学质量的指导意见》，有效引领中小学规范化开展课后服务，落实“双减”政策；组织学科教研员解读新修订的《义务教育课程方案》和《义务教育课程标准》，开展骨干培训者备课培训，起到了很好的引领、推动作用。

案例6-2-5

各市县教科研机构加强教育教学指导

宜昌市教科院举办“素养课堂”现场教学竞赛，41个学科532名教师展示课堂教学改革成果。荆门市教科院举办义务教育作业设计与管理优秀案例评选活动，并采用线下和线上相结合的方式，进行展示和研讨。随州市教研室开展初中、小学共计12个学科的作业设计大赛活动，引导教师创新作业设计方式，全面提高作业设计质量。

——资料来源：根据2023年全省教育科研工作会相关材料整理

2. 推进课程改革和教材建设

全省教育科研系统坚持目标导向、问题导向和效果导向，围绕课程教材建设理论创新和实践发展的重点、难点、热点问题，确立研究项目、组建研究团队、提供决策咨询和教学指引服务。省教育厅出台了《关于加强中小学德育工作的实施意见》《关于进一步加强湖北省中小学劳动教育的实施意见》《湖北省普通高中体育与健康学科学业水平考试指导意见》等政策文件。省教科院开展了“一师一优课”“基础教育精品课”“湖北好课堂”“湖北好教研”“湖北好教师”“基础教育教学成果奖”等评审和展评活动，着力提升一线教师的教学教研能力和水平；编写出版了具有湖北特色的《美育》教材1—9年级（上册）共9本，编写出版了《劳动教育》地方教材和《长江作业本·同步分级学练评丛书》《高中同步分级学练评（必修）》《统编高中历史教科书学生学习指导》《统编初中历史教科书教学设计与指导》等教辅；出台了《湖北省基础教育教学成果培育与奖励办法》，推进基础教育教学成果奖省级评审改革，推出了一批省级基础教育教学成果并获得国家级奖项。

案例6-2-6

各市县校教科研机构加强课程教材建设

仙桃市教科院打造"仙桃好课程"品牌,沔阳小学和沔州小学的特色课程得到《中国教育报》专题报道。襄阳市教科院组建"命审题专家库",在试题研究中理解、悟透、执行新课标,提升教学质量。黄冈市教科院开发了《黄冈名人故事》《黄冈红色故事》《黄冈风景名胜》《黄冈民俗风情》《黄冈地标产品》《黄冈文化纵览》等六册黄冈文化地方课程。武汉市汉阳区七里小学开发了《麦香厨房》《蔬香农庄》《果香满园》等"七里香"系列校本课程,开发了《鼓娃秀趣》《鼓娃秀形》《鼓娃秀雅》《鼓娃秀智》《鼓娃秀威》等系列"鼓乐"校本课程,该校的"威风锣鼓"曾赴国外巡演。

——资料来源:根据2023年全省教育科研工作会相关材料整理

3. 开展教学评价和质量监测

各地各校建立健全教育质量综合评价指标体系,完善评价机制,切实扭转单纯以学生学业考试成绩和学校升学率评价中小学教育质量的倾向,有力推动了素质教育发展。省教科院研制了《湖北省义务教育质量评价标准》《湖北省幼儿园保育教育质量评估标准》《湖北省幼儿园幼小衔接实施方案》《湖北省幼儿园游戏案例评价标准》;修订了《湖北省初中学业水平考试质量评价标准》,连续5年发布《湖北省初中学业水平考试评价报告》,实现评价导向、手段和结果的科学化;完成了省教育厅委托的年度省级教育财政支出项目绩效评价和湖北省年度国家义务教育质量监测工作,探索了一套比较成熟的监测组织、培训、视导、实施、应用、推广等工作流程和工作模式。湖北省教育厅印发了《关于做好全省初中学业水平考试统一命题工作的通知》,推进中考命题改革,从2024年开始,除武汉市单独组织中考命题外,其他市州实施中考省级统一命题。

案例6-2-7

各市县教科研机构加强教学质量视导和监测

荆州市教科院建立"全区域、全学科、全过程、全方位"教学视导制度,确保了视导过程有序高效,诊断准确客观。荆门市教科院采取常规与专项、集中与个别、线上与线下相结合的方式,深入学校、教师和课堂开展教学视导,仅2022年开展各类教学视导和调研活动50余次,听评课200多节次。十堰市教科院专门开展初中体音美课堂教学效果测评工作和体育送教培训活动,促进短线学科教师专业成长和教学质量提升。

——资料来源:根据2023年全省教育科研工作会相关材料整理

（三）科学规划和管理教育课题，产出了有重大影响的教科研成果

省教科院统筹研制了科研管理制度、科研项目经费管理办法、规范教科研活动管理办法等三个规范性文件，定期编辑《教育科研要报》，推出有较大影响和重要理论或实践价值的研究成果。各地围绕全国规划办、全省规划办以及其他各类机构发布的课题指南，坚持问题导向，服务重大战略，注重课题引领，一些课题研究已经取得阶段性成果，一些研究成果产生了重大影响。

1. 从省级规划课题来看

以科学规划为引领，整体推进全省教育科研工作。2020—2022 年，全省共立项课题 1733 项，其中重点课题 536 项。为了让更多的教师和学校参与到省规划课题研究，省规划课题立项数量呈逐年增长态势。2022 年立项总数比 2020 年增加了 183 项，重点课题也增加了 62 项。

表 6-2-2　2020—2022 年度省规划课题立项情况

年　　度	总 立 项 数(项)	重点课题数(项)
2020 年	511	150
2021 年	528	174
2022 年	694	212
总计	1733	536

出现了教育科研高地。2022 年，除神农架外，其他市州均有课题立项。武汉、宜昌、襄阳、黄石、十堰等市州位居前列，其中在武汉市的各级各类学校及教科院所，总共立项 387 项，占比 56%，占据大壁江山。武汉、宜昌、襄阳等市州是湖北经济发达地区，也是教育科研立项强区。

表 6-2-3　2022 年湖北各市州课题立项地分布情况

地市州	立项数(项)	占比(%)	位次
武汉市	387	55.8	1
宜昌市	43	6.2	2
襄阳市	38	5.5	3
黄石市	36	5.2	4
十堰市	33	4.8	5
咸宁市	33	4.8	6
荆州市	25	3.6	7
孝感市	23	3.3	8

续表

地市州	立项数(项)	占比(%)	位次
恩施州	22	3.2	9
黄冈市	20	2.9	10
荆门市	8	1.2	11
潜江市	8	1.2	12
随州市	6	0.9	13
鄂州市	5	0.7	14
天门市	4	0.6	15
仙桃市	3	0.4	16
合计	694	100.0	—

2. 从国家规划课题来看

2022年,全国教育科学规划课题总共立项583项,其中湖北立项39项,位居全国第4位,仅次于北京、上海和江苏。在省级教科院所层面,湖北省教育科学研究院立项2项,位居全国第3位,仅次于上海市教育科学研究院和天津市教育科学研究院。从具体项目来看,湖北获批国家重大课题1项,国家重点2项,国家一般14项,国家青年2项,教育部重点14项,教育部青年4项,教育部专项2项,比往年有所增加。

表6-2-4 湖北省2022年荣获国家课题立项情况

课题类别	全国数量(项)	湖北数量(项)	湖北占比(%)
国家重大	10	1	10.00
国家重点	19	2	10.53
国家一般	242	14	5.79
国家青年	58	2	3.45
教育部重点	173	14	8.09
教育部青年	57	4	7.02
教育部专项	12	2	16.67
合计	583	39	6.69

2020—2022年，湖北在教育部及以上级别课题立项数量逐年增长，2022年立项数量比2020年增加了16项，在全国占比大约增加了1.4个百分点。

表6-2-5　2020—2022年湖北在教育部及以上级别课题立项情况

年度	全国数量(项)	湖北数量(项)	湖北占比(%)
2020年	437	23	5.30
2021年	452	24	5.30
2022年	583	39	6.69
合计	1472	86	5.8

在鄂高校科研优势明显。2022年，全国仅有10项重大课题，中南财经政法大学李祥云教授的《教育事权划分与支出责任研究》获批。华中师范大学立项总数为11项，在全国立项单位中位居第5位，仅次于华东师范大学、北京师范大学、东北师范大学和湖南师范大学。在湖北立项课题单位中，华中师范大学、华中科技大学等部属高校获批19项，中南民族大学获批2项，由省规划办组织推荐的立项课题共有18项，比2021年增加了11项。

3. 从全国教育科研成果奖情况来看

2021年，教育部公布第六届全国教育科学研究优秀成果奖评选结果，共有344项成果获奖，其中一等奖26项、二等奖119项、三等奖199项。此次共有24个省份获奖，湖北共有26项教育科研成果获奖，其中一等奖1项、二等奖13项、三等奖12项。湖北获奖总数占全国大约为8%，位居全国第5位，仅次于上海、北京、江苏和浙江。这有力证明了湖北教育科研在全国具有明显优势。

从第四至第六届情况来看，湖北连续三届总共获奖59项，获奖总量和占比逐届增加。第六届获奖26项，比第四届增加了14项。在全国获奖数量逐届增加的情况下，湖北获奖数量占比也逐届增加，第六届占比大约7.56%，比上年增加了0.51个百分点，比第四届增加了3个百分点。

表6-2-6　湖北省获全国教育科研成果奖情况

获奖情况/届数	一等奖		二等奖		三等奖		合计	
	数量(项)	占比(%)	数量(项)	占比(%)	数量(项)	占比(%)	数量(项)	占比(%)
第四届	1	5.26	4	4.44	7	3.89	12	4.15
第五届	2	8.70	4	4.71	15	7.89	21	7.05
第六届	1	4.00	13	10.83	12	6.03	26	7.56
合计	4	5.97	21	7.12	34	5.98	59	6.34

备注：占比是湖北获奖数量占全国对应奖项总量的比。

科研成果奖一等奖在一定程度上代表了科研的精品。在这连续三届成果奖中,湖北共有 3 项成果荣获一等奖。在第五届中,全国共有 23 项一等奖,湖北荣获了 2 项。

表 6-2-7　湖北获全国教育科研成果奖一等奖情况

届数	成果名称	成果类型	申报人	工作单位
第四届	教育学(人民教育出版社,2009 年)	著作	王道俊	华中师范大学
第五届	关于中国特色现代大学制度的理论认识(教育研究,2013 年第 3 期)	论文	张应强	华中科技大学
第五届	学术新域与范式转换——教育活动史研究引论(华中科技大学出版社,2011 年)	著作	周洪宇	华中师范大学
第六届	陶行知大传:一位文化巨人的四个世界(人民教育出版社,2016 年)	著作	周洪宇	华中师范大学

(四)切实提升服务教育决策水平,形成了一批智库建设品牌

全省各级各类教科研机构以重大教育战略问题和教育教学实践问题为主攻方向,积极开展研究,为重大教育政策和决策提供建议、咨询与论证服务,不断提升服务教育决策能力,提高教育决策科学化水平,起到了专业性的支撑、驱动和引领作用,思想库、智囊团作用进一步凸显。

1. 通过专题研究为重大教育战略决策咨政建言

省教育厅建立了"1+6"的教育智库体系,成立了"湖北省教育咨询委员会"和基础教育研究院、职业教育研究院、高等教育研究院、教育数字化研究院、教师发展研究院、教育政策研究院等 6 大省级教育智库,发挥教育系统智力资源优势,围绕教育重大战略问题进行有组织的科研。省教科院在全国教育大会召开前,受教育部委托,就教育优先发展、办好人民满意的教育、建设教育强国、推进教育高质量发展等重大专题进行系统研究,为全国教育大会主题的确立和国家领导人讲话稿的起草提供了政策建议;在党的二十大召开前,受教育部委托,开展《党的十八大以来教育理论的繁荣与创新研究》《各类教育高质量发展的思路和路径研究》,为二十大报告中关于教育的部署提供了学理支撑;2023 年 6 月,参与了教育部在湖北举行的"教育强国战略咨询会"筹备工作,提供了相关智力支持。荆州市教科院针对乡村学校发展的难点、堵点和生长点,列出乡村教育振兴专题研究序列,形成乡村教育振兴课题群,以理论研究促进乡村学校办学品位提升和质量提高。

2. 通过课题研究为重大教育政策出台出谋献策

仅省教科院战略规划研究中心先后承担了教育部委托(招标)的重大政策研

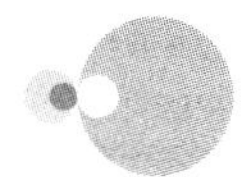

究课题18项、湖北省委省政府委托(招标)的重大政策研究课题11项,其中"中国教育治理研究"已形成"若干热点问题、若干重点问题、若干现实问题"三大研究系列。一些课题研究成果转化为政府决策和政策文件。比如,开展引导社会资本进入教育领域政策设计研究,为教育部等相关部委出台民办教育分类管理文件提供了学理支撑;开展终身教育内涵及路径研究,为教育部出台《关于构建服务全民学习的终身教育体系的指导意见》提供了决策参考;开展国外大学校长任职条件和选拔程序研究,为湖北省委出台《关于进一步加强党对高校领导的若干意见》提供了政策咨询。黄冈市教科院牵头谋划县域教联体建设,完成了"1+5"的顶层设计(1个总体改革方案,同步配套教师交流、评价、考核、数字赋能、学校布局5项制度),指导各县市形成了"1+22"的制度支撑体系(1个实施方案和至少22项具体管理办法),被誉为教联体建设的"平原模式"。

3. 通过调查研究为重大教育问题的解决切脉处方

省教院先后参加了教育部组织的义务教育、学前教育、特殊教育、职业教育等调研,为国家出台基础教育、职业教育文件提供了政策建议;先后承担了教育部委托的《国家中长期教育改革和发展规划纲要(2010—2020年)》实施情况评估,中小学生手机、睡眠、作业、阅读、体质等"五项管理"调研,为国家制定《中国教育现代化2035》及实施"双减"系列政策措施提供了政策建议;先后参加了湖北省教育厅组织的全省高校党建"五级五类"大调研,农村教育生态、农村青少年生活思想状况、县域教联体建设、中小学生阅读、数字化赋能教育治理等教育热点问题调研,为省政府召开全省基础教育工作会,出台加强新时代教师队伍建设、加强留守儿童管理等文件提供了政策建议。十堰市教科院开展"大学习、大走访、大讨论、大研究、大练兵"五大主题活动,助推乡村振兴,人民日报新媒体进行了专题宣传。

4. 通过学科研究为重大教育改革的推进鸣锣开道

自2022年6月湖北省第十二次党代会作出"推进城乡基本公共服务均等化,大力推动教联体、医联体等建设"的决策部署以来,一场以县域教联体建设为抓手,推动义务教育优质均衡发展和城乡一体化,带动县域教育格局重塑、体系重建、生态重构的改革在荆楚大地蓬勃兴起。教育科研系统积极投身改革浪潮中,对县域教联体建设的内涵特征、组建模式、运行机制、治理架构、保障机制进行系统研究,形成推动改革实践的理论支撑体系。省教科院制定了《发挥教育科研专业优势 助力教联体建设三年行动方案》,建立省、市、县三级教科研部门整体联动工作机制,根据学科特点积极开展有组织的教研,有针对性地为教联体建设提供专业服务。如,语文学科组建"助力乡村教育振兴　提升教师教学能力"三年行动导师团,采取"1+4"模式(1个导师带4个徒弟),用三年时间,深入全省100个县的100所乡村学校,持续开展"五个一百"(百校送教、百徒结对、百题同研、百课同展、百团共进)活动,着力提升农村教师专业能力,助力乡村教育振兴;学前教育学科以省内三大城市圈为范畴,从当前幼儿园基本情况、学位现状、财政投入等方面,就学前教育学位供给情况进行调研,形成了《湖北省学前教育学位供给现状及工作推进情况》调研报告,并以“宜昌远安”和“荆门东宝”开展教育部“安吉游戏”国家级实验区试点工作为抓手,助力县域教联体建设;劳动教育学科开展《五育并举背景下中小学劳动教育教联体跨区域实践探索》研究,以劳动教育特色教研活动助力特色协作型教联体建设;物理学科牵手省科技馆,为光谷“逐光”教联体提供校外参观、学习场所,让学生开展无边界学习课堂活动。

四、湖北教育科研面临的问题及原因分析

教育科学研究是教育事业的重要组成部分,对教育改革发展具有重要的支撑、驱动和引领作用。多年来,湖北教育科研系统主动面对新时代教育综合改革的热点难点问题,承担起中国特色社会主义教育理论创新、制度创新和实践创新的重任,产出了丰硕成果,产生了重大影响。但由于多方面原因,还面临不少困境,有许多需要提升的空间。

1. 对教育科研认识不足,区域和学校之间差异较大

个别地区教育行政部门负责人和学校校长还没有深刻认识到教育科研的重要性,误认为教育科研会占用教师时间,影响教育教学。个别单位对教育科研有着功利倾向,看中课题立项,未能充分遵循科研规律,将教育科研落到实处;同时也存在着教育科研无用论、重科研轻教研等消极观点,部分教师参与教育科研的积极性有待提高。

全省教育科研发展不均衡,区域之间、学校之间差异很大。比如,2022年全国教育科学规划课题立项湖北虽然取得较好成绩,但全省未有一所中小学校立项。从市州负责的课题申报立项情况来看,武汉、宜昌、襄阳、咸宁等市州立项数量位居前列,其他市州立项数量较少;从学校来看,湖北第二师范学院、湖北师范大学、华中师范大学等师范院校立项课题数量位居前列,一些高职高专院校立项课题数微乎其微。

表6-2-8 各市州课题立项情况表(单位:项)

单位 市州	幼儿园	中小学	职业学校	教科院所	其他	合计	占比(%)
武汉市	11	38	89	33	14	185	45.57
宜昌市	1	16	6	12	1	36	8.87
襄阳市	2	16	7	5	0	30	7.39
咸宁市	3	9	11	2	2	27	6.65

续表

单位 市州	幼儿园	中小学	职业学校	教科院所	其他	合计	占比(%)
孝感市	1	11	5	1	1	19	4.68
黄石市	0	11	3	4	1	19	4.68
黄冈市	1	6	3	5	1	16	3.94
荆州市	1	7	6	1	0	15	3.69
十堰市	0	9	1	3	1	14	3.45
恩施	0	5	3	5	1	14	3.45
潜江市	0	7	1	0	0	8	1.97
随州市	0	4	1	1	0	6	1.48
鄂州市	0	2	3	0	0	5	1.23
荆门市	0	3	1	1	0	5	1.23
天门市	1	1	2	0	0	4	0.99
仙桃市	0	1	1	1	0	3	0.74
合计	21	146	143	74	22	406	100.00

2. 教研机构设置不够规范，职能不够清晰

全省各地教科研机构名称不统一，有的叫教科院，有的叫教研室，有的叫教科所；级别不统一，有的市州教科院属科级，有的属处级；属性不统一，有的属公益一类，有的属公益二类。机构的地位与职能作用不匹配，市、县、乡教研机构在指导中小学教学和提高教育质量中发挥了不可替代的作用，但是教研员的地位却很尴尬，有的地方教研员既不享受公务员待遇，又不享受中小学教师待遇，一些地方教研员的薪资待遇较低。县级教科研机构职能不清晰，承担了诸多非教学和教研工作，参与教研的时间有限；一些地方宏观层面的许多项目、专题等甚至一些事务性工作，都被教育行政部门随意放在教科研部门，加重了科研人员的额外负担。

3. 教科研人员配备不够充足，结构不够合理

一是人员总量不足。大部分教科研单位没有按学科、学段、专业领域配齐学科研人员，教科研人员兼职现象普遍，一人多岗现象普遍，“混编混岗”现象严重。一些政府部门、教育行政部门占用教科研人员编制、借用教科研人员开展非教科研工作。比如，咸宁市教科院编制 23 人，教科研人员缺科缺学段的问题严重，物理、化学、生物、历史、地理教研员初、高中一人兼任，大多数青年教研员兼科、兼段、兼公共事务情况多。

二是结构不够合理。从年龄结构来看，老龄化现象严重。由于待遇落实困

难，县级教科研机构人员多年未补充，空缺学科教研员，教科研人员队伍整体年龄偏大且多临近退休。从职称结构来看，呈倒金字塔结构。一些教科研单位具备高级职称的人员占比较高，为后续教科研人员的招聘带来障碍，个别学科出现了优秀人才因为职称问题难以到位的情况。从学科结构来看，传统的语文、数学、英语等学科教研员充足，体、音、美、信息技术、综合实践、劳动等学科教研员短缺。

三是素质不够理想。各地教科研部门都存在一些指令性调入，免不了"面子硬里子弱"的人员进入教科研队伍，一些教科研机构成为政府部门和教育行政机构家属的"收容所""养老院"，人员素质难以保证。学校教师由于教学和班级管理任务较重，工学矛盾突出，教师参与教科研热情不高，教师教研能力特别是乡镇学校教师教研能力有待提高。

4. 教科研条件保障不充分，人员积极性调动不够

在政策规章方面。国家和省级层面目前针对教育科研的专门配套政策很少，没有体现出教科研部门的重要性和特殊性。很多教科研机构是事业单位的属性、事业单位的保障，执行的却是行政单位的管理规范。严格而机械的管理，加上教科研机构管理者适应能力欠缺，管理能力不足，一些原本有助于服务教育改革发展的工作不能做、不敢做、做不好，形成了教科研工作该做的事没有做，做了的事没有做好的困局，形成"官方冷、民间热"现象。许多单位特别是学校开展教育科研过程中没有制定相应的规章制度，工作起来无法可依、无章可循，盲目性、随意性比较大。

在经费投入方面。市、县教科研机构均存在经费紧张和缺口问题。教科研专项经费单独列支制度没有完全建立，教科研人员待遇不高，出现了"不优秀的教师不能进，优秀的教师不愿进"的两难局面。比如，孝感市教科院公用经费、工会经费、奖励性工资等经费缺口每年 180 多万元。

在职称晋级方面。在教科研人员评职晋升专业认定上没有建立专门的评价体系，没有考虑教科研人员岗位专业要求高、指导责任重的特殊性，教科研机构专业技术高级岗位比例参照区域内某一级学校的比例执行，不符合教科研员队伍的实际。且用教师的评价体系来认定教科研人员，不科学、不全面也不合理，不利于教研员专业成长。

在发展平台方面。省内外基础教育教科研交流平台不多，导致非教科研部门组织的学科交流培训活动鱼龙混杂，难以甄别。针对教科研人员的专题培训缺乏，教科研人员总是以教师身份参加，针对性不强。市县级教科研课题申报难，教科研人员和一线教师成功申报的课题太少。

5. 科研成果的推广宣传不够，成果转化不理想

目前，教育科研成果的推广应用机制不够健全，研究成果的评价、推广应用还比较薄弱,对优秀教育科研成果缺乏有力的宣传推广和有效的宣传平台,优秀成果在社会影响力薄弱。一些中小学虽然明确规定要加强课题研究成果的宣传、推广和转化,但具体如何推广和转化却没有提供可操作的实践机制,很容易走过场、形式化,导致成果推广应用的实际效果大打折扣。高校普遍存在重论文、专著、鉴定成果和评奖,轻科研开发、成果转化和推广的现象,重理论忽视市场导向,大量科研成果在研发之前就没有相应的适用推广对象,更不谈产业化;一些自选课题有较高实用性,但缺乏资金支持,很难进行中试应用研究。企业常常对新技术的使用抱有疑虑,在现有赢利的前提下,极少数企业愿意试用新技术或新成果,严重打击了科研人员的积极性,影响了科技成果的落地。

五、提升湖北教育科研水平的策略建议

党的二十大报告提出"加快建设高质量教育体系"。建设高质量教育体系需要高质量的教育科研作支撑。全省教育科研工作要以实施"教育科研提振行动"为总抓手,进一步完善教育科研体系,强化有组织的科研,不断提升服务教育科学决策、服务学校教学实践、服务教师专业发展、服务教育规范治理的能力和水平,力争到"十四五"末期,使湖北教育科研面貌有较大改观,走在全国前列,为全面建成教育强省提供坚强支撑。

1. 提高思想认识,发挥教育科研在教育改革发展中的先导作用

教育的发展离不开科学的决策,科学的决策来自教育科研的专业支撑。要树立教育科研先导思想,明确教育科研与深化教育改革的关系,树立"科研兴校,向科研要改革和发展思路"的观念;明确教育科研与提高教育质量的关系,树立"科研兴教,向科研要质量"的观念;明确教育科研与师资队伍建设的关系,树立"科研兴师,科研是教师专业发展重要途径"的观念。

各级教育科研部门要加强教育理论、规划、政策研究,服务教育科学决策,瞄准国家重大战略和湖北区域发展需求,重点围绕加快构建具有湖北特色的教育发展新格局,组织开展大中小幼思政课程一体化、县域教联体扩面提质、"双一流"建设路径及绩效评价、深化现代化职业教育体系建设、农村教师队伍建设、教育数字化战略、家校社协同育人机制等课题研究;要加强教育教学实证研究,围绕落实立德树人根本任务,构建"五育并举"的人才培养体系,加强各级各类教育教材研究、教法研究、人才培养模式研究,加强对课程、教学、作业和考试评价等育人关键环节研究,促进学生德智体美劳全面发展;要加强教育评价监测研究,服务教育规范治理,将教育质量评估作为重点研究领域,加强各类教育质量评价体系研究,积极参与各类教育评估、评价和监测的组织实施。

只有瞄准国家战略,立足湖北教育实际,抓住当前和今后较长一个时期内教

育改革的重大问题进行研究和实践,有效提升教育教学研究的实效,力争取得一批具有较高学术价值、实践价值和推广价值的研究成果,湖北教育科研才能在全国处于较为领先的水平。

2. 加强政治统领,确保教育科研工作的正确方向

教育具有鲜明的政治性,政治方向是教育科研的首要问题。各地各校要指导和帮助广大科研工作者从政治上把握教育大势、明确研究方向、校正学术立场、审视成果应用,坚持正确的政治方向、问题导向和价值取向。

一是切实加强党对教育科研工作的全面领导。教育科研是党的教育事业的重要组成部分。加强党对教育科研工作的全面领导,是新时代应对复杂世情、国情、教情,实现教育科研高质量发展的根本保证。要以高质量党建引领和推动教育科研高质量发展,切实把教育科研系统建设成为加强党的全面领导的坚强阵地,确保党建和业务"两手抓、两手硬"。

二是切实提高政治站位。坚持用习近平新时代中国特色社会主义思想武装头脑、指导实践,推动习近平新时代中国特色社会主义思想学习教育往深里走、往心里走、往实里走,真正做到学深悟透、融会贯通、真信笃行。广大教育科研工作者要心怀"国之大者""省之要者",时刻绷紧政治这根弦,善于从一般事务中发现政治问题,善于从倾向性、苗头性问题中发现政治端倪,善于从错综复杂的矛盾关系中把握政治逻辑,坚决把好教育科研的"政治关",不断提高政治判断力、政治领悟力、政治执行力。

三是切实守住意识形态阵地。教育科研具有很强的意识形态属性,务必要增强对意识形态领域斗争紧迫性、复杂性的认识,始终坚持"学术研究无禁区、课堂讲授有纪律、公开发表有要求"的原则,增强政治敏锐性和政治鉴别力,充分预判可能产生的舆情风险和政治影响,做到守土有责、守土尽责。要处理好政治问题与学术问题的关系,不要把有政治问题的研究淡化为学术问题,也不能把单纯的学术问题上纲上线到政治问题。

四是切实站稳人民立场。全心全意为人民服务是我们党的根本宗旨。教育科研工作要旗帜鲜明地坚持人民立场,深入研究和把握人民立场在教育研究中的内涵要求,从人民根本利益出发,把解决人民群众关心的问题放在首要位置,多到实地调查研究,着眼群众需要解疑释惑,把学问写进群众心坎里。

3. 强化系统观念,加快构建高质量教育科研体系

一是加快构建全面覆盖、上下衔接、职责明晰的教育科研组织体系。对上,要主动衔接全国教育科学规划领导小组的统筹规划、主动接受国家教育科学研究机构的管理指导;在省本级,要在省教育厅的领导下,科学规划全省教育科研工作,加强规划管理;对下,各类教科研机构的职责要明晰、任务要聚焦。要有效发挥省

教育科学规划领导小组机制作用，加强对全省教育科研工作的统筹领导和组织协调，推动省、市（州）、县（市、区）、校教育科研工作有效衔接和互动。设立市（州）、县（市、区）教师发展中心，内设教育科学规划办公室，统筹协调市（州）、县（市、区）的教科研工作，使教研、科研、培训与信息部门实现有效融合，形成新的教育科研管理组织网络。

二是建立健全纵横贯通、内外一体、各方联动的科研协同创新机制。在纵向上，要树立全省教育科研系统“一盘棋”思想，加强省、市、县、校四级教育科研工作网络的贯通联系；在横向上，要强化与高校科研机构、教育考试评价部门、教育技术部门、教师培训机构、教育类学会（协会）协同联动；在界域上，要敢于打破传统的边界，跨部门、跨区域、跨学科凝聚研究力量，引导共建跨学科、跨领域的科研创新团队，形成跨学科、多主体的研究新范式。

三是构建省、市、县、校“四级联动”的教育科研运行机制。省教育厅给予教科研工作专项经费支持，编制师资队伍发展规划，制定教师培训相关政策，为教师专业发展提供空间、时间和经费保障。依托省教科院建好“湖北教育政策研究院”，适时推动成立全省新型教育智库联盟；适应教育数字化新要求，加强教育科研数字建设，开发建设全省教育数据分析应用平台、教育科研院所调研平台、教育科学规划管理平台、教育评估与监测管理平台。各市（州）、县（市、区）联动协作其管辖内的中小学教科研工作，强化市（州）、县（市、区）、校三级教科研体系建设，将校教研指导、校本教研制度建设纳入年度教育工作目标考核。各学校是实施教科研活动的主阵地，要根据自己的资源、条件以及教育根底和教师素质现状，研究与探索适合学校实际，适应教师要求的研修策略和支持机制，寻找一条适合学校实情、具有学校特色的校本研修路子。

4. 加强科研队伍建设，形成高素质科研梯队

一是摸清教科研队伍现状。对全省教育科研队伍现状进行一次调查摸底，准确掌握教科研人员的年龄结构、知识结构、专业结构、职称结构，加强分类管理，加快打造一支政治素质好、业务能力强的从事教育理论和政策研究的科研队伍、服务教学实践的教研员队伍、参与教育评估监测的专业评估队伍。此外，还要对全省中小学教师职称设置、评价、管理现状进行调查分析，就健全中小学教师职称制度、完善评价标准和机制、实现评聘有效衔接、加强评审监管和优化评审服务等提出对策建议。

二是提升教科研人员素质。各级教科研机构要按照国家要求和标准配齐配足教科研人员，推进教科研队伍达标建设。要围绕实施“国培”“省培”计划，组织中小学教科研人员参加农村中小学校（幼儿园）骨干教师、校（园）长及各级培训者深度培训、名师名校长培养工程示范培训、学校教育数字化“数字素养”提升专项

培训,全面提升教科研人员的专业素养和研究能力,大力培养教育科研领军人才,造就一批在全省、全国叫得响的具有湖北范的教育名家名师、科研大师。广大教育科研工作者一定要把教育的基本法规、基本制度、重大政策学深学透,把教育的基本问题、基本理论、基本规律挖深挖透,结合研究领域、专业方向和岗位职能,就某一领域、某一方向深钻细究、精益求精,成为某一领域的行家里手,占领某一领域的学术高地;要胸怀"国之大者",进一步聚焦国家和区域重大战略需求,研究真问题,真研究问题,发现规律,促进教育高质量发展。

三是借助基地培养名家。围绕落实教育教学改革重点任务,命名一批省级教研改革试验区、试验学校,以科研课题为牵引,开展基于"项目"的教研共同体形式,进行联动教研。各级教育科研机构要选择具有代表性的学校和区域作为教育科研实验基地,深入开展理论研究和实践探索,发挥基地的辐射带动作用,把教育科研实验基地建设成为教育科研课题研究基地、教育科研成果推广基地、教育科研工作示范基地。要通过吸引实验基地教师参与教育科研活动等多种途径和方式,加大对实验基地科研型、专家型教师的培训力度,提高教师的理论水平和研究能力,力争在较短的时间内培养造就一大批教育教学水平高、教育科研能力强的专业化教师队伍。要建立实验基地校长联系制度,提高实验基地学校校长的科研意识和能力,积极探索科研型、学者型校长的成长规律,努力营造培育科研型、学者型校长的良好环境。

四是守住学术净土。诚信和规范是学术发展和理论进步的基石。要坚持学术标准,守住学术底线,完善学术人格,遵守学术规范,维护学术尊严,对任何弄虚作假等学术不端行为"零容忍",保证学术净土不受污染。要加强学术规范和学术伦理建设,克服浮躁情绪,推动形成崇尚精品、严谨治学、注重诚信、讲求责任的优良学风,营造风清气正、互学互鉴、积极向上的学术生态。

5. 强化范式创新,推动教育科研转型发展

一是坚持问题导向,深入开展"有意义"的教育科研。问题是时代的声音。有些问题,我们可以用老经验、老办法来解决,但更多的问题需要新理念、新办法。要增强教育科研的针对性、实效性,既要立足湖北,研究湖北教育改革发展的个性问题;又要面向全国,站在更高层面上研究中国教育现代化的共性问题。同时,还要放眼世界,借鉴世界各国教育发展的先进理念、有益做法,努力让我们的研究成果为人类教育事业发展做出湖北贡献。

二是坚持实用导向,深入开展"有硬货"的教育科研。教育科研一定要务实管用,好的教育研究成果必然是联系实际、经世致用的。要加强学理研究,追本溯源,努力探索教育本质和规律。要加强循证研究,以事实和数据说话,强化长时段跟踪研究;特别是要加强基于大数据挖掘分析的实证研究,充分运用认识科学、脑

科学、生命科学等领域最新成果和研究方法，综合运用人工智能等新技术不断拓展教育科研的广度与深度。要加强比较研究，在纵向的时间维度上，分析教育的发展和趋势，从历史维度把握教育当前的方位和任务；在横向的空间维度方面，找准中国教育在国际的位置，找准湖北教育在全国的方位，以更好互学互鉴，取长补短。要加强跨学科研究，不能局限于一个学科、单一视野，要强化学科交叉融合，充分运用跨学科最新成果和研究方法，不断拓宽研究的广度和深度。要加强田野研究，落实“一线规则”，到基层校长、教师、家长、学生中间，听呼声、寻问题、找经验、取真经，以鲜活的教育实践来改造和创新教育研究，把论文写在大地上。

三是坚持结果导向，深入开展“有组织”的教育科研。面向世界教育科学前沿、面向国家和全省教育发展重大需求、面向基层一线教育教学实践、面向学生全面健康发展，建立项目引领、任务驱动的科研机制，强化与党委政府政策研究机构和其他科研机构的沟通协作，深化与高校、科研院所和各级各类学校的联合攻关、协同创新。

6. 强化制度保障，确保教育科研有力有序有效开展

一是健全领导决策机制。各级教育行政部门要充分认识新时代教育科研的先导地位和关键作用，牢固树立“教育科研是促进教育改革发展第一生产力”的理念，善于从全局中把握与谋划教育科研工作；争取各级党委政府的重视和支持，研究解决教育科研的重大问题；强化教育科研规划的引领作用，统筹协调教育科研工作的重大政策和重要事项。

二是健全经费投入机制。“软实力”需要“硬支撑”。要切实加大教育科研经费保障支持力度，在年度预算中安排相应的教育科研专项经费，保障预算内教育科研经费稳步增长；健全竞争性经费和稳定支持经费相协调的投入机制，鼓励社会资金通过捐赠、设立专项基金等方式支持教育科研工作；完善教育重大决策专家咨询和论证制度，用好政府购买教育咨询服务制度的政策利好，让重大科研成果产生良好的社会效益和经济效益。改革科研经费使用和管理方式，赋予创新团队和领军人才更大地人财物支配权和技术路线决策权，让经费更好地为人的创造性活动服务。

三是健全科研评价机制。要建立教育科学研究的激励机制，增加教育科研在各级教育科研常规工作考核中的权重，以提高教科研在各级各类教育教学管理工作中的地位。要根据不同研究类型，科学设置分类评价标准，健全以创新质量、实际贡献为导向的科研评价机制，将教育科研成果的评价标准聚焦到探寻教育规律、提出改革方案、转化教案学案、解决现实难题、推动实践变革上来。要完善教育科研成果的表彰奖励制度，定期举行“教育科研成果”“教育科研先进集体”“教育科研型学校”“教育科研先进个人”等评奖活动，加大对高水平科研成果的奖励

力度,改革教育科研考核和人才评价制度,让潜心科研、成果丰硕的研究人员尝到甜头、感觉有奔头。要建立容错试错机制,对科研工作者要包容"十年不鸣",静待"一鸣惊人",让一切创新创造的源泉充分涌流。要加强对学校教育科研工作的督导评估,把教学研究工作纳入各级督导评估之中,把参与教科研情况作为教师考核的一项重要内容,考核结果记入档案,作为教师年度考评、教师奖励、晋级、职称评定的重要参考。

四是健全成果转化机制。探索建立与智库相适应的政策研究分类培育、集成转化、中期孵化、后期转化等成果形成机制,及时有效地回应教育改革需求。综合运用成果发布会、研讨会、论坛讲座、报刊图书、广播电视、网络传媒等多样化手段,依托省教科院《教育科研要报》等平台,加强研究成果推介和推广。重大研究成果推荐到《湖北教育简报》(智库专刊)、《湖北教育智库成果年鉴》刊发,报送省委省政府及省教育厅领导参阅。

参考文献:

[1] 李伟,蒋璐.我国基础教育教研制度的历程、特色与展望[J].教学与管理,2022(19):1-6.

[2] 李保强.校本教研制度建设研究回顾与前瞻[J].教育理论与实践,2007(09):41-44.

[3] 卢立涛,王泓瑶.新中国成立70年来中小学教研员研究的发展与反思[J].教师教育论坛,2019(10):18-22.

(本节持笔人:张传萍　黄红梅)

第三节　以教育数字化引领教育现代化

党的二十大报告提出“加快建设数字中国”，强调“推进教育数字化，建设全民终身学习的学习型社会、学习型大国”。习近平总书记在第二十届中共中央政治局第五次集体学习时强调，教育数字化是我国开辟教育发展新赛道和塑造教育发展新优势的重要突破口。教育数字化是信息时代的必然要求，也是数字中国战略在教育领域中的具体实践。近年来，湖北积极发展“互联网＋教育”，实施教育数字化战略行动，以教育信息化支撑引领教育现代化取得良好进展，形成了新的教育动能和生态。

一、国家关于教育数字化的相关政策及演进特点

教育数字化是数字化技术在教育场景中的应用。教育数字化是一个历史进程，初始于数据化，以计算机、多媒体为代表的数字信息技术，将事实、信号或符号转化为结构化数据并产生意义以改进教学；发力于网络化，以互联网、移动互联网为代表的网络信息技术，促进教育资源通过网络进行汇聚，实现优质资源的普及和共享；加速于智能化，以人工智能、大数据为代表的智能信息技术，促进教育过程中的数据挖掘、分析、利用和各类智能化教育服务的实现。

（一）21 世纪以来我国教育数字化发展概况

以教育信息化引领教育现代化是国家教育发展的战略抉择。自 21 世纪以来，我国制定了一系列教育数字化发展规划，整体推进教育数字化发展。

1. 教育数字化基础建设驱动阶段（2000—2011 年）

2002 年，教育部出台《教育信息化“十五”发展规划（纲要）》，标志着我国教育数字化发展进入新阶段。该阶段教育数字化发展主要内容包括重大工程建设、数字化平台和资源体系建设、人才队伍建设、教育政务数字化建设、产业和标准体系建设等。具体任务为：在重大工程建设方面，建设中国教育和科研计算机网（CERNET）与中国教育卫星宽带传输网（CEBsat）等延伸和扩展工程，中小学“校校通”工程和各级各类现代远程教育工程等；在数字化平台和资源体系建设方面，建立开放式数字化平台，开发各类数字教学资源等；在人才队伍建设方面，实施信息技术普及教育，开展教师信息化能力培训等；在教育政务数字化建设方面，推进建设教育办公信息网、教育业务资源库等；在产业和标准体系建设方面，鼓励多种资本参与数字化产业建设，规范数字化国家标准体系和推广行为等。历经十年的

基础建设驱动发展,为我国教育数字化水平的整体提升奠定了坚实的基础。我国的教育数字化基础设施体系已初具规模,探索形成了中国特色教育数字化道路。

2. 教育数字化应用驱动阶段(2012—2017 年)

2012 年,教育部印发《教育信息化十年发展规划(2011—2020 年)》,确立应用驱动的工作方针,开启我国教育数字化应用驱动阶段。以应用驱动为导向,"三通两平台"工程全面开展,教育数字化进入资源与环境的共享与应用阶段。该阶段教育数字化发展主要内容包括数字化资源应用、学校数字化应用能力构建、师生数字化能力提升等。具体表现为:在数字资源应用方面,推动各类数字资源平台应用,促进数字资源的可获得性、覆盖面和应用水平,实现优质资源共享和持续发展;在学校数字化应用能力构建方面,利用数字技术构建智能化学习环境,开展启发式、探究式、差异化教学,鼓励发展式评价,构建以学习者为中心的个性化教学模式;在师生数字化能力提升方面,鼓励学生运用数字技术开展自主、合作等多样化学习,培养学生运用数字技术发现问题、解决问题的能力和习惯;加大教师数字技术技能培训,养成其运用技术变革教学模式、开展网上教研和科研的习惯。经过五年应用驱动发展,我国信息技术与教育逐渐走向融合,形成了课堂用、经常用、普遍用、广泛用的局面,形成了在应用中发展、在应用中提升的态势。

3. 教育数字化创新发展阶段(2018 年至今)

2018 年,教育部印发《教育信息化 2.0 行动计划》,确立了到 2022 年实现"三全两高一大"和"三个转变"的基本目标,明确了八大行动计划,运用智能技术促进教育公平、提升教育质量。2021 年 3 月,国务院印发《中华人民共和国国民经济和社会发展第十四个五年规划和 2035 年远景目标纲要》,提出要加快数字化发展,建设数字中国。2021 年 7 月,教育部等六部门印发《关于推进教育新型基础设施建设构建高质量教育支撑体系的指导意见》,提出要建设教育专网和"互联网+教育"大平台,为教育高质量发展提供数字底座。2021 年 12 月,中央网络安全和信息化委员会印发《"十四五"国家信息化规划》,指出到 2025 年,教育数字公共服务均等化水平明显提高,提升教育信息化基础设施建设水平,构建高质量教育支撑体系。2022 年是我国教育数字化转型关键之年,教育数字化转型成为 2022 年我国教育改革发展的重要战略主题。2022 年 1 月,国务院印发《"十四五"数字经济发展规划》,提出实施社会服务数字化提升工程,深入推进智慧教育。2022 年 3 月,中央网信办、教育部等四部门联合印发《2022 年提升全民数字素养与技能工作要点》,提出到 2022 年底,提升全民数字素养与技能工作取得积极进展,系统推进工作格局基本建立。2022 年 10 月,党的二十大报告提出"推进教育数字化"。教育数字化战略行动已经成为促进教育公平、提升教育质量、完善教育治理,引领教育理念创新和实践变革的重要抓手。

表 6-3-1　21 世纪以来我国教育数字化的相关政策

序号	政策文件	主要内容
1	2002 年 9 月 4 日，教育部印发《教育信息化"十五"发展规划（纲要）》	以需求为导向，以普及信息化技术教育和扩大信息化人才培养规模为重点，以信息技术研究、开发与应用为突破口，大力促进信息化产业的发展，坚持制度创新与改革，增加投入，加强协调，逐步建成适合我国国情的现代远程教育体系
2	2012 年 3 月 13 日，教育部印发《教育信息化十年发展规划（2011—2020 年）》（教技〔2012〕5 号）	到 2020 年，全面完成《教育规划纲要》所提出的教育信息化目标任务，形成与国家教育现代化发展目标相适应的教育信息化体系，基本建成人人可享有优质教育资源的信息化学习环境，基本形成学习型社会的信息化支撑服务体系，基本实现所有地区和各级各类学校宽带网络的全面覆盖。教育信息化整体上接近国际先进水平，对教育改革和发展的支撑与引领作用充分显现
3	2016 年 6 月 7 日，教育部印发《教育信息化"十三五"规划》（教技〔2016〕2 号）	到 2020 年，基本建成"人人皆学、处处能学、时时可学"、与国家教育现代化发展目标相适应的教育信息化体系；基本实现教育信息化对学生全面发展的促进作用、对深化教育领域综合改革的支撑作用和对教育创新发展、均衡发展、优质发展的提升作用；基本形成具有国际先进水平、信息技术与教育融合创新发展的中国特色教育信息化发展路子
4	2018 年 4 月 13 日，教育部关于印发《教育信息化 2.0 行动计划》的通知（教技〔2018〕6 号）	到 2022 年基本实现"三全两高一大"的发展目标，即教学应用覆盖全体教师、学习应用覆盖全体适龄学生、数字校园建设覆盖全体学校，信息化应用水平和师生信息素养普遍提高，建成"互联网＋教育"大平台，推动从教育专用资源向教育大资源转变、从提升师生信息技术应用能力向全面提升其信息素养转变、从融合应用向创新发展转变，努力构建"互联网＋"条件下的人才培养新模式、发展基于互联网的教育服务新模式、探索信息时代教育治理新模式
5	2021 年 7 月 1 日，教育部等六部门发布《关于推进教育新型基础设施建设构建高质量教育支撑体系的指导意见》（教科信〔2021〕2 号）	到 2025 年，基本形成结构优化、集约高效、安全可靠的教育新型基础设施体系，并通过迭代升级、更新完善和持续建设，实现长期、全面的发展。建设教育专网和"互联网＋教育"大平台，为教育高质量发展提供数字底座。汇聚生成优质资源，推动供给侧结构性改革。建设物理空间和网络空间相融合的新校园，拓展教育新空间。开发教育创新应用，支撑教育流程再造、模式重构、体系重建。提升全方位、全天候的安全防护能力，保障广大师生切身利益

续表

序号	政策文件	主要内容
6	2021年12月27日,中央网络安全和信息化委员会网站发布《"十四五"国家信息化规划》	围绕发展目标,部署了10项重大任务,涉及17项重点工程。提出了10项优先行动,公布了各行动目标及具体内容。指出到2025年,教育数字公共服务均等化水平明显提高,提升教育信息化基础设施建设水平,构建高质量教育支撑体系
7	2022年1月12日,国务院印发《"十四五"数字经济发展规划》	实施社会服务数字化提升工程,深入推进智慧教育。提升社会服务数字化普惠水平,加快推动文化教育、医疗健康、会展旅游、体育健身等领域公共服务资源数字化供给和网络化服务,促进优质资源共享复用
8	2022年3月2日,中央网信办等四部门印发《2022年提升全民数字素养与技能工作要点》	新增"基础教育精品课程"资源数量、电子商务培训、重点网站和移动应用程序适老化及无障碍改造数量等8项主要指标。全方位提升学校数字教育教学水平,完善数字技能职业教育培训体系,搭建一批数字学习服务平台,提升退役军人数字技能
9	2022年11月30日,教育部关于发布《教师数字素养教育行业标准》的通知(教科信函〔2022〕58号)	扎实推进国家教育数字化战略行动,完善教育信息化标准体系,提升教师利用数字技术优化、创新和变革教育教学活动的意识、能力和责任
10	2023年6月15日,教育部办公厅《关于广泛开展全民终身学习活动的通知》(教职成厅函〔2023〕18号)	利用社区教育和老年教育办学网络及各类终身学习服务平台,整合数字化学习资源,举办满足不同人群学习需求的公开课、讲座等。依托国家开放大学终身教育平台、全国老年教育公共服务平台,汇聚一批数字化资源,开展专家荐书、导学导读、读者交流、读书征文等活动,汇聚一批数字化阅读指导学习资源,引导各类群体养成读书习惯,满足时时阅读、处处阅读的需求

(二)21世纪以来我国教育数字化发展特点

经过20多年的发展,我国已初步探索出适合国情的教育数字化发展道路,并且呈现出具有中国特色的教育数字化发展特点。

1. 统筹协调,系统推进

教育数字化的进程是一个统筹协调、系统推进的过程。为保障教育数字化发展的连续性,我国教育数字化由政府主导,进行"自上而下"的系统推进。国家统筹做好教育数字化整体规划与顶层设计;地方各级教育行政部门和各级各类学校根据实际,鼓励多主体参与,加强督导与评估,提升教育数字化建设的效率、效果和效益。

2. 素养为先，育人为本

教育数字化注重加强教师培训，推动数字技术在教育教学中的应用，着力提升教师数字素养；普及数字教育，提升学生数字素养与技能，运用数字技术构建数字化、网络化、智能化学习环境，为每个学生提供个性化、终身化学习服务，促进人自由而全面的发展。

3. 应用驱动，融合创新

教育数字化的进程呈现出技术与教育走向融合、进阶发展的态势。我国教育数字化的发展历程，首先是计算机辅助教学，信息技术作为工具参与课堂教学，是课程教学的"边缘参与者"。其后，数字技术全方位参与教育教学过程，实现技术与教育的融合应用。再者，智能技术与教育教学"双向融合"，支持教育教学模式变革、教育治理体系重构等，最终形成全方位、沉浸式智慧教育生态系统，实现泛在的、个体化、终身教育新模式。

（三）21 世纪以来我国教育数字化发展主要成就

经过 20 多年的发展，我国教育数字化实现了跨越式发展，取得了历史性发展成就，探索形成了中国特色教育数字化发展道路。

1. 数字化基础设施建设不断完善

"三通两平台"建设与应用取得重大进展，学校层面数字化建设加快升级，数字化基础环境明显改善，数字化基础支撑能力和服务能力大幅提升。截至 2022 年，全国所有中小学都接入互联网，99.5%学校建有多媒体教室，建成国家智慧教育公共服务平台，扩大了优质教育资源的覆盖面，推动教育均衡发展。

案例6-3-1

上海、河北、陕西等地科学谋划部署教育数字化战略

各地教育部门高度重视教育数字化战略，出台专门政策文件，指引教育数字化转型发展。上海市作为全国首个教育数字化转型试点区，先后出台《上海市教育数字化转型实施方案（2021—2023 年）》《上海市教育数字化转型"十四五"规划》等，以教育与城市的数字化相互依存、相互促进，稳步推进教育数字化转型。河北省召开"全省国家中小学智慧教育平台应用推进会"，修订《河北省教育厅数字化转型总体规划与工作方案》。陕西省组织召开网信领导小组会议，审议通过《陕西省教育网络安全和信息化"十四五"规划》《陕西省推进"互联网＋教育"发展工作协调机制》。

——资料来源：根据网络资料整理

2. 优质数字资源覆盖面不断扩大

数字资源供给能力明显增强,有效弥合"教育数字鸿沟"。2022 年 3 月,国家智慧教育公共服务平台上线,提供丰富而优质的数字教育资源,创新教育资源供给模式。目前,国家平台上基础教育资源总量已达 28052 条,职业教育教师自建课程超 17.8 万门,高等教育慕课数量已超 5.25 万门。

3. 数字化对教育教学改革推动作用大幅提升

疫情防控期间"停课不停学",创新线上线下混合教学新模式,构建起数字化、网络化教学新形态;智慧课堂等数字技术助力课堂教学变革,构建起泛在、个性化学习新环境。截至 2022 年底,全国城乡学校利用数字技术开展教学的教师比例平均超过 80%。

4. 师生数字素养与技能不断提升

通过实施"教师信息技术应用能力提升工程 2.0",教师数字素养明显提升。2022 年 8 月 31 日,国家智慧教育平台"暑期教师研修"专题结束,共有 1313 万名教师进行注册学习,约占全国各级各类专任教师数的 71.2%。通过普及数字教育,学生数字技术运用能力和习惯逐渐形成,数字素养显著提升。

5. 教育数字化治理水平不断提升

大数据和云计算等新兴技术提升了教育教学水平和服务质量,加快了以数字技术引领教育治理体系和治理能力现代化的进程。国家智慧教育公共服务平台服务"双减"效果显著,日均浏览量达 3000 万人次,比"双减"前增加了 24 倍。

6. 教育数字化国际影响力大幅增强

我国教育数字化在国际的影响力显著增强,在世界教育数字化发展道路上由"跟跑""并跑"向"领跑"方向前进,实现跨越式发展,为国际教育数字化发展贡献中国智慧与中国方案。2023 年 2 月 13—14 日,世界数字教育大会在北京召开,充分彰显了我国教育数字化国际影响力。

二、湖北推进教育数字化的政策举措及成效

湖北省委、省政府高度重视教育数字化工作,把教育数字化作为建设教育强省、实现教育现代化的重大战略,着力促进数字技术与教育教学深度融合。2014 年湖北以省政府名义承担国家教育信息化省级试点,2022 年 9 月湖北承担国家智慧教育平台整省试点工作。

1. 教育数字化战略行动全面实施

省政府印发《湖北省教育数字化战略行动计划(2023—2025 年)》。推进国家

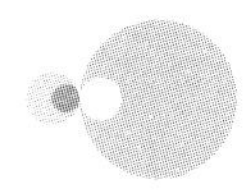

智慧教育平台各学段全覆盖常态化应用。启动湖北教育大数据中心建设，启动智慧教育试点区、试点校建设，探索推进智慧教育发展。推进全省教育综合管理信息服务平台、教联体网络服务平台、教育核心业务系统开发建设。大力推进教育新基建，建设数字校园应用超市、应用系统中台、教育数据中台、人人通空间和应用平台统一入口"鄂教通"，构建湖北教育数字底座。深入推进湖北智慧教育高等教育平台应用，35 所高校参与省级试点，推动湖北高校课程共享联盟（"楚课联盟"）共建共享，联盟上线近百门课程互选互认，每年 2 万多学生选修。

案例6-3-2

宜昌市加速教育数字化转型

5 月 26 日，在湖北省省级示范学校宜昌市第一中学，一场以"5G＋AI"为主题的教育数字化应用研讨会热烈举行。来自湖北省市县三级教育系统的负责人及有关教育信息化专家、学者共 200 多人齐聚一堂，围绕教育信息化、智慧校园建设和平安校园建设等热点话题展开热烈而开放的讨论。

宜昌市第一中学校长付全新在会上现身说法，详细介绍在智慧校园建设中的做法和经验。该校利用中国电信 5G、AI、天翼云等现代科技应用搭建起一套校园可视化运营管理系统，能够实现校园数据全面融合共享、实时动态感知、孪生可视交互，是智慧校园现代化运营管理的新方式。

——资料来源：楚天都市报 2023-05-27(07)

2. 数字化智慧教育平台全面应用

承担国家智慧教育平台整省试点以来，建设上线湖北"1＋4"智慧教育平台（"1"是湖北智慧教育门户平台，"4"包括湖北中小学、职业教育、高等教育智慧教育平台和 24365 大学生就业服务平台）并与国家平台对接，大力推进各学段全覆盖常态化应用，不断提升助学、助教、助研、助管、助交流合作的能力和水平，总注册用户 499 万人，总浏览量 15.17 亿次，注册数和活跃度均位居全国前三位。

3. 数字化应用管理深入推进

数字化不仅用于知识的传授，还用于教学管理工作中。用数而思、依数而行，教学管理更直观、高效。目前，湖北教育管理信息化持续推进，初步形成了覆盖全体学生、教师、教育机构信息的基础数据库，搭建了学籍管理、招生入学、课程实施、学生资助等各类教育核心业务信息系统。全省中小学教师全员接受信息化应用能力培训，应用能力不断提升，课堂用、经常用、普遍用的信息化教学已成常态；以"专递课堂"等形式扩大优质教育资源覆盖面，直接受益学生达到 13.7 万人。特

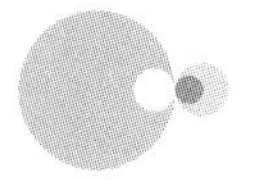

别是信息化支撑疫情期间“停课不停学、停课不停教”,最大程度减轻了疫情对教育教学的影响。

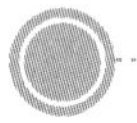
案例6-3-3

“数字化”给湖北教育带来新体验

当前,新一轮科技革命方兴未艾,数字化技术越来越多地应用到教学课堂和教育管理上,给湖北教育带来新变化、新体验。武汉软件工程职业学院建立“虚实融合”的驾驶实训系统,学员驾驶货船,在“孪生航道”上,可感受远洋航行的风浪;AI 主播有了分身术,同时在三个直播间内介绍产品,还能和顾客互动。华中师范大学用虚拟现实技术,创设了中学地理教学课堂。武汉市汉阳区楚才小学建立数字评价系统,学生评价数据采集由过程性点评、德育评价、体质监测、活动广场、习惯养成等内容组成,每一项活动关联不同的育人指标,激励孩子们做最好的自己;教师评价方面,根据教师的工作年限和各类业绩,不断完善教师发展档案,教师画像也为教师把脉成长问题,指明发展方向。武汉理工大学“理工智能平台数据驾驶舱”能显示关于学生、学科、教学、科研、人才等关键领域的各类数据,并通过算法构建科学完备的综合评价模型,以红、黄、绿三色对专业进行实时预警,用于专业建设和校园管理的其他模块。

——资料来源:湖北日报 2023-06-22(03)

4. 基础设施建设不断完善

校园信息化基础环境不断完善,全省学校网络接入率达 100%,带宽全部达到 100 兆以上,教室多媒体设备覆盖率达到 95.4%。在基础设施建设过程中,采取了“政府搭台、部门牵头、公司运作”的方式,既节省了成本,又保证了专业性。比如,近年来,中国电信湖北公司充分发挥云能力、大数据能力、安全能力、5G 和物联网等方面的优势和经验,致力于为教育信息化提供全方位的转型升级服务。针对平安校园、校园食安及教育云电脑等教育信息化课题,中国电信湖北公司进行了科技攻关,取得了一系列“5G+AI+天翼云”应用的创新成果,如平安校园,具备校园霸凌零容许、危险区域告警、楼道拥挤提醒、违规翻越实时查等各种功能,让安全管理有标准、有制度、有执行、有数据、可查看、可追溯、可问责。在校园食品安全方面,利用数字应用提升食品安全、卫生管控,温度、湿度、卫生实时监控,保障师生“舌尖上的安全”。在教育上云方面,为师生打造安全、互动教学新体验,实现随时随地无忧备课、数据上云教学共享、白板教学多屏互动、多媒体教课多屏展示等,非常地便捷便利。

案例6-3-4

黄梅县以数字校园助力教联体建设

自2022年秋季以来，黄梅县通过以城带乡、以强带弱、以大带小的方式，将全县106所公办中小学和32所公办幼儿园进行合并重组，组建了24个教联体，取消乡镇中心学校，由教育局直接管理。为解决组建教联体后校区之间的物理空间阻隔问题，黄梅县投入2000余万元，推进数字校园建设。到2023年秋季学期，各教联体均实现一套网上巡课系统、一套集体备课系统、一套校园安全系统、一套“三个课堂”的“四个一”全覆盖。这种“互联网+教育”方式彻底解决了教联体核心校与成员校之间时空距离，促进了各校区间管理、教研、教学的深度融合。在黄梅实验中学、滨河中学和县七小等教联体核心校网络主控中心大屏幕上，每个校区的操场、宿舍楼、教室、食堂的场景都尽收眼底，师生、员工的一举一动，犹在眼前。而在各教联体核心校和成员校间，通过智能一体机，各校区之间的课堂可随时连线，同上一堂课；老师们则通过集体备课系统，双向互动在线同步教研。在县教育局新建了集多功能于一体的数字信息中心。下一步，黄梅县计划将各教联体数据控制中心接入湖北智慧教育平台，形成“上联省市名校，中联县内强校，下联农村学校”的格局，促进城乡教育优质均衡发展。

——资料来源：黄冈日报 2023-07-21(03)

三、湖北教育数字化面临的困境及原因分析

教育数字化转型是世界范围内教育转型的主要方向和重要载体。特别是百年未有之大变局的加速演进以及科技革命的深入发展给湖北教育发展带来巨大机遇，也使湖北教育数字化转型面临巨大挑战。

1. 数字化发展不平衡不充分，数字鸿沟仍然存在

疫情时期，湖北在线教育和数字技术为师生应对疫情提供了有力的对策和保障，为全国在线教学提供了示范和借鉴，但在一定程度上，也暴露出教育数字化发展不平衡不充分等问题。资源和环境的数字鸿沟在某些地区还依然存在。如数字化基础设施均衡和在线网络质量问题、数字化优质教育资源公平分享问题，区域之间、城乡之间数字技术发展不均衡问题等。此外，公民数字素养鸿沟还时有存在。比如，教师数字化教学素养和学生数字化学习素养问题、数字技术专业人才缺口问题、终身教育体系中数字能力教育不足问题以及全民数字素养和技能亟待提升问题等。因此，消除数字壁垒，缩小数字鸿沟，促进数字教育均衡发展，成

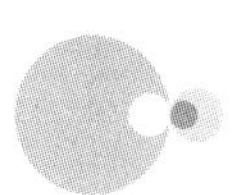

为教育数字化转型的重要挑战。

2. 尚缺乏完善的数字教育新型基础设施

教育新型基础设施建设是数字化时代教育变革的牵引力量,是加快教育现代化和建设教育强国的重要战略举措。当前湖北与数字化转型适切的教育新型基础设施建设还存在一些不足。例如,数字化网络学习空间的应用能力还有待提升,数字化与教育教学深度融合应用还不足,可持续发展体制机制还有待进一步加强,评价指标体系尚需健全,教育数字化治理和服务体系尚需完善,教育网络安全保障能力有待进一步提升等。数字教育资源是数字化教育新基建和教育革新的核心要素。但就目前而言,能够切实满足学校师生需求的数字化优质教育资源尚处于更新周期长、规划设计不够强、质量提升可持续机制尚需进一步完善的状态。因此,充分满足一线师生教学实际需求的优质数字教育资源及数字化教育新基建“共建共享”机制亟须有效加强。

3. 师生数字素养与技能有待进一步提升

《“十四五”数字经济发展规划》提出,大力发展数字经济,提升数字产业化水平。数字经济等新经济、新业态的发展,对社会各行业的劳动力市场和未来工作形势提出了更高的要求。创新创造能力、人机协同能力、沟通与交流能力以及数字化素养将成为未来劳动者必备的能力指标。而当前湖北很多地区在校师生尚存在数字素养与技能不高的情况。有些学生网上学习自制力和合作能力还不够强,适应数字化社会学习和生活所需的数字化能力还不够强,较难适应在线学习的需求。高质量育人模式和数字化教学理念对于新时代教师专业发展提出了新要求,要提升教师的专业素养,尤其是教师数字化教学所需的数字素养和技能,才能适应数字时代基于核心素养的教育教学要求。而有些教师数字化技能还停留在简单应用层面,尚缺乏深入的数字化技术与教育融合应用能力。因此,学校亟需借助数字技术和数字化转型,采取多种形式有效推动和引领师生数字素养和技能的发展,以适应数字时代的需要。

四、加快湖北教育数字化发展的策略建议

数字转型的变化,不仅仅是一场技术革命,更是一种认知革命,未来的教育必然是数字化教育。因此,湖北要积极应变,主动求变,充分发挥教育数字化领域科教资源优势,以开展国家教育数字化试点为契机,纵深推进教育数字化战略行动,推进教育数字转型和智能升级,赋能学生学习、教师教学、学校治理、教育创新和国际交流,努力打造教育数字化湖北样板。

1. 强化顶层设计,完善教育数字化转型战略规划

从战略层面对湖北教育数字化转型进行科学的顶层设计,从愿景使命、意义

价值、指导思想、总体要求、基本原则、发展目标、重点任务、战略行动、实施路径、责任分解、保障措施等方面进行系统规划，研制高效可行的教育数字化转型战略政策，有序推进教育数字化转型。同时，完善教育数字化政策体系，就教育数字化的新理念、新战略、实施路径，以及相应的标准规范、规划、监测、督导评估体系等加以政策保证，制定符合数字化应用的安全体系和伦理道德规范；就开展数字教育知识产权保护、数据安全管理和隐私保护以及数字伦理风险防范等方面，研制加强数字教育保障措施；制定并出台针对基础教育、职业教育、高等教育和终身教育等各领域的数字化转型的相关政策，推动教育全要素、全业务、全领域和全流程的数字化转型，建立并完善相应的督导和标准评价指标体系。此外，还要集聚资源优势、管理优势、人才优势，统筹数字资源赋能学校教育的开发、应用、管理和服务，统筹数字教育的理论、政策、实践、标准规范的研究，加快湖北数字教育功能性、服务性和系统性升级。

2. 推进教育新基建，构建教育数字化转型支撑体系

抓住湖北承担国家智慧教育平台整省试点的机会，加强新型基础设施建设。从区域和学校角度，推动5G、大数据、云计算、人工智能等新一代信息技术的应用，持续建设信息网络、平台系统、数字资源、智慧校园、创新应用、可信安全等新型基础设施。打造智慧教育公共服务平台，统筹学习、教学和管理过程中的大数据，建立教育大数据仓，促进教育数据的贯通共享，组建教育大脑，统筹推进数据融合融通，面向学生、教师和学校建立数据应用和分析模式。以推进教联体建设为抓手，实现全省乡村薄弱校区与城市优质学校共建“云课堂”，开展远程网络教学，实现一块屏幕连接城乡两个课堂、两地学生同上一堂课，线上线下教学融合互动，共享优质数字教学资源。进一步促进教育新型基础设施的互联互通，打造“人人皆学、处处能学、时时可学”的学习系统，为教育数字化转型构建支撑体系。

3. 完善数字化协同治理体系，构建智慧教育生态系统

完善数字化协同治理体系，深化数字技术应用，推动教育系统性变革，构建智慧教育生态系统是教育数字化转型的重要策略。建立政府、市场、社会、学校等多方利益相关者参与的数字化协同治理体系，充分发挥政府数字教育政策制定、数字资源和平台体系建设等方面的引导、监管和督导作用；对于数字技术的相关企业给予资金和政策的支持，鼓励相关企业加大与学校和教育机构的交流与合作，共同研发提升学生数字素养的软件、程序和平台。采取政府主导和多方利益相关者共同参与的方式，形成全社会共同关心、广泛参与的局面，推动教育整体变革。深化数字技术应用，推动教育系统性变革。推动数字技术与教育教学的深度融合应用。不断丰富数字教育的应用场景，革新传统的教学生态系统，创新教育理念、方法和形态。推动教育治理过程全业务创新与变革。包括教育发展战略规划、转

型标准体系、科学技术支持、教育基础设施、教师专业发展、课程教学教材、教育教学研究、学生成长、教育督导评价等,构建智慧教育新生态。抓好智慧教育平台的应用。各级教育行政部门和学校要常态化应用国家智慧教育公共服务平台,并建立省、市、县、学校智慧教育体系,实现教育全要素、全业务、全领域和全流程的数字化转型,构建起与数字时代相适应的智慧教育发展新生态。

4. 坚持素养导向,不断提升师生适应数字时代需要的数字素养与技能

师生的数字素养与技能是教育数字化转型的核心与关键。应充分认识数字素养与技能对于师生发展的重要作用,提升师生在数字时代学习工作生活的适应能力。研制学生数字素养与技能框架,注重数字能力的培养,并将其纳入课程体系。例如,基础教育阶段注重数字素养培养,引导学生形成数字意识,进行数字化学习与创新,了解并承担数字社会责任。制定相应的课程标准,依据标准开设相应数字技术课程,将数字化学习列入课程教学的一部分,开展数字教育,有目的有计划地提升学生数字素养与技能。例如,重视数字化基础课程建设,开展人工智能、编程、数据分析等教育,培养学生的兴趣。充分运用国家智慧教育平台,探索微课、慕课、混合式学习等多样态学习方式,为学生提供实时、泛在和自适应的学习环境,在学习进程中提升学生的数字素养和技能。制定教育管理者数字化领导力框架,加大教育管理者数字治理能力的培训力度,通过系统的课程培训提升教育管理者的数字治理能力,提升教育领导者的数字领导力。制定教师数字化教学能力框架,充分利用各级智慧教育平台的教师培训功能,为提升教师数字化教学技能提供学习的机会;鼓励教师开展线上线下融合教育教学,利用网络优质数字资源构建高效、灵活的学习共同体,在实践中提升教师的数字素养与技能。

5. 释放数据红利,提升数据驱动的教书育人效力

数据是数字经济时代重要的生产要素,是构建教育新发展格局的重要支撑,赋能教育把握教育教学规律、学生成长规律,服务学生全面发展,为教育数字化带来强劲动力。推动教育数字化转型,应当充分发挥数据要素价值,构建起数据驱动的教育治理和服务新模式。建设湖北教育大数据中心,形成汇集、融合、高效的教育大数据体系,运用海量数据形成教学知识图谱、描摹学习者画像,为全省教师教学决策数据化、学生交流互动立体化、学校治理反馈及时化、教育改革研究科学化、全民学习终身化提供有力的数据支撑。收集各种类型的数据并加强数据管理,实现教育管理领域结构重塑、流程优化和高效治理,为教育治理提供智能分析、评估诊断,实现科学精准治理,提升教育治理的效率和效益。完善教育数据管理机制和标准体系,推动全省各级各类教育数据的深度贯通与整合,构建数据安全运行的支撑体系及数据治理的标准体系,筑牢数据安全的底线,构建可持续的数据安全防护体系。

6. 坚持高水平国际交流合作,共同打造数字教育未来新图景

国际交流与合作是教育数字化转型的重要驱动力。世界各国在进行教育数字化转型中积累了丰富的经验,湖北要积极开展高质量的国际交流合作与战略对话。比如,推动成立国际数字教育发展联盟,承办世界数字教育论坛等,建立国际合作与交流的长效机制与稳定平台;加强数字教育标准体系研究,探讨教育数字化转型的经验、对策和实现路径,参与建立教育数字化的国际规范和标准,探索网络空间数字治理新方式,促进优质数字资源共建共享,共同打造公平优质有韧性的数字教育未来发展的新图景;继续擦亮“留学湖北”品牌,将全球成功的教育数字化转型经验“引进来”,充分利用全球优质数字教育资源,平稳推动湖北教育数字化转型;继续做大“湖北留学”项目,利用湖北高校数字技术优势,搭建教育数字化国际交流互鉴平台,打造教育数字化转型的湖北范式,为全球教育数字化转型提供可行的湖北方案,贡献湖北智慧。

参考文献:

[1] 陈云龙,孔娜.我国教育数字化转型的基础、挑战与建议[J].中国教育学刊,2023(04):25-31.

[2] 袁振国.教育数字化转型:转什么,怎么转[J].华东师范大学学报(教育科学版),2023,41(03):1-11.

[3] 胡姣,彭红超,祝智庭.教育数字化转型的现实困境与突破路径[J].现代远程教育研究,2022,34(05):72-81.

[4] 李锋,顾小清,程亮等.教育数字化转型的政策逻辑、内驱动力与推进路径[J].开放教育研究,2022,28(04):93-101.

[5] 李建聪.学习贯彻党的二十大精神 服务国家教育数字化战略行动[N].中国教育报,2022-12-24(01).

[6] 吴砥,尉小荣,李亚婷.2022,构建教育数字化转型新格局[N].中国教育报,2022-12-28(04).

(本节执笔人:余彪)

后记：

在服务教育决策中提升智库研究力

习近平总书记在哲学社会科学工作座谈会上强调，“要加强决策部门同智库的信息共享和互动交流，把党政部门政策研究同智库对策研究紧密结合起来，引导和推动智库建设健康发展、更好发挥作用”。湖北省教育科学研究院、湖北教育政策研究院作为智库体系的重要组成部分，有责任有义务加强教育政策研究，提高服务教育决策的能力和水平。同时，在服务教育决策的过程中，需要持续提升研究力和影响力，形成在业界“走得出、立得住、叫得响”的品牌。

《湖北省教育政策研究报告(2022 年)》从某种意义上讲是服务教育科学决策的一种重要的成果体现。本报告是由“1 个总论＋15 个专题报告”组成的年度教育政策“体检”报告。总论站位全局、立足全面、把握要点、兼顾各方，对 2022 年国家和湖北省的教育政策作扫描式概述，形成总体判断和整体印象；专题报告，聚焦 2022 年的教育政策热点，进行深度剖析，明确这类专题的政策脉络、现实状况、问题原因，提出政策优化策略，形成对这类问题的独特视角和深刻见解。两者相互补充、相互印证，为各级政府和部门提升教育决策科学化、民主化、法治化水平提供参考和借鉴。

教育智库以公共教育政策为主要研究对象，在战略研究、政策建言、舆论引导、公共外交等方面发挥着独特作用。教育智库的政策研究与一般学术机构的教育研究有密切的关系，但也有重要区别。学术机构的教育研究更关注采用规范的方法阐释教育现象背后的规律，为我们理解现象提供更丰富的视角和更深刻的洞见，而教育智库的政策研究则更关注在研究基础上提供建设性的方案，这种方案不仅要有规范的方法论基础，还要符合政治规律、经济规律以及政策发展的规律。《湖北省教育政策研究报告(2022 年)》本着“提供学理支撑”和“追求实用成果”相结合的原则，科学辩证地解析政策要义以“接天线”，实事求是总结政策执行得失以“接地气”，立足务实管用提出一些制度性设计策略与实施方案。具体说来做到了三个方面的结合。

首先,是理论研究与对策研究相结合。理论是实践的升华和深刻总结。回应教育政策实践中的重大问题,离不开理论指导,不能与理论研究相脱节。只有透过一定的理论视角,去认识、理解实践中的问题,所提的对策方案才能更具系统性、更兼顾全局性,也更具前瞻性。《湖北省教育政策研究报告(2022年)》的作者们通过多学科的理论视角和研究范式,关注和研究教育政策问题,为产出高质量研究成果和切实可行的对策方案奠定了坚实的理论与思想基础。比如,推进县域教联体建设,基层有大量的探索实践,有大量的经验典型,但政策供给和理论支撑不够,《推进县域教联体建设》这一节通过大量的实地调研和案例分析,对教联体建设的演进轨迹、内涵特征、运行模式、治理构架、保障机制进行理论探讨,形成了一个相对闭环的理论体系,提出了完善相关政策的建议,为教联体建设的深入推进提供了学理支撑。

其次,是思想观念与经验材料积累相结合。缺失思想的经验材料是没有灵魂的;而缺失了经验材料支撑,思想也就脱离了实际、脱离了生活,枯燥乏味。一项好的教育研究,特别是教育政策研究,必须在思想观念的深刻性与经验材料的丰富性上狠下功夫,并将两者贯通起来,使之相得益彰。特别是经验材料的积累十分重要。教育研究的科学化,有赖于强化各种经验研究,通过研究反映客观现实、揭示因果关系;教育决策的科学化,也有赖于基于经验材料的理性判断,一项好的政策一定是扎实经验调查的产物,而非"拍脑袋"的结果。《湖北省教育政策研究报告(2022年)》的作者们注重开展实地调研,将教育政策研究与决策咨询建立在扎实的调研和丰富的数据基础之上。比如,《推进省属高校一流学科建设》一节,是借助省考核办和省教育厅委托的"省属高校高质量发展绩效考核"相关工作研究之契机,先后赴山东、江西、福建等7省28所高校、湖北省内28所普通本科高校进行调研,基于大量第一手鲜活材料的对比分析,提出了省属普通本科高校高质量发展的综合绩效考核指标体系及考核实施细则,并相对聚焦省属高校一流学科建设,分析现状,明晰思路,提出策略建议。

再次,是长线研究与短线研究相结合。教育政策研究中存在大量的焦点、热点、难点问题,需要决策者和研究者及时回应,这就决定了一些短线的教育政策研究具有重要现实意义。同时,做好教育政策研究,也需要在一些方向或领域上有长线的理论和经验材料积累。这些积累是对短线研究的有力支撑,并将成为研究团队的优势和竞争力。《湖北省教育政策研究报告(2022年)》主要聚焦2022年的教育政策热点,比如,完善中小学校党建工作体系、推动县域教联体建设、提升学校课后服务水平、深化中小学课程改革、深化现代职业教育体系建设、推进省属本科高校一流学科建设等,围绕"政策精神是什么—政策执行效果怎么样—存在问题什么原因—今后工作怎么办"展开评析,以回应社会和群众关切。同时,针对大中小学思政课一体化、学校家庭社会协同育人、现代职业教育体系建设、高等教育分类管理改革、高校服务经济社会发展、发挥教育科研的专业支撑作用、以教育数字化引领教育现代化等现实关注而又事关长远的问题，进行基础性、储备性、前瞻性的长线研究，提出带有方向性的策略建议，在学术研究和服务决策等方面均将产生重要的影响力。

《湖北省教育政策研究报告(2022 年)》有如下几个鲜明的特点：一是内容全面。报告涵盖学前教育、义务教育、高中阶段教育、职业教育、高等教育等各级各类教育，以及党建、思政、课程改革、课后服务、协同育人、职业培训、教育科研、教育投入、数字赋能等若干重要专题。二是逻辑严密。报告总体结构是“总-分”式，第一章总体概括 2022 年的主要政策及施行效果，明确面临形势和后续工作，追求的是“幅度”和“广度”；分论聚焦 15 个专题进行深入解析，追求的是“力度”与“深度”。每一章专题的选择，除了紧扣年度政策热点外，还有内在的逻辑性。比如，第五章，推进高等教育强省建设。高等教育分类管理改革是大方向，省属本科高校一流学科建设是大战略，提升服务水平是大使命，通过分类发展，实现一流学科重点突破，达到提升服务水平的目的，最终实现高等教育强省建设的总体目标。三是脉络清晰。每一个专题按照“政策精神—执行效果—问题原因—策略建议”的总体逻辑，即本年度国家有哪些政策精神、湖北如何贯彻落实、取得的成效、存在的问题、改进的建议等，进行系统探究、整体把握。每类政策精神除了文本分析外，还对这类政策的演进脉络和特点趋向进行解析，明确这类政策的来龙去脉、前世今生。既对标对表，又追根溯源，形成立体印象。四是典型说话。每一章节用数据和事实说话，全面展示教育事业的年度进展和取得的辉煌成就；同时选用了大量典型案例，提供可操作性借鉴。

总之，这部报告既有经验材料的呈现，又有学理的分析；既聚焦了政策热点，也跟踪了研究进展；既用数据呈现了教育事业发展的总体状况，也以专题、案例对各级各类和区域教育改革与发展进行了深入剖析。对于政府决策者、专业研究者和社会公众，都能够提供有价值的信息和启发。

面向未来，教育体系与科技体系、人才体系、产业体系、社会体系等领域的联系日益紧密，教育现实问题也呈现出综合性、全局性、复杂性的特点。旨在解决重大现实问题的教育智库研究，要以提升决策支撑能力为目标，加强有组织科研、团队化协作，根植时代沃土，集中优势力量，针对重大现实问题建立大平台，构建大团队，跨学科多视角持续攻关，推进知识创新、理论创新、方法创新，使教育智库的价值实现“五有”——有思、有行、有力、有为、有位。“有思”即有思考、有思想、有追求；“有行”即有行动、有调研、有实践；“有力”即教育智库要成为教育发展的助推器；“有为”，即教育智库要促进教育治理走向善治；“有位”，即教育智库要有地

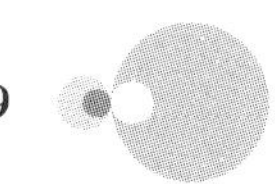

位、有影响力、有竞争力。

这部报告是集体劳动和智慧的结晶。湖北省教育科学研究院50%的专业技术人员参与了文稿撰写,进行协同作战,实现了有组织的科研。具体而言,导言(执笔人:王文森);第一章第一节至第四节(执笔人:朱爱国);第二章第一节(执笔人:张云玮),第二节(执笔人:丁丹),第三节(执笔人:孙晓敏);第三章第一节(执笔人:朱爱国),第二节(执笔人:傅华强),第三节(执笔人:李作芳、刘俊丽);第四章第一节(执笔人:方芳、周姗),第二节(执笔人:洪森、翟予因),第三节(执笔人:董志远);第五章第一节(执笔人:刘国卫、高传平、罗国华),第二节(执笔人:任会兵),第三节(执笔人:李博);第六章第一节(执笔人:刘莉、鲜兰、饶景阳),第二节(执笔人:张传萍、黄红梅),第三节(执笔人:余彪);后记(执笔人:朱爱国)。全报告由朱爱国统稿,张云玮统校。

本报告在编写出版过程中得到了湖北省教育厅、华中科技大学出版社的精心指导和大力支持,在此一并致谢。由于我们研究还不够深入,掌握的素材有限,加上时间仓促、水平有限,不当之处在所难免,许多地方有“漏珠”之感。真诚期望广大读者批评指正、交流共鉴。

本书编写委员会

2023年6月18日